예비(특수)교사를 위한 이론과 실제

특수아 상담 및 가족지원

권순우 • 김영익 • 김현호 • 팽재숙 공저

창지사

머리말

아동이 지닌 개개인의 독특한 특성과 잠재력을 개발하기 위해 특별한 교육적 욕구와 다양한 관련서비스가 필요한 아동을 특수아라고 한다. 특수아를 상담하고 가족을 지원하기 위해서는 가족을 한 단위로 보고 가족 전체 구성원을 이해하고 상담하는 것이 필요하다.

"자세히 보아야 예쁘다. 오래 보아야 사랑스럽다. 너도 그렇다." 나태주 시인의 가슴 뭉클한 글처럼 교사는 특수아와 가족에 대하여 자세히 보아야 하고, 오래 보면서 끊임없는 교수 방법의 노력과 전문성으로 효과적인 생애주기별 맞춤형 교육을 지원하기 위해 노력해야 한다.

과거에는 장애인을 'The Handicapped'라고 표기하던 때가 있었다. 장애를 바라보는 시선은 평창 패럴림픽에서 많은 변화가 있었다. 평창 패럴림픽 당시 조직위원회에서는 장애인 선수들을 묘사할 때 가급적 '임페어먼트(Impairment)'라는 표현을 쓸 것을 권고했다. 무엇을 할 수 없는지가 아니라 '손상을 딛고 무엇을 성취했는지'에 주목하자는 것이었다. 한계가 아니라 능력에, 그들이 이룬 성취에 집중하는 표현의 변화를 눈여겨보지 않더라도 장애를 바라보는 시선은 빠르게 변화하고 있다.

특수아와 부모상담은 특수교육 현장에서 절실히 요구되지만 아직까지는 현실적으로 어려운 부분들이 존재한다. 아동과 가족의 건강한 성장을 위해 특수아 가족상담은 매우 중요하다고 할 수 있다. 지적, 감각적, 신체적, 심리적 다양한 어려움을 지니는 독특한 장애의 특성을 이해하고 부모 상담을 통해 특수아의 양육과 교육에서 상호 조력하는 방법을 알게 되고 부모, 교사의 수고와 노력에 대한 상호 정서적 지지와 유대감으로 격려를 제공하는 시간이 되어야 한다.

본서는 특수교육과 교수진, 현장 특수교사 및 장애아전문교사, 부모상담 전문가들이 협력하여 집필하였다. 특수(예비)교사들이 학교 현장에서 만나게 될 다양한 특성을 지닌 특수아 상담에 대한 이해를 높이고자 전체적인 내용을 기본적인 개념

이해를 토대로 하여 실제 사례 중재법을 함께 제시하며 쉽고 재미있게 접근하여 공부할 수 있도록 간결하게 집필하는 데 중점을 두었다.

구성은 총 12장으로 대학의 학사일정을 고려하여 구성하였다. 특수아 상담의 개념과 상담의 이해(1장), 특수아 상담과 부모교육(2장), 조기특수교육의 개념과 특수교육 서비스 전달체계(3장), 특수아 지원에 관한 법률(4장), 통합교육과 개별화교육(5장), 지적장애, 자폐성, 지체장애, 의사소통장애, 정서 · 행동장애, 학습장애, 청각, 시각장애 특성과 교육적 지원(6장~9장), 교육과정 실제(10장), 문제행동 지원상담(11장), 장애아 가족지원과 실제(12장)를 체계적으로 서술하였다.

그리고 교육현장에서 접하게 되는 특수아 중심으로 특수아 상담의 기초, 특수아의 정의 분류, 원인, 특성에 대한 이해를 돕기 위하여 각 장에 학습목표와 생각나누기를 통하여 교사들이 효율적으로 개입할 수 있도록 문제 지원 상담에 대한 지도 방법과 사례를 체계적으로 제시하였다.

집필자들은 장애아 전문 어린이집, 특수학교, 지역사회에서 상담자와 교사의 역할을 동시에 해야 하는 교사들을 위한 구체적인 지침서를 제공하려고 노력하였다. 이 책을 읽는 특수(예비)교사는 특수아에 대한 상담의 기초와 다양한 사례를 통한 교육적 접근과 특수아에 대한 이론과 실제적 탐색이 충분하다고 생각한다.

이 책이 특수아 상담 및 가족지원의 전공서적으로 특수아와 관련된 모든 분이 특수아의 특성을 이해하고, 조기특수교육과 개별화교육을 통해 미래 지역사회 구성원으로 살아갈 때 무엇을 성취할 수 있는가에 초점을 맞추는 예비교사들에게 작은 나침반이 되기를 바란다. 집필자들의 열정에도 불구하고 책에 담아내지 못한 부분은 차후 강단에서 적용하면서 지속적으로 보완 작업을 통해 채워 나갈 것을 약속한다.

마지막으로 본서의 출판을 위하여 많은 도움을 주신 창지사 김기섭 사장님, 까다로운 편집 작업에 고생하여 주신 편집부 직원분들과 마지막까지 문서작업을 돕고, 원고 정리에 헌신적으로 도움을 준 곽은선, 김현진 선생님 그리고 그림 삽화를 사실적으로 표현해 준 김찬영 작가에게도 고마움을 전한다.

차례

제1장

특수아 상담의 기초

1. 특수아와 장애
2. 상담의 이해
3. 아동상담 기법
4. 특수아 교육

출처: https://www.newsnjoy.or.kr

학습목표

1. 특수아와 장애의 개념에 대하여 알 수 있다.
2. 상담의 정의와 과정, 상담사 자질에 대하여 알 수 있다.
3. 아동상담 기법과 특수아 교육에 대하여 알 수 있다.

생각나누기

「특수아 통합교육: 자연탐구」

「아동을 위한 부모상담」

특수아를 위한 부모상담은 아동의 현재 발달 수준을 확인하고 유치원(어린이집) 생활에 대한 객관적인 정보를 부모와 함께 나눔으로써 바람직한 아동의 특수교육 지원 방안을 모색한다. 또한 유치원(어린이집)과 특수학교 가족지원간의 연계성 있는 교육을 도모하고자 한다. 학부모의 시간을 고려해 일정을 조정하고, 특수아에 대한 하루 일과에 대하여 다양한 관찰내용, 평가기록, 행동발달체크리스트 등 사전에 상담할 내용을 점검하고 조용하고 편안한 공간에서 실시한다.

※ 만약, 여러분이 예비 교사나 현직 교사로서 유치원(어린이집), 학교 교육현장, 지역사회 방과 후 교육 활동에서 장애를 지니거나 장애 위험군 아동을 만난다면 아동의 생애주기별, 발달 단계별 교육에 있어서 어떻게 부모상담과 특수교육을 실천하겠습니까?

특수아동을 바라보는 교육적 시각은 결함보다는 능력을 고려하는 특수교육이 되어야 한다. 즉, 또래아동과 다름의 차이를 교사는 알아야 하며, '장애아동이 지닌 독특한 특성인 개별성'을 발견하여 장점중심의 접근으로 잠재력을 신장시켜 주어야 한다. 또한 비장애아동과의 유사한 발달 및 행동 특성들을 지니고 있다는 생각을 해야 한다.

I 특수아와 장애

1) 특수아 개념

특수아(exceptional children)라고 하면 흔히 법이 정한 장애아동을 말한다. 하지만 법에서 정한 장애아동의 범주에는 해당되지 않지만 일상의 과제를 순조롭게 수행하기 어려운 장애 위험군 아동 혹은 준장애아동도 법정 장애아동과 마찬가지로 여러 형태의 특수교육이 요구된다(이지연, 한수진, 2020). 특수교육학에서 주로 사용되는 특수아의 정의는 자신의 잠재력을 개발하기 위해서 특수교육 및 그와 관련된 서비스를 필요로 하는 아동을 말한다(Hanllahan & Kauffman, 2003).

모든 아동은 신체적인 특성(예: 어떤 사람은 키가 작고 어떤 사람은 힘이 세다.)이나 학습능력(예: 어떤 사람은 빨리 학습하고 기억하며 배운 것을 새로운 상황에 적용할 수 있는 반면에, 다른 이들은 반복학습이 필요하며 습득된 기술을 유지하고 일반화하는 데 어려움을 나타낸다.)이 서로 다르다. 대부분의 아동에게서 이러한 차이는 비교적 크지 않기 때문에 일반교육 프로그램을 통해서 교육적 혜택을 받을 수 있다. 그러나 특수아의 신체적인 특성이나 학습능력은 규준과 매우 달라서(이상이거나 이하)교육을 통해 충분히 혜택을 얻기 위해서는 특수교육의 개별화된 프로그램과 관련 서비스가 요구된다.

또한 정상과 이상에 대한 표준으로 특수아를 포괄적 광의의 개념으로 정의할 때 '신체적, 정신적, 사회적'으로 평균이나 표준 또는 규준을 벗어나 특별하게 계획된 교육과정과 관련 특수서비스를 요구하는 아동을 의미한다. 이러한 공인된 표준에는 통계학적 표준과 의학적 표준, 사회학적 표준이 있다(Ysseldyke & lgozzine, 2005).

첫째, 통계학적 표준에 따르면 [그림 1-1]과 같이 정규분포에서 ±2 표준편차를 벗어나 있는 아동이라고 할 수 있다. 즉, 표준편차 -2와 2사이에 있는 아동들이 약 95.44%를 차지하는데 여기에 해당되지 않는 변두리의 아동들이 바로 '특수아'이다. -2 표준편차 아래 위치하는 아동을 '장애'로 의미하며 , +2표준편차 이상 위치하는 아동은 '영재'를 의미한다.

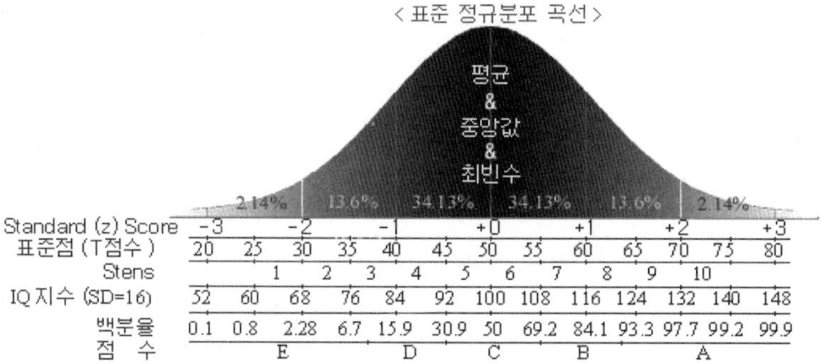

[그림 1-1] 표준 정규분포 곡선

둘째, 의학적 표준은 심신이나 생리적 기능(혈액, 체온, 맥박 수, 호흡수 등)이 병리적 표준인 의학적으로 정상의 범위를 벗어나 이상이나 질병의 징후에 관련하여 설정된 기준에 해당되는 아동을 의미한다. 예를 들어 유전적 이상과 태아기의 감염문제, 염색체 이상이나 풍진, 뇌염과 같은 질병은 지적장애의 원인이 되기도 한다. 또한 산모가 출산 시 다양한 원인으로 인해 아동에게 영향을 미치는 치명적인 산소 결핍증은 뇌성마비의 원인이 되기도 한다.

셋째, 사회적 표준은 사회학자나 심리학자, 교육학자 등이 정상성을 정의할 때 어떤 행동의 사회적 또는 하위 문화적 규범을 설명하는 용어를 사용하여 정의하는 경우에 사용된다. 정상적인 어린이집 · 유치원 · 학교생활을 이한 바람직한 행동들은 대부분 규칙으로 명문화되어 있거나 교육과정상에 명시되어 있다. 그런데 어떤 아동이 취학 전 학습기능이나, 취학 후 2~3학년 학업성취에 있어서 또래 기준에 미치지 못한다면, 또는 지시에 잘 따르지 않거나 과잉행동을 보인다면, 이는 특수성의 한 형태가 될 것이다. 그러나 이러한 특수성은 그 지역사회의 문화적 기준을 반영하여 해석되어야 한다.

예를 들면, 어떤 교사는 아동들이 교실에서 조용히 지내야 한다고 믿고 있는 반면, 다른 교사는 아동들이 다른 아동들과 과제에 대해 활발하게 토의하는 것이 바람직하다고 믿고 있기 때문이다(권요한 외, 2015).

대부분의 특수교육 관련 학자들은 통계학적 표준과 의학적 표준에 따라 특수아를 규정해 왔다. 왜냐하면 사회학적 표준은 비교적 주관적인 측면이 개입될 가능성이 있기 때문이다. 이처럼 통계적, 의학적, 사회적으로 평균이나 표준 또는 규준을 벗어나 있는 예외적인 아동을 전통적으로 '특수아'라고 정의하였다.

이러한 특수아에 대한 특수교육은 지적, 감각적, 신체적, 심리적 등에서 다양한 어려움을 지니는 독특한 장애의 특성을 이해하고, 이를 바탕으로 특별한 교육적 요구가 필요한 개개인의 학업성취와 잠재능력을 신장하기 위한 교육이다. 생애주기별 취학 전 유치원이나 학령기 학교 교육에서 이루어지는 특별히 계획된 통섭적인 교육활동이라고 할 수 있다. 조기특수교육의 지원이 필요한 특수아는 장애아동과 영 · 유아발달기 장애의 발생 위험성이 높은 고위험군 영 · 유아이다. 그렇기 때문에 특수아 상담과 가족지원을 위해서는 장애에 대한 개념의 이해가 필요하다.

⊙ 본 고에서 '특수아'에 대한 용어는 장애를 지니고 있는 아동과 발달지체 아동 또는 장애 위험군인 경계선 지능, 느린학습자, 학습곤란자 등 특별한 교육이 필요한 아동을 대상으로 하는 용어를 의미한다.

⊙ 이유: 장애아동 및 취학 전 장애 위험군 아동에 대한 법률적 지원에서 특별한 교육적 서비스가 필요한 아동은 '장애인 등에 대한 특수교육법'과 '장애아동복지지원법'에서 교육적 지원과 특수교육관련 서비스 제공을 보장하고 있기 때문이다.

2) 장애의 개념

(1) 장애와 개인차

모든 아동들은 신체적 특징과 학습 능력 면에서 서로 다른 점을 보이고, 특정 아동 또한 자신의 여러 능력 분야에서 차이를 보인다. 심리학적으로나 교육적인 측면에서 장애란 차이를 가진 것으로 본다. 즉, 사람은 각기 개인차를 지니고 있고, 그 차이가 평균으로부터 부적 방향으로 많이 떨어져 있어서 보통의 방법으로는 능력 수행이나 적응 또는 상황 대처가 어려운 경우를 장애라고 말한다.

개인차는 개인내차와 개인 간 차로 구분되며 이는 학습지도의 중요한 요인이 된다. 문화적으로는 장애를 '같으면서 다른' 또는 '다르면서 같은' 것으로 규정하며 존엄성을 지닌 하나의 인격체임을 강조하고 있다(정대영, 2012).

교육의 본질적 목적은 인간 개개인의 가능성과 잠재능력을 최대한 계발한 개인의 완성 및 자아실현에 있기 때문에 장애를 지닌 특수아라고 하더라도 그들에 대한 개인차의 이해를 바탕으로 차이를 인정하고 독특한 특성에 따른 요구를 개성(individuality)이라는 긍정적 가능성의 용어로 사용하면 어떨까 한다.

(2) '장애' 특수교육학 용어사전의 정의

질병이나 사고 등에 의해 지적 · 정신적 · 청각 · 시각 · 내장 · 골격 · 기형적인 면에 결함이 생겨, 이로 인해 정상적인 생활이 곤란하거나 불가능한 상태다. 결함은 신체의 특정 부위나 기관의 기능이 손실되었거나 감소한 것을 의미하므로 의료적 지원이 필요하며, 장애는 손상으로 인해 특정영역(읽기, 보기, 걷기 등)에 능력 저하가 생기는 경우로서 교육적 · 훈련적 지원이 필요하다(국립특수교육원, 2009).

(3) '장애' 세계보건기구(WHO)의 정의

세계보건기구(WHO)에서는 오랜 세월 장애에 대한 개념을 세 가지의 관점에서 제시하고 있다.

첫째, '손상(impairment)'은 신체적으로 어떠한 특정 부위가 상실되거나 그 기능이 감소된 기능장애와 형태장애의 상태를 의미하는 것으로 의학적 관점이다.

▶ 예, 다리가 없는 경우

둘째, '능력 장애(disability)'는 손상으로 인하여 특정과제를 수행할 때 다른 사람이 보편적으로 수행하는 방법으로 수행이 어려운 상태를 의미하는 것이다.

▶ 예, 다리가 없어서 다른 사람처럼 걸어서 이동하지 못하는 경우

셋째, '사회적 불리(handicap)'는 손상이나 능력 장애로 인한 사회적 관계 형성에서의 환경 적응에 불리한 상태를 의미하는 것이다.

▶ 예, 다리가 없어서 휠체어를 사용하지만 경사로 설치가 되어 있지 않아 접근이 어려운 경우

WHO/World Health Organization : 세계 보건기구

손상	능력장애	사회적 불리
– 의학적인 체념으로 심리적, 육체적 기능이 한시적 혹은 영구적으로 손해를 받고 있는 상태를 말하며 의학적 자료가 필요함	– 기능장애에 따라 생긴 신체적 · 정신적 능력의 감소를 의미함. 의학적인 치료와 함께 '휠체어'나 '보청기' 등 보조기구가 필요함.	– 기능 · 능력장애가 야기한 사회적으로 불리한 상태임. 의학적자료 보조기구에 따른 이동 외에 생활 환경 · 사회환경 개선이 필요함
신체적 지원 (Physical support)	개인적 지원 (Personal support)	사회적 지원 (Social support)

[그림 1-2] 손상 · 능력장애 · 사회적 불리

2 상담의 이해

1) 상담의 정의

상담이 무엇인지를 이해하지 않고서는 특수아 상담을 이해하고 가족지원을 실천하기가 어렵다. 상담을 명료하게 이해하는 정도에 따라 상담을 실천하는 방식이나 능력이 달라지기 때문이다. 상담은 내담자의 정서적 불편감 혹은 고통에서 비롯되며 정서적 고통은 상담자와 내담자가 마음을 나누게 되는 과정이다. 상담자는 내담자가 정서적 고통을 호소할 때 그것을 내담자의 마음으로 들어가는 관문으로 생각하기 때문에 내담자의 표현에 관심을 집중한다. 그것과 관련된 경험과 의미의 표현을 촉진하기 위해 공감과 탐색적 질문을 한다. 현재 혹은 과거의 관련된 경험을 이야기함으로써 내담자는 물론 상담자도 정서적 고통을 더 충분히, 명료하게 깊이 표현하고 이해할 수 있게 된다. 이 과정에서 공감과 존중, 발산 효과가 커지며, 점차 감정이 진정되고 이성의 기능이 활성화된다.

상담을 한마디로 정의하기는 쉽지 않다. 상담의 대상은 사람이고 상담에 대한 정의는 인간 존재와 삶의 문제에 대한 탐구, 해석, 설명을 필요로 하기 때문이다. 상담의 개념을 반영하는 포괄적인 정의는 대략적으로 '전문적 훈련을 받은 상담자가 언어적 및 비언어적 방법으로 여러 가지 부적응 문제를 가지고 있는 내담자의 적응 능력을 향상시키는 일'과 유사한 것이라고 할 수 있다(김동일 외, 2016).

> ⊙ 김병석(2015) 상담의 정의
>
> "상담은 대화를 통해 내담자가 직면하고 있는 정서적인 어려움에 대한 표현을 이해하고 관련된 경험과 의미를 더 풍부하고 깊이 탐색함으로써 내담자의 자기이해와 타인이해 그리고 감정조절능력의 신장을 돕고, 조망능력을 확장하여 자기와 타인에 대한 수용과 새로운 이해의 발달을 촉진하고 그 결과, 삶에 대하여 더 보편적이고 객관적인 태도의 발달을 촉진하여 보다 긍정적이고 적극적으로 개인적 삶을 살 수 있게 하여 동시에 공동체 생활에 참여하고 기여할 수 있게 하는 심리적 · 사회적 · 정서적 서비스 활동이다."

> ⦿ 김계현(2004) 상담의 정의
>
> "상담이란 내담자와 상담자간에 수용적이고 구조화된 관계를 형성하고, 이 관계 속에서 내담자가 자기 자신과 환경에 대해 의미 있는 이해를 증진하도록 함으로써, 내담자 스스로가 효율적으로 의사결정을 하고 여러 심리적인 특성을 긍정적인 방향으로 변화시키도록 원조하여 결과적으로 내담자의 성장과 발전을 촉진하는 심리적인 조력의 과정이라고 할 수 있다."

위 학자들의 상담에 대한 정의를 정리하면 '상담자와 내담자간의 단계별 면접과정을 통하여 도움이 필요한 사람이 전문가의 도움을 받아 다양하게 겪는 어려움에 대한 해결과 사고, 인지, 행동, 정서적 측면의 인간적 성장을 촉진하는 것이다.' 즉, 현실적인 문제를 해결하는 데 도움을 주고 내담자가 잘 적응할 수 있도록 인도해 주는 것뿐만 아니라 그러한 개개인의 문제 해결의 과정을 통해서 자기 스스로 판단하고 해결할 수 있는 능력을 준비하여 주는 과정이라고 할 수 있다.

[그림 1-3] 상담자와 내담자

2) 상담의 과정

상담의 과정은 일반적으로 다음과 같이 초기, 중기, 종결기란 단계로 진행되며(장선철, 2015), 이러한 단계별 진행에 대하여 해결해야 하는 과제를 분명히 이해하는 것은 매우 중요하다.

[그림 1-4] 상담과정: 초기 · 중기 · 종결기 단계

(1) 초기

상담은 상담 신청과 접수면접으로 시작된다. 초기에 이루어지는 일은 크게 내담자 이해, 상담목표 수립, 구조화, 내담자와의 합의이다.

첫째, 내담자를 이해하기 위하여 내담자가 자기를 있는 그대로 공개하도록 돕는다. 상담자는 내담자의 언어적, 비언어적 자기 공개에 귀 기울이면서 내담자가 무엇을 어려워하는지, 왜 찾아왔는지, 그 어려움이 왜 반복되는지를 이해하고 그 문제의 역동에 대한 가설을 수립한다.

둘째, 내담자가 원하는 변화를 이해하고 그것을 가시적이고 구체적인 행동적 용어로 정리한다. 즉, 상담이 끝났을 때 내담자에게 일어난 변화의 모습, 상담의 목표를 가시적이고 구체적으로 진술하는 것이다.

셋째, 상담의 구조화이다. 상담에는 참여하는 방식이나 과정을 실천하는 일정한 방식, 상담의 구조가 있다. 구조화는 상담의 틀, 상담의 구조를 정하는 일이다. 상담의 구조화에는 상담의 시간, 장소, 기간, 비용 등과 같은 물리적인 요소와 만남의 조건, 행동의 계약, 비밀유지와 같은 심리적인 요소가 있다.

넷째, 초기 과정의 끝에 달성하여야 할 과제는 내담자와의 합의이다. 상담자가 이해한 문제, 역동, 상담목표, 방법, 과정 등을 설명하고 내담자와 합의된 이해에 도달한다.

(2) 중기

중기는 내담자와 합의한 목표를 이루기 위해 구체적인 작업이 이루어지는 것이다. 이 단계에서 내담자는 자신에 대해 깊이 이해하면서 자신의 관점이나 태도가 자신의 문제와 어떤 관계가 있는지를 알게 된다. 처음에는 인지적 수준에서 자기를 이해하던 내담자가 자기에 대한 깊은 탐색이 이루어지면서 감정적 표현과 함께 자신에 대한 인지적 이해가 더 정확해지고 정교해진다. 이런 통찰과 수용으로 내담자는 자발적으로 자기의 감정을 조절하는 능력이 향상된다. 이 과정에서 상담자는 탐색과 수용, 그리고 변화된 행동을 실천하는 데 도움이 되는 다양한 기법을 사용할 수 있다. 여기에는 내담자의 연령과 능력에 따라 내담자만을 대상으로 하는 방법, 내담자의 환경과 주변 사람들을 대상으로 하는 방법, 한 사람의 상담자에 의한 방법, 다수의 전문가와 가족 등이 팀을 이루어 역할을 분담하는 방법 등이 있다.

(3) 종결기

'상담을 언제 끝낼 것인가?'란 질문에 대한 기준은 '상담목표의 달성 정도'이다. 종결은 한 번에 이루어지는 것이 아니라 어느 정도의 기간에 걸쳐 이루어진다. 상담의 전체 과정을 놓고 종결 여부에 대한 평가가 이뤄짐으로 종결이 시작된다. 합의된 목표와 비교하여 현재 내담자의 인지, 정서, 행동을 비교함으로써 성취된 목표와 그렇지 않은 목표를 확인한다. 성취된 목표에 대해서는 무엇이 얼마나 성취되었는지를 평가하고, 성취되지 않은 목표에 대해서는 상담을 지속하는 것이 바람직하다. 한편, 개인상담의 경우 성취되지 않은 목표를 집단상담으로 안내해 상담을 지속하는 것도 바람직하다.

이와 같이 초기, 중기, 종결기 단계별 상담이 아주 효과적으로 진행된다면 내담자는 자기와 타인의 생명의 가치와 삶의 의미에 대한 객관적 혹은 보편적인 이해를 하게 됨으로써 자신의 삶을 온전히 즐겁게 누리고 행복이 가득한 인생의 여정 길을 걸어가게 될 것이다.

3) 부모상담

(1) 부모상담의 중요성

현대 사회의 다양한 요구 속에서 교육을 실천하고 있는 유아교육기관, 학교의 궁극적인 운영 목표는 아동, 교사, 부모 모두가 행복할 수 있도록 지원하는 것이다. 교사와 부모가 긍정적인 관계를 형성하고 소통하는 것은 교육의 효과를 극대화 시키는 밑거름이 될 수 있다. 아동기 교육의 효과를 높이기 위한 교사와 부모의 소통의 장으로 "부모상담"을 들 수 있다. 유아교육기관, 학교에서 이루어지는 부모상담을 통하여 긍정적인 부모-교사의 관계를 형성할 수 있도록 효과적인 부모상담 방법에 대하여 살펴보고자 한다.

(2) 부모상담의 의의

부모와 교사는 운명적인 만남으로 매우 특별한 관계이며, 아동을 서로 마주 대하는 상호 대면성의 관계이기도 하다. 아동에게 부모나 교사는 매우 영향력 있는 존재로 이들 간의 긍정적인 협력이 있을 때 교육의 효과를 증진시킬 수 있다. 이러한 부모와 교사의 본격적인 관계 맺기의 단계에 해당하는 부모상담을 위해 교사가 지녀야 하는 마음가짐을 제시하면 다음과 같이 정리해볼 수 있다.

(3) 부모상담에 임하는 교사의 태도

- ▶ 상담은 아동에 대한 이해를 함께하는 공감의 시간이다.
- ▶ 상담은 부모교육이 아니다. 부모의 행동을 고쳐주려 하거나 부모의 잘못을 가르쳐주려고 시도하지 않는다.
- ▶ 상담은 아동에 대한 선생님의 관점을 이야기해주고 부모가 자녀의 행동에 대해 생각해보게 하는 기회를 제공해 주는 것이다.
- ▶ 부모–자녀 관계 향상을 위하여 양육태도를 바람직한 방향으로 이끌어 나갈수 있도록 지원해 주어야 한다.
- ▶ 부모가 상담결과를 반영하기까지 시간이 많이 소요되거나 개선되지 않을 수 있음을 이해한다.
- ▶ 교사는 부모에게 아동의 발달지원과 양육을 어떻게 도울 수 있는지 현실적으로 고민해보아야 한다.
- ▶ 교사는 부모에게 일상에서 실천할 수 있는 아주 작은 것부터 시작해보도록 조언해야 한다.

4) 부모와 함께 실천하기

부모상담의 효과를 보다 높이기 위해서는 소통의 방법이 중요하다. 소통의 기본 원칙으로 경청(傾聽)을 들 수 있다. 경청이란 기울어질 경(傾), 들을 청(聽)자로서 몸을 기울여 이야기를 듣는 것을 의미한다. 聽자를 이리저리 돌려보면 王, 耳, 十, 目, 一, 心의 여섯 개 한자가 들어있다. 임금의 귀처럼 모든 소리를, 열 개의 눈을 가진 듯이 숨은 의미까지도, 그리고 하나의 마음으로 공감하라는 의미를 담고 있다. 교사와 부모의 상호작용에서 경청은 서로의 마음을 공감할 수 있는 계기가 될 수 있으며, 나아가 서로의 말을 듣고 마음을 이해하고 공감할 수 있는 밑거름이 될 수 있다.

부모와 공감하며 대화하고 긍정적으로 소통하기 위하여 우리가 경청과 함께 고려해야 하는 것은 바로 신뢰를 느끼게 하는 이미지를 갖도록 노력하는 것이다. 표정이나 복장, 목소리, 시선, 자세 등의 관리를 통하여 자기관리를 하는 것이 필요하다. 이것은 의사소통의 93%가 신체언어로 전달된다는 메라비언(Albert Mehrabian)의 법칙을 통해서도 잘 알려진 내용이다.

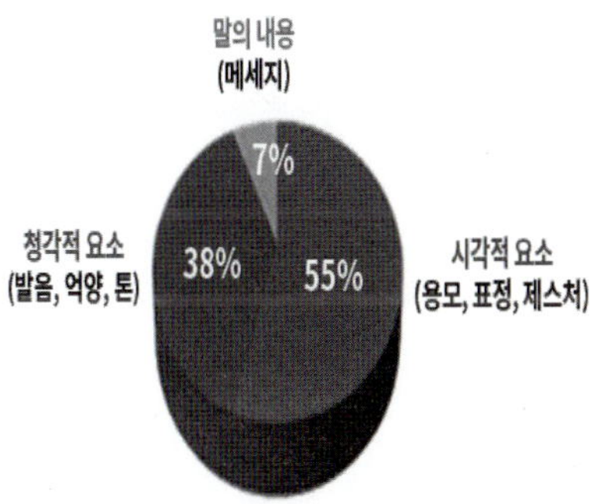

Albert Mehrabian의 법칙

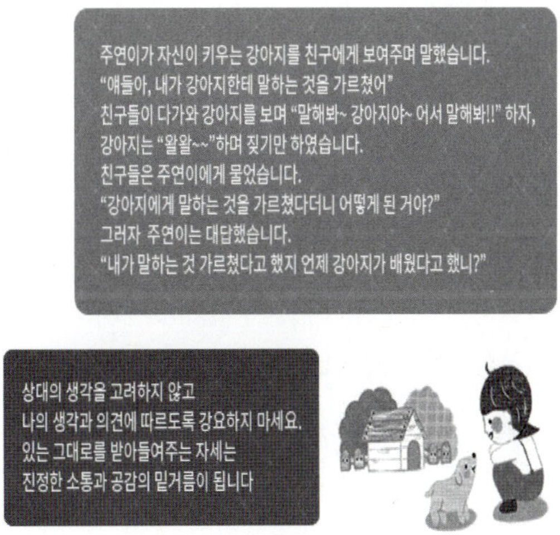

있는 그대로 들어주기

부모와 상담을 진행하면서 아동의 문제행동에 대해 이야기를 하게 되는 경우가 자주 발생한다. 이러할 때, 교사는 부모에게 가능한 긍정적인 표현을 할 수 있도록 노력해야 한다. 공감할 수 있는 긍정적인 언어표현의 예시를 제시하면 다음과 같다.

문제행동 내용	긍정적 언어표현
친구 물건을 마음대로 가져간다.	물건에 대한 소유 개념의 발달이 필요하다.
주의가 산만하다.	작업을 완성하는 것을 어려워한다.
제자리에 가만히 앉아서 수업을 받은 적이 없다.	특별활동시간에 앉아 있는 것을 힘들어한다.
언제나 아기처럼 말한다.	아기 같은 표현(유아 언어)을 사용한다.
선생님이 하는 말을 알아듣지 못한다.	선생님의 설명을 어렵게 느낀다.
의욕이 별로 없긴 하지만 잘 따라 하는 편이다.	교구를 스스로 선택하는 것은 아직 어려워한다.
관심받기를 좋아하는 아이다.	선생님이 이름을 불러주거나 안아주는 것을 좋아한다.

(1) 부모상담 절차

① 상담 일정표 작성

: 가정통신문을 통해 부모상담의 목적을 설명하고 일정에 대하여 안내

② 상담을 위한 사전교육

: 경력교사의 상담 참관 및 유의사항 점검

③ 상담을 위한 환경구성

: 조용한 공간구성, 아동 발달관련 자료

④ 상담진행

: 아동 정보 교류, 적극적 경청, 공감하기, 문제에 대한 대안 모색

⑤ 상담 후 기록

: 상담일지 작성, 특이사항 공유하기

(2) 부모와 긍정적으로 소통하기

아동에게 부모와 교사는 거울과 같은 존재이다. 부모상담을 통해 부모에게 다음과 같은 올바른 부모의 행동을 제시할 수 있으며 교사도 이러한 내용을 함께 실천하여 그 효과를 극대화할 수 있을 것이다.

일상생활 속에서 보이는 성인의 모습은 아동에게 중요한 영향을 미친다. 교사 · 부모 모두가 아동을 존중하는 말과 행동을 보여주고, 스스로 할 수 있는 기회를 제공하며, 적극적 칭찬과 좋은 본보기를 보이고 진심으로 공감한다면 자존감이 높은 건강한 아동으로 성장하게 될 것이다.

[소통하는 한마디 아! 그렇구나!]

3 아동상담 기법

아동상담 기법은 정문자 외(2016)와 김윤옥, 황선희(2012)의 내용을 바탕으로 살펴보면 다음과 같다.

1) 초기 단계

(1) 수용

수용(acceptance)이란 내담자의 감정, 행동, 의견이 어떠하든지 간에 그 행동을 판단하거나 평가하지 않고 있는 그대로 받아들이는 것이다. 수용은 상대방의 성장, 발전, 건설적 변화를 가져오고 문제 해결 능력을 기르고 심리적으로 건강한 방향으로 나아가도록 하며, 수용의 기법으로는 아동의 생각과 감정을 계속적으로 탐색할 수 있도록 하는 반영적 경청과 적극적 경청으로 이루어질 수 있다.

▶ **반영적 경청**: 내담자로 하여금 자신들의 생각과 감정이 존중되고, 이해되며 수용되고 있다고 느끼게 한다. 더 나아가 대화를 촉진하고 감정을 완화시키게 된다. 또한 자신을 분명하게 바라볼 수 있도록 하는 거울의 역할을 하여 문제를 다시 생각해 보도록 하고 내담자 스스로가 자신의 문제를 해결하도록 책임을 부여한다.

▶ **적극적 경청**: 상대가 무엇을 느끼고 있는가를 상대의 입장에서 받아들이는 공감적 이해가 중요하고, 자신이 갖고 있는 고정 관념을 버리고 상대의 태도를 받아들이는 수용의 정신, 자신의 감정을 솔직하게 전하고 상대를 속이지 않는 성실한 태도가 필수적이다.

(2) 반영

반영(reflection)은 아동의 의사소통에 중요한 요소로 비추는 기법이라 한다. 감정, 내용, 행동의 반영은 아동이 이해하는 것을 알 수 있게 하고, 아동의 이야기가 중요하다는 것을 증명할 수 있다. 또한 반영은 아동이 상담자에게 말한 것을 확인하는 방법으로 이것이 매우 단순한 과정처럼 보이지만 사실은 그렇지 않다. 대부분의 사례에서 아동들의 감정이 확인되는 것은 아니다. 그러므로 반영은 강력한 임상적 상담 도구로, 단순히 아동이 말한 것을 넘어서서 상담자가 아동이 느끼는 것을 진실로 이해하고 있음을 전하는 의사소통이어야 한다.

(3) 공감

공감(empathy)은 아동이 경험한 정서를 같이 경험하는 것을 의미하는 것으로, 아동의 감정을 그들의 입장에서 이해하고 느끼는 것뿐만 아니라, 이해하고 느낀 감정을 아동에게 말로 표현하여 전달해 주는 것을 말한다. 상담자는 아동의 입장이 되어 보려고 시도해야 하며, 마음 깊이 들어가려고 시도해야 한다.

(4) 침묵

초보 상담자나 아동은 상담 중에 침묵(silence)이 흐르는 것을 어색해 하거나 불안해한다. 상담 과정 중의 침묵에 대한 이해는 상담을 생산적으로 하는 데 중요하다고 할 수 있다. 침묵에는 상담자의 침묵과 내담자 아동의 침묵이 있다.

상담자의 침묵은 아동이 생각을 정리하여 말로 표현하는 데 필요한 시간을 주고 기다려 주는, 아동 중심의 끈기 있는 상담자의 태도라고 할 수 있다. 또한, 상담에 있어 아동을 더 깊은 수준의 사고와 감정으로 들어가도록 동기화하는 데 사용될 수 있는 기법이기도 하다.

상담 과정에서 아동들은 다양한 이유로 침묵할 수 있다. 가장 명백한 것은 말할 것이 없을 때 침묵한다. 아동이 상담자로부터 위협받았을 때, 말할 것이 불확실할 때, 처벌받고 비난받는 것을 두려워할 때 또는 말한 것이 거부될 것을 두려워할 때 침묵할 수 있다. 이때 상담자는 "만약 네가 좋다면 여기서 말을 안 하고 있어도 괜찮아."라고 말해 줄 수 있다.

(5) 명료화

명료화(clarification)는 아동의 문제를 거울에 비추어 보듯이 분명하게 하는 작업을 말한다. 아동의 입장에서 문제를 경청하고 객관적인 입장을 유지하는 것이 명료화의 전제라고 할 것이다. 명료화는 아동의 문제 갈등뿐만 아니라 문제 갈등에 연관된 내부적 진실도 분명하게 한다.

명료화는 아동이 진술한 것 이상의 것을 듣는 것이 포함된다. 그러기 위해서 상담자는 듣거나 보았던 의미 있는 자료를 다시 정리하고 새로운 말로 혼란스러운 상황을 단순화하여 아동에게 말로 표현해 주어야 한다.

(6) 질문

질문(questions)하는 것은 상담자가 아동과의 관계 형성, 아동의 입장을 이해하기 시작할 때 필요한 정보를 얻는데 가장 효과적인 최선이 방법이다. 질문은 호기심으로 갑작스럽게 해서는 안 되고, 그 단계에서 일어날 것과 관련된 것으로 자연스럽게 아동과 함께 대화하건 놀이를 하면서 시도해야 한다.

질문을 사용할 때 주의해야 할 것은 아동에게 '왜'라는 질문은 아동에게 부정적인 영향과 방어적인 태도를 불러일으킬 수 있고 때로는 긴장 상태 하에서 완전히 거짓말을 할 수도 있다.

(7) 비언어적 단서의 활용

상담자는 지속적으로 아동의 비언어적 단서, 즉 신체 언어를 탐색하고 아동의 내적 세계에서 일어나고 있는 일에 관심을 가져야 한다. 상담자들은 아동의 긴장, 지루함, 무기력함, 그리고 저항 등을 드러내는 얼굴 붉힘이나 그 외의 다른 신체적 언어와 같은 정서적 암시를 찾아야 한다.

(8) 역할놀이

치료적 관계형성에 도움을 주고 아동과 적극적으로 상호작용하는 데 도움이 되는 기술에는 역할놀이(role play)가 있다. 역할놀이에서 상담자는 세 가지 목소리, 즉 자신의 보통 목소리, 역할 목소리, 속삭임 목소리를 이용한다.

상담자가 아동의 감정을 반영하고 해석하며 아동에게 일어나는 것에 대한 치료적 평가를 하는 데는 목소리를 이용하고, 아동이 역할놀이를 위하여 창조한 역할에서는 역할 목소리를 이용할 수 있다. 아동에게 다음에 무엇을 할 것인지, 무엇을 말할 것인지에 대하여 묻거나 역할놀이의 방향을 물어 볼 때에는 속삭이는 목소리를 이용하기도 한다.

2) 중기 단계

(1) 제안

제안(suggestions)이란 어떤 분야에서 지식이 더 많은 사람이 지식이 부족한 사람에게 문제를 해결해 나가는 방법에 대한 충고를 제공하는 것으로 생각하기 쉽다. 충고보다 다소 덜 직접적인 방법이 제안인데 이것은 상담자가 아동에게 구체화적인 방법을 제시하지 않고 많은 행동 과정을 포함하는 대안을 제시하는 기법이 있다. 여러 대안을 제안함에 있어서 상담자는 아동에게 대안을 거부할 선택의 자유를 주어야 한다.

(2) 정보

아동 상담자에게 지식, 성향, 흥미 등에 대한 정보(information)를 제공해 줄 것을 요청한다. 아동들이 정보를 찾고 있는 것이 분명하고 상담자가 요청받은 정보를 가지고 있으면 상담자는 주저 없이 그것을 제공할 것이다.

상담자들이 정보를 제공할 때 유의해야 할 점은 정보 그 자체보다 아동이 정보를 어떻게 인식하고 어떻게 사용하는가를 이해하여야 한다. 이때 상담자는 단순히 아동의 요청에 따라 많은 양의 정보를 제공하지 않도록 주의해야 한다.

(3) 해석

해석(interpretation)은 아동의 특정한 행동 방식의 이유를 파악하는 것으로, 아동이 자신의 감정과 행동, 자신의 문제에 대한 통찰력을 발달시키고, 새로운 관점을 생각, 개발하고 폭넓은 대안을 조사할 수 있도록 돕기 위하여 사용되는 기법이다.

(4) 미완성된 생각

미완성된 생각(incomplete thought)은 상담자가 아동에게 표현하게 하거나 상담자가 생각이나 주제의 부가적인 측면으로 논의하거나 좀 더 표현하고자 할 때 사용한다. 상담자와 아동이 서로 논의하다가 상담자가 문장이나 생각을 시작만 하고, 아동이 완성하도록 중간에서 멈추는 것이다.

(5) 질문

질문(questions)은 상담자들이 단순한 정보를 탐색하기 위하여, 수정하기 위하여, 또는 반영하기 위하여 질문한다. 질문과 관련하여 상담자의 질문만 있는 것이 아니라 내담 아동의 질문에 대해서도 생각해야 한다. 아동의 질문도 일반적으로 정보를 추구하는 질문이 아니라고 이해하여야 한다. 오히려 아동의 질문은 감정과 생각의 표현이다. 대부분의 경우 아동들은 질문을 통하여 상담자의 지지와 동의를 원하기도 한다.

(6) 임시 분석과 임시 가설

임시 분석과 임시 가설(tentative analysis and tentative hypothesis)은 상담자들이 그들의 행동 목적과 원인을 이해하도록 돕기 위하여 이 반응을 사용할 수 있다. 이 기법은 진실 된 반응이 더 유용하며 "혹시 …가 아닐까", "…라고 생각할 수 있을까?" 또는 "내 생각에는 …"식의 표현법을 사용할 수 있다.

(7) 자기 노출

자기 노출(self- disclosure)은 상담자의 과거 경험에 입각한 실제적인 정보를 제공해 주는 반응으로 아동의 자아나 문제에 직접적으로 관련된 것으로 치료를 향상시키는 것이어야 한다. 자기 노출을 통하여 아동은 치료적 관계 향상과 변화를 경험하게 된다.

3) 종결기 단계

(1) 문제해결과 결정내리기

궁극적으로 상담은 아동이 보다 더 효과적이고 더 행복해질 수 있는 행동을 하게 하는 것이다. 상담자는 문제를 해결해 주는 것이 아니라 아동 스스로 자신의 문제 해결에 책임이 있다는 것을 알도록 하고 문제 해결 능력을 신장시켜 주어야 한다.

상담자는 아동이 기존 해결 노력을 탐색하고, 아동의 기존 문제 해결 노력을 위로하고 격려하며, 기존 해결 노력의 역할은 무엇이고 한계는 무엇인가 평가하며, 기존 해결 노력보다 나은 대안을 모색해 보는 과정을 밟도록 격려한다.

(2) 직면

직면(confrontation)은 내담자의 사고, 감정, 행동에 있는 어떤 불일치나 모순에 도전하는 상담자의 반응이다. 직면을 통하여 모순된 언행을 지적하는 일, 직면에 대한 내담자의 반응을 분석하는 일은 모두 아동을 새로운 통찰로 이끌어 바람직한 변화를 유도하는 수단으로 활용되어야 한다.

(3) 즉각성

즉각성(immediacy)은 상담 관계에서 현재의 순간, 상담자와 아동 사이에 무엇이 일어났는가를 설명하는 것이다. 즉각적인 반응은 내담자와 그 당시 상담 문제에 대하여 상담자의 감정을 솔직하게 표현해 줄 필요가 있을 때 사용한다. 또한, 이것은 무의식 속에 억압되어 있는 것을 아동이 인식하고 조사하도록 도와주기 위하여 상담자가 의식적이고 객관적으로 하는 시도이기도 하다. 상담자와 아동이 상호작용할 때는 언제나 감정이 포함된다.

(4) 격려

격려(encouragement)는 아동의 행동을 적극적으로 지지해 주고 강화해 주어 아동으로 하여금 용기와 책임감, 그리고 부지런함을 일깨워 자신의 삶의 문제에 당당히 직면하고 자신의 문제를 해결할 수 있도록 돕는 것이다. 격려받는 아동은 자신이 가치 있고 스스로를 잘 통제하며 잘하고 있다는 느낌을 갖게 된다.

인간은 자신의 강점을 기초로 자신을 세우기 때문에 상담자는 아동의 강점과 장점을 찾는 것부터 상담을 시작해야 한다. 이러한 과정을 거쳐 알게 된 아동의 긍정적인 면과 강한 면은 강조하여 강화시켜 주어야 한다.

※ 상담 과정 동안 지켜야 할 규칙

- 상담 시간을 준수합니다.
- 치료 시간의 변경은 가급적 피합니다.
- 상담 시간에 있었던 일은 아동에게 맡겨 두세요.
- 상담 센터에 가는 날을 둘만의 데이트로 활용합니다.
- 문제 해결을 위하여 상담자와 부모가 함께 노력합니다.
- 부모상담(10~15분)도 아동 상담만큼 중요하게 여깁니다.
- 상담 종결은 상담자와 함께 상의하여 결정합니다.
- 부모 먼저 치료사를 믿는 모습을 보여 줍니다.
- 치료를 빌미로 아동을 협박하거나 비난하지 않습니다.
- 치료실에서의 치료적 제한에 대하여 이해합니다.

출처: 최명선 외(2014). 아동상담 처음부터 끝까지

※ 아동의 생각과 감정을 이해하는 데 도움이 되는 비언어적 암시

- 개방성: 손을 펴기, 손바닥을 보이기
- 방어: 팔짱을 끼기, 다리를 의자에 올리기, 의자를 방패로 사용, 다리 꼬기, 손을 머리 앞에 두기, 손바닥을 내밀기, 손가락을 구부리기
- 평가: 의자 가장자리에 앉기, 눈을 깜박이지 않고 응시하기, 손을 뺨에 대기, 손바닥으로 턱 받치기, 머리를 비스듬히 하기, 턱 쓰다듬기
- 의식, 비밀: 입에 손대기, 곁눈질하기, 발과 몸 전체를 문 쪽으로 향하기, 코 만지기
- 행복: 상담자의 눈과 다른 사람들의 눈을 바라보기(행복하지 않은 아동들은 일반적으로 이렇게 하지 않음)
- 특별한 관심: 눈을 크게 뜨기
- 불확실성: 이야기하는 동안 곁눈질하기
- 불안: 반지, 팔찌, 시계 등을 가지고 놀기(좌절: 경련적인 몸동작하기)
- 반영: 응시, 이마에 주름살 만들기
- 권위를 보임: 그 사람 앞에서 손가락을 까딱거리기, 죄의식: 입 가리기
- 자신감: 손가락으로 뾰족한 모양 만들기
- 우울: 생기와 유머가 없고 의기소침함
- 거부: 의자 뒤쪽에 기대앉기

※ 아동 상담에서 격려하는 여러 가지 표현(Kottman, 1995)

- 아동의 능력에 대한 믿음 보여주기

  "너 스스로 해결했구나."

  "너는 블록 쌓기를 점점 더 잘하는구나. 네가 원하는 것을 모두 해냈구나 ."

  "선이 곧게 그어지지 않아서 실망했구나. 하지만 지난주에 했던 것보다 이번 주에 똑바로 선을 그었어."
- 노력을 인정해주기

  "할 수 없을 것이라고 생각했던 일을 해 보았구나."

  "네가 원하는 대로 선이 똑바로 그어지지 않아서 실망했구나. 어떤 일은 네가 원하는 만큼 정확히 할 수 없단다. 네가 열심히 노력했다는 것이 정말 중요한 거야."
- 강점과 장점에 초점두기

  "그것이 어떤 일이고, 어떻게 해결하는가 알고 있구나."

  "저 탑을 세운 것에 대하여 너는 정말로 자랑스러워하는구나."

  "와! 모래 상자를 가지고 내가 무엇을 하고 싶어 하는지를 정확하게 아는 것 같구나."

- 무조건 수용하기(행위자라 아니라 행위를 강조할 것)
  "그림을 그렸구나. 즐거워 보여."
  "장난감을 모두 집어 올려서 치우는구나. 네 스스로 자랑스러워하는 것 같아."
- 긍정적인 면에 초점을 두기
  "와! 6개를 맞추었네."
  "망치로 때려도 깨지지 않을 물건을 두 개나 생각해냈구나."
- 아동의 흥미에 관심 표현하기
  "지난주에 한 축구 게임은 어떠했니?"
  "네가 놀이실에 공룡 그림을 가져온 것을 보았는데 너는 공룡에 대하여 많이 알고 있는 것 같구나."
  "새끼 고양이가 생겼구나. 우리 고양이에 대하여 이야기할까?"
- 불완전한 것을 보여주기
  "내가 불을 켜는 것을 잊어 버렸어. 대신 불을 켜 줘서 고마워."
  "미안해. 내가 졌어. 나는 다음번에는 좀 다르게 할 거야."
- 실수로부터 배우기
  "물감을 쏟아서 나쁜 일이 일어날까 봐 두려워하고 있구나. 놀이실에서는 때로 사고가 발생한단다. 만약, 네가 물감을 쏟았을 때 일어날 수 있는 나쁜 일은 무엇이 있을까?"

4 특수아 교육

1) 특수교육

특수교육(特殊敎育, special education)은 문자가 의미하는 그대로 '특별한 교육적 요구를 지닌 아동을 대상으로 하여 특별하게 계획된 교육'을 말한다.

특수교육은 장애아동의 독특한 교육적 요구에 대하여 적합한 교육내용으로 특별한 방법과 매체 등의 활용으로 개개인의 학업성취와 잠재능력을 배양하기 위해서 학교교육에서 이루어지는 통섭적인 교육활동이라고 할 수 있다.

즉, 특수교육이란 학습자의 교육적 요구가 평균으로부터 크게 벗어나 특별한 교육적 지원을 필요로 하는 장애나 결함을 지닌 학습자를 대상으로 하는 교육을 의미한다.

▣ 「장애인 등에 대한 특수교육법(2008)」에서의 정의

특수교육대상자의 교육적 요구를 충족시키기 위하여 특성에 적합한 교육과정 및 특수교육 관련서비스 제공을 통하여 이루어지는 교육 예, 시각장애를 지니는 아동의 성공적인 학업성취를 위해 교육과정 수정과 보조공학(휴대용 독서확대기 또는 점자정보단말기 등)의 지원으로 특별히 고안된 교육이라고 이해하면 될 것이다.

2) 특수교육의 목적

「장애인 등에 대한 특수교육법 제1조」 에서는 특수교육법의 목적을 다음과 같이 명시하고 있다.

「교육기본법」 제18조에 따라 국가 및 지방자치단체가 장애인 및 특별한 교육적 요구가 있는 사람에게 통합된 교육환경을 제공하고 생애주기에 따라 장애유형 · 장애 정도의 특성을 고려한 교육을 실시하여 이들이 자아실현과 사회통합을 하는 데 기여함을 목적으로 한다.

3) 특수교육대상자

'특수교육대상자는 누구인가?' 라는 물음은 특수교육에서 매우 중요한 의미를 갖는다. 이러한 특수교육대상자의 규정은 법에서 지정한 요건에 속하게 되면 곧 국가로부터 의무교육과 무상교육으로 제공하게 될 모든 형태의 특수교육과 관련 지원 서비스를 받을 교육권의 권리가 있다는 것을 뜻하는 것이다.

특수교육대상자는 「장애인 등에 대한 특수교육법」 에 다음과 같이 구체적으로 규정하고 있다.

※ 제15조에 따라 특수교육을 필요로 하는 사람으로 선정된 사람

특수교육대상자는 「장애인 등에 대한 특수교육법」 의 시행령에 다음과 같이 구체적으로 11개 영역으로 규정하고 있다.

① 시각장애 ② 청각장애 ③ 지적장애(2016.2.6. 개정) ④ 지체장애 ⑤ 정서 · 행동장애 ⑥ 자폐성 장애 ⑦ 의사소통장애 ⑧ 학습장애 ⑨ 건강장애 ⑩ 발달지체 ⑪ 그 밖에 두 가지 이상의 장애가 있는 경우 등 대통령령으로 정하는 장애

특수교육대상자 = 장애아동 (X) 특수교육대상자 = 특수교육대상자로 선정(O)

위의 물음에 대부분의 사람들은 특수교육대상자는 모두 장애아동으로 이해하는 경향이 많이 있지만 사실 그렇지 않는 경우도 있다.

예를 들면, 후천적인 교통사고로 인하여 다리에 상해를 입어 지체장애로 「장애인복지법」에 정한 법적 장애인으로 등록하였더라도 의족을 착용하고 일반학교 일반학급의 교육적 성취에 또래 비장애아동과 동일하게 참여하는데 문제가 없어 특수교육대상자로 선정이 안 된 경우도 있기 때문이다.

특수교육대상자 선정기준은 아래의 〈표 1-1〉과 같이 「장애인 등에 대한 특수교육법」 시행령에서 구체적으로 규정하고 있다.

〈표 1-1〉 특수교육대상자 선정기준

1. 시각장애	시각계의 손상이 심하여 시각기능을 전혀 이용하지 못하거나 보조공학기기의 지원을 받아야 시각적 과제를 수행할 수 있는 사람으로서 시각에 의한 학습이 곤란하여 특정의 광학기구 · 학습매체 등을 통하여 학습하거나 촉각 또는 청각을 학습의 주요 수단으로 사용하는 사람
2. 청각장애	청력 손실이 심하여 보청기를 착용해도 청각을 통한 의사소통이 불가능 또는 곤란한 상태이거나, 청력이 남아 있어도 보청기를 착용해야 청각을 통한 의사소통이 가능하여 청각에 의한 교육적 성취가 어려운 사람
3. 지적장애	지적 기능과 적응행동상의 어려움이 함께 존재하여 교육적 성취에 어려움이 있는 사람
4. 지체장애	기능 · 형태상 장애를 가지고 있거나 몸통을 지탱하거나 팔다리의 움직임 등에 어려움을 겪는 신체적 조건이나 상태로 인해 교육적 성취에 어려움이 있는 사람

5. 정서 · 행동 장애	장기간에 걸쳐 다음 각 목의 어느 하나에 해당하여, 특별한 교육적 조치가 필요한 사람 가. 지적 · 감각적 · 건강상의 이유로 설명할 수 없는 학습상의 어려움을 지닌 사람 나. 또래나 교사와의 대인관계에 어려움이 있어 학습에 어려움을 겪는 사람 다. 일반적인 상황에서 부적절한 행동이나 감정을 나타내어 학습에 어려움이 있는 사람 라. 전반적인 불행감이나 우울증을 나타내어 학습에 어려움이 있는 사람 마. 학교나 개인 문제에 관련된 신체적인 통증이나 공포를 나타내어 학습에 어려움이 있는 사람
6. 자폐성장애	사회적 상호작용과 의사소통에 결함이 있고, 제한적이고 반복적인 관심과 활동을 보임으로써 교육적 성취 및 일상생활 적응에 도움이 필요한 사람
7. 의사소통 장애	다음 각 목의 어느 하나에 해당하여 특별한 교육적 조치가 필요한 사람 가. 언어의 수용 및 표현 능력이 인지능력에 비하여 현저하게 부족한 사람 나. 조음능력이 현저히 부족하여 의사소통이 어려운 사람 다. 말 유창성이 현저히 부족하여 의사소통이 어려운 사람 라. 기능적 음성장애가 있어 의사소통이 어려운 사람
8. 학습장애	개인의 내적 요인으로 인하여 듣기, 말하기, 주의집중, 지각(知覺), 기억, 문제 해결 등의 학습기능이나 읽기, 쓰기, 수학 등 학업 성취 영역에서 현저하게 어려움이 있는 사람
9. 건강장애	만성질환으로 인하여 3개월 이상의 장기입원 또는 통원치료 등 계속적인 의료적 지원이 필요하여 학교생활 및 학업 수행에 어려움이 있는 사람
10. 발달지체	신체, 인지, 의사소통, 사회 · 정서, 적응행동 중 하나 이상의 발달이 또래에 비하여 현저하게 지체되어 특별한 교육적 조치가 필요한 영아 및 9세 미만의 아동

4) 특수교육 현황

최근 통합교육이 강조되고 있는 현 시점에서 특수아동에 대한 특수교육의 주요 현황과 변화의 추세를 살펴보는 것은 의미 있고 필요한 사항이다.

(1) 특수교육대상자 수

2022년 기준으로 총 103,695명이며 세부적인 현황은 〈표 1-2〉와 같다.

〈표 1-2〉 특수교육대상자 장애영역별 및 학교별 배치 현황(2022. 4. 1 기준)

<table>
<tr><th colspan="3" rowspan="2">배치별</th><th rowspan="2">특수학교</th><th colspan="2">일반학교</th><th rowspan="2">특수교육 지원센터</th><th rowspan="2">계</th></tr>
<tr><th>특수학급</th><th>일반학급 (전일제통합학급)</th></tr>
<tr><td colspan="3">특수교육대상자 수</td><td>27,979</td><td>57,948</td><td>17,514</td><td>254</td><td>103,695</td></tr>
<tr><td rowspan="18">학생 수</td><td rowspan="11">장애영역별</td><td>시각장애</td><td>1,077</td><td>226</td><td>460</td><td>3</td><td>1,753</td></tr>
<tr><td>청각장애</td><td>589</td><td>675</td><td>1,689</td><td>8</td><td>2,961</td></tr>
<tr><td>지적장애</td><td>14,420</td><td>34,162</td><td>5,120</td><td>16</td><td>53,718</td></tr>
<tr><td>지체장애</td><td>3,913</td><td>3,308</td><td>2,357</td><td>61</td><td>9,639</td></tr>
<tr><td>정서행동장애</td><td>87</td><td>1,169</td><td>609</td><td>–</td><td>1,865</td></tr>
<tr><td>자폐성장애</td><td>6,995</td><td>8,917</td><td>1,110</td><td>2</td><td>17,024</td></tr>
<tr><td>의사소통장애</td><td>208</td><td>1,414</td><td>1,000</td><td>–</td><td>2,662</td></tr>
<tr><td>학습장애</td><td>10</td><td>663</td><td>405</td><td>–</td><td>1,078</td></tr>
<tr><td>건강장애</td><td>9</td><td>110</td><td>1,829</td><td>–</td><td>1,948</td></tr>
<tr><td>발달지체</td><td>671</td><td>7,304</td><td>2,945</td><td>167</td><td>11,087</td></tr>
<tr><td>계</td><td>27,979</td><td>57,948</td><td>17,514</td><td>254</td><td>103,695</td></tr>
<tr><td rowspan="7">학교과정별</td><td>장애영아</td><td>105</td><td>–</td><td>–</td><td>254</td><td>350</td></tr>
<tr><td>유치원</td><td>999</td><td>5,291</td><td>1,958</td><td>–</td><td>8,248</td></tr>
<tr><td>초등학교</td><td>9,355</td><td>30,964</td><td>8,129</td><td>–</td><td>48,448</td></tr>
<tr><td>중학교</td><td>6,162</td><td>11,317</td><td>3,983</td><td>–</td><td>21,462</td></tr>
<tr><td>고등학교</td><td>6,251</td><td>10,172</td><td>3,444</td><td>–</td><td>19,867</td></tr>
<tr><td>전공과</td><td>5,107</td><td>204</td><td>–</td><td>–</td><td>5,311</td></tr>
<tr><td>계</td><td>27,979</td><td>57,948</td><td>17,514</td><td>254</td><td>103,695</td></tr>
<tr><td colspan="3" rowspan="2">학교 및 센터 수</td><td rowspan="2">192</td><td>9,056</td><td>8,109</td><td rowspan="2">198</td><td rowspan="2">12,318</td></tr>
<tr><td></td><td>11,928</td></tr>
<tr><td colspan="3">학급 수</td><td>5,266</td><td>12,712</td><td>16,617</td><td>56</td><td>34,640</td></tr>
<tr><td colspan="3">특수학교(급)교원 수</td><td>9,866</td><td>13,632</td><td>–</td><td>1,464</td><td>24,926</td></tr>
<tr><td colspan="3">특수교육 보조인력 수</td><td>4,422</td><td>9,167</td><td>329</td><td>–</td><td>14,318</td></tr>
</table>

출처: 교육부(2022). 특수교육 연차보고서.

(2) 장애영역별 및 년도별 배치현황

장애영역별 현황을 살펴보면 지적장애, 지체장애, 자폐성장애 3개 영역의 특수교육대상자 비율이 전체 대상자 수 중 77.5% 가장 많이 배치되어 있다.

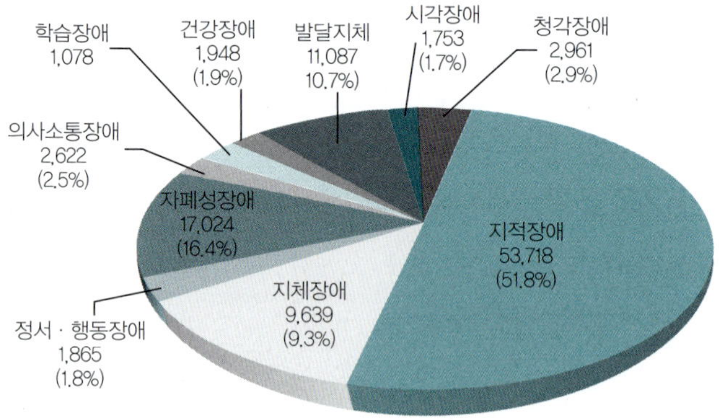

계: 103, 695명

[그림 1-5] 장애영역별 특수교육대상자 현황

아래 〈표 1-3〉은 국가통계포털 2022. 4. 29 기준으로 특수보육어린이집 현황에 대한 내용이다.

〈표 1-3〉 특수보육어린이집 현황

특수보육별	2019		2020		2021	
	어린이집수 (개소)	1)아동현원 (명)	어린이집수 (개소)	1)아동현원 (명)	어린이집수 (개소)	1)아동현원 (명)
합계	10,390	57,460	10,168	44,447	10,113	44,201
영어전담	405	13,912	366	11,276	344	10,432
장애아전문	176	6,301	177	6,206	178	6,264
장애아통합	1,100	4,568	1,211	4,959	1,317	5,578
2)방과후	229	2,079	195	1,742	175	1,465
시간 연장	8,015	29,908	7,769	19,662	7,671	19,949
휴일	312	143	298	124	283	112
24시간	153	549	152	478	145	401

제2장

특수아 상담 및 부모교육

1. 특수아 부모의 이해
2. 특수아 상담의 이해
3. 특수아 상담의 전문성
4. 특수아 부모교육

학습목표

1. 특수아 부모가 겪는 심리와 가족에 대하여 알 수 있다.
2. 특수아 부모의 상담 원리 및 유형, 방법, 효과에 대하여 알 수 있다.
3. 특수아 상담자의 전문성과 특수아 부모교육에 대하여 알 수 있다.

생각나누기

⊙ 특수아 상담은 아동의 차이보다 각 아동이 지니는 독특한 개별적 특성의 차이가 더 크기 때문에 장애를 지니는 영역의 차이에도 불구하고 장애아동 및 장애 위험군 아동들은 개인으로서 이해하고 인간으로서 이해하여야 할 것이다. 특수아 상담을 하는 교사는 일반상담의 연속선상에서 특수아의 전반적인 발달에 관한 전문적인 지식능력을 함양 후 상담하여야 한다.

⊙ 부모교육은 장애아를 키우는 부모로서 역량을 키우고 자신의 자녀가 장애아라는 현실을 인지하기까지의 심리적인 고통이 수반되기 때문에 충격이나 죄의식에서 벗어나지 못하는 부모들을 심리적 긴장감을 해소하는 법이나 자녀의 재활을 위한 정보를 얻고 효과적으로 자녀를 양육하는 데 도움을 주는 교육이어야 한다.

I 특수아 부모의 이해

1) 특수아 가족

가족 공동체 형성에 있어서 가족 구성원의 탄생은 가족 구성과 생활양식의 변화를 초래하여 가족 간의 화합과 상호 관계의 변화를 이끌어 내는 발원점이 된다. 그러나 장애가 있는 자녀가 출생하는 경우 또는 자녀에게 후천적으로 장애가 발생하는 경우에는 가족 구성원 각자의 개인적 차원의 변화뿐만 아니라 가족의 생활 전반에 걸친 변화가 발생한다. 특히 한국에서는 결혼을 하게 되면 부부관계 중심의 문화보다는 자녀의 출생과 더불어 자녀 중심의 문화가 우선시하기 때문이다. 즉 자녀의 요구와 활동을 우선시하기 때문에 자녀의 특별한 요구에 따라 가족의 변화도 동시에 수반된다(정영선, 조영숙, 2013).

특수아를 둔 가족들은 장애아로 인하여 생활환경, 가족구조 그리고 가족기능과 역할에 다양한 변화들을 경험하며 살아가게 된다. 어떤 장애아 가족은 장애자녀를 통해 그들이 처한 현실을 함께 적응하고 극복하여 가족관계가 긍정적으로 발전하는 계기가 되기도 한다. 그러나 어떤 경우에는 장애아 가족이 처한 상황에서 비롯되는 일련의 감정적 변화과정들을 긍정적이고 합리적으로 수용하지 못한 것이 만성적인 슬픔과 고통의 부정적인 경험으로 이어져 모든 가족구성원은 어려움을 겪게 되기도 한다.

장애아 가족이 겪게 되는 이러한 어려움들은 장애아 당사자는 물론, 부모 그리고 장애아의 비장애형제들도 함께 겪게 되며, 특히 비장애형제들은 장애형제에 대해 때때로 부모의 대리역할을 맡게 되는 경우가 많다. 그러므로 장애아 가족은 정서적으로는 죄의식과 위축감을 가지는 동시에 자신이 장애형제를 잘 돌보지 못하고 있다는 죄책감을 가질 수 있다(김영숙, 2010). 장애아 부모는 장애아의 양육, 전문가와 상담, 교육, 다양한 재활치료 과정에 참여하면서, 신체적 · 경제적 · 심리적 · 사회적 부담 등으로 인하여 스트레스를 경험하게 되며, 비장애형제 및 자매들과 장애자녀의 양육문제, 관계문제, 심리적 문제 등에 대해서도 대처해야 한다.

또한 자녀의 특수한 욕구에 적합한 부모역할과 재활치료 등에 대해서도 전문적인 도움을 구해야 한다. 그리고 장애아 주위에 있는 모든 가족 구성원들과 친지들의 반응에 대해서도 협력적 지원을 요청해야 한다. 이것이 장애아 가족이 당면하고 있는 현실이며, 부모 개인적인 차원에서 이러한 도움을 요청하고 해결해 나가야 하는 것이 현실이다(정영선, 조영숙, 2013). 다음의 [그림 2-1]은 발달장애아 가족의 정서적 안정을 위한 휴식지원 서비스이다.

[그림 2-1] 발달장애인 가족휴식 지원사업

출처 : 세종굿뉴스(http://www.sjgoodnews.com).

발달장애인 휴식지원 프로그램이란 보건복지부의 장애아가족 양육지원사업의 일환으로 사회복지법인 세종중앙(대표이사 민병원)에서 위탁 받아 관리하는 사업이다. 본 사업은 장애아가족의 아동 돌봄 서비스와 함께 관계회복 및 휴식지원을 위한 교육, 상담, 문화, 부모자조모임 등의 프로그램이다.

[그림 2-2]는 2022년 보건복지부에서 장애아가족을 대상으로 지원하는 돌봄서비스와 휴식지원프로그램 사업안내문 자료이다.

[그림 2-2] 돌봄서비스 및 휴식지원프로그램

2) 특수아 부모의 심리적 혼란기

우리는 타인을 있는 그대로 수용한다는 것이 말만큼 쉽지 않다는 것을 일상생활을 통해 늘 경험한다. 우리는 살면서 어떤 장면에서 어떤 사람을 만나게 되든지 상대에게 자신의 요구나 기대를 바라기에 앞서 먼저 그 사람 존재 자체에 대해 존중하는 태도를 취해야 한다고 수도 없이 들었다. 하지만 현실에서 이런 생각을 자신의 삶 속에서 제대로 기능하게 하는 것은 그 누구에게든 결코 쉽지 않은 일이다. 인간이 서로 다르다는 것은 지극히 당연한 사실이지만, 그 다름이라는 것이 자신을 불편하게 하는 어떤 것으로 예측될 때에는 더욱 그럴 것이다. 하지만 인류 공생의 역사를 보면 사실은 그러한 다름이 다양성 확보라는 생존 전략으로 역할을 해 왔다(최재천, 2012).

아마도 이런 이유로, 현재 우리 역시 서로가 다름으로 인해 겪게 되는 많은 삶의 도전들에 대해 능동적으로 그 해법을 찾고자 노력하고 있고 이러한 노력들은 우리 모두의 사회적 생존 전략으로서 개개인의 삶 전반에 걸쳐 아주 다양하게 전개된다. 이것은 친구 사이에서, 직장 동료와의 관계에서 또 가족구성원들 사이에서, 나아가 부모-자식 관계에 있어서도 마찬가지이다. 자녀의 고유한 가능성을 있는 그대로 수용하지 못하고 부모의 기대치에 맞게 키우려고 잘못된 양육 행동을 하는 부모가 얼마나 많은가?

장애를 지닌 자녀와 그 부모의 관계에 있어서 역시 마찬가지이다. 대다수의 부모는 '그저 자식으로' 장애자녀를 받아들이지만 간혹 위에서 언급한 것과 같은 '사건'들이 벌어지는 것 역시 현실이다. 이렇게 봤을 때 만약 장애아동 부모가 자신의 자녀를 또는 장애아동 부모로서 자기 자신을 있는 그대로 수용하는데 어려움을 갖게 된다면 그것은 근본적으로 자신이 기대했던 혹은 경험했던 바와는 다른 어떤 현실에 대해 인간이 갖게 되는 보편적인 두려움이나 혼란과 관련이 있다.

장애아 가족은 심리적, 정서적, 경제적, 대인관계 등에서 많은 어려움을 겪게 된다. 각 단계마다 가족단위의 상담이 요구된다. 첫째는 가족 구성원인 부모, 형제, 자매들이 장애에 대한 이해, 둘째는 장애아에 대한 다양한 재활과 교육에 가족이 함께 지원하고 참여하는 방법, 셋째는 생애주기별 적합한 발달단계에 적합한 정보수집, 넷째는 지역사회에서 장애아를 둘러싼 생태학적 환경의 인간관계 형성, 마지막으로 여러 가지 상황에서 발생할 수 있는 심리적 갈등 문제 등이다. [그림 2-3]은 장애부모의 심리적 단계 및 전문가 지원에 대한 내용이다.

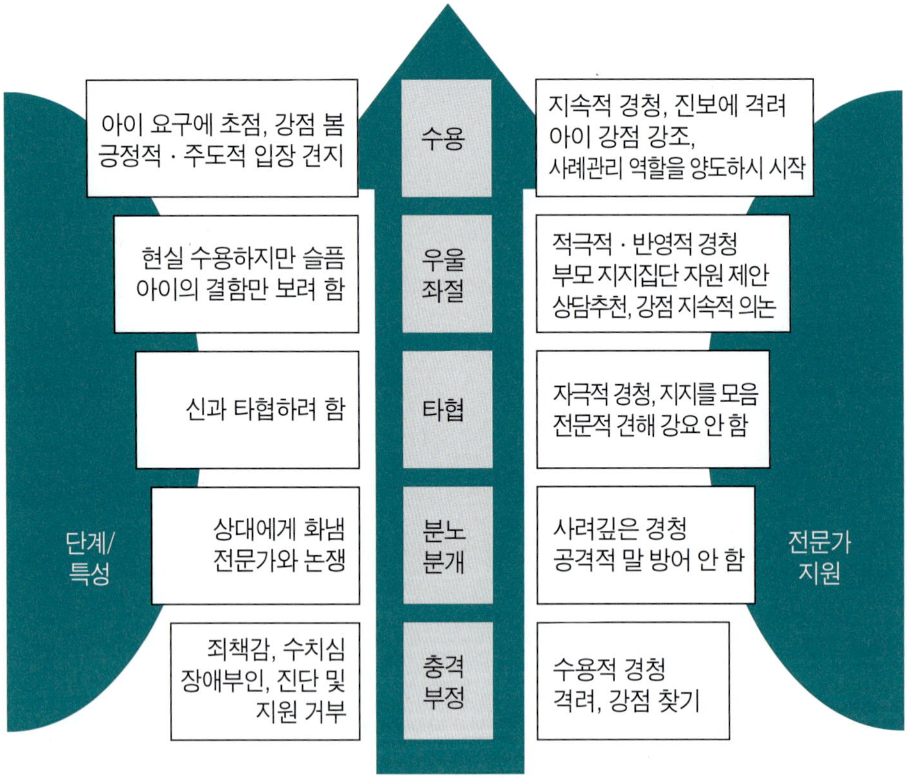

[그림 2-3] 장애부모의 심리적 단계 및 전문가 지원

출처: 윤치연 외(2004).

3) 특수아 부모의 역할

다운증후군 자녀를 둔 어머니 Beck은 그녀의 저서 〈아담을 기다리며〉에서 '엄마'와 '엄마 노릇을 하는 사람'을 구분하면서 엄마만큼, 혹은 엄마보다 더 중요한 사람은 엄마 노릇을 하는 사람이라고 했다. 여기서 '엄마 노릇을 하는 사람'은 아마도 그 역할을 수행해 내는 어떤 한 개인에 국한되는 것이 아니라 그런 개인들을 가진 사회가 필요하다는 뜻까지 내포하고 있을 것이다. 다시 말해 '그 사람'의 존재는 어떤 개인을 통해 드러날 수도 있고 어떤 사회 제도를 통해 표현될 수도 있는 것이다.

일본 최초의 발달장애인 공무원이라는 수식어로 항간을 떠들썩하게 했던 테츠유키의 생육사를 여러 권의 책으로 출판한 그의 어머니가 기록한 내용들을 보면 '엄마 노릇을 하는 사람'(이 경우 지역사회가 매우 강조되었다.)의 중요성을 새삼 실감할 수 있다. 예를 들어 그의 어머니는 테츠유키에게 인사하는 것을 가르치기 위해 우선 지역사회 이웃들에게 '길에서 테츠유키를 만나면 "테츠유키 안녕?"이라고 말해주세요.'라고 부탁하였다. 이후 사람을 만나도 제대로 인사할 줄 몰랐던 테츠유키가 만나게 되는 이웃들로부터 한결같이 "테츠유키 안녕?"이라는 말을 듣게 되면서 어느 순간부터 스스로 다른 사람들에게 인사할 수 있게 되었다고 한다. 흔히 말을 잘 못하거나 인지능력이 부족하면 그런 장애아동을 위한 '특별한 교육'이 우선되어야 한다고 생각하기 쉽지만, 현장에서 들려오는 효과적인 교수법은 그와 다른 경우가 많다. 다시 말해 아무리 '훌륭하고 독특한' 방법이라고 할지라도 일상과 격리된 환경에서 이루어지는 장애학생 교육에서는 그 한계가 있을 수밖에 없다.

특수아 부모의 역할에서 이런 이야기를 하는 까닭은 바로 이 속에 장애아동 부모교육의 본질이 담겨 있기 때문이다. 특수아는 장애아동이기 이전에 어린 아이이고, 어린이는 어린 아이기 이전에 인간이다. 즉 우리가 사람을 대할 때, 특히 교육 장면에서 인간 본질에 기초한 다양성을 인정하지 않고 그 어떤 '인간'을 '특별한 개인'으로 환원시켜버리면 곤란하다는 의미이다. 그리고 이런 관점에서 생각해 봤을 때 특수아 부모교육 역시 보편적인 부모관에서 시작되어야 할 것이다.

통상적으로 우리는 자녀가 '장애'가 있으면 그의 부모는 비장애 자녀를 둔 부모와는 달리 어떤 특별한 양육방법을 활용해야만 한다고 생각하기 쉬운데, 이런 생각은 현실적으로 부분적인 설득력이 있다고 하더라도 상당히 위험할 수 있다. 왜냐하면 모든 부모에게 있어서 자식은 일차적으로 또 본질적으로 그저 자식일 따름이며 따라서 부모 나름의 특별한 양육관을 가질 수는 있겠지만, 그 모든 양육과정은 궁극적으로 보편적인 아동발달의 기본 과정에 기대어 실천되어야만 하기 때문이다. 다시 말해, 서두에서 언급했듯이 자녀를 인간으로 또 어린이로 먼저 인식하지 않고 드러난 '장애'를 중심으로 '장애아동' 혹은 장애자녀로(만) 바라보고 어떤 특별한 양육방법을 구하게 된다면 결코 우리가 기대하는 긍정적이고 건강한 결과를 기대하기 어렵다. 부모는 자녀의 삶을 디자인할 권리가 주어진 사람이 아니라는 사실을 부모 스스로 인지하는 것이 중요하다.

언젠가 한 장애아 부모로부터 이제껏 그들이 아동에게 해 왔던 모든 것들(교육, 재활교육, 병원치료, 훈육 등)이 아동의 장애를 완화하기는커녕 사실은 아동의 결함을 더 부추기고 드러나게 하는 것에 불과했다는 가슴 아픈 고백을 들은 적이 있다. 아동을 장애 중심으로만 바라보았기 때문이다. 세상 사람 또는 소위 전문가가 말하듯이 장애아는 비장애아와는 근본적으로 다른 존재이고 따라서 어떤 '특수한' 처치(교육)가 필요하다고만 생각했었다는 것이다. 하지만 아동은 자라면서 우연한 기회를 통해 성장한 아동을 장애중심이 아닌 보통 성인으로 새로운 사람들을 만나게 되면서 부모는 뒤늦게 자녀의 새로운 모습을 경험하게 되었고 이제까지 고수해 온 아동을 대하는 특별한 방식에 대해 깊은 회의를 가지게 된 것이다(정은 2009).

※ 특수아 부모는 성공적인 생애주기별 단계별 효과적인 교육을 통한 환경중심의 생태학적 상호작용의 기회를 만들어 주는 역할을 지원해주어야 한다.

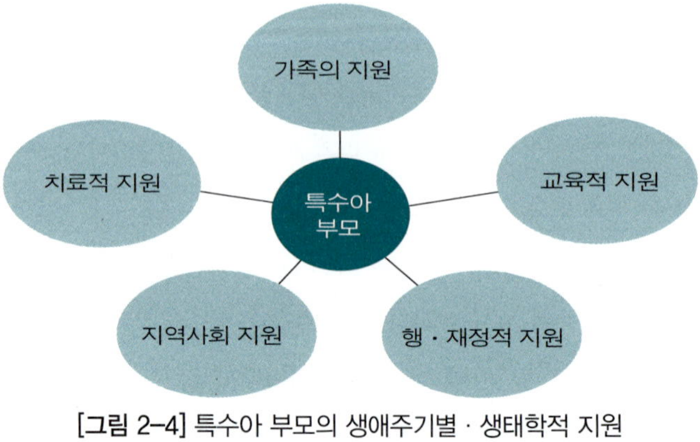

[그림 2-4] 특수아 부모의 생애주기별 · 생태학적 지원

4) 특수아 부모와 전문가의 협력

우리 사회의 현상은 부모와 전문가의 효과적인 협력관계가 부모상담과 부모교육의 영역에까지 지대하게 영향을 미치고 있다. 물론 보다 건강하고 행복하게 자녀와 소통해 나가기 위해 전문가의 소견을 참고하는 것이 필요하다. 부모는 장애아동과 함께 많은 시간과 섬세한 관심을 가지고 함께 생활하였으며, 따라서 여러 가지 전문적인 조언을 참고할 수 있다. 자녀 양육과 관련하여 부모가 책임감 있게 능동적으로 대처하려는 의지와 역량이 부족할 경우에는 부모와 다양한 전문가의 협력적 관계의 지원을 받아야 한다(권순우 외, 2020).

(1) 부모와 전문가의 협력 관계 시 유의할 사항

- 부모는 전문가에게 자녀의 특수아에 대한 '장애'와 관련된 어떤 '특별한 해법'을 요구한다. 전문가는 부모와 충분한 의사소통을 통하여 아동의 장애에만 집중하는 것이 아니라 아동발달 전반의 과정에 대하여 집중하도록 한다.
- 전문가의 치료 중심의 조언은 특수아 부모에게 많은 심리적, 물질적 부담을 주어 특수아 부모의 상담이 과도하게 '치료'적 관점 중심으로 진행되지 않도록 한다.
- 특수아에 대한 '장애 완화'라는 목적 아래 치료 중심으로 흘러가 버릴 때 우리가 아동의 성장기에 있어서 당연히 제공되어야 할 중요한 환경(또래 집단, 다양한 경험 등)을 간과하기 쉽다는 사실을 자각하는 것이다.
- 전문가는 부모상담에 있어서 부정적 영향을 최소화할 수 있도록 생애주기별 특수아에게 구체적이고 실질적인 교육 단계별 정보를 제공한다. 또한 다양한 접근의 부모교육 프로그램을 설계하여야 한다.
- 약물복용과 관련된 각종 치료의 효과성에 대해서는 특수아로서 장애를 지니는 당사자의 입장에서 신중하게 결정하도록 한다.
- 전문가는 특수아의 현재 발달수준을 정확히 이해하고, 발달 가능성과 잠재적 가능성이 있는 분야의 취향, 재능, 소질 등을 발견하여 진로 직업에 대한 미래 지향적인 방향성을 제시하도록 한다.

(2) 교사의 역할

교사는 어떤 특정 장애에 의해 아동의 삶이 특정한 패턴으로 진행되는 것이 아니라, 각각의 아동이 가진 다양한 가능성, 보다 정확히 말해 그 가능성을 둘러싼 환경과의 상호작용에 따라 그 아동의 삶이 만들어져 간다는 사실을 반드시 인지할 필요가 있다.

특수아 부모의 양육효능감을 증대해 나가는 작은 실천의 맥락에서 부모교육이 이루어진다면 부모와 교사(담임) 및 특수교사와의 긴밀한 협력은 자연스럽게 의미 있는 교육적 결과를 낳게 될 것이다.

▶교사는 특수아 부모상담이 사회통합 과정의 부분으로 기능할 수 있도록 해야 할 것이다. 특수아에 대한 특수교육의 궁극적인 목적 중 하나가 향후 건강한 사회구성원으로서 자립하여 살아가는 것이다. 이와 병행되는 부모 상담은 매우 중요한 실천이라고 할 수 있다.

▶특수아가 지닐 수 있는 약점이나 이와 관련된 교사의 어려움을 중심으로 어떤 훈계나 일반적인 양육지침 전달의 느낌이 강한 부모상담은 오히려 역효과를 낼 수 있다. 또한, 특수아 부모가 더 예민하고 힘들 것이라고 막연히 생각하는 것도 바람직하지 않다.

▶불필요한 동정 및 시혜적 태도로 인하여 특수아 부모상담이 오히려 교사와 부모 간의 관계를 곤란하게 만들지 않도록 한다.

▶교사 스스로 특수아 즉, 장애아동에 대한 시혜적 관점을 가져서는 안 되며, 동등한 인격체로서의 건강한 인식을 하는 것이 매우 중요하다.

▶교사로서 특수아에 대한 올바른 인식과 특수교육에 대한 어느 정도의 전문적 지식을 습득하는 것은 교육활동을 위해 반드시 요구되는 교사 역량이다.

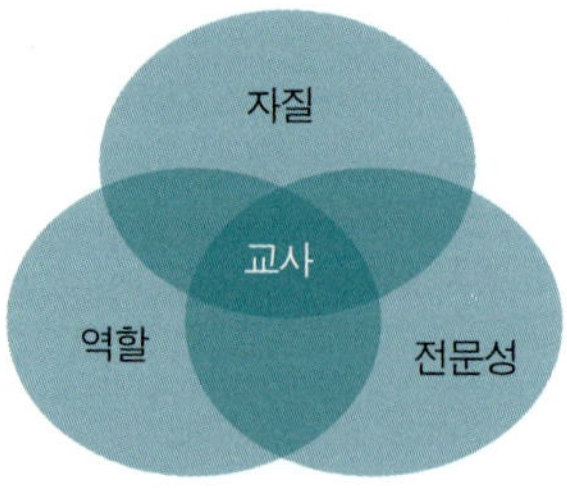

「특수아 교사의 상담 역량」

2 특수아 상담의 이해

1) 특수아 상담의 원리

특수아 상담자는 일반상담자보다 더 적극적이고 포괄적인 방식으로 문제에 접근해야 한다. 그러나 특수아의 사회 · 심리적 경험이나 그것을 표현하는 방식은 비장애아동과 다를 바가 없음을 잊지 말아야 한다. 특수아 상담과 비장애아동 상담의 차이는 상담의 원리에 있다기보다 상담의 방법 혹은 도구의 차이에 있다고 보아야 한다(이지연, 한수진, 2020).

특수아 상담의 기본원리는 기본적으로 상담의 원리로부터 출발한다. 여기에 어려운 문제를 안고 있는 특수아를 더욱 마음속 깊이 사랑하고 존경하는 마음과 공감적 이해와 수용, 진솔성, 무조건 긍정적인 관심과 배려로 그들의 말을 경청하고 그들의 심신을 보듬어 소중히 상담에 임해야 한다.

김영숙과 윤여홍(2002)이 제시한 특수아 상담의 원리를 정리하면 다음과 같다.

첫째, 일반 상담의 원리와 방법을 기본으로 한다.

둘째, 특수아 개인 문제의 종류와 심각성에 따라 개별적인 방법으로 접근해야 한다.

셋째, 특수아 상담은 여러 영역의 전문가에 의한 종합적인 평가 결과에 기초한 상담이어야 한다.

넷째, 장애아의 경우, 특수아 상담은 특수교육과 병행하고 통합해서 이루어져야 한다.

다섯째, 특수아 상담은 과학적이고 전문적인 일로서, 특수아 상담의 목적에 따라 다양하면서도 체계화된 프로그램을 실시하고 활용해야 한다.

여섯째, 특수아 상담은 아동과 가정 및 유아교육기관, 학교, 지역사회와의 연계를 필요로 한다.

일곱째, 특수아 상담은 특수한 영역에서 담당하는 전문가에 의해 이루어져야 한다.

특수아 상담을 실시하는데 있어서 상담의 대상과 초점을 명확하게 하여 상담의 전문성과 실질적인 문제해결이 가능하도록 해야 한다. 또한 특수아 상담을 위한 상담 형태, 상담 통로, 상담기법 등이 특수아 부모와 가족의 욕구를 충족할 수 있는 방향으로 선택돼야 한다. 이러한 통합적인 노력들을 통하여 특수아, 특수아 가족의 삶의 질 향상을 도모할 수 있을 것이다.

2) 특수아 상담 과정

특수아 상담의 특성은 현재 아동의 전반적 발달 수준에 근거하여 다양한 어려움(의사소통발달, 인지발달, 정서발달, 사회성발달, 애착발달 등)을 지니는 직접적인 영향에 비치는 미시적 상담의 치료적 접근과 교육적 접근 그리고 부모상담에 따른 가족지원과 유아교육, 학교교육, 지역사회 적응활동 등의 거시적 상담으로 다측면적인 통합 서비스로 이루어진다.

특수아는 다양한 장애아 영재아들로서 각각도 매우 이질적인 집단이다. 특수아는 미성년자로서 학령기전, 초등학교 및 청소년기의 학생이라는 점, 장애를 포함하여 특수한 문제를 지니고 있는 사람이라는 점, 아직은 발달 과정에 놓여 있다는 점, 부모를 포함하여 가정환경에 영향을 받는다는 점, 교사를 포함하여 학교 환경에 영향을 받는 점 등을 고려하여 이루어져야 하는 만큼, 특수아에 따라 각 분야에서의 여러 전문가들이 함께 협업을 하는 다측면적인 통합서비스의 과정을 지향해야 한다.

따라서 특수아 상담 과정에 있어서 상담자는 아동을 둘러싼 아동의 발달수준 기능과 가족의 기능, 치료의 기능, 교육적인 기능, 사회복지 기능 등에 대하여 각 분야의 전문가들과 함께 [그림 2-5]와 같이 종합적으로 진행한다.

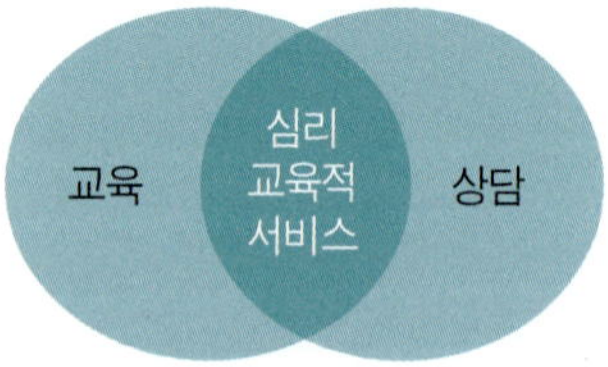

[그림 2-5] 특수아 상담 과정 모형

특수아 상담의 절차는 다음과 같이 준비단계 - 실행단계 - 평가단계로 나눌 수 있다(김영숙, 윤여홍, 2009).

첫째, 준비단계는 특수아 부모로부터 수집한 생육사와 현재 각 영역의 발달수준, 그리고 다양하게 나타나는 문제행동 등의 정보로부터 시작된다.

준비단계는 문제파악 - 진단평가 - 요인 분석의 과정으로 나눈다. 특수아가 지닌 여러 문제를 파악하고 발달에 근거한 진단평가를 거쳐 의뢰한 문제의 요인을 분석하는 과정으로 진행한다.

둘째, 실행단계는 직접 특수아 상담이 진행되는 과정을 의미한다. 이 단계에서는 특수아 또는 특수아 부모상담에서 필요한 상담 구조화 절차를 시작으로 해서 상담의 목표를 결정하고 상담 방법을 설정하고 상담을 실제로 진행해가는 과정으로 나아간다.

셋째, 평가단계에서는 내담자의 주요 호소 문제에 대한 피드백을 파악해서 상담 목표에 따라 결과나 특수아의 문제 해결이나 변화를 세부적으로 평가하는 단계이다. 상담 목표를 설정하고 일정기간 상담이 이루어졌다면, 그에 대한 평가가 따라야 한다. 평가 결과에 따라 추후 상담이 결정될 수 있다.

다음의 [그림 2-6]은 특수아 상담 진행 절차에 대한 흐름도이다.

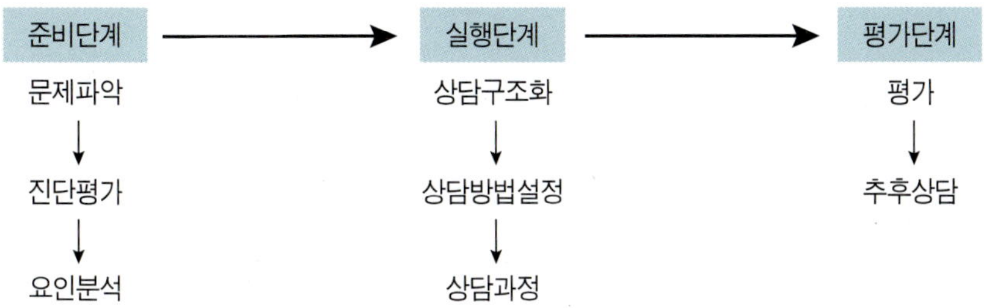

[그림 2-6] 특수아 상담 진행 흐름도

특수아 상담을 진행할 때에는 특수아, 부모(가족), 교사, 전문가 및 환경의 조성이라는 5가지 방향을 고려해야 한다. 즉, 상담자는 특수아에게 직접 무엇을 해주어야 하는지, 특수아를 양육하는 부모에게는 어떻게 지도하도록 도움을 주어야 하는지, 아동을 교육하는 교사에게는 어떻게 지도하도록 도움을 주어야 하는지, 각 영역별 전문가 협력적 접근에 대한 정보를 부모가 어떻게 연계하여 받아들여야 하는지, 그리고 마지막으로 학교나 그 외의 환경을 어떻게 조성해 주어야 하는지의 5가지 방향을 고려해서 상담이 이루어져야 한다.

3) 특수아 상담의 유형

장애를 지닌 특수아 부모들은 각 분야의 여러 전문가들과 만남을 통하여 상담을 한다. 현재 자녀의 연령과 전반적 발달수준, 그리고 교육 및 치료를 받고 있는 장애전문 어린이집, 유치원, 일반학교, 특수학교 등의 교육기관 교육내용과 보건복지부 발달재활치료서비스, 장애인복지관, 치료센터 등에서 받고 있는 다양한 장애영역별 특성에 따른 치료내용에 대하여 상담을 받거나 의뢰하게 된다.

이러한 사항을 바탕으로 하는 특수아 상담의 유형은 상담의 목적, 상담 방법, 상담 내용 등에 따라 〈표 2-1〉과 같이 여러 가지로 구분할 수 있다.

〈표 2-1〉 특수아 상담의 유형

구분	유형	내용
상담 목적	치료상담	특수아가 직면한 문제상황에 적극적이고 직접적으로 개입해서 문제해결, 증상 해소, 고통 감소 및 현실 적응을 도와줌.
	발달상담	특수아의 교육적 성장을 도와줄 수 있는 학교환경을 조성하는 일로서 정서적, 인지적 욕구를 이해하고 부모와의 연계를 통해 이루어짐.
상담 방법	개인상담	개인적으로 이루어짐.
	집단상담	여러 명의 집단으로 이루어짐.
상담 내용	교육상담	학업기술훈련을 통해 주로 학업문제를 해결하도록 도와줌.
	치료상담	특정한 증상, 만성적인 문제가 반복적으로 발생할 경우 이를 제거하도록 도와줌.
	지지상담	정서적 지지와 격려, 수용 등을 통해 자신의 감정을 정리하고 현실적으로 적응하도록 도와줌.
	문제해결 상담	적응문제, 의사결정, 진로선택 등 현실적인 문제를 해결하도록 도와줌.

출처: 윤치연 외(2004).

4차 산업혁명 시대 빅 데이터와 AI 정보과학기술의 발달로 온라인상에서의 만남이 충분히 가능하게 되었으므로 전문가와의 만남은 대면상담 외에도 사이버상의 상담을 이용할 수도 있으며, 이를 통해서 장애아 부모와 가족구성원의 참여를 극대화시킬 수 있다. 이러한 다양한 상담통로의 선택을 통하여 그들의 심리적 안정성과 상담의 효율성을 증진시킬 수 있다.

(1) 특수아 상담시 고려사항

장애아 가족은 장애 자녀의 장애유형과 정도에 따라서 가족기능과 대처능력에 차이를 가져온다. 장애아 가족이 프로그램에 참여할 때에는 가족역량강화에 강조점을 두는 가족 지원모델을 고려해야 한다.

이러한 가족역량강화를 위해서는 다양한 가족 구성원이 각자의 잠재력을 발휘하면서 긍정적인 성장을 지향할 수 있도록 하며, 가족 구성원이 높은 자기존중감을 지닐 수 있도록 돕고, 자신이 당면한 생활의 여러 상황에 대해서 문제해결적 의지를 높이고, 통제력을 보일 수 있도록 조력해야 한다는 점을 염두에 두어야 한다(정영선, 조영숙, 2013).

가족의 역량 강화를 위해서는 먼저 장애아 가족이 지니고 있는 자원에 대한 종합적인 파악이 중요하다. 〈표 2-2〉에서 보는 바와 같이, 장애아 가족이 지닌 자원은 사회적 지원망에 속하는 구성원과 교제집단을 기반으로 하지만, 이를 넓혀보면 지역사회 프로그램 및 전문적 서비스도 중요한 장애아 가족의 자원이 될 수 있다.

〈표 2-2〉 장애아 가족이 지니는 자원

범 주	내 용
개인이 사회적 지원망에 속하는 구성원	배우자, 자녀, 친척, 친구, 이웃, 교사, 동료, 성직자, 교회 구성원 등
교제집단	지지집단, 지역사회 지원집단, 학교집단, 자선집단, 청소년집단, 노인집단, 취미클럽, 사업집단 등
지역사회 프로그램 및 전문가	정신건강센터, 공립/사립학교, 법률지원 기관, 병원, 고등교육기관, 대학, 도서관, 경찰, 상담가, 사회복지사, 공무원 등
전문적 서비스	부모교육/상담, 아동발달전문가(특수교육, 교사, 상담가, 언어재활사, 놀이재활사, 음악치료사, 작업치료사 등), 정신건강 프로그램/기관, 공공보건 클리닉, 특수교육 프로그램, 직업재활 프로그램, 아동복지기관 등

4) 특수아 상담의 효과

특수아 상담의 효과는 부모가 안고 있는 특수아 자녀지도에 어려운 점을 발견하고 공감하여 심리적, 사회적, 윤리적 역할을 충족시켜주고 지지해줄 수 있다. 또한 부모 자신의 행동에 대한 변화를 이끌어낼 수 있으며, 가정환경의 교육적인 가치도 증진시킬 수 있다. 가정 내에서의 부모 역할에 대한 역량을 높이는 데 도움을 줄 수 있다.

김영숙과 윤여홍(2010)이 제시한 특수아 부모상담의 효과를 살펴보면 다음과 같다.

첫째, 상담에 필요한 정보, 즉 자녀의 성장배경, 발달과정, 병력, 생활모습, 행동특성, 장애의 심각성, 지도방법, 관련된 문제에 대한 정보를 얻으며, 자녀의 장점과 약점을 보다 더 잘 인식하게 된다. 이러한 정보는 내담자를 더 잘 이해하여 연계성을 가지고 일관성 있게 지도할 수 있게 한다.

둘째, 특수아의 긴장과 갈등, 부적응 행동의 원인을 파악하여 효과적인 지도방법을 모색할 수 있다.

셋째, 가정에서 부모가 안고 있는 특수아 자녀 지도에 어려운 점을 발견하고 공감하여 심리적으로 지지해주며, 때로는 정보 제공으로 도움을 줄 수 있다.

넷째, 특수아 자녀의 발달을 도와주는 부모의 사회적 또는 윤리적 역할을 충족시켜 줄 수 있다.

다섯째, 상담자나 교사와 함께 자녀를 위해 일함으로써 부모자신의 행동에 변화를 가져오고 가정환경의 교육적 가치도 증진시킨다.

여섯째, 가정에서 부모의 역할 특히 교육자로서의 역할을 도와준다. 구체적으로 부모는 효과적인 자녀 지도방법, 행동 지도법, 대화기법 등을 배워 이를 활용할 수 있게 된다. 이러한 부모의 역할은 부모에게 자신감과 가치감 및 만족감을 불어넣어 준다.

일곱째, 특수아를 가진 부모들과 함께하는 집단 상담을 통해 자신의 자녀와 유사한 문제를 갖고 있는 자녀를 키우는 다른 부모들로부터 사회적 · 정서적 지지를 받는다. 즉, 다른 부모들과의 만남을 통해 자신만이 문제를 갖고 있는 것이 아님을 알게 되고 더 나아가 다른 부모들을 지지해 주는 것도 배우게 된다.

여덟째, 부모가 상담의 목표 및 상담자나 교사를 이해하도록 하여 부모는 상담자를 신뢰하게 된다.

아홉째, 자녀와 관련하여 일하는 많은 전문가와 비전문가의 책임에 대해 이해하게 된다. 즉, 특수아 부모와의 상담은 특수아 부모가 유아교육기관이나, 학교, 교사, 사회에 대해 가질 수 있는 부정적 생각이나 저항감을 감소시킬 수 있게 한다. 부모와의 긍정적인 토론을 통해 자녀의 문제에 대하여 가정과 유아교육기관, 학교, 지역사회, 특수교육기관에서의 활동과 맡은 책임에 대해 인식을 새롭게 한다.

열 번째, 특수교육기관과 심리학자, 상담자, 교사 및 학부모와 연계를 갖게 하여, 전문가들끼리의 협조체제를 형성하고 특수아에게 필요한 적절한 교육을 받을 수 있도록 한다.

※ 특수아를 위한 전문가 집단의 협력적 접근 모델

협력적 팀 접근 형태

- 다학문 접근: 전문적인 지식과 기능을 가진 여러 전문가가 상호 간에 독립적으로 활동하는 접근이다. 프로그램의 계획 작성 · 수행 시 자신의 학문적 입장에서 독립적으로 평가한다.
- 간학문 접근: 각 전문가들이 사정 단계에서는 독립적으로 사정하지만, 교육 프로그램 개발에서는 협력하는 접근이다. 중재 계획 중 자신의 분야에 관련된 지원만을 제공할 책임이 있다.
- 초학문 접근: 앞의 두 접근이 가지고 있는 단점을 해결하기 위한 방안이다. 서비스를 통합된 형태로 제공하기 위하여 역할을 나눈다.

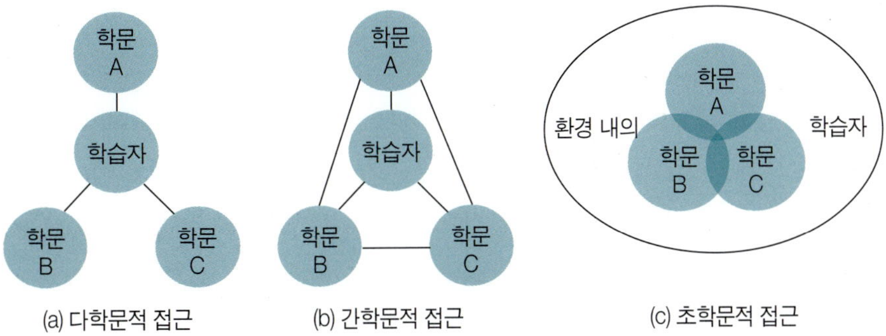

[그림 2-7] 특수아를 위한 전문가 협력적 접근

3 특수아 상담의 전문성

특수아를 상담한다면 특수아가 지닌 다양하고도 독특한 장애 영역별 특성을 알고 있어야 한다. 가족지원을 위한 상담기법과 구체적인 교육을 위한 특수교육 및 특수교육관련 치료지원 서비스와 복지지원을 위한 발달재활서비스, 가족지원서비스 등의 전문성을 갖추고 체계적인 지원방안을 통합적으로 제시해주어야 한다.

1) 특수아 상담자의 역할

특수아의 사회심리적 경험이나 그것을 표현하는 방식은 비장애아동과 다를 바가 없다. 따라서 특수아 상담에서 상담자가 할 일은 비장애아동을 상담할 때와 마찬가지이다. 특수아 상담에서 상담자의 역할은 이해, 공감, 안내, 과제, 협력 등이다. 특수아 상담에서 무엇보다도 중요한 과제는 내담자를 이해하는 일이다. 비장애아동을 상담할 때와 마찬가지로 상담자는 특수아의 여러 가지 행동, 표정, 말로 어떤 메시지를 전달하려고 하는지를 이해하여야 한다.

또한 내담자가 그를 둘러싸고 있는 주위 환경 속에서 어떤 경험을 하고 있는지를 파악하여야 하며, 상담자는 특수아 내담자가 표현하는 메시지에 대해 정확한 공감을 제공하여야 한다. 다음으로 특수아 내담자가 스스로 할 수 있는 대안적 행동이나 내담자 자신이 지닌 여러 자원을 충분히 이해하고 활용할 수 있도록 안내하여야 한다.

특수아 상담에서는 비장애아동 상담에서보다 더 다양한 과제가 있다. 지적장애 아동의 경우 인지발달상의 문제, 주의집중 장애, 정서적 불안, 언어발달 지체 등과 같은 다양한 문제가 있을 수 있다. 이에 대해 상담자는 인지발달과 언어발달, 그리고 정서·행동상의 발달에 대한 정확한 평가와 그에 따른 다양한 개입을 해야 한다. 즉, 비장애아동에 비해 특수아 상담의 경우, 상담과정에서 극복해야 할 다양한 과제가 있다는 것이다.

끝으로, 특수아를 다루는 상담자는 부모, 특수교사, 치료사, 의사와 협력하여 일을 하는 것이 좋다. 특수교육의 궁극적인 목표는 자활이다. 장애를 극복하도록 돕는 가정과 학교의 연계된 협력적 노력과 다양한 치료와 교육은 필수적이다. 따라서 특수아 상담자, 부모, 교사, 치료사, 의사의 협력적 노력은 특수아의 재활 능력을 촉진하는 데 필수적이다.

이와 같이 특수아 상담자는 일반 상담자보다 더 적극적이고 포괄적인 방식으로 문제에 접근하여야 한다(장선철, 2015).

※ 특수아 상담자의 수행업무와 역할

- 아동의 특수성을 이해하고 이런 특수성에 관련된 사회적, 학습적, 행동적 문제들을 이해하는 데에 노력한다.
- 긍정적 자아개념을 증진시킬 수 있는 상담을 한다.
- 특수성에 대한 적응을 촉진시킨다.
- 아동과 함께 일하는 다른 전문가들이나 기관들의 서비스를 조정한다.
- 부모나 교사와 같은 사람들에게 아동의 특수성과 아동의 장점과 한계, 그리고 아동의 특수한 문제들에 대하여 이해하도록 한다.
- 효과적이고 독립적인 생활력을 증진시키는 데에 도움을 준다.
- 오락이나 취미를 가지게 한다.
- 대인관계 및 사회적 기술을 가르친다.
- 교육계획을 세우며 가능하면 필요한 교육적 도움과 기구를 확보할 수 있도록 도움을 준다.
- 특수아 부모가 긍정적 개념을 가지도록 지원한다.
- 특수아와 관련한 여러 영역의 전문가들과 그 외에 도움을 줄 수 있는 기관에 대한 지식을 갖추고 관계를 유지한다.

출처: 김영숙, 윤여홍(2010). 발췌 수정 · 보완.

2) 특수아 상담자와 교사 협조

상담자와 교사는 각각 전문영역과 권위를 가지고 있는 동료로서, 서로 전문적, 합법적, 참조적 영향력을 주고받는 동등한 협조적 관계에 있다. 즉, 특수아의 문제를 해결하고 발달을 돕는다는 목적하에 각각의 전문성과 독특한 역할에 기초하여 협조적 관계를 유지할 때 특수아를 위한 최적의 조력체제의 일부가 될 수 있는 것이다.

상담자는 교사보다 전문성이나 권위 면에서 우위에 있거나 일방적인 소통을 전하는 것이 아니라 문제 및 상황의 특수성과 필요에 따라서, 상담자가 때로는 교사를 교육할 수도 있고 때로는 교사, 부모, 여타 전문가들과의 관계를 조정하는 역할을 할 수도 있으며, 조언이나 심리적 지지를 제공할 수도 있다. 그러나 아동의 학습지도와 생활지도에 있어서 교사가 지닌 고유한 전문성은 항상 중시되어야 하며, 교사가 그러한 존중감을 상담자와의 관계에서 충분히 느낄 수 있을 때 아동을 위한 진정한 협조체제로 기능할 수 있다.

Kazukauskas & Lam(2010)은 상담자의 역할로 부모와 교사들과의 협력관계 유지, 이들에게 필요한 정보제공, 필요한 외부자원의 조력 파악, 협력적 자문팀 운영을 들었으며, 송현종과 조성은(2005)은 우리나라 특수교육 현장에서의 상담자의 역할을 장애학생을 발견하고 의뢰하는 일, 다학문팀이 각 장애학생에게 적절한 교육목표를 설정하도록 협력하고 조력하는 일, 장애학생에게 직접적인 상담과 생활지도 서비스를 제공하는 일, 장애학생 부모와 가족을 위한 상담서비스를 제공하는 일, 교직원을 위한 자문과 개발활동을 지원하는 일, 지역사회의 이해와 협력을 이끌어 내는 일로 제시하였다.

대부분의 경우 교사는 특수아동을 집단 속에서 지도하면서 관찰하고, 상담자는 특수아동과 개별적 만남의 관계에 있거나 가족체제 속에서 특수아동을 관찰할 수 있는 입장에 있다. 따라서 특수아동에 대한 교사의 관점과 상담자의 관점은 서로 다를 수 있고 이러한 견해를 상호 비교하고 종합적인 견해를 도출해 낼 때, 특수아동에게 가장 크게 도움을 줄 수 있다. 또한 상담자는 내담자를 이해하고자 할 때 무조건적인 수용의 태도와 공감적 이해의 방식을 적용하기 때문에, 특수아동의 입장에서 특수아동의 어려움과 바람을 이해하여 교사에게 전달함으로써 교사를 도울 수 있다. 상담자는 교사를 자문할 때 교사의 주된 관심이 어느 쪽에 있는지를 잘 파악하되 융통성 있는 자세를 유지하여 교사의 필요를 효율적으로 충족시킬 수 있도록 노력하여야 한다. [그림 2-8]은 상담자와 교사 협조의 내용이다.

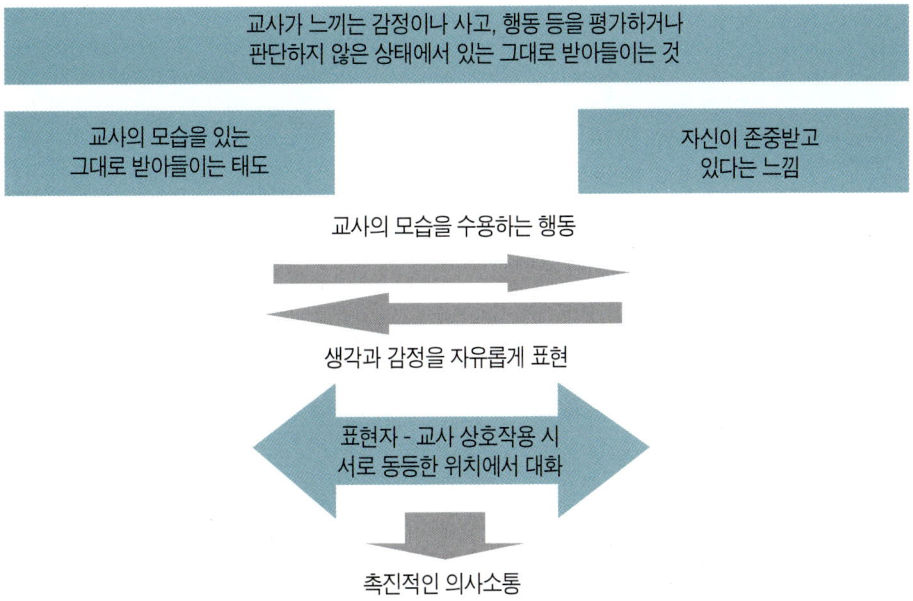

[그림 2–8] 상담자와 교사 협조

출처: 김동일 외(2016).

3) 특수아 상담자의 자질

특수아를 상담하는 상담자는 아동발달과 장애영역별 특수아에 대한 전문적인 지식, 취학 전 영 · 유아교육, 취학 후 학령기 학교교육 과정에 대한 기본지식, 사회복지 서비스체계 등에 대하여 알아야한다. 이는 특수아가 가정과 지역사회 체제의 삶 속에서 지니는 문제를 실제적으로 이해하고 도와주어야 하기 때문이다.

특수아 상담자가 되기 위해서는 특수아 가족이 겪는 여러 가지 어려움을 진심으로 이해하고 지지를 해주어야 하는 사람이어야 한다. 구체적으로 갖추어야 할 자질을 다음 〈표 2-3〉과 같이 인지적 자질과 심리적 자질로 살펴보았다(김영숙, 윤여홍, 2010).

〈표 2-3〉 특수아 상담자의 인지적 · 심리적 자질

인지적 자질	• 일반아동에 대한 심리학적, 교육적 배경지식을 필요로 한다. 즉, 아동 및 청소년 발달, 성격, 인지, 학습, 부적응행동, 정신병리 등을 이해해야 한다. • 상담에 대한 전문 지식을 갖추어야 한다. 특히 치료 및 상담이론, 상담방법, 문제행동의 교정 및 상담지도 등에 밝아야 한다. • 특수아에 대한 전문 지식을 갖추어야 한다. 정의와 특성, 원인, 지도 방법 및 교육적 조치에 대한 전문 지식을 가져야 한다. • 특수아 상담가가 되기 위해서는 적절한 수련과 감독 및 평가를 통한 체계적인 훈련 과정이 필요하다. • 특수아나 특수아 부모가 관심을 갖는 내용이나 지원서비스에 관한 정보를 알고 있어야 한다.
심리적 자질	• 특수아를 편견 없이 긍정적으로 이해하고 수용할 수 있는 인성의 소유자여야 한다. • 생활방식이나 문화적 배경을 이해할 수 있는 보통 가정의 사람이어야 한다. • 상담자로서 적합한 성격 패턴-내담자의 반응에 대한 예민성, 객관성, 성숙, 자기 일에 대한 만족감, 책임감 등을 지니고 있어야 한다. • 정신건강 상태가 건강하고 미래에 낙관적인 시각을 지닌 사람으로 정서적으로 안정되어야 한다. • 특수아를 도와줄 수 있는 적극성과 열성을 지닌 사람이어야 한다. • 특수아 부모와 가정의 어려움과 힘든 점을 이해하고, 부모의 정서를 존중하는 온유한 마음을 지녀야 한다. • 특수아 상담을 지속해 나갈 수 있는 인내심이 있어야 한다. • 권위적이지 않으면서도 이성적으로 판단할 수 있어야 한다.

4 특수아 부모교육

부모는 특수아가 성장, 발달하는 데 있어서 가장 강력한 지원체계이다. 부모가 활동하는 범주는 다양한 용어로 표기된다, 예를 들어 '부모교육', '부모개입', '부모훈련', '부모참여', '부모상담' 등의 여러 용어들이다. 이 중에서 가장 일반적이며 보편적으로 사용되고 있는 용어는 '부모교육'이다(정영선, 조영숙, 2013).

【특수아 부모교육】 특수아의 발달단계와 특성을 이해하고 관련된 지식을 습득하며 장애를 지닌 자녀를 양육하는 데 있어서 바람직한 방법으로 부모역할을 수행할 수 있도록 교육하는 것을 의미한다.

1) 특수아 부모교육의 필요성

특수아 부모교육은 특수아(장애)를 양육하는 부모로서 역량을 키우고 자신의 자녀가 특수아라는 현실을 인지하기까지의 심리적인 고통이 수반되기 때문에 충격이나 죄의식에서 벗어나지 못하는 부모들을 심리적 긴장감을 해소하는 법이나 자녀의 재활을 위한 정보를 얻고 효과적으로 자녀를 키우는 데 도움을 주기 때문이다. 이러한 특수아 부모교육의 필요성은 다음과 같이 설명할 수 있다.

첫째, 부모는 자녀를 정확하게 이해하고 정확한 인식이 있어야 특수아가 지니고 있는 특별한 개별적인 특성에 대한 지식을 얻을 수 있으며 적극적인 도움을 받아 효과적인 지도를 받을 수 있다.

둘째, 부모에게 정서적 위안과 자신감을 심어주면서 특수아가 지니는 장애의 조기발견 그리고 장애 정도에 따라 조기치료교육에 대한 효과를 높일 수 있다.

셋째, 교육이 일관성이 있을 때 더 큰 효과를 볼 수 있으므로 특수아 자녀의 교육기간과 가정 간의 일관성 있고 지속성 있는 교육을 위해서 지도방법은 항상 연계가 될 수 있도록 해야 한다.

넷째, 부모와 교사의 협력으로 부모교육을 통해 교육기관이나, 치료기관 등에서 배운 특수아에 대한 2차적인 상황이나 사실들을 예견하게 됨으로써, 가정에서의 사회생활로 옮겨질 때 2차적인 장애를 예방하는 데 도움이 될 수 있다.

다섯째, 부모가 장애에 대해 긍정적이고 수용적 관점을 가지고 있을 때 형제, 친척, 이웃, 또는 그 사회에서도 그러한 태도를 가지게 되는데 이때 특수아 장애인에 대한 긍정적인 관점을 확립시킬 수 있다.

2) 특수아 부모교육 내용과 방법

(1) 특수아 부모교육 내용

1990년대를 기점으로 특수아에 대한 장애인식 개선과 함께 장애아 통합이 특수교육의 이슈가 되면서 부모교육 또한 자연스럽게 시작되었다. 이시기에는 특수아 부모에게 구체적 기술을 가르치거나 전반적인 발달 영역을 촉진하는 프로그램의 특수아 치료 및 교육 중심으로 부모교육이 이루어졌다.

그러나 현재 특수아 부모교육의 내용은 질적 · 양적으로 확대되어 장애를 지니는 영 · 유아에서부터 청소년 학생까지 생애주기별 꼭 습득해야 하는 내용으로 이루어진다. 첫째, 의사소통 · 인지 · 정서행동 · 감각운동 등의 영역에 향상을 가질 수 있는 다양한 지도방법에 대한 내용이며, 둘째는, 가정과 교육기관, 지역사회 적응할 수 있는 긍정적 행동지원, 생활기능 향상, 사회성 향상 등에 대한 내용이다. 마지막으로 특수아 부모 및 형제자매가 겪는 심리적 스트레스 완화 등에 대한 다양한 연령별 특성에 따른 특수아 발달 수준에 따른 내용의 구성으로 이루어지고 있다.

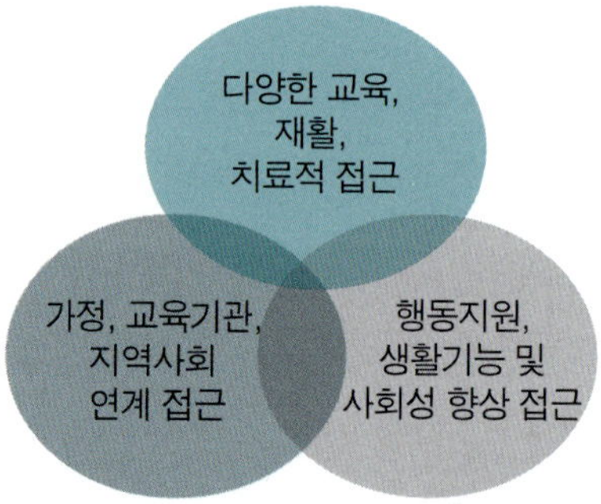

[그림 2-9] 부모교육의 내용(생애주기별)

(2) 특수아 부모교육 방법

부모교육 방법은 개별교육, 집단교육 또는 개별과 집단교육 등으로 형식으로 병행하여 이루어진다.

첫째, 개별교육은 가족과 전문가 사이의 관계를 더욱 친밀하게 만들 수 있고 각 가정의 특성에 구체적으로 초점을 맞추어 개별화된 프로그램을 실시할 수가 있다. 특히 개별훈련이 가정에서 이루어질 때 전문가는 그 가정을 잘 파악할 수 있고 특수아를 따로 맡기는 불편이나 교통상의 어려움을 덜 수 있는 장점이 있다. 또한 다른 가족구성원의 참여도 자연스럽게 이끌어 낼 수 있다. 특히 영아의 부모들은 가정에서의 개별교육을 선호하는 경향이 있다.

그러나 전문가가 각 가정을 방문해야 하므로 경제적이지 못하고 교육기관의 시설물들을 이용하지 못한다는 단점이 있다. 또한 어떤 부모들은 전문가의 방문을 때때로 사생활 침해로 여기고 불편해 할 수 있으므로 전문가는 가정방문 전 그 가정에 대하여 충분히 파악하고 방문 시에는 그 가정의 독특성을 존중하는 태도를 지녀야 한다.

둘째, 집단교육은 다른 특수아 부모들과 함께 만나서 서로의 경험담을 나눌 수 있다는 것이 장점이다. 실제로, 자신의 자녀와 비슷한 특성을 지닌 다른 특수아 부모로부터 받는 지원이 큰 도움이 된다고 많은 부모들이 표현하였다. 특히 장애를 지닌 특수아를 먼저 키운 노련한 부모는 신참 부모에게 실제적인 조언과 도움을 제공함으로써 자신감을 키울 수 있고 신참 부모는 자신과 비슷한 경험을 먼저 한 노련한 부모로부터 경험담을 들음으로써 위안을 얻고, 동질감과 유대감 등을 느끼게 된다. 이러한 경험은 부모들만이 제공할 수 있는 매우 귀중한 지원이다. 그러나 교육기관에서의 집단교육이 어떤 부모에게는 일과계획과 교통상의 불편, 사생활 침해, 그리고 자녀를 따로 맡겨야 하는 불편을 가져온다.

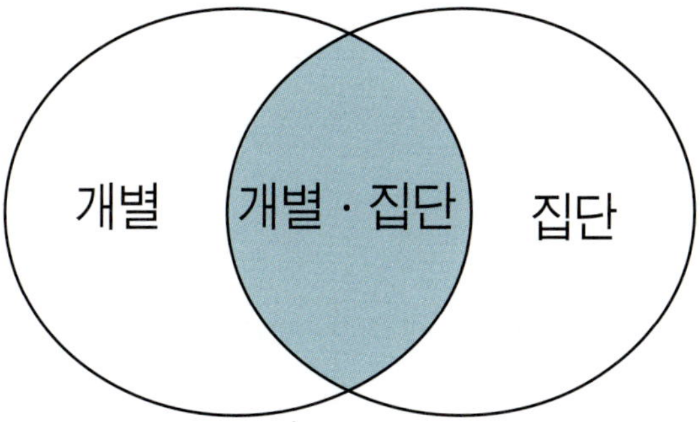

[그림 2-10] 부모교육 방법: 개별, 개별 · 집단, 집단

3) 특수아 부모교육 지역사회 안내 사례

최근의 장애아에 대한 부모교육은 국가 주도의 공모사업 수행기관, 특수교육관련학과 및 사회복지 장애관련 단체 등의 다양한 경로로 안내되고 교육하고 있다. 다음은 장애아 부모교육 안내 사례에 대한 공지사항이다.

⊙ 장애아 부모교육 안내 사례 1

2023년 발달장애인 부모교육지원 사업 수행기관 공모

제주특별자치도발달장애인지원센터에서는 발달장애인 자녀의 성장 변화에 맞춰 양육기술과 정보를 제공하고 부모 역량 강화를 위해 발달장애인 부모교육지원 사업을 추진하고자 합니다. 이와 관련하여 다음과 같이 『2023년 제주특별자치도 발달장애인 부모교육지원사업』의 수행기관을 공모하오니, 역량 있는 기관의 적극적인 참여를 바랍니다.

2023년 2월 10일

제주특별자치도발달장애인지원센터장

▣ **공모 대상:** 발달장애인 부모교육지원사업 운영이 가능한 기관**(총 6개소)**

사업유형	모집기관 수	비고
영·유아기 부모교육지원	2개소	중복신청 가능
성인전환기 발달장애인 자녀 진로상담 및 코칭	2개소	
성인권 교육지원	2개소	

⊙ 장애아 부모교육 안내 사례 2

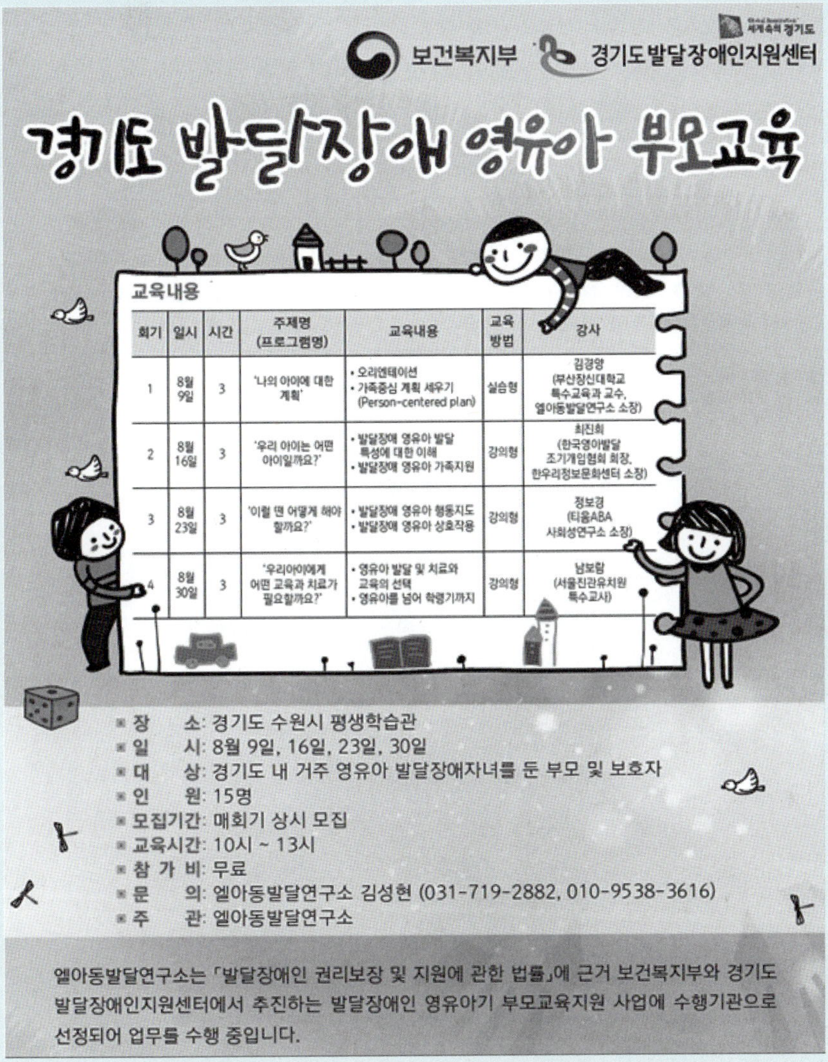

세계속의 경기도

보건복지부 경기도발달장애인지원센터

경기도 발달장애 영유아 부모교육

교육내용

회기	일시	시간	주제명 (프로그램명)	교육내용	교육 방법	강사
1	8월 9일	3	'나의 아이에 대한 계획'	• 오리엔테이션 • 가족중심 계획 세우기 (Person-centered plan)	실습형	김경양 (부산장신대학교 특수교육과 교수, 엘아동발달연구소 소장)
2	8월 16일	3	'우리 아이는 어떤 아이일까요?'	• 발달장애 영유아 발달 특성에 대한 이해 • 발달장애 영유아 가족지원	강의형	최진희 (한국영아발달 조기개입협회 회장, 한우리정보문화센터 소장)
3	8월 23일	3	'이럴 땐 어떻게 해야 할까요?'	• 발달장애 영유아 행동지도 • 발달장애 영유아 상호작용	강의형	정보경 (티움ABA 사회성연구소 소장)
4	8월 30일	3	'우리아이에게 어떤 교육과 치료가 필요할까요?'	• 영유아 발달 및 치료와 교육의 선택 • 영유아를 넘어 학령기까지	강의형	남보람 (서울진관유치원 특수교사)

- 장　　소: 경기도 수원시 평생학습관
- 일　　시: 8월 9일, 16일, 23일, 30일
- 대　　상: 경기도 내 거주 영유아 발달장애자녀를 둔 부모 및 보호자
- 인　　원: 15명
- 모집기간: 매회기 상시 모집
- 교육시간: 10시 ~ 13시
- 참 가 비: 무료
- 문　　의: 엘아동발달연구소 김성현 (031-719-2882, 010-9538-3616)
- 주　　관: 엘아동발달연구소

엘아동발달연구소는 「발달장애인 권리보장 및 지원에 관한 법률」에 근거 보건복지부와 경기도 발달장애인지원센터에서 추진하는 발달장애인 영유아기 부모교육지원 사업에 수행기관으로 선정되어 업무를 수행 중입니다.

⊙ 장애아 부모교육 안내 사례 3

2021년 발달장애인 영유아기 부모교육지원 사업

'초등학생 부모가 되기 전 꼭 알아야 할 이야기 - 함께 자라는 부모'

참 여 자 모 집 안 내

진주시장애인종합복지관에서는 2021년 발달장애인 부모교육지원 사업 수행 기관으로서 진주시 영유아기 발달장애자녀를 둔 가족을 대상으로 **'양육자의 성향 및 양육 성향 검사·분석/특수교육 정보/양육기술 등'** 을 통해 서로 간의 소통 및 가족관계 향상을 위한 부모교육을 진행하고자 합니다.

사 업 명	초등학생 부모가 되기 전 꼭 알아야 할 이야기 '함께 자라는 부모'
일 정	2021. 6. 8. (화) ~ 8. 31. (화) / **매주 화요일 10:00~12:00** (총 13회기) ★***과정별 참여 가능하오니, 반드시 세부교육내용을 확인바랍니다.***★
장 소	우리복지관 프로그램실 (3층)
대 상	영유아(만 6세) 발달장애아동 부모 및 보호자 - 「장애인복지법」상 지적·자폐성 장애인으로 등록 또는 지적 또는 자폐성 장애를 부장애로 가진 경우도 포함 - 자녀가 영유아(만6세 미만)의 경우, 장애 미등록이라도 발달장애(지적·자폐성)가 의심 또는 발달지연의 경우에도 가능(치료센터 등의 소견서 증명) ※ 신청자가 많을 경우, 우선순위를 기준으로 선정 : 1순위 기초생활수급자→2순위 차상위 계층→3순위 가족 중 장애인이 2명 이상
모집기간	2021. 5. 21. (금)~6. 7. (월) 18:00 까지 (2주간, 선착순 모집)
신청방법	- 이메일 (adore0926@nate.com) 또는 팩스 (055-762-0167) - 방문접수: 진주시 동진로 273 진주시장애인종합복지관 3층 사무실 ★ 자세한 사항은 **'진주시장애인종합복지관 홈페이지' 참조**
강 사	이한우 (한국국제대학교 유아특수교육학과 교수)
문 의	가족문화체육팀 최현민 사회복지사 (☎ 055-762-0179)

제3장

특수아 조기특수교육

1. 조기특수교육의 개념
2. 조기특수교육 영유아 특성
3. 조기특수교육 서비스 전달모형
4. 특수교육 서비스 전달체계

학습목표

1. 특수아 조기특수교육의 개념에 대하여 알 수 있다.
2. 특수아 조기특수교육의 특징에 대하여 알 수 있다.
3. 특수아 조기특수교육의 서비스 전달모형과 체계에 대하여 알 수 있다.

생각나누기

영유아들은 개개인의 다양한 양육환경과 개인차가 존재하기 때문에 성장속도와 발달특성이 다르다. 특히 특수아 및 위험군 영유아의 경우 장애유형과 그에 따른 욕구도 상이하기에 교육을 지속하기에는 큰 어려움이 따른다. 미국의 경우 만 5세 미만 장애아동에게는 조기특수교육을 의무화하고 있는데, 그 이유는 만 5세 미만 시기는 결정적 시기이기 때문이다. 이시기는 매일 매일의 학습경험으로 특수아는 학습에 대한 올바른 태도를 정립할 수 있음은 물론 이후의 발달 이정표에 따른 학습을 위한 기초를 형성하는 데 실제적 도움을 받을 수 있다.

조기특수교육을 통해 특수아 및 위험군 영유아의 부가적인 장애발생을 사전에 예방하는데 도움을 받을 수 있고, 아동이 가진 장애가 아동의 학습에 미치는 영향을 최소화함으로써 부수적인 학습관련 문제를 예방하는 데도 긍정적인 영향을 미치기 때문에 조기특수교육이 필요하다고 할 수 있다(김진호 외, 2022).

일반적으로 조기특수교육은 장애를 지녔거나 발달지체를 보이는 만 9세 미만의 영유아를 대상으로 하여, 현재 무상교육 또는 의무교육을 실시하고 있다. 조기특수교육 전문가들은 특별한 교육적 요구를 지닌 특수아에게 조기에 중재를 실시할 수 있도록 장애나 발달지체를 지닌 아동 및 그 가족들에게 보다 유익한 결과를 가져온다는 점에 대해 동의하고 있다. 따라서 장애의 조기발견과 조기중재는 특수아의 발달뿐만 아니라 교육효과 면에서도 중요한 과제가 된다.

I 조기특수교육의 개념

1) 특수교육과 조기특수교육의 의미

모든 아동은 신체적으로나 학습능력 면에서 차이를 보인다. 대부분의 아동이 보이는 이러한 차이는 집단교육 중심으로 이루어지는 일반교육 환경에서 학습하는 데 무리가 없지만, 그 차이가 심한 경우에는 특별한 지원이 필요하다.

특수란 상당히 포괄적인 용어로서 신체적, 지적 및 행동적 수행이 특정 기준으로부터 벗어난 경우를 말하며 특별한 교육적 요구를 의미한다. 특수아 또는 특별한 요구를 지닌 아동(장애영역별 특성에 따른 요구 아동)이란 '학습적 요구나 특성이 대부분의 아동들과는 현저히 달라서 그들의 잠재능력을 충분히 계발하기 위해 교육과정 및 교수의 수정이나 특별 교육을 필요로 하는 장애나 영재성 등을 지닌 아동'을 말한다(정대영 외, 2012).

일반적으로 특수교육이란 학습자의 교육적 요구가 평균으로부터 크게 벗어나 특별한 교육적 지원을 필요로 하는 장애나 결함을 지닌 학습자와 영재성을 지닌 학습자를 대상으로 하는 교육을 의미한다. 「장애인 등에 대한 특수교육법」에서는 특수교육을 '특수교육대상자의 교육적 요구를 충족시키기 위해 특성에 적합 교육과정 및 특수교육 관련서비스 제공을 통하여 이루어지는 교육'이라고 규정하고 있다. 우측의 그림은 학습 지원을 위한 보조공학기기이다.

특히 영유아기의 경우 장애가 심하여 명확히 드러난 경우가 아니면 특수아나 장애아동이란 명칭을 가급적 붙이지 않으며, 발달 위험군 아동 또는 위험군 아동이라고 한다. 그 이유는 장애란 명칭은 낙인으로 작용하여 아동의 발달과 교육 등 여러 측면에서 바람직하지 못한 영향을 미칠 가능성이 많기 때문이다. 따라서 「장애인 등에 대한 특수교육법」에서도 발달지체라는 별도의 특수교육대상 범주를 두어 '신체, 인지, 의사소통, 사회 · 정서, 적응행동 중 하나 이상의 발달이 또래에 비하여 현저하게 지체되어 특별한 교육적 조치가 필요한 영아 및 9세 미만의 아동'이라고 규정하고 있다.

조기특수교육은 8세 이하의 아동과 그 가족을 대상으로 하며, 이 서비스에는 교육적, 발달적 및 치료적 활동이 광범위하게 포함된다. 조기중재는 일반적으로 출생에서 3세까지의 발달적 요구를 지닌 아동과 그 가족을 위한 서비스 체제를 기술하기 위해 사용되는 용어이다.

※ 조기특수교육

출생에서 8세까지 장애를 지니거나 아동발달기 잠재적 위험군으로 특별한 요구를 지닌 아동을 위한 가족 중심의 전반적 치료 · 교육 · 상담 서비스이다.

조기특수교육은 연령과 학제를 고려하여 3단계로 구분한다. 즉 영아기(0~2세), 유아기(3~5세), 아동 초기(6~8세, 초등학교 3학년까지)이다[그림 3-1] 참조.

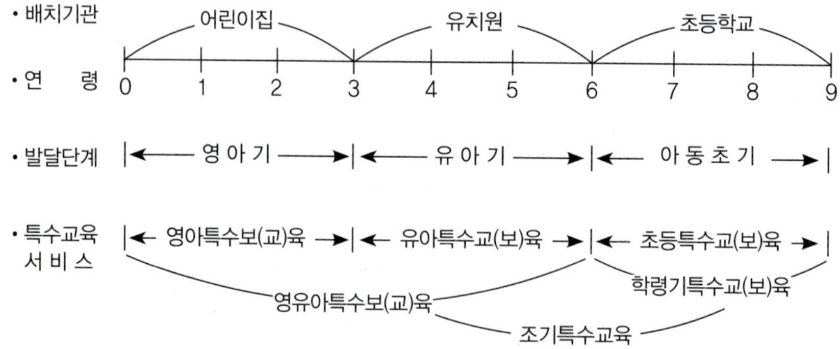

[그림 3-1] 조기특수교육 흐름도

2) 조기특수교육의 필요성과 중요성

비장애아동에 대한 조기교육의 필요성에 대하여 학자들 사이에 논란의 여지가 있으나, 발달에 어려움을 지니고 있는 특수아나 장애 위험군 아동의 경우 조기에 발견하여 발달이 지체되어 있는 영역에 대한 조기특수교육이 필요하다는 것은 모두 인식하고 있다.

(1) 조기특수교육의 필요성

영유아기에 장애가 있는 아동을 조기 발견하고 아동의 장애유형과 발달 특성에 따른 적절한 조기교육이 이루어지면 장애아동의 정상발달의 촉진과 함께 2차장애를 예방할 수 있다. 특수아에 대한 장애특성과 정도에 따른 적절한 보육과 교육서비스는 특수아의 성장과 발달을 돕고, 특수아를 양육하는 가족과 그 환경에 미치는 영향을 고려할 때 매우 절실하고 필요한 서비스로 강조되고 있다[그림 3-2].

특수아에게 주어지는 양적 · 질적 조기특수교육은 이들에게 발달적 및 교육적으로 혜택을 주어, 성장한 후에 다른 서비스 기관에 수용되는 비율을 감소시키고 취업 가능성을 높여 경제적 · 사회적으로 이득을 산출한다.

[그림 3-2] 특수아 조기특수교육

출처: 청주교육지원청 특수교육대상 영유아 초록교실운영.

(2) 조기특수교육의 중요성

"세 살 버릇 여든 간다."는 속담은 영유아 발달기에 있어서 조기교육의 중요성을 말해 준다. 인간의 생애 초기에 있어서 환경과의 상호작용 경험은 중요하며, 특히 영유아기 발달의 결정적 시기는 더욱더 그렇다. 이러한 시기에 이루어지는 학습은 이후에 나타나는 좀 더 복잡한 행동을 위한 학습의 기초가 된다.

장애로 판정되거나 장애 위험군 아동은 현재 보이는 발달 수준이 고정된 것이 아니므로 적절한 조기특수교육과 질적인 환경을 제공받는다면 잠재적인 최대 발달을 이루어 낼 수 있다. 그러므로 바람직한 환경과 경험의 제공은 특수아의 학습과 발달에 직접적이고 결정적인 영향을 미칠 수 있기 때문에 그 필요성은 아무리 강조해도 지나침이 없다[그림 3-3].

[그림 3-3] 영유아 조기특수교육 장면

※ 제목: 종합복지관 발달장애아동 조기특수교육 프로그램 큰 호응

서산시가 도내 직영 복지관 중 유일하게 발달장애아동 조기특수교육 프로그램을 운영해 큰 호응을 얻고 있다. 현재, 만 6세 이하 학령기 전 아동 7개 반 80명에 대하여 전문 강사 7명을 배치해 인지, 언어, 놀이치료, 주의집중, 사회성, 야외체험 학습 등으로 1:1 맞춤형 교육을 실시해 매년 약 40~50명이 교육을 이수하고 초등학교로 진학하고 있다.

특히, 지난 3월 서산의료원과 업무협약을 체결하고 서울대 출신 전문의로 하여금 한국 영유아 발달선별검사(K-DST) 및 상담을 실시하는 등 영유아 건강검진 체계를 구축하고 선도적으로 추진하고 있다. 김민환 종합사회복지관장은 "영유아 건강검진 사업이 효과적으로 추진될 수 있도록 의료기관과의 협조체계는 물론 행정적, 재정적 지원에 최선을 다하겠다." 고 말했다.

출처: 굿뉴스 서산 - Http://www. goodnewseosan.co.kr

3) 특수아 조기발견

특수아 조기발견은 발달 단계에 맞는 적절한 중재 치료 및 교육을 할 수 있으며 장애로 인하여 발생할 수 있는 이차적 문제 또한 예방할 수 있다는 긍정적인 측면이 있다. 그렇기 때문에 특수교육지원센터에서는 학부모, 교사, 전문가, 지역사회 특수교육 관련기관들과 협력하여 취학전 영유아에 대한 장애 및 장애 가능성 위험군을 조기에 발견하는 체계적인 시스템을 갖추고 홍보를 하여야 한다.

「장애인 등에 대한 특수교육법」 제14조(장애의 조기발견 등), 「장애인 등에 대한 특수교육법」 시행령 제9조(장애의 조기발견 등)의 관련 법령에 따라 해당 교육기관은 특수아 조기발견을 위한 계획을 수립하여 체계적인 시스템으로 장애 위험군 영유아 조기발견을 위한 관계기관과의 협조 체제를 구축해야 한다.

또한 장애 위험군 영유아 선별을 위해 지역보건소 혹은 병·의원과 지속적으로 협력하며, 조기특수교육의 장점 및 특수교육지원 내용을 포함한 홍보물을 연 1회 이상 지역 관계기관 및 어린이집, 유치원에 배포해야 한다. 장애 영유아 조기발견을 위해 교사(보육교사 포함), 학부모, 관계기관 등을 대상으로 연수교육을 실시하도록 해야 한다[그림 3-4].

장애영유아 조기발견은 「장애인 등에 대한 특수교육법」 제14조와 동법 시행령 제9조에 법적으로 명시되어 있다. 또한 2007년부터 만6세 미만의 영유아를 대상으로 시행되고 있는 '영유아 건강검진' 사업(보건복지부 2010)은 국가적으로 이루어지고 있는 장애 조기선별과정의 하나이다. 이처럼 법제적인 근거와 실제적인 조기선별의 시행에도 불구하고, 장애를 진단하는 현장에서는 신체적인 증상이 나타나지 않거나, 부모와 유아(보육)교사들의 장애 관련 지식 부족으로 인해 일찍 발견하지 못하고 장애가 고착된 이후 늦게 발견되는 경우가 종종있다.

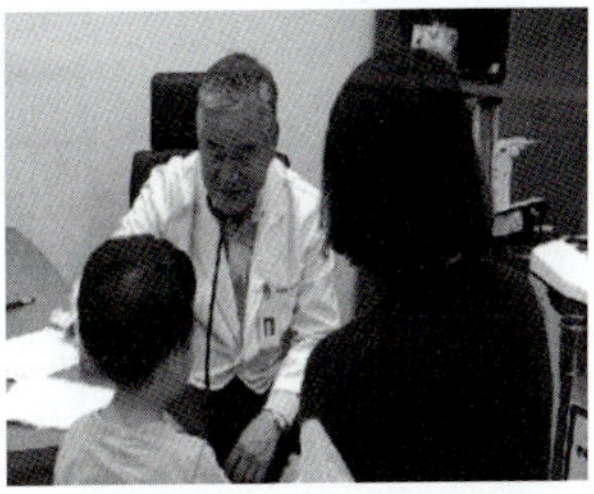

[그림 3-4] 영유아 건강검진

이러한 특수아 조기발견을 위한 계획 수립과 홍보는 장애로 발생할 수 있는 여러 가지 문제를 예방하고, 특수교육 및 사회복지 재정절감 효과를 가져올 수 있으며, 특수아의 사회 통합 가능성을 높이고 적응력을 높일 수 있기 때문이다. 조기발견의 흐름도는 [그림 3-5]와 같다.

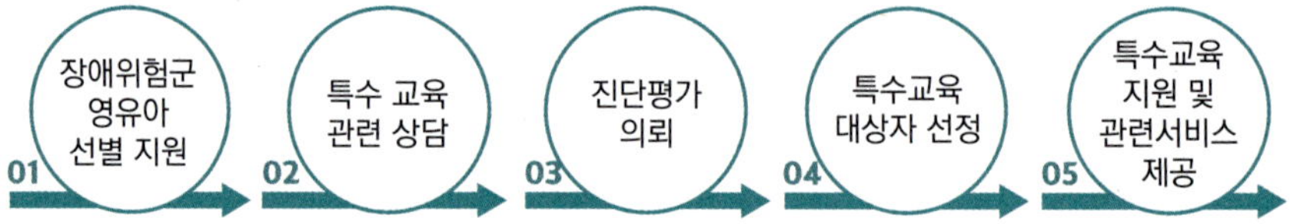

[그림 3-5] 교육청: 특수아 조기발견 체계

▶ 교육부 및 보건복지부 관련 서비스

교육부	
특수교육대상자 선정, 배치	특수교육대상자 진단평가 특수교육대상자 선정 적절한 교육적 환경에 배치
특수교육관련서비스	가족지원 치료지원 보조인력 보조공학기기 통학지원
보건복지부	
보건소(국민건강보험공단)	영유아 검진제도 영유아 발달장애 정밀검사비 지원
시, 군, 구청	장애아동 보육료 지원 장애아동 가족 양육지원(1~3급)

※ 조기개입, 우리나라엔 어느 정도 자리 잡고 있나요?

현재 전국에 몇몇 장애인복지관들에서 지역사회 기관과 연계한 통합적 가족중심 조기개입 서비스를 제공하고 있으며 조금씩 성과를 내고 있습니다. 서울서초구립한우리정보문화센터, 도봉구장애인복지관, 안산시장애인복지관, 김포시장애인복지관, 청주시혜원장애인복지관, 포항시장애인복지관, 여주시장애인복지관, 서천군장애인복지관, 포항시장애인복지관 등입니다. 장애인복지관은 전국에 약 230여 개가 있으며 지역마다 고루 분포되어 있어 이를 활용한다면 많은 영유아와 가족에게 가족중심 조기개입 서비스를 제공할 수 있을 것으로 생각합니다.

출처 : 소셜포커스(SocialFocus)(http://www.socialfocus.co.kr

4) 조기특수교육의 특징

발달의 초기 단계인 영아기에 장애나 장애 위험을 보이는 영아들의 발달 촉진을 지원하는 조기개입은 영아의 잠재력을 최대한 개발하고 장애의 진전을 예방하며, 발달 지체에 따른 여러 문제와 어려움을 지원할 수 있다는 측면에서 그 시행이 중요시되고 있다(Keilty, 2016). 조기특수교육이 강조되는 배경에는 몇 가지 중요한 연구들이 있다. 첫째, 시설에 수용된 영유아동이 적절한 자극을 받지 못하고 자랄 때 성장과 발달이 매우 지체된다. 둘째, 영유아의 풍부한 초기교육 환경의 필요성을 인식하고 헤드스타트나 위스타트와 같은 보상교육이 급속히 확산되었다. 셋째, 최근의 뇌 연구는 영유아의 생애 초기 경험의 중요성을 확인하고 강조하고 있다.

조기특수교육은 이론과 증거기반의 실제에 기초하여 이루어지는 특수한 영역이다(Hallahan, Kauffman & Pullen, 2012). 증거기반의 실제란, 아동, 가족, 전문가 및 체계에 관한 연구에서 효과적으로 입증된 결과를 교육 현장에 적용하는 것을 말하며 다음과 같은 원리를 바탕으로 하고 있다.

※ 조기특수교육의 원리

- 특수아를 둘러싼 가족과 가정은 중요한 양육환경이며, 관계형성을 강화시키는 것이 필수적이다.
- 특수아는 자신의 환경에 반응하고 행동함으로써 다양한 학습을 한다.
- 부모와 교사는 특수아의 긍정적 경험을 조정하여 학습을 촉진시킨다.
- 특수아가 보다 독립적으로 참여하기 위하여 발달적으로 진전된 상황에 접근하고, 참여할 수 있도록 환경을 구성한다.
- 조기특수교육의 활동 자체가 특수아 스스로 참여할 수 있는 동기부여와 재미와 즐거움으로 자연스럽게 피드백될 수 있도록 한다.
- 특수아를 둘러싼 다양한 장면과 다양한 환경에서 발달적 접근과 기능적 접근 그리고 역동적 접근으로 의미 있는 조기특수교육을 하도록 한다.
- 프로그램 간의 전환은 반응을 잘해 주는 성인에 의해 강화된다.
- 가족과 프로그램의 넓은 맥락에서 의해 영향을 받는다. 따라서 가족 중심의 계획, 가족지원 계획, 문화적으로 민감한 부분의 프로그램을 계획한다.

조기특수교육은 직접서비스와 간접서비스로 나눌 수 있다. 직접서비스란 아동과 가족을 대상으로 1:1, 소집단, 학급 단위로 직접 조기특수교육을 실시하는 것을 말한다. 간접서비스는 조기특수교육자들이 아동과 가족에게 서비스를 제공하는 다른 성인들(부모, 가족구성원, 특수교육팀의 다른 전문가, 일반조기 교육전문가)을 안내하고 지원하는 것을 의미한다.

CEC의 유아특수교육분과는 조기특수교육 지침으로 다음 세 가지 가치를 제시하고 있다(Sandall, Hemmetet, smith, & Mclean, 2005).

※ 조기특수교육의 가치

첫째, 모든 아동의 인권과 권리보장, 가족구성원들을 존중하기

둘째, 질 높고 종합적이며 협력적인 가족중심의 서비스와 지원을 제공하기

셋째, 조기특수교육을 위해 가족과 지역사회의 활동에 능동적이고 의미 있게 참여하는 모든 아동의 권리를 존중하기

조기특수교육자들은 능력과 요구가 다양한 아동들에게 서비스를 제공하며, 영유아에게 주로 비범주적 영역별 접근을 한다. 비범주적이란 장애 유형별로 접근하는 것이 아니라 연령과 요구에 따라 서비스를 구성하는 것을 말하며, 영역이란 발달의 각 분야를 말한다. 즉, 소근육운동 영역은 가위질하기처럼 소근육활동과 협응을 강조하며, 대근육운동 영역은 균형을 유지하고 걷거나 점프하기와 같은 대근육활동과 협응을 다룬다. 의사소통 영역은 아동이 언어를 이해하고 표현하는 능력을 다루며, 인지 영역에는 문제해결과 자신이 알고 있는 것을 소통하는 것 등이 포함된다. 사회 · 정서 영역은 다른 사람들과 효과적으로 상호작용하고 자신의 느끼는 감정과 정서를 적절히 소통하는 것을 다룬다.

※ 조기개입을 통한 조기특수교육 프로그램 벤치마킹 사례

국회 보건복지위원회 자유한국당 김순례 의원은 지난 21일 국정감사 종합감사에서 고위험영유아 검진도구 시범사업과 발달장애인 가족중심 맞춤형 원스톱서비스 시범사업을 촉구했다.

김 의원은 발달장애인 종합대책 관련 정신의료서비스 발전을 위한 간담회에서 참석한 부모들이 눈물 흘리며 가슴 아픈 이야기를 전하며 고위험 영유아 검진도구의 필요성을 강조했다.

발달장애인 종합대책관련 정신의료서비스 발전을 위한 간담회에 참석했던 부모들은 ▲발달장애 조기개입에 대한 정보를 찾다가 시기를 놓쳤다. ▲치료비로 월 700~2,000까지도 쓰고 있다.

▲바우처 사용법, 가까운 복지기관 정보 등 행동매뉴얼을 만들어야 한다. ▲경찰관인 아버지 한 분은 아이를 범인 체포하듯 제압해야 할 때 고통스럽다고까지 발언한 것으로 나타났다.

김 의원은 "지난 4년간 보건의료기술연구개발사업으로 분당 서울대병원에서 개발한 검진도구가 검증과 논의에 진행이 없는 안타까운 상황이 이어지고 있다."며 "거점병원 치료전문가 양성을 위한 협의체에서 장애계와 한국장애인개발원이 모두 참여해 위험군 영유아의 2차 선별과 확진과정을 국가단위에서 체계화해야 한다."고 주장했다.

또한 서초구립한우리정보문화센터에서 운영하는 영유아발달가족지원연구소의 발달장애인 조기개입 모델을 선도사례로 소개하고, 복지부에 '가족중심 조기개입제도'를 조사하고 확산방안 마련도 촉구됐다.

서초구 영유아발달가족지원연구소에서는 2015년부터 지금까지 미국 버지니아주에서 시행되는 조기개입과정을 벤치마킹해서 국내 실정에 맞게 수정하고 한글화한 프로그램운영 및 평가, 설문 통한 개선점 도출까지 원스톱 서비스로 구성해 운영 중에 있다.

김 의원은 "지자체에서도 가족중심 원스톱 프로그램을 잘 구성해서 운영하고 있는 만큼 미국, 캐나다, 호주, 영국, 뉴질랜드, 대만의 사례를 비교분석하고 서초구 모델을 분석해서 시행할 수 있는 지자체 중심으로 확산계획을 세워 전달체계 개선으로 연결시켜야 한다."고 말했다.

출처 : 웰페어뉴스(http://www.welfarenews.net).

조기개입(Early Intervention)을 통한 조기특수교육 프로그램은 특수아 및 위험군 영아의 두뇌발달 이론을 근거로 하여 전반적인 인지 · 사회 · 정서 · 운동발달 및 주양육자 지원과 역량강화를 위해 가정 및 유치원(어린이집)으로 방문하여 [그림 3-6]과 같이 치료 및 교육서비스를 제공하는 프로그램이다.

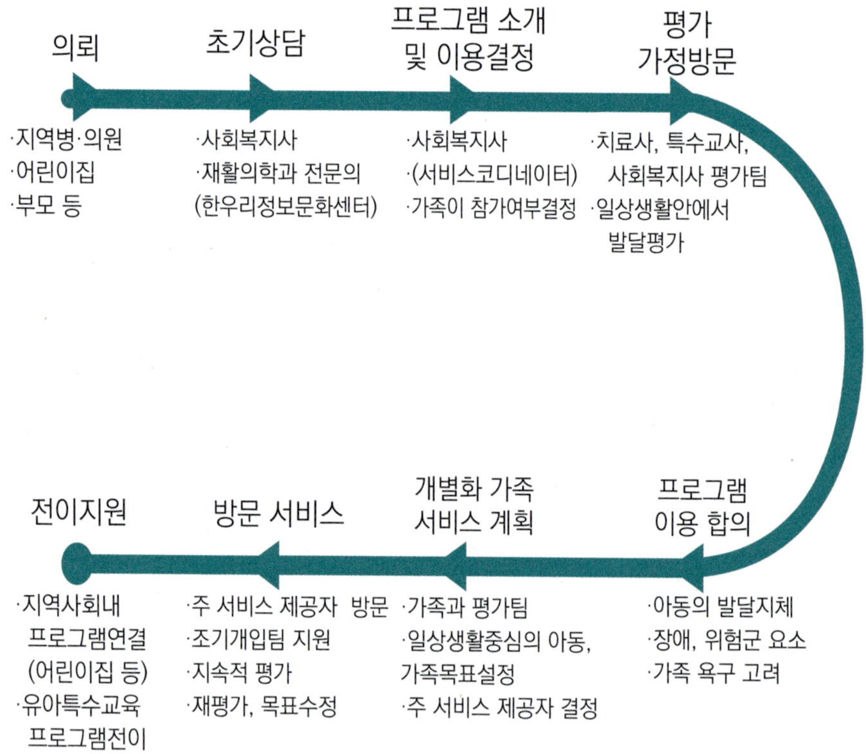

[그림 3-6] 조기개입 조기특수교육 흐름도

출처: 서울특별시 서초구 구립 영유아발달가족지원연구소.

2 조기특수교육 영유아 특성

1) 조기특수교육 영유아 특성

조기특수교육 서비스를 받는 대상은 발달지체를 지닌 아동이나 위험군 아동들이다. 발달지체는 신체, 인지, 의사소통, 사회 · 정서 및 적응행동의 발달에 현저한 지체를 나타내어 조기특수교육 서비스를 받아야 하는 만 9세 미만의 아동을 말할 때 사용한다. 위험군 아동이란 발달지체와 발달문제를 일으킬 가능성이 높은 신체적 또는 정신적 조건을 지닌 것으로 진단된 경우를 말한다. 최빈곤층 아동, 학대받는 아동, 물질남용이나 기타 조건을 경험하는 아동들은 발달지체가 될 가능성이 높다. 조기특수교육 프로그램은 환경적 위험조건을 겪고 있는 아동들에게도 도움을 줄 수 있다.

〈표 3-1〉은 특수교육대상자 범주를 기술하고 있다. 특별한 요구가 매우 강한 아동들은 어린이집, 유치원 과정에서부터 조기특수교육을 받게 되고 대부분은 초등학교 저학년이 끝나기 전에 필요에 따라 특수교육대상자로 선정되어 특수교육 서비스를 받게 된다.

〈표 3-1〉 특수교육대상자의 범주와 특성

장애범주	특 성
시각장애	시력의 일부 또는 전부 상실, 약시 또는 맹
청각장애	청력의 일부 또는 전부 상실, 난청 또는 농
지적장애	인지능력과 적응행동상의 유의한 제한
지체장애	이동능력이나, 운동수행능력에 어려움을 겪는 신체적 제약
정서행동 장애	학습에 부정적인 영향을 미치는 사회 · 정서 영역의 심각한 문제 행동장애 또는 정서장애라고도 함
자폐성 장애	사람과의 관계 형성과 의사소통에 특별한 어려움을 가짐 특이한 감각적(시각, 청각, 촉각 등) 특성과 상동행동을 보임
의사소통 장애	말의 정확한 생성이나 의사소통을 위한 언어의 의미, 내용, 사용과 말의 유창함(말더듬, 속화)에 어려움을 가짐
학습장애	취학전 학습을 위한 주의력, 기억력, 지각능력 등의 선수 기능의 제한 학령기 읽기, 쓰기, 수셈 등의 학업성취 능력이 현저히 낮음
건강장애	학습에 부정적인 영향을 줄 정도로 심한 질병이나 건강상의 문제
발달지체	발달이 또래에 비하여 현저하게 지체되어 특별한 교육적 조치가 필요한 영아 및 9세 미만의 아동

(1) 영아의 특성

발달지체로 판별된 대부분의 영아는 문제의 기질적인 근거를 나타내지 않는다. 발달지체를 지닌 영아의 부모들은 사회적 지위 측면에서 다양하다. 발달지체를 지닌 다수의 영아는 저소득층 가정 출신이고, 이들의 1/3은 저체중으로 태어났으며, 그 비율은 일반 영아의 4배에 달한다.

발달지체를 지닌 영아는 영아기부터 조기특수교육 프로그램에 등록하는 경향이 높아지고 있다. 특히, 장애를 명확하게 진단받는 영아나 생물학적 또는 환경적 위험요인을 지닌 영아는 생후 1년 이내에 조기특수교육 기관에 등록하는 경향이 있다. 의료적, 사회 및 교육적 요구를 지닌 영아를 대상으로 하는 서비스들은 개별화 조기특수교육 서비스를 강조하고 있다. 다수의 아동과 가족은 서비스를 받는 데에 어려움이 많기 때문에 아동의 발달을 최적화하기 위해 광범위한 생태학적 맥락에서 이들의 독특한 요구를 고려하는 것이 중요하다(정대영, 2020).

(2) 유아 및 초기 아동의 특성

유아 및 초기 아동이 발달지체나 위험조건을 지니고 있는 것으로 확인되면 장애(통합)전문어린이집, 특수학교 유치원, 유치원 통합학급 또는 어린이집, 유치원에서 교육을 받을 수 있다. 초등학교 저학년의 경우 「장애인 등에 대한 특수교육법」에 규정된 특수교육대상자로 판별되어 다양한 특수교육 서비스(특기적성 교육, 치료지원 교육 등)를 받게 된다. 자폐성 장애, 지적장애, 지체장애 등이면 초등학교 1~2학년 때부터 특수교육대상자로 선정되어 교육을 받게 되지만, 그렇지 않은 경우에는 학년이 올라가면서 특별한 요구의 유형과 정도에 따라 특수교육대상자로 선정되어 교육을 받는다.

2) 조기특수교육 영유아 교육의 목표

조기특수교육 영유아 교육의 목표는 첫째, 부모에게 아동발달과 관련된 요구를 다룰 수 있는 정보, 지원 및 도움을 제공한다. 둘째, 부모에게 아동발달의 1차적 촉진자와 자녀의 주요 옹호자로서의 자신감을 형성시킨다. 셋째, 가족구성원들 사이에 상호작용을 촉진시켜 유능감과 즐거움을 갖도록 지원하는 것이다.

3 조기특수교육 서비스 전달모형

조기특수교육 서비스는 주로 세 가지 모형, 즉 가정중심 교육, 기관중심 교육, 가정-기관중심 교육프로그램으로 구분될 수 있다. 각 모형은 아동과 그 가족들에게 장·단점을 지니고 있다(정대영, 김영익, 2012).

1) 가정중심 교육프로그램

가정중심 교육프로그램에서 조기특수교육전문가들은 가정을 방문하여 아동과 가족을 대상으로 직접 중재활동을 한다. 아동과 가족은 모두 중재의 대상이 된다. 조기특수교육전문가는 가정에서 영유아와 직접 활동을 할 수도 있고(영유아와 놀이하기), 영유아와 간접으로 활동을 할 수도 있다(부모교육). 상호작용, 교수 및 토론은 부모의 선호와 요구, 아동의 능력에 따라 결정된다. 다음은 가정중심 교육프로그램에서 고려되어야 할 사항이다.

- 가정이나 자연환경에서 목욕, 식사, 놀이, 가족오락, 취침 등 일상생활을 하는 가운데 환경중심으로 중재를 실시한다.
- 중재에 참여하고 싶은 모든 가족 구성원들을 포함시켜야 한다.
- 서비스의 강도와 범위는 가족의 요구 수준에 맞추어야 한다.

전문가가 가정을 방문하는 경우 부모는 자녀의 장애, 자신의 생활환경, 양육환경 등에 대해 보다 강하게 인식할 수 있다(Peterson, Luze, Eshbaugh, Jeon, & Kantz, 2007). 일반적으로 조기특수교육전문가는 가정방문 교육 시에 다음과 같은 활동을 중심으로 한다.

- 가족 구성원을 대상으로 영유아의 놀이와 학습을 촉진시킬 수 있는 기법이나 전략을 시범 보이기
- 가족 구성원과 영유아의 상호작용에 대한 피드백 제공하기
- 다양한 상황에서 기술을 사용할 수 있는 능력 관찰하기
- 부모 및 보호자와 영유아의 기능과 학습을 촉진시킬 수 있는 방법 논의하기

가정중심 교육프로그램의 장점과 단점은 다음과 같다.

가정중심 교육프로그램의 장점

- 영유아와 가족이 익숙한 환경에서 지속적으로 상호작용한다.
- 시간적 융통성이 있다.
- 가족 구성원 모두가 서로 상호작용할 기회가 늘어난다.
- 서비스의 강도에 유연성이 있다.
- 서비스 비용이 비교적 적게 든다.

가정중심 교육프로그램의 단점

- 서비스 제공자의 훈련과 경험에 있어서 개인별 차이가 심하다.
- 치료사들과 추가의 서비스를 조정할 기회가 줄어든다.
- 장애가 없는 동일 연령의 영유아들과의 상호작용 기회가 제한된다.

2) 기관중심 교육프로그램

기관중심 교육프로그램의 경우 영유아들이 서비스를 받기 위해 기관으로 온다. 여기서 기관이란 어린이집, 유치원, 복지관 등을 말하며, 제공되는 서비스는 교직원의 수나 지원기관에 따라 다양할 수 있다. 일부 프로그램의 경우 전문가들이 영유아들에게 여러 가지 직접서비스를 제공하고, 정기적으로 가족들에게 모임을 제공한다.

다른 프로그램의 경우 부모가 기관으로 가서 전문가의 중재활동을 모델로 삼아 중재방법을 배우게 된다. 일부 프로그램은 정규 스케줄에 형제자매나 확대가족을 참여시킬 수 있으며, 가족에게 정보, 훈련, 부모교육 등을 제공한다. 기관중심 교육프로그램을 위해 제안된 주요 내용은 다음과 같다.

- 영유아들의 독립적 놀이와 학습을 촉진시킬 수 있도록 물리적 환경이 안전하고 깨끗하며 장벽이 없어야 한다.
- 영유아 대 교직원의 비율이 안전, 건강 및 목표 달성을 극대화시킬 수 있어야 한다.
- 제공되는 자료와 장난감은 발달적으로 적합해야 한다.
- 활동은 영유아가 성인, 또래 및 자료 등을 주도적으로 선택하고 참여하도록 다양한 감각으로 자극해야 한다.

기관중심 교육프로그램의 장점과 단점은 다음과 같다.

기관중심 교육프로그램의 장점

- 영유아와 가족을 위한 일관성이 있고 사전 준비된 프로그램
- 같은 연령의 다른 영유아들과 상호작용할 기회 제공
- 치료와 영유아를 포함한 대부분의 서비스 제공

기관중심 교육프로그램의 단점

- 집단 속에서 개개인 영유아와 그 가족의 요구를 수용하기 어려움
- 장애가 없는 또래 영유아들과의 상호작용이 제한적일 수 있음

3) 가정-기관중심 교육프로그램

일부 지역에서는 가정과 기관이 연계하여 프로그램을 제공한다. 예를 들어 가족 구성원들이 유치원이나 어린이집에서 비장애영유아들에게 제공하는 프로그램을 선택할 수 있다. 기관에서 제공하는 교육프로그램의 서비스를 받으면서 한 달에 한 번 정도 가정방문 서비스를 받을 수 있다.

재정 상황과 지역의 특성에 따라 가정-기관중심 교육프로그램을 활용할 수 있을 것이다. 재정지원이 열악하고 교육받은 전문가가 부족할 경우에는 이러한 서비스 프로그램을 운영할 수 없다. 그럼에도 불구하고 전문가들은 각 영유아의 특성, 능력, 건강, 가족의 선호 및 요구에 근거하여 개별화 서비스를 제공하려고 노력한다.

4) 초등학교 저학년 교육모형

초등학교 저학년에 재학 중인 장애를 지니는 아동이나 위험군 아동으로서 특수교육대상자로 선정된 아동은 일반학급, 특수학급(시간제 특수학급 또는 전일제 특수학급), 특수학교, 병원학교, 가정방문 순회교육 등 다양한 교육환경에 배치되어 교육프로그램의 서비스를 받을 수 있다.

4 특수교육 서비스 전달체계

1) 교육 서비스 전달체계

특수교육대상자 특수아에게 교육 서비스를 전달하는 체계는 다양하다. [그림 3-7]에서 보는 바와 같이 특수아는 일반어린이집, 유치원, 초등학교 병설 유치원 등에서 부터 장애통합어린이집, 장애전문어린이집, 특수학교 유치부 및 특수학교, 병원학교, 순회교육(가정, 시설방문)에 이르기까지 다양한 교육 환경에 배치될 수 있다. 장애아동은 아동의 장애정도와 교육적 여건을 고려하되 될 수 있는 한 자연스러운 통합환경에 배치하고 제한적 환경이 최소화되도록 하여야 한다. [그림 3-8]은 통합교육과 특수교육 정도에 따른 특수교육 서비스 전달체계이다.

[그림 3-7] 장애전문어린이집, 유치부특수학급, 특수학교, 병원학교, 순회교육

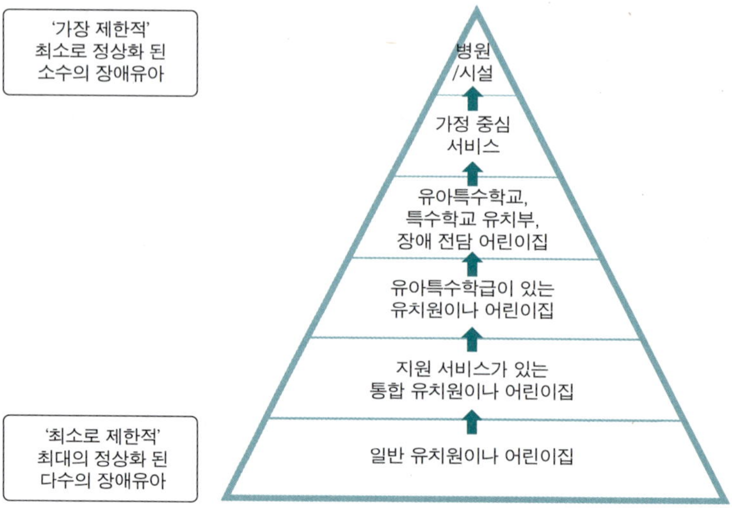

[그림 3-8] 특수교육 서비스 전달체계

2) 배치 기관별 교육 서비스

(1) 일반 어린이집이나 유치원

장애아동에게 지원 서비스가 없거나 최소한의 서비스만 제공되는 일반 어린이집이나 유치원에 배치되는 것을 말한다. 이 단계에 배치된 장애아동은 일반교실에서 일반아동들과 같은 교육과정과 일상적 일과를 생활한다. 유아교사가 통합된 장애아동의 요구에 적합한 교육 프로그램을 계획하고, 적절한 학습 자료와 학습 전략을 사용한다.

(2) 지원 서비스가 있는 통합 어린이집이나 통합 유치원

장애아동은 일반 어린이집이나 유치원에 배치되어 일반 보육프로그램이나 유아교육을 제공받으면서 매주 방문하는 통합 지원교사의 서비스를 받는다. 교실 내의 활동 속에서 통합 지원교사와 언어재활사는 서비스를 제공하며, 보육교사와 유아교사는 협력하여 장애아동 교육과 서비스가 서로 연계되도록 팀 접근을 한다.

(3) 장애아반 및 특수학급이 편성된 어린이집이나 유치원

장애아동은 비장애아동이 있는 같은 어린이집이나 학교 건물 내의 교실 반 편성으로 배치된다. 이 경우 장애아전담교사 및 유아특수교사가 교육을 담당한다. 그러나 장애아동은 하루의 일부 시간만을 일반 교실의 유아들과 함께 생활한다.

(4) 장애아전문어린이집 및 유아특수학교 · 특수학교 유치부

일반적으로 일반교실보다 좀 더 구조화되고 더 집중적인 교수 프로그램과 행동 관리 프로그램을 요구하는 중증의 장애아동들에게 적절하다고 볼 수 있다. 특수교육프로그램 및 관련서비스 언어재활, 물리치료, 작업치료 등을 제공한다. 이러한 배치에서 장애아동은 비장애아동과 함께하지는 못한다.

(5) 가정, 병원/시설

장애아동의 연령과 건강상의 문제, 교육기관의 여건 등 다양한 사유로 어린이집이나 유치원, 일반학교 또는 특수학교에서 부득이 교육을 받을 수 없는 경우에는 가정이나 병원/시설에서 순회교사를 통하여 교육을 받는다. 중요한 것은 이 단계는 가능한 한 단기간 동안 머물러야 하며, 덜 제한적인 교육환경으로 이동되어야 한다는 것이다.

※ 독일 조기특수교육: 장애아 조기지원 정책과 선택할 수 있는 서비스 체계

조기지원 대상인 장애아동은 청소년청의 상담을 통해 유치원(Kindergarten)을 선택할 수 있다. 이들을 위한 시설로는 장애전담 유치원(Sonderkindergarten), 통합 유치원(Integrativer Kindergarten), 일반 유치원에 설치된 통합반(Integrationsgruppe)이 있다. 장애전담 유치원은 장애아동에게 특화된 곳으로 시설이 신체 장애아동이 생활하기에 불편함이 없도록 배리어프리로 설계되어 있다. 소규모 인원으로 운영되며, 그룹 당 최대 10명을 넘지 않아야 한다. 장애아동 전용으로 운영되는 곳이기 때문에 집중치료 · 재활이 필요한 장애아동에게 적합하다. 장애전담 유치원을 졸업한 후에는 장애 정도와 종류에 따라서 특수학교, 시각장애인 학교, 청각장애인 학교, 지원학교 등을 선택해 진학할 수 있다.

유치원 통합교육 과정은 비장애아동과 장애아동이 편견 없이 동등한 관계에서 성장할 수 있도록 일반 프로그램과 조기지원 서비스가 병행되도록 구성된다. 또한 아동의 장애 상태에 따른 치료 · 재활과 유치원 교육을 함께 진행하기 위한 방안에 대해서도 전문가와 유치원 교사, 부모가 함께 의논하며 운영된다. 최근에는 자녀들이 열린 환경에서 다양한 경험을 쌓을 수 있다는 점 때문에 통합 유치원을 선택하는 부모가 늘어나고 있다. 유치원 졸업 후 통합학교(Integrative Schule) 교육과정과 자연스럽게 연결될 수 있다는 것도 큰 장점이다.

출처 : 복지타임즈(http://www.bokjitimes.com)

3) 협력적 접근

협력적 팀 접근은 특수아에 대하여 총체적이고도 입체적인 중재교육을 제공함으로써 실질적인 교육을 통한 특수교육과 가족지원 서비스의 효과를 극대화하는 교육적 목표에 필요한 지원 시스템이다.

[그림 3-9] 담당교사, 특수교사, 관련 전문가 및 부모로 구성된 협력적 팀

(1) 협력적 팀 접근의 개념

통합교육 현장에서 다양한 교육적 요구에 부응하기 위해서는 통합교육을 책임지고 있는 일반교사와 특수교사 상호 간의 협력이 중요하다. '협력'은 두 명 이상의 교사가 상대방의 전문직에 대한 자율성과 다양성을 인정하고, 나아가 서로의 흥미나 의견을 존중하며 함께 목표를 이루어 나가는 것으로 정의할 수 있다.

(2) 협력교수

협력교수는 일반교사와 특수교육 관련 전문가가 교육계획 · 교수 · 평가에 직접적으로 참여하면서 상호작용적 · 역동적 관계를 형성하여, 교사 간의 팀티칭에서 전문적인 교수 장점의 교류를 통한 지속적인 학급운영에 초점을 맞춘다.

협력교수의 다양한 접근은 다음과 같이 이루어질 수 있다[그림 3-10] 참조.

- 한 교사가 한 집단을 교수, 다른 교사는 개별 점검 및 지도
- 두 교사가 두 집단에 같은 내용을 지도, 주로 소집단 활동 시 따로 지도하고 마치기 전에 함께 모여서 요약과 마무리(중요 내용 요약)
- 복수 집단: 두 교사가 관리/교수, 다양한 교육내용도 가능, 한 교사가 개인별 또는 소집단별 지도를 하고 다른 교사는 여러 집단 관리/감독

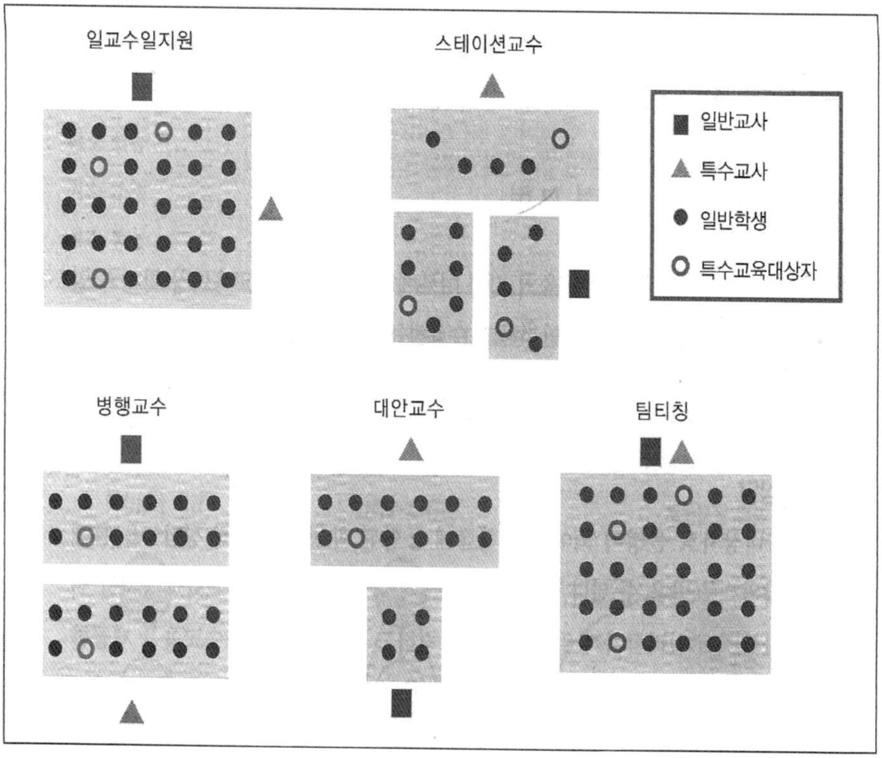

[그림 3-10] 담당교사, 특수교사, 관련

출처: 정대영(2020).

(3) 협력적 접근의 구성과 역할

통합교육을 받고 있는 장애아동의 협력팀에는 아동의 일반교사와 특수교사, 가족구성원이 핵심 팀원으로 참여하며, 이 밖에 아동의 교육적 필요에 따라 물리치료사, 작업치료사, 언어재활사, 생활지도 상담사, 아동심리 학자, 특수체육교사, 행정가 등이 포함될 수 있다.

〈표 3-2〉 협력적 팀 접근 구성원의 역할과 책임

구성원	역할과 책임
통합학급 일반교사	• 대상 아동을 방문객이 아닌 학급의 일원으로 여긴다. • 아동의 특별한 학습 요구를 충족시키기 위하여 교수, 기술 교과 내용, 평가, 성적을 수정한다. • 요구되는 수정을 수행하기 위하여 다른 사람의 전문적인 지식을 구하여 사용한다. • 아동의 어린이집 생활에 일차적인 책임을 지닌 교사로 활동한다. • 팀의 교육 계획에 결정된 활동을 개별화 교육 프로그램의 목표에 통합시킨다.
특수교사	• 통합 촉진자와 사례 관리자로서 활동한다. • 자문과 협력을 제공한다. • 장애아동에 대한 정보를 제공한다. • 교과과정, 자료, 자원을 수정하기 위하여 제시한다. • 행동 문제 프로그램을 개발하고 그 실행을 지원한다. • 개별화 교육 프로그램의 목표를 활동에 통합한다.
행정가	• 어린이집 통합 교육 모임을 시작하고 적극적으로 참여한다. • 통합 교육 프로그램의 개발에 대한 지원(전문가 교육, 다른 어린이집 참관)을 제공한다. • 관련자들은 재교육하고, 필요할 때마다 팀의 일원으로서 교사들을 지원한다. • 통합과 관련하여 부모나 다른 이의 걱정을 수용한다. • 대상 아동과 관련된 문제의 해결에 참여한다. • 어린이집 내에서 발생하는 실질적인 문제를 해결한다.
부모	• 가족의 특성이나 아동 교육 프로그램에 있어 우선시하는 것을 제시한다. • 다양한 환경에서 아동 수행 능력에 대한 의견을 제시한다. • 아동의 미래에 대한 견해를 제시한다.

(4) 일반교사와 특수교사의 협력

성공적인 통합교육은 교사 간의 의사소통과 지원, 서비스의 질에 달려 있다. 즉, 아동 배치에 대한 결정부터 통합된 아동의 교수 · 학습의 계획, 실행, 적용, 다른 아동과의 상호작용 등 교육 전반에 걸쳐서 아동을 담당하는 두 교사 간의 협력은 매우 중요하다고 할 수 있다.

[그림 3-11]은 느린학습자에 대한 협력교수의 사례이며, 〈표 3-3〉은 교사 간 공공 협력의 형태에 대한 내용이다.

[그림 3-11] 느린학습자에 대한 협력교수

〈표 3-3〉 교사 간 공동 협력의 형태

협력 형태	설명
협력적 교환	교사 경력에 상관 없이 새로운 정보나 지식을 자유롭게 교환한다.
협력적 모델링	경험이 많은 교사가 특정 교수 실제에 대하여 동료 교사에게 시범 교수를 보인다.
협력적 코칭	경험이 많은 교사가 동료 교사에게 새로운 교수 전략이나 실제를 습득하고 적용할 수 있도록 피드백을 제공한다.
협력적 감독	경험이 많은 교사가 동료 교사의 교수 실제에 대하여 평가적 피드백을 주어 교수가 향상되도록 돕는다.
협력적 조언	경험이 적은 교사가 문제에 부딪힐 때 경험이 많은 교사가 조언을 하여 문제 해결을 돕는다.

제4장

특수아 지원에 관한 법률

1. 장애아동복지지원법
2. 장애인 등에 대한 특수교육법
3. 장애인차별금지 및 권리구제 등에 관한 법률
4. 발달장애인 권리보장 및 지원에 관한 법률

학습목표

1. 특수아에 관련된 법률에 대하여 알 수 있다.
2. 장애아동복지지원법에 대하여 알 수 있다.
3. 장애인 등에 대한 특수교육법 등에 대하여 알 수 있다.

생각나누기

우리 헌법은 장애영유아 교육권을 보장하고 있지만, 실상은 그렇지 못하다. 엄선희 변호사는 2020년 한 토론회에서 "장애영유아의 70% 정도는 실질적인 의무교육을 받지 못하고 있다"고 지적한 바 있다. 시설 부족, 부처의 이원화, 특수교육법 간주조항 등 장애영유아 교육권 보장에 걸림돌이 되는 요인들은 많다. 해결법은 없을까? 박창현 육아정책연구소 부연구위원은 네 가지 개선안을 제시했다.

[첫째] 장애영유아 보육의 질 상향

"유치원과 어린이집의 관리 주체가 나눠져 있는 상황을 바로 바꾸지 못한다면, 어린이 집에 다니는 장애영유아 보육의 질을 높이는 것이 1순위이다."

[둘째] 어린이집 특수보육교사 처우개선

"특수보육교사는 열악한 환경에서 높은 노동 강도로 일하지만, 그 처우는 빈약합니다. 특수보육교사 육성 시스템과 처우를 함께 개선해야 한다."

[셋째] 하나의 통합시스템 마련

"유보통합은 반드시 이뤄져야 합니다. 아동이 어린이집이든 유치원에 있든 상관없이 모든 아동이 차별 없이 교육을 받을 수 있는 하나의 통합시스템이 필요하다."

[넷째] 사회적 협동조합 구성

"장애아동 부모가 중심이 된 협동조합은 '지역에서 크고 지역에서 자란다'가 핵심입니다. 사회가 장애아동을 포용할 때 특수교육은 자연히 해결될 것이다."

"장애든 비장애든 다 똑같이 교육받게 해야 합니다. 그게 교육권입니다. 돈의 문제가 아닙니다. 장애영유아를 교육할 책임이 국가에게 있다는 점을 분명히 해야 한다."

출처 : 베이비뉴스(https://www.ibabynews.com)

특수아에 대한 복지지원법 및 특수교육법 등 관련된 다양한 법에는 특수교육과 관련서비스 등에 대하여 국가와 지방자치단체의 책무 및 교육권자의 권리가 규정되어 있다. 여기서는 특수아의 교육과 지원에 직접 관련이 있는 「장애아동복지지원법」, 「장애인 등에 대한 특수교육법」, 「장애인 차별금지 및 권리구제 등에 대한 법률」과 성인기 지역사회의 구성원으로 살아갈 시기의 「발달장애인 권리보장 및 지원에 관한 법률」에 대해 알아보고자 한다.

I 장애아동복지지원법

1) 제정배경

장애아동은 아동이자 장애인이라는 이중적인 사회적 약자의 입장에서 있어서 복지 정책의 최우선 대상이 되어야 하지만, 비장애아동 중심의 「아동복지법」과 성인기 장애인 중심의 「장애인복지법」 사이에서 소외되어 그들이 가지고 있는 독특한 복지적 요구와 권리가 법적으로 제대로 보호받지 못하고 있었다. 장애아동 복지지원을 위하여 보건복지부에서 장애아동 수당지급, 교육지원, 보육지원, 의료지원, 재활보조기구 지원, 재활치료 서비스, 활동보조원지원, 장애아가족 양육지원 등을 시행하고 있으나 보육지원을 제외하고는 기초생활수급 가정과 차상위 계층의 저소득 장애아동 가정을 대상으로 선별적 지원이 이루어지고 있는 상황이다.

이로 인해 장애아동의 복지문제는 부모에게 전가되어 가족해체의 문제에까지 이르고 있었고, 이런 장애아동의 다양한 복지문제를 체계적으로 해결하기 위하여 「장애아동복지지원법」이 제정될 필요성이 제기되었다. 이런 필요성에 따라 2007년도부터 「장애영유아보육법」, 제정활동이 시작되었고, 2009년도에는 장애아동복지지원법 제정을 위한 공대위가 출범하여 입법 활동을 하게 되었으며, 2011년 6월 29일 임시국회에서 법안이 통과하여 2011년 8월 4일 「장애아동복지지원법」이 제정되었다.

이렇게 제정된 「장애아동복지지원법」은 보건복지부에서 「장애인복지법」 제18조와

제35조를 근거로 2008년부터 장애아동 재활치료 서비스 사업을 시행하고 있으나 일정한 소득기준 이하의 저소득층만을 대상으로 하고 있으며, 물리치료나 작업치료는 의사의 지도를 받아야 하는 의료행위라는 이유로 제외되고 있어서 정작 가장 필요한 재활치료를 보건복지부에서 제공하는 재활치료 바우처로는 이용할 수 없고, 국가 차원의 자격관리가 미흡하고, 미등록 사설치료실이 대다수로 치료실에 대한 설치 기준 및 관리 · 감독체계가 마련되어 있지 않은 상태다.

한편, 「장애인 등에 대한 특수교육법」 적용을 받는 유아특수학교에서는 장애유아 4명당 1명의 특수교사가 배치되는 것에 비해 「영유아보육법」의 적용을 받는 어린이집에서는 장애유아 9명당 1명의 특수교사가 배치되므로 유아특수학교와 어린이집 사이에 교육차별이 생기고 있으며, 보건복지부가 인정한 재활보조기구 품목은 약 18% 정도로 재활치료비가 많이 소요되어 장애아동 가족의 경제적 부담이 과중하고 심한 경우 가족의 해체로까지 나타나고 있는 상황이다.

이와 같이 현재 보건복지부가 장애아동에 대한 보편적 복지가 아니라 저소득층 장애아동에 대한 선별적 복지의 성격이 강하고, 기존의 장애인복지정책도 주로 성인기 장애인을 중심으로 수립되는 경향이 있다. 더욱이 복지지원 전달체계나 연계 협력체계가 미비하여 분절된 복지서비스가 이루어지고 있어서 장애아동과 그 가족에 대한 종합적인 지원 대책을 수립하기 위하여 이 법이 제정되었다.

2) 주요내용

주요 내용은 크게 「장애아동복지지원법」의 체계, 장애아동의 권리와 국가와 지방자치단체의 의무, 장애아동 복지지원 전달체계-장애아동지원센터의 설립, 및 복지지원 대상자 선정, 내용, 지원 제공기관 및 직무 차원에서 검토해 볼 수 있다.

(1) 「장애아동복지지원법」의 체계

이 법은 국가와 지방자치단체가 장애아동의 특별한 복지적 욕구에 적합한 지원을 통합적으로 제공함으로써 장애아동이 안정된 가정생활 속에서 건강하게 성장하고 사회에 활발하게 참여할 수 있도록 하며, 장애아동 가족의 부담을 줄이는 데 이바지하는 목적을 달성하기 위하여 법적 · 제도적 기반을 마련하려는 것으로, 총 7장 41개 조문의 본칙으로 다음 〈표 4-1〉과 같이 구성되어 있다.

〈표 4-1〉「장애아동복지지원법」의 체계

장	조(제목)
제1장 총칙	제1조 (목적) / 제2조 (정의) / 제3조 (기본이념) 제4조 (장애아동의 권리) / 제5조 (다른 법률과의 관계)
제2장 국가와 지방자치단체의 임무	제6조 (국가와 지방자치단체의 임무) / 제7조 (장애아동 복지지원의 심의) / 제8조 (중앙장애아동지원센터) / 제9조 (지역장애아동지원센터) 제10조 (관계 기관 또는 단체와의 연계, 협력) / 제11조 (장애아동 복지지원 실태조사)
제3장 복지지원 대상자 선정 및 복지지원 제공의 절차	제12조 (장애의 조기발견) / 제13조 (복지지원의 신청) / 제14조 (복지지원 대상자 선정) / 제15조 (금융정보 등의 제공) / 제16조 (복지지원 제공기관의 연계) / 제17조 (개인별지원계획의 수립) / 제18조 (장애아동과 그 가족의 개인정보보호)
제4장 복지지원의 제공기관 등	제19조 (의료비지원) / 제20조 (보조기구지원) / 제21조 (발달재활서비스 지원) / 제22조 (보육지원) / 제23조 (가족지원) / 제24조 (돌봄 및 일시적 휴식지원 서비스지원) / 제25조 (지역사회 전환 서비스지원) / 제 26조 (문화, 예술 등 복지 지원) / 제27조 (취약가정 복지지원 우선제공) / 제28조 (복지지원의 제공) / 제29조 (복지지원 비용의 환수)
제6장 보칙	제34조 (지도와 감독) / 제35조 (보고와 감사) / 제36조 (청문) 제37조 (위임 및 위탁) / 제38조 (이의신청)
제7장 벌칙	제39조 (벌칙) [변경] / 제40조 (양벌규정) / 제41조 (과태료)

(2) 장애아동의 권리와 국가와 지방자치단체의 의무

장애아동의 구체적인 권리로 생활영역에서의 보호와 지원을 규정하고 있다. 장애아동은 모든 형태의 학대 및 유기 · 착취 · 폭력 등으로부터 보호받고, 부모에 의하여 양육되고, 안정된 가정환경에서 자라나야 한다.

인성 및 정신적 · 신체적 능력을 최대한 계발하기 위하여 적절한 교육을 제공받아야 한다. 휴식과 여가를 즐기고 놀이와 문화예술 활동에 참여할 수 있는 기회를 제공받아야 한다. 장애아동은 의사소통 능력, 자기결정 능력 및 자기권리 옹호능력을 향상시키기 위한 교육 및 훈련 기회를 제공받아야 한다(법 제4조).

장애아동에 대한 보호를 권리성을 인정하는 차원을 넘어서 장애아동과 그 가족을 위한 복지지원 대책 강구, 장애아동을 위한 복지지원 사업의 연구 · 개발, 장애의 조기 발견을 위한 홍보, 복지지원 전달체계의 구축, 복지지원 이용권의 수급 및 이용에 대한 관리 감독 등을 국가와 지방자치단체의 의무로 정하여 보호의 영역을 확대하였다(법 제6조).

(3) 장애아동 복지지원 전달 체계: 장애아동지원센터의 설립

중앙과 지역에 장애아동지원센터를 설립하도록 규정하고 있다. 장애아동지원센터는 보건복지부장관, 시장 · 군수 · 구청장이 설립하여 운영하거나 공공기관에 위탁하여 운영할 수 있도록 하여, 장애아동에 대한 지원이 국가적인 차원에서 이루어질 수 있도록 하고 있다.

중앙장애아동지원센터는 장애아동의 복지지원에 관한 조사 · 연구, 지역장애아동지원센터에 대한 평가 및 운영지원, 장애아동의 복지지원 정책에 관한 정보 및 자료제공, 장애아동의 장애유형별 지원 프로그램의 개발, 가족지원업무 수행기관에 대한 운영지원 및 평가, 지역장애아동지원센터와 복지원을 제공하는 기관 등 복지지원 관련 기관에 대한 정보의 수집 및 제공 등 장애아동 지원에 관한 전반적인 체계 형성 및 모니터링 역할을 한다(법 제8조).

지역장애아동지원센터는 장애의 조기발견을 위한 홍보, 장애아동의 복지지원 사업에 관한 정보 및 자료 제공, 장애아동과 그 가족에 대한 복지지원 제공기관의 연계, 장애아동의 사례관리, 장애아동 및 그 가족을 지원하기 위한 가족상담 및 교육의 실시 등

장애아동 지원에 관한 구체적인 서비스 제공을 위한 역할을 수행한다(법 제9조).

(4) 복지지원의 신청 및 복지지원 대상자 선정

장애아동 및 그 보호자는 시장 · 군수 · 구청장에게 이 법에서 정하는 복지지원을 신청할 수 있고, 신청을 받은 시장 · 군수 · 구청장은 관련 법령에서 정하는 바에 따라 소득 · 재산, 장애 정도, 가구 특성 등을 고려하여 복지지원 대상자 여부를 심사하여 30일 이내에 복지지원 대상자로의 선정 여부, 복지지원의 내용 및 복지지원 이용권의 금액 등을 결정하여 복지지원 신청자에게 즉시 알려 주어야 한다. 복지지원은 개별 복지지원의 목적에 따라 장애아동과 그 가족에게 현금이나 현물로 제공한다. 이 경우 현물은 복지지원 이용권으로 제공할 수 있다. 또한 신청자를 복지지원 대상자로 선정하고자 하는 경우 그 가구원에 대한 금융정보, 신용정보, 보험정보를 요청할 수 있다(법 제13조, 제14조, 제15조).

시장 · 군수 · 구청장은 장애아동에게 적합한 복지지원을 제공하기 위하여 개인별 지원계획을 수립할 수 있으며, 시장 · 군수 · 구청장은 복지지원 대상자로 선정한 장애아동가 그 가족에게 복지지원 제공기관을 연계하여야 한다. 또한 복지지원 대상자로 선정하고, 복지지원을 하면서 알게 된 정보에 대해서는 장애아동과 그 가족에 대한 정보의 수집과 관리에 있어 개인정보가 분실 · 도난 · 유출 · 변조 또는 훼손되지 아니하도록 필요한 조치를 하여야 하며, 보호자의 동의 없이 누설하거나 권한 없이 처리하거나 다른 사람이 이용하도록 제공하는 등 부당한 목적으로 사용하여서는 아니 된다(법 제17조, 제18조).

(5) 복지지원의 내용

이 법의 장애아동 복지지원의 내용에는 의료비지원, 보조기구지원, 발달재활서비스지원, 보육지원, 가족지원, 돌봄 및 일시적인 휴식지원 서비스지원, 지역사회 전환 서비스지원, 문화 · 예술 등 복지지원 등이 있다. 장애아동의 복지문제와 관련된 모든 지원의 조항을 하나의 법률 속에 포함함으로써 장애아동에 대한 우리 사회의 복지적 지원이 전체적으로 어떤 내용으로 구성되어 있는지를 파악할 수 있다. 복지지원 내용과 관련하여 모든 장애아동이 동일한 서비스 요구를 갖고 있지 않기 때문에 생애주기적 특성, 소득수준별 특성, 장애 정도를 고려하여 차등적으로 적정한 서비스를 제공할 수 있도록 하고 있다.

다음 〈표 4-2〉는 법에 근거한 구체적인 지원에 대한 내용이다.

〈표 4-2〉 장애아동복지지원법 지원내용

의료비지원(법 제19조)
국가와 지방자치단체로 하여금 장애아동의 의료적 욕구에 따라 적절한 의료비를 지원할 수 있도록 규정하고 있다.
보조기구지원(법 제20조)
국가와 지방자치단체가 장애아동의 학습과 일상생활 활동에 필요한 보조기구를 교부 · 대여 또는 수리하거나 구입 또는 수리에 필요한 비용을 지급할 수 있도록 규정한다.
발달재활서비스지원(법 제21조)
국가와 지방자치단체는 장애아동의 인지, 의사소통, 적응행동, 감각 · 운동 등의 기능 향상과 행동 발달을 위하여 적절한 발달재활서비스를 지원할 수 있고, 발달재활서비스를 지원할 때에는 장애아동의 장애유형 · 장애 정도와 그 가족의 경제적 능력 등을 고려하여 지원할 대상과 내용을 결정할 수 있다. 또한 지방자치단체는 발달재활서비스의 제공경험 및 전문성, 서비스 내용의 적정성 등을 고려하여 발달재활서비스 제공기관을 지정하여 운영할 수 있다.
보육지원(법 제22조)
국가와 지방자치단체는 「영유아보육법」 제27조에 따른 어린이집 이용대상이 되는 장애아동에 대하여 보육료 등을 지원하고 「영유아보육법」 제10조에 따른 어린이집 또는 「유아교육법」 제2조 제2호에 따른 유치원을 이용하지 아니하는 장애영유아에게 「영유아보육법」 제34조의 2에 따라 양육수당을 지급할 수 있다. 뿐만 아니라 보육과 관련하여 이 법에서는 제32조에 따라 장애전문어린이집을 지정할 수 있도록 하고 있다. 시장 · 군수 · 구청장은 「영유아보육법」 제30조의 어린이집 평가인증, 「장애인 · 노인 · 임산부 등의 편의증진보장에 관한 법률」에 따른 편의시설, 보건복지부령으로 정하는 설치기준의 요건을 갖추어 신청을 하는 경우 「영유아보육법」 제10조에 따른 장애영유아를 위한 장애전문어린이집으로 지정할 수 있다. 이렇게 지정된 장애전문어린이집은 장애영유아에 대한 체계적인 보육지원과 원활한 취학을 위한 보육 계획을 수립 · 실시하여야 하며, 대통령령으로 정하는 자격을 가진 특수교사와 장애영유아를 위한 보육교사 등을 배치하여야 한다.

가족지원(법 제23조)

이 법은 장애아동 본인에 대한 지원뿐만 아니라 국가와 지방자치단체로 하여금 장애아동의 가족이 장애아동에게 적합한 양육방법을 습득하고 가족의 역량을 키울 수 있도록 가족상담 · 교육 등의 가족지원을 제공하도록 하고 있다.

돌봄 및 일시적 휴식지원 서비스지원(법 제24조)

장애아동 가족의 일상적인 양육부담을 경감하고 보호자의 정상적인 사회활동을 돕기 위하여 돌봄 및 일시적 휴식지원 서비스를 제공할 수 있도록 규정하고 있다. 장애아동의 경우 비장애아동에 비하여 정신적 · 경제적인 부담 등으로 부모를 비롯한 가족이 매우 힘든 상황에 처할 수 있다. 이는 가족해체 등 사회문제를 야기하여 결국에는 국가의 사회적 비용의 과다발생이 우려되는 측면이 있음을 고려할 때 이런 서비스의 중요성은 더욱 강조될 필요가 있다.

지역사회 전환 서비스지원(법 제25조)

이 규정은 새롭게 규정된 것으로 국가와 지방자치단체는 장애아동이 18세가 되거나 「초 · 중등교육법」제2조의 고등학교와 이에 준하는 각종 학교 또는 「장애인 등에 대한 특수교육법」 제24조의 전공과를 졸업한 후 주거 · 직업체험 등의 지역사회 전환서비스를 제공하도록 노력하여야 한다. 현재 장애인복지가 자립생활을 지향한다는 점에서 지역사회 전환 서비스는 매년 일정시간의 직업 및 주거체험의 기회를 무상으로 제공함으로써 사회참여를 위한 적응훈련과정이 이루어질 수 있을 것으로 기대된다.

문화 · 예술 등 복지지원(법 제26조)

국가와 지방자치단체는 이 법에서 정한 복지지원 외에 문화 · 예술 · 스포츠 · 교육 · 주거 등의 영역에서 장애아동에게 필요한 서비스가 지원되도록 최대한 노력하여야 한다.

[그림 4-1] 가족지원 휴식지원 서비스 및 문화 · 예술 복지 지원

(6) 복지지원의 내용

장애인복지시설, 아동복지시설, 건강가정지원센터, 발달재활서비스 제공기관, 가족지원업무 수행기관, 장애영유아를 위한 어린이집과 그 밖에 보건복지부장관 또는 지방자치단체의 장이 필요하다고 인정하는 기관 또는 단체를 복지지원 제공기관으로 정하고 있다(법 제30조).

복지지원 제공기관은 장애아동의 연령 및 장애유형에 적합한 프로그램을 계획하고 실시하여야 한다. 복지지원 제공기관의 장이 시장 · 군수 · 구청장 또는 지역센터로부터 복지지원 제공의뢰를 받은 때에는 정당한 사유가 없는 한 지체 없이 복지지원을 제공하여야 한다. 보건복지부장관과 지방자치단체의 장은 복지지원 제공기관에 대한 지도감독, 보고검사를 할 수 있다(법 제31조).

2 장애인 등에 대한 특수교육법

1) 제정배경

1977년 12월 31일 법률 제3053호로 제정 · 공포된 「특수교육진흥법」은 우리나라 장애인 교육을 공적으로 보장하기 시작하였고, 전국 시 · 도에 공립 특수학교 및 특수학급이 설치되는 등 특수교육 발전의 기틀을 마련하는 법적 근거가 되었다.

그 후 「특수교육진흥법」은 9차례에 걸친 개정이 이루어졌는데, 그중 1994년 전면개정에서는 통합교육 및 개별화교육 등 새로운 교육사조의 도입, 장애학생의 적절한 선정 · 배치 등 절차적 권리 강화를 위한 특수교육운영위원회의 도입 등 획기적인 조치를 포함하게 되었다.

2006년 4월 20일 장애인의 날을 맞이하여 장애인 관련 정책의 전반적인 문제점을 검토하고 특단의 대책을 마련하라는 대통령 지시에 따라 2007년부터 2010년까지 추진할 '장애인 지원 종합대책'을 마련하고, 2006년 9월 4일 관계부처 합동으로 발표하여 장애인 정책에 대한 정부의 확고한 의지를 표명하였다.

이러한 주변 상황의 변화와 최근 특수교육의 세계 동향 등을 반영하기 위해 당시 교육인적자원부에서는 2005년도에 수행한 관련 정책연구 결과를 토대로 2006년 6월 초 개정(안)을 마련하게 되었다. 그리고 그간 '특수교육 기회 확대 정책'을 '특수교육의 내실화 정책'으로 정책의 전반적인 방향을 전환하여 보다 안정적이고 적극적인 특수교육 정책으로 정착 · 발전시켜 나갈 수 있도록 「특수교육진흥법」 전부 개정을 추진하게 되었다.

이상과 같은 과정을 거쳐 「교육기본법」 제18조에 따라 국가 및 지방자치단체가 장애인 및 특별한 교육적 요구가 있는 사람에게 통합된 환경을 제공하고 생애주기에 따라 장애유형 · 장애 정도의 특성을 고려한 교육을 실시하여 이들의 자아실현과 사회통합을 하는 데 기여하는 것을 목적으로 「특수교육진흥법」을 폐지하고 「장애인 등에 대한 특수교육법」을 새롭게 제정하였다. 또한 국가 및 지방자치단체가 장애인 등 특수교육대상자에게 고등학교까지 의무교육을 실시하고, 영유아 때부터 장애의 유형과 정도를 고려한 특수교육 및 관련서비스를 제공하는 등의 내용으로 「장애인 등에 대한 특수교육법」이 제정(법률 제8483호, 2007. 5. 25. 공포, 2008. 5. 26. 시행)됨에 따라 법률에서 위임한 사항과 그 시행에 필요한 사항을 동법 시행령에서 규정하게 되었다.

2) 주요내용

「장애인 등에 대한 특수교육법」 주요 내용은 크게 「장애인 등에 대한 특수교육법」의 체계, 교육기회의 확대, 특수교육 전달체계의 확립, 특수교육의 질 제고, 특수교육 복지지원 확대, 학생과 보호자의 권리보장 차원에서 검토해 볼 수 있다.

(1) 「장애인 등에 대한 특수교육법」의 체계

이 법은 「교육기본법」 제18조에 따라 국가 및 지방자치단체가 장애인 및 특별한 교육적 요구가 있는 사람에게 통합된 교육환경을 제공하고 생애주기에 따라 장애유형 · 장애 정도의 특성을 고려한 교육을 실시하여 이들의 자아실현과 사회통합을 하는 데 기여하고자 하였다.

(2) 교육기회의 확대

기존에는 8개 장애유형에 해당되는 자 중 특수교육을 필요로 하는 사람을 교육지원 대상자로 규정하고 있으나, 「특수교육법」에서는 발달지체와 자폐성장애를 신설하여 전체 10개의 장애유형으로 그 유형을 확대하여, 현재 장애를 가지지 않았어도 장애발생 가능성이 높거나, 장애가 의심되는 자가 특수교육을 필요로 하면 특수교육대상자로 지원할 수 있도록 규정하였다. 또한 기존의 8개 장애유형 중 언어장애와 정서장애는 최근의 변화된 상황을 고려하여 각각 의사소통장애와 정서·행동장애로 확대·변경되었다.

그리고 학령기 아동 중 특수교육 요구 아동뿐만 아니라, 그 이외의 장애영아, 장애대학생, 장애성인 등도 교육지원 대상으로 포함시켰다. 장애학생의 교육기회 확대를 위하여 무상·의무교육의 연한을 기존에 만 3세부터 만 17세까지였던 것을 만 0세부터 만 18세(19세까지 가능)까지로 확대하였고, 연령별이 아닌 교육과정별로 영아기 과정과 전공과 과정을 무상교육으로 규정하였으며, 유치원 과정과 고등학교 과정을 의무교육으로 규정하여, 무상·의무교육의 연한 또는 확대하였다.

〈표 4-3〉 특수교육대상자의 범주와 특성

구 분	기존	「특수교육법」	비고
영아기 과정(만 0~2세)	없음	무상	변경
유치원 과정(만 3세~ 학령 전)	무상	의무	변경
초·중학교 과정(만 7~14세)	의무	의무	변경
고등학교 과정(만 15~17세)	무상	의무	변경
전공과 과정(만 18세 이상)	없음	무상	변경

전공과 설치 대상 교육기관을 기존의 특수학교에서 특수교육기관으로 확대함으로써 전공과를 특수학교뿐만 아니라 일반학교, 특수교육지원센터 등 지역에서 가까운 교육기관에서 설치할 수 있도록 하여, 일반학교 졸업생들도 이용할 수 있도록 하였다. 또한 전공과를 이수한 특수교육대상자는 「학점인정 등에 관한 법률」(법률 제13229호, 2015. 9. 28, 일부개정)에 따라 학점인정을 받을 수 있도록 조치하여, 이후 학사학위 취득에 도움이 되도록 하였다.

전공과 이후의 교육을 특수교육기관 및 일반학교 등에 장애인을 위한 평생교육과정을 설치할 수 있도록 하고, 일반 평생교육시설 및 평생교육단체가 별도의 장애인 평생교육과정을 운영할 수 있도록 하여, 특수교육대상자들을 위한 평생교육의 기회를 확대하였다. 그리고 학령기를 놓쳐 교육받지 못한 성인장애인들을 위하여 일반 평생교육시설과는 별도로 학교 형태의 장애인평생교육시설을 설치할 수 있도록 하였다.

(3) 특수교육 전달체계의 확립

「특수교육법」에서는 조기발견,「특수교육법」 및 선정 · 배치체계의 확립을 위한 변화가 있었다. 조기발견 체계의 문제점을 개선하기 위하여 제14조를 통해 조기발견을 위한 홍보를 의무화하고, 선별검사를 무상으로 실시하도록 하였으며, 조기발견에 필요한 세부적인 절차를 제시하였다. 그리고 이를 위한 별도의 진단 · 평가팀 운영에 대한 근거를 마련하였다.

「특수교육법」에서는 이런 문제에 적극적으로 대응하기 위하여 「특수교육법」 제11조(특수교육지원센터의 설치 · 운영), 제14조(장애의 조기발견 등), 제15조(특수교육대상자선정) 및 제16조(특수교육대상자의 선정절차 및 교육지원 내용의 결정)에 제시된 진단 · 평가업무를 담당하도록 규정하고 있다.

보호자의 의견 수렴 근거도 명확히 마련하였다. 기존에 특수교육대상자 여부만을 선정하여 보호자에게 통지하였던 것을, 교육지원 내용에 대한 최종의견도 보호자에게 함께 통지하도록 규정하였고, 각급 학교의 장이 진단 · 평가를 의뢰할 때에는 보호자의 사전 동의를 받을 수 있도록 하였다. 그리고 진단 · 평가의 과정에서 부모 등 보호자의 의견진술 기회를 보장하도록 규정하고, 특수교육대상자를 배치할 때에는 보호자의 의견을 수렴하도록 하였다.

또한 시 · 군 · 구 단위의 특수교육지원센터에 대한 설치기준 및 역할 등을 구체적으로 명시하여, 특수교육지원센터가 보다 편리하게 접근할 수 있는 지역 내 특수교육 전달체계 중 하나가 될 수 있도록 하였다. 그리고 특수교육지원센터의 역할을 진단 · 평가, 교수-학습 지원, 순회교육 지원, 진로 및 직업교육 지원 등 교육 현장을 체계적으로 지원할 수 있도록 명료화하였다.

※ 특수교육지원센터의 설치기준

▶특수교육지원센터는 시 · 도 교육청, 하급교육행정기관이나 특수학교, 특수학급이 설치된 일반 초 · 중 · 고등학교 또는 관할 지역의 관공서(장애인복지관을 포함) 등 특수교육대상자를 비롯한 지역주민의 접근이 편리한 곳에 설치해야 한다(「장애인 등에 대한 특수교육법」 제11조 제2항).

▶교육감은 특수교육지원센터를 설치할 때 그 업무를 수행할 수 있는 독립된 공간을 확보해야 한다(「장애인 등에 대한 특수교육법 시행령」 제7조 제1항).

▶교육감은 지역의 지리적 특성 및 특수교육의 수요 등을 고려하여 필요한 경우에는 하나의 하급교육행정기관에 2개 이상의 특수교육지원센터를 설치 · 운영할 수 있다(「장애인 등에 대한 특수교육법 시행령」 제7조 제3항).

(4) 특수교육의 질 제고

「특수교육법」에서는 특수교육의 질 제고를 위하여 학급당 학생 수 기준을 법률로 명시하였다. 학급당 학생 수 기준 변경 현황은 〈표 4-4〉와 같다.

〈표 4-4〉 학급당 학생 수 기준 변화(2023. 3월 기준)

구 분		기 존	「특수교육법」
법적 근거		법 제15조 제3항 및 법에 근거한 시행령 제13조의 2 제1항	제27조 제1항
기준 적용 대상		일반학교의 특수학급	일반학교의 특수학급 및 특수학교의 학급
설치기준	유치원 과정	1인 이상 12인 이하 – 1학급 12인 초과 – 2학급 이상 (각 과정 공통)	1인 이상 4인 이하 – 1학급 4인 초과 – 2학급 이상
	초등학교 과정		1인 이상 6인 이하 – 1학급 6인 초과 – 2학급 이상
	중학교 과정		1인 이상 6인 이하 – 1학급 6인 초과 – 2학급 이상
	고등학교 과정		1인 이상 7인 이하 – 1학급 7인 초과 – 2학급 이상

통합교육의 법률적 개념을 정립하기 위하여 '제2조 6호 "통합교육"이라 함은 특수교육대상자가 일반학교에서 장애유형 · 장애 정도에 따라 차별받지 아니하고 또래와 함께 개개인의 교육적 요구에 적합한 교육을 받는 것을 말한다.'라는 구체적인 내용을 명문화하였다. 그리고 개별화교육의 내실화를 위하여 제22조에 개별화교육 관련 규정을 포함시켰다. 구체적인 규정 내용은 〈표 4-5〉와 같다.

〈표 4-5〉 개별화교육 관련 규정

구 분	규정 내용
개별화교육 지원팀의 구성	• 보호자, 특수교육교원, 일반교육교원, 진로 및 직업교육 담당교원, 특수교육 관련서비스 담당인력 등으로 구성 • 개별화교육 지원팀은 매 학기마다 개별화교육 계획을 작성해야 함 (제2항) • 특수교육교원이 개별화교육 지원팀의 업무를 지원하고 조정함 (제3항)
개별화교육 계획의 운영	• 개별화교육 지원계획이 수립 및 실시 등에 관한 사항은 시행규칙으로 위임
개별화교육 계획 법적 문서화	• 개별화교육 계획 작성을 의무적으로 규정(제2항) • 특수교육대상자의 전학 또는 상급학교 진학 시 개별화교육 계획을 송부(제3항)
개별화교육 불복 신청	• 개별화교육 지원팀에 보호자 참여를 배제한 경우 차별행위로 규정 (제4조 제2항 3호), 이 경우 보호자가 특수교육운영위원회에 심사 청구를 할 수 있도록 함(제36조 제1항). 또한 이러한 차별행위를 한 자에 대하여 제38조의 2에 따라 300만 원 이하의 벌칙 부과

그리고 진로 및 직업교육의 내실화를 위하여 진로 및 직업교육 관련 규정을 포함시켰다. 구체적인 규정 내용은 〈표 4-6〉과 같다.

〈표 4-6〉 직업교육 관련 규정

구 분	규정 내용
정의	'진로 및 직업교육'이라 함은 특수교육대상자의 학교에서 사회 등으로의 원활한 이동을 위하여 관련 기관의 협력을 통하여 직업재활훈련 · 자립생활훈련 등을 실시하는 것을 말한다(제2조 9호).
대상 범위	• 직업재활훈련: 직업평가, 직업교육, 고용지원, 사후관리(추수지도) • 자립생활훈련: 일상생활적응훈련, 사회적응훈련 등 자립생활기술훈련(제23조 제1항)
협력 체계	• 효과적인 진로 및 직업교육 실시를 위하여 대통령령으로 정하는 관련 기관협의체 구성 명시 • 관련기관 특수교육기관, 한국장애인고용공단지부 등 해당 지역의 장애인 고용 관련 기관, 직업재활시설, 장애인복지관, 산업체 등 망라

(5) 특수교육 복지지원 확대

「특수교육법」에서는 특수교육 복지지원 확대와 특수교육대상자의 교육을 효율적으로 실시하기 위해 필요한 상담지원, 가족지원, 치료지원, 보조인력지원, 학습보조기기 및 보조공학기기 지원, 통학지원, 정보접근지원 등 관련서비스 지원 규정을 마련하였다(제2조 제2호). 그리고 유치원 종일반 지원을 위한 규정을 마련하여 특수학교 유치부, 유치원 과정만 운영하는 특수학교, 일반유치원 등에도 특수교육대상자로 선정된 영유아를 대상으로 방과 후 과정을 운영할 수 있도록 하였고, 방과 후 과정 운영을 담당할 인력을 학급당 1인 이상 추가로 배치할 수 있도록 규정하였다.

[그림 4-2] 특수교육 관련 서비스

(6) 학생과 보호자의 권리보장

「특수교육법」에서는 학생과 보호자의 권리를 명확히 보장하기 위하여 다음의 〈표 4-7〉과 같이 차별행위의 유형을 구체적으로 명시하였다.

〈표 4-7〉「특수교육법」에서 규정하고 있는 차별행위의 대상

• 장애를 이유로 입학의 지원을 거부하거나, 입학전형 합격자의 입학을 거부하는 행위 • 제28조에 따른 특수교육 관련 서비스 제공에서의 차별 • 수업 참여 배제 및 교내외 활동 참여의 배제 • 개별화교육 지원팀에의 참여 등 보호자 참여에서의 차별 • 대학의 입학전형절차에서 장애를 이유로 별도의 면접이나 신체검사를 요구하는 등 입학전형 과정에서의 차별

그리고 기존의 법률에서 규정하고 있는 심사청구 대상을 확대하여 학생 및 보호자가 교육 현장으로부터 그 권리를 구제받을 수 있도록 하였다.

〈표 4-8〉「특수교육법」에서 규정하고 있는 차별행위의 대상

구 분	규정 내용
심사청구 대상	• 특수교육대상자의 선정 • 특수교육대상자의 지정 · 배치 • 특수교육대상자에게 통지된 교육지원에 관한 결정사항 • 제4조에 규정하는 각종 차별행위에 관한 사항
심사청구 방식	• 유 · 초 · 중: 시 · 군 · 구 특수교육운영위원회 심사청구 • 고 · 특수학교: 시 · 도 특수교육운영위원회 심사청구
심사기간	• 30일 이내에 심사하여 결정하고 청구인에게 통보
결정된 사항에 대한 이의신청	• 90일 이내에 행정심판 제기 가능
공평한 청문의 기회	• 의견 진술의 기회 제공 • 의견 청취

3 장애인차별금지 및 권리구제 등에 관한 법률

1) 제정배경

「장애인차별금지 및 권리구제 등에 관한 법률」(이하 「장애인차별금지법」) 제정 운동의 가장 큰 배경은 우리 사회의 심각한 장애인 차별의 현실이다. 상대적으로 소수이자, 육체적 · 사회적 · 경제적 약자인 장애인은 비장애인 · 남성 중심으로 형성된 우리 사회구조에서 소외되고 차별받을 수밖에 없는 위치에 놓여 있다.

한국보건사회연구원(2017)의 실태조사에 따르면 장애인의 인구는 2000년 215만 명(전 국민의 4.59%)에서 273만 명(전 국민의 5.59%)으로 증가세를 보였으며, 2020년의 장애인의 인구 실태 조사에서는 262만 명으로 추정하였다. 장애여성 및 노령 장애인의 비중 증가와 중증장애인 수의 증가 등 장애인구 구조도 변화하고 있다. 이와 함께 장애인의 사회참여 욕구도 급속히 증가하여 교육권, 이동권, 정보접근권 등 각종 권리의

보장 요구와 자립생활운동의 확산 등 새로운 변화가 급속하게 진행되고 있다.

이러한 환경변화에도 우리 사회는 아직도 장애를 사유로 한 차별이 관행적으로 지속되고 있으며, 복지시설 등에서의 장애인 폭행, 감금 등의 사례도 빈번히 제기되는 등 심각한 인권 침해가 지속되고 있다. 장애인에 대한 차별은 생존, 노동, 교육, 소비자 생활, 공공시설 및 건축물의 이용 및 접근, 대중교통 및 교통시설의 이용 및 접근, 정보통신의 이용 및 의사소통, 여성장애인 및 모성, 형사절차, 생활시설 등 모든 일상과 사회생활에서 발생하고 있고, 학교, 직장은 물론 장애인 시설 및 가정에서도 일상화되고 있다.

「장애인차별금지법」 제정의 의미는 다음과 같다(박종운, 2007).

첫째, 장애인에 대한 차별금지와 차별에 대한 구제가 제도화되었다는 점이다. 물론 이전에도 지금은 폐지된 「남녀차별금지 및 권리에 관한 법률」 등이 있었지만, 구제제도 등에서는 「장애인차별금지법」이 훨씬 강력하다. 기존의 「장애인복지법」에도 차별금지에 관한 내용이 있었고, 「장애인 · 노인 · 임산부 등의 편의증진 보장에 관한 법률」에도 접근권이 명시되어 있었지만, 차별금지에 대한 세부 내용이 없었으며, 차별을 받았거나 접근권을 침해당했을 경우의 구제수단이 없었기에 명목뿐인 조항에 불과했다. 따라서 「장애인차별금지법」이야말로 장애인 차별에 대한 우리나라 최초의 제대로 된 법률이며, 장애인차별에 대한 권리구제를 명시한 법률이다.

둘째, 장애인차별금지가 공론화되었다는 점이다. 장애인을 차별하지 않는다고 하면서도 일상생활에서는 수많은 차별이 일어났으며, 장애인은 차별을 당해도 차별에 항거하지 못하고 억울함을 누른 채 살아갈 수밖에 없었다. 그러나 「장애인차별금지법」이 제정됨으로써 이러한 우리 사회의 차별에 대해 이야기할 수 있게 되었으며, 장애인을 차별해서는 안 된다는 사실을 공론화할 수 있게 되었다. 장애인 차별이라는 화두가 비로소 우리 사회 한가운데 던져진 것이다.

셋째, 당사자의 목소리를 담아낸 법률이라는 점이다. 장애 관련 법률은 대부분 전문가들에 의해 만들어진 법이다. 물론 「아동편의증진법」 역시 당사자에 의해 만들어진 법률안을 건설교통부가 대부분 수용한 예이기는 하지만, 수많은 장애인단체와 개인이 협력하여 법률안을 만들고, 그것을 제정까지 이끌어 낸 것은 「장애인차별금지법」의 성과라고 할 수 있다. 특히 장애인의 목소리를 담기 위해 각 영역별로 모임을 갖고, 현장에서의 차별사례를 수집하고, 이를 법안으로 완성해 간 과정은 「장애인차별금지법」이 단순히 장애인이 참여한 것이 아니라 장애인에 의해 완성된 법률이라는 의미를 더한다.

넷째, 우리 사회의 차별의식과 시민의식을 성숙시키게 되었다는 점이다. 장애인에 대한 차별금지와 예방은 장애인의 문제로 끝나지 않는다. 장애인에 대한 차별의 철폐는 성, 인종, 연령, 외모, 지역 등에 대한 차별의 철폐로 이어질 것이다. 그리고 우리사회에서 장애인에 대한 차별을 예방하며 금지하기 위한 법률을 제정했다는 것은 우리 사회의 차별의식이 한 단계 높아진 것이며, 장애인에 대한 차별철폐를 통해 국민의 차별감수성 역시 더욱 높아질 것이다. 또한 차별에 대해 무관심하고 차별에 예민하지 않았던 우리의 차별의식을 일깨우는 경종이 될 것이다. 「장애인차별금지법」이 차별을 금지하고 구제하는 개별법으로 제정됨으로써 이제 다른 영역에 있어서의 차별도 개별법으로 제정될 수 있는 길이 열렸다. 물론 국가인권위원회에서 「차별금지법」을 제정하여 19개 영역의 모든 차별을 금지하려 하고 있지만, 인권위의 「차별금지법」은 기본적인 성격을 가지기 쉬우며, 필요에 따라 「장애인차별금지법」처럼 개별법을 통해 구체적으로 차별을 금지하고 구제하는 법률이 제정될 가능성도 남아 있다.

2) 주요내용

「장애인차별금지법」의 주요 내용은 크게 「장애인차별금지법」의 체계, 차별금지, 장애여성 및 장애아동, 장애인차별시정기구 및 권리구제, 손해배상 및 입증책임 차원에서 검토하여 볼 수 있다.

(1) 「장애인차별금지법」의 체계

이 법은 모든 생활영역에서 장애를 이유로 한 차별을 금지하고 장애를 이유로 차별받은 사람의 권익을 효과적으로 구제함으로써 장애인의 안전한 사회참여와 평등권 실현을 통하여 인간으로서의 존엄과 가치를 구현하는 목적을 달성하기 위하여 법적 · 제도적 기반을 마련하려는 것으로, 총 6장 50개 조문의 본칙으로 구성되어 있다.

〈표 4-9〉「특수교육법」에서 규정하고 있는 차별행위의 대상

<table>
<tr><th>장</th><th colspan="2">조(제목)</th></tr>
<tr><td>제1장
총칙</td><td colspan="2">제1조 (목적) / 제2조 (장애와 장애인) / 제3조 (정의) / 제4조 (차별행위) / 제5조 (차별판단) / 제6조 (차별금지) / 제7조 (자기결정권 및 선택권) / 제8조 (국가 및 지방자치단체의 의무) / 제9조 (다른 법률과의 관계)</td></tr>
<tr><td rowspan="5">제2장
차별
금지</td><td>제1절 고용</td><td>제10조 (차별금지) / 제11조 (정당한 편의제공 의무) / 제12조 (의학적 검사의 금지)</td></tr>
<tr><td>제2절 교육</td><td>제13조 (차별금지) / 제14조 (정당한 편의제공 의무)</td></tr>
<tr><td>제3절 재화와 용역의 제공 및 이용</td><td>제15조 (재화, 용역 등의 제공에 있어서의 차별금지) / 제16조 (토지 및 건물의 매매, 임대 등에 있어서의 차별금지) / 제17조 (금융상품 및 서비스 제공에 있어서의 차별금지) / 제18조 (시설물 접근, 이용의 차별금지) / 제19조 (이동 및 교통수단 등에서의 차별금지) / 제20조 (정보접근에서의 차별금지) / 제21조 (정보통신, 의사소통 등에서의 정당한 편의제공의무) / 제22조 (개인정보보호) / 제23조 (정보접근, 의사소통에서의 국가 미 지방자치단체의 의무) / 제24조 (문화, 예술활동의 차별금지) / 제24조의2 (관광활동의 차별금지) / 제25조 (체육활동의 차별금지)</td></tr>
<tr><td>제4절 사법, 행정 절차 및 서비와 참정권</td><td>제26조 (사법, 행정절차 및 서비스 제공에 있어서의 차별금지) / 제27조 (참정권)</td></tr>
<tr><td>제5절 모, 부성권, 성 등</td><td>제28조 (모, 부성권의 차별금지) / 제29조 (성에서의 차별금지)</td></tr>
<tr><td rowspan="5">제2장
차별
금지</td><td>제6절 가족, 가정, 복지시설, 건강권 등</td><td>제30조 (가족, 가정, 복지시설 등에서의 차별금지) / 제31조 (건강권에서의 차별금지) / 제32조 (괴롭힘 등의 금지)</td></tr>
<tr><td>제3장 장애여성 및 장애아동 등</td><td>제33조 (장애여성에 대한 차별금지) / 제34조 (장애여성에 대한 차별금지를 위한 국가 및 지방자치단체의 의무) / 제35조 (장애아동에 대한 차별금지) / 제36조 (장애아동에 대한 차별금지를 위한 국가 및 지방자치단체의 의무) / 제37조 (정신적 장애를 가진 사람에 대한 차별금지 등)</td></tr>
<tr><td>제4장 장애인차별시정기구 및 권리구제 등</td><td>제38조 (진정) / 제39조 (직권조사) / 제40조 (장애인차별시정소위원회) 제41조 (준용규정) / 제42조 (권고의 통보) / 제43조 (시정명령) / 제44조 (시정명령의 확정) / 제45조 (시정명령 이행상황의 제출요구 등)</td></tr>
<tr><td>제5장 손해배상, 입증책임 등</td><td>제46조 (손해배상) / 제47조 (입증책임의 배분) / 제48조 (법원의 구제조치)</td></tr>
<tr><td>제6장 벌칙</td><td>제49조 (차별행위) / 제50조 (과태료)</td></tr>
</table>

(2) 차별금지

「장애인차별금지법」에서는 차별을 고용, 교육, 재화와 용역의 제공 및 이용, 사법·행정절차 및 서비스와 참정권, 모·부성권·성 등, 가족·가정·복지시설·건강권·괴롭힘 등 총 6개의 절로 나누어 규정하고 있다. 이는 기존의 어떠한 차별 관련법보다 적용의 영역이 넓고 생활상의 다양한 영역에서 장애인 차별의 유형과 성격에 기반을 두어 차별금지 사항을 매우 구체적으로 제시하고 있다.

교육에 대해서는 장애인의 입학지원 및 입학거부 금지, 전학 강요 및 거절 금지, 「특수교육법」 제17조의 준수 의무, 정당한 편의제공 요청 거절금지, 모든 교내외 활동에서 장애인의 참여 제한·배제·거부 금지 등 교육책임자에 대한 정당한편의 제공 의무 부과 등을 규정하고 있다. 교육상 장애인 차별유형을 구체적으로 적시하고 교육책임자에 대하여 정당한 편의제공 의무까지 부고하고 있지만, 정당한 편의제공 적용대상의 단계적 범위 및 편의의 내용에 대해서는 고용 영역에서도 마찬가지로 시행령에 위임하고 있다.

임신, 출산 양육 등 부모·부성권에 있어서의 차별금지, 입양자격 제한 금지, 임신·출산·양육 등의 실질적인 평등 보장을 위한 서비스 등의 제공 및 지원책 마련을 규정하고 있다. 또한 가족·가정 및 복지시설 등의 구성원에 대하여 장애인의 의사에 반한 과중한 역할 강요나 의사결정과정에서의 배제 금지, 장애인의 외모나 신체공개 금지, 교육권, 재산권 행사, 사회활동 참여, 이동 및 거주의 자유권 제한·박탈·구속·배제 금지, 자녀 양육권과 친권 지정 및 면접교섭권에 있어서의 차별금지, 시설입소를 조건으로 한 친권포기각서 요구나 면접권 및 외부 소통권 제한 금지, 보건·의료에서의 차별금지, 집단따돌림, 모욕감을 주거나 비하를 유발하는 언어적 표현이나 행동금지 등이 규정되어 있다. 모·부성권·성, 가정, 복지시설과 같이 기존에 다른 법률에서 차별의 영역으로 다루지 않은 영역까지 확대함으로써 일상생활에서 장애인 차별이 발생하는 모든 유형을 포괄하도록 하고 있다. 특히 복지시설에서의 인권침해에 대하여 적극적인 시정조치를 할 수 있는 법적 근거를 마련하고, 적용 또한 미인가시설까지로 확대할 수 있도록 한 것은 상당히 고무적이라고 할 수 있다.

(3) 장애여성 및 장애아동

「장애인차별금지법」의 제3장에서는 장애여성, 장애아동, 정신적 장애를 가진 사람에 대한 차별금지 사항을 구체적으로 적시하고 있다. 즉, 장애여성과 장애아동에 대한 차별을 별도로 다루어 이중차별의 해결을 적극적으로 제기하고 있고, 장애인 중에서도 특별한 처우가 필요한 정신장애인에 대한 차별금지를 별도로 규정한다는 점에서 의미가 깊다고 할 수 있다. 장애여성과 관련하여 정당한 편의제공 의무 사업장의 범위와 법률에 명시되지 않은 그 밖의 필요한 정당한 편의제공의 내용에 대해서는 시행령에 위임하고 있다.

(4) 장애인차별시정기구 및 권리구제

차별행위에 대한 조사와 구제 업무를 전담하는 장애인차별시정소위원회를 인건위원에 두되, 위원회의 구성 · 업무 등에 관하여 필요한 사항은 인권위원회 규칙으로 정하도록 하고 있다.

법 제정 당시 장애인들은 독립적인 장애인차별시정기구를 요구하였으나, 효율성, 판단의 일관성, 복합차별에 대한 효과적인 대응 등을 고려하여 인권위원회를 차별시정기구로 정하였다. 인권위원회는 「국가인권위원회법」에서 포괄적으로 규정한 차별금지 조항과 더불어서 제시하는 구체적인 차별의 판단기준에 근거하여 차별 여부를 명확히 판단할 수 있게 되었다. 인권위원회는 권고를 한 경우 그 내용을 법무부장관에게 통보하고, 법무부장관은 권고를 받은 자가 정당한 사유 없이 인권위원회의 권고를 불이행하고, 피해자가 다수이거나 반복적인 차별행위에 대한 권고 불이행, 피해자에게 불이익을 주기 위한 고의적 불이행 등의 경우 시정명령을 발동할 수 있도록 하고 있다. 즉, 인권위원회에는 차별행위에 대한 시정권고권을 주고, 그러한 시정권고가 받아들여지지 않을 경우 법무부가 필요한 시정명령권을 갖도록 하는 구조로 이루어져 있다.

(5) 손해배상 및 입증책임

「장애인차별금지법」에서는 손해발생은 인정되나 피해자가 재산상 손해를 입증할 수 없을 경우에 차별행위가 얻은 재산상 이익을 피해자의 재산상 손해액으로 추정할 수 있도록 하고, 재산상 손해액의 입증이 곤란한 경우에는 변론 전체의 취지와 증거조사 결과에 기초하여 상당한 손해액을 인정할 수 있도록 하고 있다.

또한 입증책임의 배분을 위하여 차별행위 사실은 피해자가 입증하도록 하고, 장애를 이유로 한 차별이 아니거나 정당한 사유가 있었다는 점은 차별 행위자가 입증하도록 하고 있다. 차별을 한 자에게 정보가 편재되어 있고 피해자가 증거에 접근하는 것이 제한되어 있는 현실과 간접차별의 증가 등을 고려할 때, 차별 피해자가 차별을 입증하는 것은 현실적으로 어렵고, 이로 인하여 효과적인 피해구제가 힘들기 때문에 차별 전문가들은 차별분쟁에 있어 입증책임의 전환을 제기해 왔다. 이러한 맥락에서 입증책임의 배분은 장애인 당사자가 소송단계에서 불이익을 받지 않도록 하는 조치가 될 것으로 판단된다.

법원의 구제조치를 위하여 「장애인차별금지법」에는 소송 제기 전이나 소송제기중이라도 임시로 차별행위를 중지시킬 수 있는 임시 구제조치, 차별적 행위의 중지, 임금 등 근로조건의 개선, 시정을 위한 적극적 조치 등의 판결, 적극적 조치가 필요하다고 판단되는 경우 이행기간을 명시하고 이를 이행하지 아니하는 때에는 늦어진 기간에 따라 법으로 구제를 할 수 있도록 한 것으로, 특히 피해자가 증명보다는 입증의 정도가 낮은 소명만으로 제소 전이나 후에 법원의 적절한 임시조치 명령을 통하여 본안 판결 전이라도 임시적인 구제를 받을 수 있다.

4 발달장애인 권리보장 및 지원에 관한 법률

1) 제정배경

「발달장애인 권리보장 및 지원에 관한 법률」(이하 「발달장애인법」)이라는 법안의 명칭에서 알 수 있듯이 이 법안은 발달장애인에 대한 인권보호와 복지지원의 두 축을 중심으로 하여, 성인기 발달장애인의 지역사회에서의 자기주도적 참여와 권리를 보장하고, 최소한의 인간다운 생활을 유지할 수 있도록 지원하는 것을 주요 목표로 삼고 있다.

발달장애인이 보건복지부(2018)에 발표한 장애등록 현황에서 전체 등록 장애인이 23만 4천 명(9.0%). 2021년 6월 기준으로는 25만 2천 명으로 2018년에 비해 약 1만 8천 명 증가하는 등 지속 증가 추세를 보이고 있다. 이들 발달장애인들은 타인의 도움 없이는 성인이 되어서도 일상생활을 영위하기가 쉽지 않아 일생 일상적으로 필요한 경우가 상당수이고, 발달장애인의 경우 인지능력과 의사소통 능력 등이 상대적으로 부족하여 자신이 권리를 주장하거나 자신을 스스로 보호하는 것에 많은 어려움이 있어 여러 가지 학대, 성폭력, 인신매매, 장기적인 노동력 착취 등의 피해자가 되는 사례가 빈번히 발생하고 있는 상황이다.

한편, 발달장애인에 대한 복지서비스와 이에 따른 인프라는 그 필요에 비해 지원 규모가 매우 부족한 실정이어서, 발달장애인을 돌보고 있는 부모나 보호자들의 신체적 · 정서적 · 경제적인 부담이 상당히 높고, 발달장애인의 능력계발을 위해 요구되는 직업훈련이나 평생교육 등에 대한 지원체계도 매우 미흡한 상황이다.

따라서 「발달장애인법」은 발달장애인과 그들의 가족 및 보호자 등의 특별한 요구에 부합하는 각종 복지지원과 서비스 체계 및 중앙 · 지역 발달장애인지원센터 설립의 근거를 제정함으로써 발달장애인의 권리를 보장하고, 그 가족 및 보호자 그리고 형제자매들의 삶의 질을 향상시킬 수 있도록 하여 궁극적으로는 국민 전체의 행복향상에 기여하려는 것이다.

「발달장애인법」은 발달장애인의 자기결정권 및 자기주도성을 최대한 보장하여 발달장애인이 자기주도적으로 서비스를 선택할 수 있도록 하는 지원체계를 마련하고 있으며, 재활 및 발달, 고용 및 직업, 평생교육, 문화 · 예술 · 여가 · 체육활동 · 소득보장 · 거주시설, 주간활동, 돌봄, 권리옹호 등 삶의 전반적 영역에서 발달장애인의 질 높은 삶과 지역사회 참여에 필요한 서비스와 지원을 구체적으로 명시하고 국가와 지방자치단체가 이행하는 책무를 비교적 정확히 규정하고 있다.

서비스 전달체계에서도 중앙발달장애인지원센터와 지역발달장애인지원센터 설치 근거를 제시하여 중앙과 지방이 분리된 본질적 서비스가 아닌 통합적 서비스 지원체계를 구현하여 각종 다양한 복지지원 및 서비스의 신청에서부터 평가, 연계, 모니터링을 포함한 서비스의 전체 운영과정을 통합적으로 관리할 수 있는 [그림 4-3]과 같이 전달체계를 구축하고 있다.

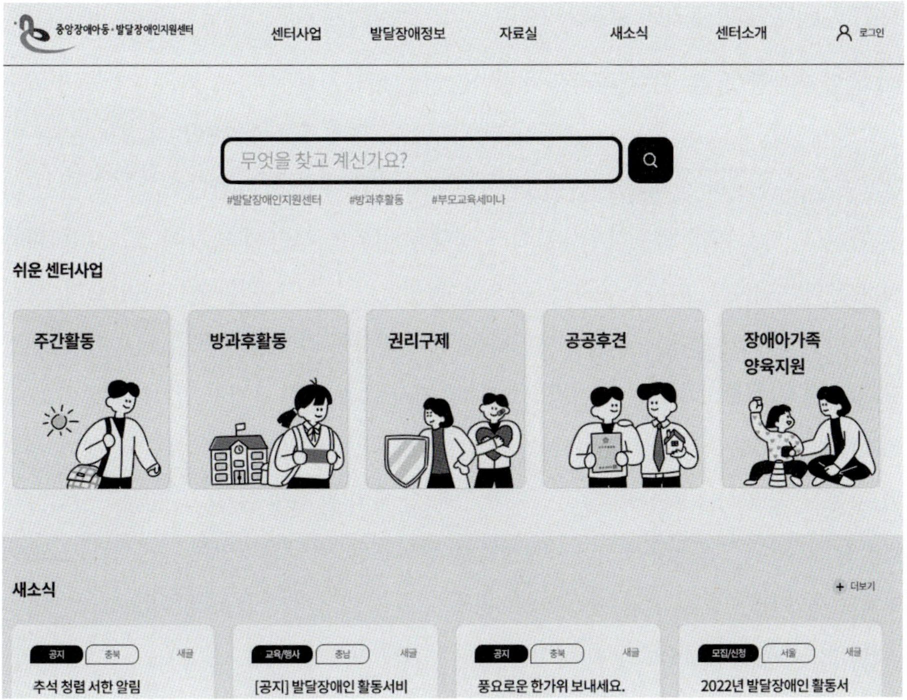

[그림 4-3] 중앙발달장애인지원센터 서비스

2) 주요내용

「발달장애인법」의 주요 내용은 크게 「발달장애인법」의 체계, 지원 대상과 권리의 보장, 복지지원 및 서비스, 발달장애인 가족 및 보호자 지원, 발달장애인지원서비스 전달 체계-발달장애인지원센터 설립 차원에서 검토하여 볼 수 있다.

(1) 「발달장애인법」의 체계

이 법은 발달장애인의 의사를 최대한 존중하여 그들의 생애주기에 따른 특성 및 복지요구에 적합한 지원과 권리옹호 등이 체계적이고 효과적으로 제공될 수 있도록 필요한 사항을 규정함으로써 발달장애인의 사회참여를 촉진하고, 권리를 보호하며, 인간다운 삶을 영위하는 데 이바지하는 목적을 달성하기 위하여 법적·제도적 기반을 마련하는 것으로 총 7장 44개 조문의 본칙으로 구성되어 있다.

(2) 지원대상과 권리의 보장

「발달장애인법」은 지원 대상을 아동 및 성인 발달장애인과 그 가족으로 규정하고 발달장애인을 지적장애인, 자폐성장애인 등으로 규정하고 있다(법 제2조). 모든 발달장애인은 자신의 신체와 재산에 관한 사항에 대하여 스스로 판단하고 결정할 권리를 가지고, 자신에게 법률적 · 사실적인 영향을 미치는 사안에 대하여 스스로 이해하여 자신의 자유로운 의사를 표현할 수 있도록 필요한 도움을 받을 권리가 있으며, 자신과 관련된 정책의 결정과정에서 자기의 견해와 의사를 표현할 권리가 있으며, 자신과 관련된 정책의 결정과정에서 자기의 견해와 의사를 표현할 권리가 있다(법 제3조). 이에 따라 「발달장애인법」은 구체적인 권리보호를 위해 자기결정권의 보장, 성년 후견제 이용지원, 의사소통지원, 자조단체의 결성 등에 대한 내용이 있고, 형사 · 사법상의 권리를 보호하기 위해서 형사 · 사법절차상 권리보장, 발달장애인에 대한 전담조사제, 발달장애인 대상 범죄 방지, 신고의무, 현장조사, 보호조치 등을 규정하였다.

① 자기결정권의 보장(법 제8조) ② 성년후견제 이용지원(법 제9조)

③ 의사소통지원(법 제10조) ④ 자조단체의 결성 등(법 제11조)

⑤ 형사 · 사법상의 권리보장

발달장애인에 대한 여러 범죄 등의 신고를 접수한 발달장애인지원센터의 직원이나 사법경찰관리는 지체 없이 그 현장에 출동하도록 하였다. 이 경우 발달장애지원센터의 장이나 수사기관의 장은 서로 발달장애인에 대한 범죄 현장에 동행하여 줄 것을 요청할 수 있고 요청받은 발달장애인지원센터의 장이나 수사기관의 장은 정당한 사유가 없으면 그 소속 직원이나 사법경찰관리가 동행하도록 조치하여야 한다(법 제16조). 그리고 발달장애인지원센터의 장은 발달장애인에 대한 범죄 등이 발생하였다고 믿을 만한 상당한 이유가 있고, 발달장애인을 그 가해자로 추정되는 사람으로부터 격리하거나 치료할 필요가 있는 경우 발달장애인을 임시로 보호하기 위하여 지정된 위기발달장애인쉼터 또는 의료기관에 인도하는 등 발달장애인이 안전한 곳에서 보호 받을 수 있도록 하였다(법 제17조).

(3) 복지지원 및 서비스

「발달장애인법」에 따르면 발달장애인의 특성 및 요구를 고려한 개인별 맞춤 지원 체계 구축을 위하여 개인이 원하는 복지지원 및 서비스를 신청하고 이를 변경할 수 있으며(법 제18조), 특별자치시장 · 시장군수 · 구청장은 개인별 지원 계획의 수립을 신청받은 경우 지역발달장애인지원센터를 통해 개인별 지원계획을 수립하도록 규정하고 있다(법 제19조). 개인별 지원계획에 따른 서비스 지원을 위해서 지역발달장애인지원센터의 장은 복지서비스 대상자로 선정된 발달장애인과 그 가족에게 개인별 지원계획에 따라 복지서비스 제공기관 등을 연계하고, 복지서비스 제공 시간 및 방법 · 비용부담 등 관련 정보를 제공하도록 하였다(법 제20조).

그리고 발달장애인들의 경제적 지원을 위하여 복지지원이 현금으로 지급되는 경우에는 본인 명의로 개설된 예금계좌로 입금하여야 하며, 예금의 인출 및 다른 계좌의 제등 관리도 발달장애인이 최대한 스스로 하게 하고(법 제21조) 지방자치단체의 장은 보건복지부장관이 정하는 바에 따라 발달장애인의 보호자 및 계좌관리인이 발달장애인의 계좌를 발달장애인의 이익을 위하여 적절하게 관리하는지 점검할 수 있도록 규정하였다(법 제22조). 또한 「발달장애인법」은 발달장애인의 장애를 조기 발견하기 위하여 검사도구 개발, 영유아를 둔 부모에 대한 정보 제공 및 홍보, 발달장애 정밀진단 비용 등을 지원할 수 있도록 하였다(법 제23조).

각종 지원서비스 차원에서 볼 때, 「발달장애인법」은 재활 및 발달지원을 위해서는 발달장애인의 지역사회 참여 활동 촉진을 위하여 발달재활서비스 제공, 연구 및 의료지원체계 구축, 거점병원 운영, 행동발달증진센터를 설치 · 운영하도록 하고(법 제24조), 고용 및 직업훈련지원을 위해서는 중증의 발달장애인을 위한 특화된 직업재활시설 설치 · 운영(법 제25조), 평생교육 지원을 위해서는 발달장애인 평생교육기관을 지정 및 운영 · 지원하도록 하였다(법 제26조). 그리고 발달장애인을 위한 문화 · 예술 · 여가 · 체육활동 등의 지원(법 제27조), 발달장애인들의 적정한 생활수준 유지를 위한 별도의 소득보장제도 마련(법 제28조), 발달장애인의 활동 지원을 위하여 거주시설, 주간 활동 및 돌봄 지원(법 제29조)에 대한 내용도 규정하고 있다.

* 행동발달증진센터 설치 · 운영 시행령 및 시행규칙
 -「발달장애인법」 제24조(재활 및 발달지원)
 -「발달장애인법 시행령」 제11조(행동발달증진센터의 설치 · 운영)
 -「발달장애인법 시행규칙」 제17조(행동발달증진센터의 설치 · 운영)

(4) 발달장애인 가족 및 보호자 지원

「발달장애인법」은 발달장애인을 양육하고 지원하는 가족 및 보호자의 부담을 완화하고 휴식을 제공하기 위하여 보호자에 대한 정보 제공 및 교육 지원(법 제30조), 발달장애인과 동거하는 보호자에게 전문적인 심리상담 서비스를 제공하도록 하였고(법 제31조), 일상적인 양육부담을 경감하고 보호자의 정상적인 사회생활을 돕기 위한 휴식지원과 함께 발달장애인의 형제자매로서 발달장애인이 아닌 아동 및 청소년이 건전하게 성장할 수 있도록 이들의 정서발달과 심리적 부담 해소 등을 위한 프로그램 운영을 지원할 수 있도록 형제자매를 위한 프로그램 운영(법 제32조) 등을 규정하고 있다.

(5) 발달장애인 서비스 전달 체계 – 발달장애인지원센터의 설립

중앙과 지역에 발달장애인지원센터를 설립하도록 함으로써 발달장애인에 대한 복지지원이 체계적으로 이루어질 수 있도록 하고 있다. 보건복지부장관은 중앙발달장애인지원센터를 설치 · 운영하고, 시 · 도지사는 지역발달장애인지원센터를 설치 · 운영하도록 하고 있다(법 제33조).

중앙발달장애인지원센터는 발달장애인에 대한 연구수행 지원, 발달장애인이 이용가능한 복지정보 데이터베이스 구축 및 정보 제공, 발달장애인 가족 및 관련 서비스 종사자에 대한 지침 · 편람 마련 및 교육 지원, 발달장애인에 대한 인식개선 홍보, 발달장애인 지원 프로그램 개발, 지역발달장애인지원센터의 지원, 후견인 후보자의 추천, 발달장애인 권리 침해의 모니터링 및 권리구제의 지원 등을 수행한다.

지역발달장애인지역센터는 발달장애인에 대한 개인별 지원계획 수립, 발달장애인을 위한 복지 지원 정보 제공 및 연계, 발달장애인 가족 및 관련서비스 종사자에 대한 교육 지원, 발달장애인에게 서비스를 제공하는 기관에 대한 정보의 축적 및 관리, 발달장애 조기발견과 발달장애인에 대한 인식 개선을 위한 지역사회 홍보, 발달장애인 및 그 가족에 대한 상담 지원, 보호자에 대한 감독, 선임된 후견인에 대한 감독 지원 및 후견업무의 지원, 현장조사 및 보호조치 등 발달장애인의 권리구제 지원 등의 업무를 수행하도록 하였다(법 제34조).

제5장 특수아 통합교육과 개별화교육

1. 통합교육
2. 개별화교육
3. 전환교육

학습목표

1. 통합교육의 정의와 필요성 및 효과에 대하여 알 수 있다.
2. 개별화교육의 개념과 구성 수립, 실행 절차에 대하여 알 수 있다.
3. 유아(보육)교육 기관에서 초등학교로 전환교육에 대하여 알 수 있다.

생각나누기

어느 가을 운동회 날이었습니다. 초등학교에 다니는 내내 꼴찌만 했던 아이가 있습니다. 6학년 기국이입니다. 다연골무형성증이라는 지체장애 6급의 병을 앓고 있는 기국이는 또래들보다 작고 통통하다 보니 다른 아이들에 비해 체육성적이 좋지 않습니다. 초등학교 마지막 운동회도 꼴찌로… 그런데 이게 웬일인가요? 앞서 가던 네 아이들이 30미터 정도를 달린 뒤 갑자기 멈춰서 기국이를 기다렸습니다.

아이들은 꼴찌로 달려오던 기국이가 도착하자 손을 잡고 함께 뛰기 시작했습니다. 6년 동안 늘 꼴찌였던 친구를 위해, 네 명의 친구들이 깜짝 선물을 계획한 것입니다. 기국이와 친구들은 결승전까지 다 같이 들어와 공동 1등을 했습니다.

사람은 함께 살아가야…… 지금 이 시대 1등을 요구하기보다는 함께…
"혼자 가면 빨리 갈 수 있지만 함께 가면 멀리 갈 수 있다." 〈아프리카 속담〉

초등학교 가을 운동회 때 매번 꼴찌를 하는 친구를 위하여 함께 달려 준 아이들의 정체를 국민일보가 밝혔습니다. 용인시 양지면에 있는 제일 초등학교 6학년 2반 아이들입니다. 왼쪽부터 심윤섭, 양세찬, 오승찬, 이재흥 군이고요, 우는 친구는 김기국 군입니다.

출처: 김영익 외(2015).

▣ 통합교육의 빛과 그림자

통합교육? 함께 하지 않는 통합교육은 고민해야 할 것이다.

통합교육은 소위 말하는 특수교육대상자(장애아동)만을 위한 교육일까?

통합교육은 이제 특수교육대상아동의 일방향적 지원관점과 조명에서 벗어나 양방향적 지원관점의 구현으로 진정한 통합교육의 장을 실현해야 합니다.

즉, 서로의 특성과 다름의 차이를 이해함으로써 동등한 관계 속에서 거듭나야 한다는 것이다.

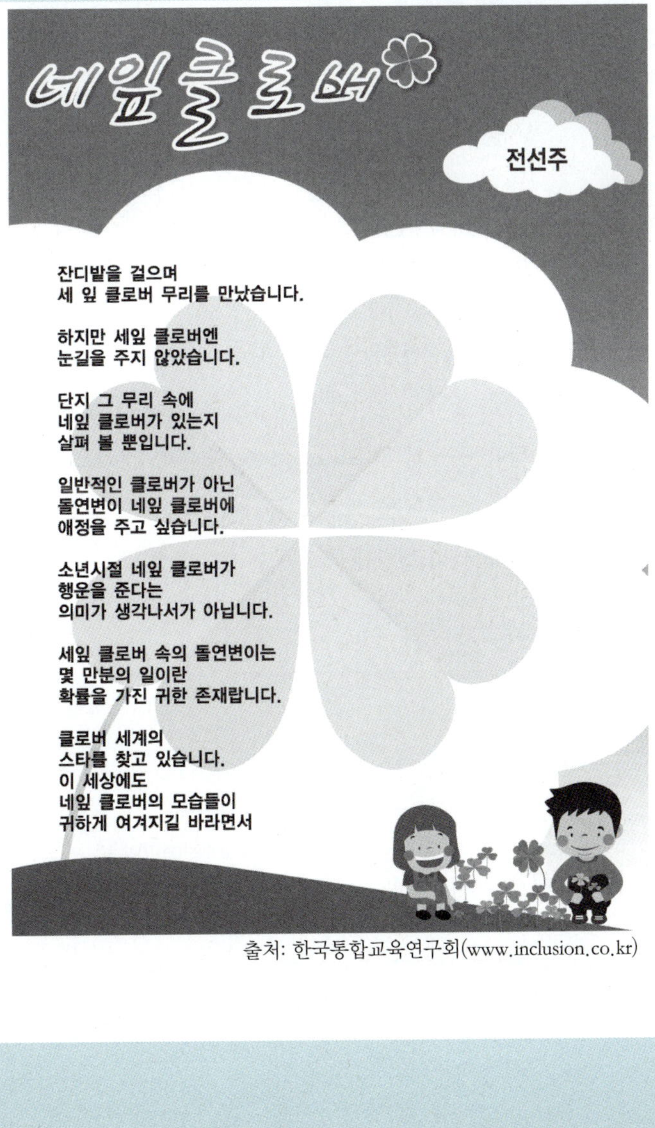

출처: 한국통합교육연구회(www.inclusion.co.kr)

I 통합교육

1) 통합교육의 정의 및 필요성

통합교육이란 「장애인등에 대한 특수교육법」에서는 "특수교육대상자가 일반학교에서 장애유형, 장애정도에 차별받지 아니하고 또래와 함께 개개인의 교육적 요구에 적합한 교육을 받는 것을 말한다."라고 규정하고 있다.

[그림 5-1] 개별화교육

[그림 5-2] 통합교육

통합교육에 대한 정의는 시대의 변화에 따라 점차 다르게 정의되어 왔다. 현재 통상적으로 우리가 말하는 통합교육이란 완전통합(Inclusion)을 말하는 것이다. 이는 분리에서 통합을 지향하는 주류화(Mainstreaming)와 다른 개념으로, 비분리를 전제로 일반교육환경에서 가능한 한 교육을 시키되 불가능할 경우 필요한 만큼만 일반교육환경에서 분리시켜 특수교육 서비스를 제공하는 교육을 말한다.

〈표 5-1〉 통합교육 용어의 변천과정

분리교육 separation ▶	◀ 통합교육 integration ▶		◀ 포함교육/융합교육 inclusion
1960 정상화 normalization	1970 메인스트림 제한적 환경의 최소화	1980 UN세계장애인의 해 미국:일반교육 우선 정책 REI	1990 UN:살라만카 선언 (포함교육도입) 1994:특수교육진흥법 통합교육 규정

통합교육의 필요성에 대해서는 21세기 장애인 교육의 최선책인 통합교육이라 할 수 있다. 통합교육은 장애아동들이 자신이 처한 조건 때문에 사회로부터 분리되거나 차별받아서는 안 된다는 전제 아래 또래 친구나 형제자매들이 다니는 일반학교에서 최상의 서비스를 받으며 생활하는 것을 의미한다. 물론 장애의 정도가 매우 심하여 일반 어린이집에 입학하여 적절한 특수교육 지원의 서비스를 받을 수 없는 중도·중복장애 아동들은 장애전문어린이집이나, 병설유치원 특수학급이나 특수학교에서 효과적인 최상의 교육적 서비스를 받아야 하지만 이들도 가급적 일반학교에서 교육을 받을 수 있는 지원 체제를 갖추어야 한다는 것이 앞으로의 장애인 관련 교육정책의 기본적인 방향이라 할 수 있다〈표 5-2〉.

〈표 5-2〉 통합교육의 목표 및 내용

목 표	내 용
다양성 인정 및 수용	개인 간의 차이를 인정, 수용, 존중. 개인의 능력이 서로 다름에 대해 차별하지 않고 독특한 요구로 인정
교육의 평등성 추구	동일한 교육을 제공하는 것이 아닌 개인이 지닌 학습능력과 요구에 적합한 교육 서비스를 제공
교육의 수월성 보장	수월성을 보장하는 것을 우수학생 교육에 국한시키지 않고 개인의 잠재력을 최대화한다는 측면에서 이해하는 것이 필요. 장애아동의 잠재력을 최대한 계발시켜준다는 측면에서의 수월성 보장
공동체 사회의 구성	단 한 명의 구성원도 소외시키지 않고 각자 역할에 맞는 수행을 하며 집단으로 공동의 이익에 기여하고 조화를 이루며 더불어 살아가는 사회의 구현

출처: 한국통합교육학회(2009). 발췌 재구성.

통합교육은 장애아동뿐만 아니라 일반아동들에게도 유아기 시절 어린이집이나 유치원에서 장애아동들과 긍정적 사회적 관계를 경험한다면 취학 후 학령기 이후시기에 장애아동에 대한 편견보다는 나와는 다름의 차이를 인정하는 자연스런 교육의 현장이 되기 때문이다. 그러나 우리나라의 통합교육은 아직까지 물리적 통합인 장소의 통합에 머물고 있다. 최근 들어 우리나라 통합교육의 문제점을 개선하고자 교육과정의 통합을 위해 일반 교육과정에 장애아동을 위한 교육적 책무에 대한 규정을 삽입한 바 있다. 이를 계기로 우리나라에서도 좀 더 진전된 통합교육 모형이 자리를 잡아 가고 있다(공주대학교 특수교육연구소, 2016). 다음 [그림 5-3]은 성공적인 통합교육의 개념도이다.

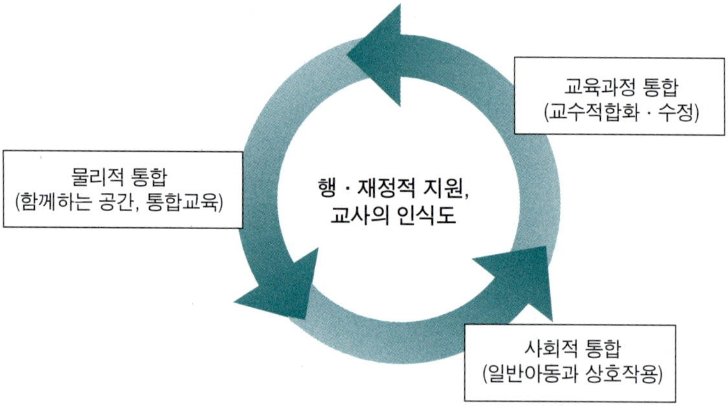

[그림 5-3] 성공적인 통합교육의 개념도

출처: 권순우 외(2020).

2) 통합교육의 효과

통합교육은 일반교육 환경에서 장애아동의 장애특성과 정도에 따라 교육적 요구에 다양한 교육방법과 교육내용으로 교육적 목표에 접근해야 한다.

영 · 유아기의 통합교육은 함께 통합된 일반아동의 사회성 발달에도 긍정적인 영향을 미치며, 편견과 차별이 없는 순수한 또래 관계 속에서 장애 그 자체를 자연스럽게 받아들이고 이해할 수 있는 긍정적인 효과를 가진다.

(1) 통합교육이 장애아동에게 주는 효과

- 일반아동들과 정규과정의 학교생활을 통하여 경험의 폭이 넓어진다.
- 다양한 교육 경험을 제공하여 독립심과 자립심 형성에 긍정적 결과를 가진다.
- 학교생활의 교육과정에 따라 규칙적인 행동과 올바른 생활습관이 습득된다.
- 잠재되어 있는 능력 및 잔존 능력이 상호작용을 통하여 발달되는 기회가 된다.
- 일반아동의 행동을 보고 모방함으로써 발달의 촉진과 관찰학습을 할 수 있다.

(2) 통합교육이 일반아동에게 주는 효과

- 장애아동과 함께하는 체험을 통해서 성인으로부터 얻은 장애아동에 대한 부정적인 인식이 개선되는 기회가 된다.
- 자신과 다른 친구의 존재를 알게 되며, 나와는 다름을 자연스럽게 알게 된다.
- 장애아동을 가르쳐 주면서 자신의 지식을 보다 확실하게 할 수 있다.
- 장애아동을 배려해주고 도와주는 마음으로 감정 이입 등의 사회적인 행동이 다양하게 향상된다.

(3) 통합교육이 교사에게 주는 효과

- 다양한 특성을 지닌 아동을 경험함으로써 교사로서 좀 더 관심을 가지며, 여러 영역의 장애에 대하여 학습하는 기회가 되고 교사 자신의 발전기회가 된다.
- 모든 학급아동에 대한 관찰력이 생기고 지도 교수방법의 능력이 향상된다.
- 일반교사와 특수교사간의 협조가 강화되며, 이를 통하여 아동에 대한 특성을 잘 이해하고 특수교육적인 서비스의 교육적 지식 정보를 공유하게 된다.
- 장애를 극복하고 성장하는 아동에 감동하며, 교사로서 긍지와 보람을 갖는다.

⊙ 역 통합의 정의

장애아동의 학급에 비장애아동을 배치하는 것을 말한다. 이를 역 통합이라는 용어를 사용해 통합된 특수교육을 의미한다(Odom & McEvoy 1988).

현재, 우리나라에서는 장애아전문어린이집 또는 특수학교 유치부에 일반 어린이집이나 유치원의 일반아동이 부분적으로 교류하는 활동중심의 수업에 참여하여 함께 상호작용하는 형식으로 이루어지고 있다.

[장애통합]

[역 통합]

[그림 5-4] 장애통합어린이집과 역 통합 운영 사례

3) 특수아 교육기관 유형 및 지원

장애를 지닌 아동의 교육기관은 장애전문어린이집, 장애통합어린이집, 일반어린이집, 특수학교 유치부, 통합유치원, 일반유치원 또는 관련 치료서비스를 제공하는 특수교육지원센터 순회교육, 장애인복지관 재활교육 치료프로그램, 사설 아동발달센터 치료교육기관 등으로 구분된다.

본 장에서는 보건복지부 소속의 장애전문어린이집 및 장애통합어린이집을 중심으로 살펴보고자 한다.

[그림 5-5] 장애통합어린이집

[그림 5-6] 특수학교 유치부

(1) 장애아 교육(보육) 내실화

- 어린이집에서는 장애아동을 대상으로 인근 장애아전문 · 통합어린이집 또는 장애인복지관과 연계하여 특수교육진단평가, 개별화 교육프로그램(IEP) 등을 시행함으로써 장애아동이 제대로 된 보호서비스를 받을 수 있도록 해야 함

※ 보건복지부장관 및 지방자치단체장은 별도 기관을 설치하여 장애아보육지원가능

- 일반어린이집에서 장애아를 보육할 경우에는 장애아 전담교사 배치 등 지정요건을 갖춰 장애아통합어린이집으로 지정받아 운영함으로써 장애아 보육서비스 수준을 제고하도록 해야 함

- 특수교사, 장애영유아를 위한 보육교사 등의 자격을 갖추지 않은 보육교사가 장애아반을 전담하고자 하는 경우, 반드시 장애아보육 직무교육과정을 이수해야 함

※ 단, 불가피하게 받지 못한 경우, 장애아반 최초 배정일 기준 6개월 내에 장애아보육 직무교육과정 이수를 전제로 배치 가능

- 국공립 · 법인 등 정부지원어린이집의 경우 우선적으로 장애아통합반을 구성하여 운영해야 함

(2) 장애아통합어린이집(보건복지부 2023년 1월 기준)

미취학 장애아를 3명 이상 보육하는 시설로서 시장 · 군수 · 구청장이 지정한 시설로 교사 대 아동비율 준수(1:3)를 전제로 한다.

① 장애통합어린이집 지원

장애아반을 정원의 20%이내 편성 · 운영하거나 장애아반을 비장애아반과 장애아 3명이상 통합보육하고 있는 시설이다.

인건비 지원 대상 시설

【장애 아동 복지 지원법】 제 32조에 따라 요건을 갖추고, 상시 12명 이상의 장애아(단, 미취학 장애아 9명 이상 포함)를 보육하는 시설 중 시장. 군수 구청장이 장애아 전문 어린이집으로 지정한 시설로서 시. 도지사를 거쳐 보건복지부 장관이 인건비 지원을 승인한 시설

※ 보건복지부장관 인건비 지원 미승인 장애아전문어린이집은 인건비 지원 없음(치료사, 조리원(조리사), 차량 운영비 지원 대상 아님)

반편성 기준 (지정시설 공통적용)

▶ 장애아의 연령, 장애아의 종류 및 정도를 함께 고려하여 반을 편성.운영하고 12세 까지 입소 가능.

– 보육통합정보시스템에서 누리장애아반에 일반장애아가 혼합.편성 될 수 있는 반은 마지막으로 편성되는 1개 반만 가능하므로, 반 편성 후 장애아 등의 입 · 퇴소에 따라 시스템상 반 배치와 실제 운영하는 반 배치가 다를 수 있음.

예) 어린이집에 장애아 9명인 경우(누리장애아 5명, 일반장애아 4명)

① 반편성: 누리장애아반 A(OOO), 혼합반 B(OO△), 일반장애반 C(△△△)

② 반운영중 A반에 누리 장애아(O) 1명 퇴소 후 일반장애아(△) 1명 입소한경우 → 시스템 상 누리장애아반 A(OOO), 혼합반 B(O△△), 일반 장애반 C(△△△)

* 혼합반은 한 반만 편성 가능하므로 B반의 누리 장애아 1명(O)를 A반으로 이동 후 입소하는 아동(△)를 B반에 배치 → 실제운영 누리장애아반 A(ㅇㅇ△), 혼합반 B(ㅇㅇ△), 일반장애반 C(△△△)

▶ 통합보육을 위하여 정원 범위 내에서 40%까지 비장애아를 보육할 수 있음

- 장애아 전문 어린이집에서 비장애를 보육하는 경우에 비장애아 유아 보육현원이 9명 미만으로 시장. 군수 구청장이 지역 내 수급상황 (인근 지역 이유 정원이 없는 경우 등), 학부모의 요구(형제 등 동반업소)등 불가피한 사유가 있다고 인정하여 승인한 경우에는 예외적으로 2세반과 유아반 혼합보육가능 (이 경우 교사 대 아동비율은 2세반 기준으로 적용하고 누리과정을 적용해야함)

예) 2세아 10명, 유아 4명인 경우 2세반 1개반 (2세아 7명)를 우선 편성하고 남은 2세아 3명과 유아 4명을 혼합반으로 편성해야 함.

▶ 보육교사 등 배치

- 장애아 3인당 1인, 3인을 초과할 때마다 1인씩 증원
- 【영유아보육법】에 따라 취학하지 아니한 만 3세 이상 장애아반의 특수교사 및 장애영유아를 위한 보육교사 2명당 1명 이상은 유치원과정 특수교사로 배치, 단 장애영유아의 수가 2명 이하인 경우 장애영유아를 위한 보육교사나 특수교사를 배치하지 아니할 수 있음.
- 기본반, 방과후반 등 모든 장애아의 교사 대 아동비율은 1:3이 원칙이나, 장애아동의 빈번한 입. 퇴소 등을 감안하여 3개반당 1개반에서 반당 1인의 탄력편성 가능(단, 연장반과 방과후반은 분리하여 적용)
- 장애아반 담당 특수교사(유치원 과정), 자격소지자는 만 3세이상 장애아반에 우선 배치

▣ 적용 예시

- 만 3~5세 장애아 2명: 장애아전담보육교사 1명
- 만 3~5세 장애아 3명: 장애영유아를 위한 보육교사 1명
- 만 3~5세 장애아 4명: 장애영유아를 위한 보육교사 1명, 유치원과정 특수교사 1명
- 만 3~5세 장애아 9명, 만 2세 장애아 9명: 장애영유아를 위한 보육교사 2명, 유치원과정 특수교사 1명, 장애아 전담보육교사 2명, 특수교사 1명

※ 장애아전담 보육교사: 보육교사 자격을 가지고 장애아보육 직무교육 과정을 이수 한자.

※ 장애 영유아를 위한 보육교사는 유치원과정의 특수교사가 대체 가능, 장애아전담 교사는 특수교사가 대체 가능

※ 만 3~5세 장애아가 여러반으로 나누어져 편성된 경우에는 장애영유아를 위한 보육교사나 유치원과정 특수교사는 만 3~5세 아동이 포함된 반에 배치

(3) 장애아전문 어린이집 지원(보건복지부 2023년 1월 기준)

장애아전문어린이집은 장애아전문어린이집(교사 대 아동비율 1:3을 전제)으로 지정받고 보건복지부장관이 인건비 지원을 승인한 시설(인건비 지원)이다.

인건비 지원 대상 시설

【장애 아동 복지 지원법】 제32조에 따라 요건을 갖추고, 상시 12명 이상의 장애아(단, 미취학 장애아 9명 이상 포함)를 보육하는 시설 중 시장 · 군수 · 구청장이 장애아전문어린이집으로 지정한 시설로서 시 · 도지사를 거쳐 보건복지부장관이 인건비 지원을 승인한 시설

반편성 기준 (지정시설 공통적용)

▶ 장애아의 연령, 장애의 종류 및 정도를 함께 고려하여 반을 편성 · 운영하고, 12세까지 입소 가능

– 보육통합정보시스템에서 누리장애아반에 일반장애아가 혼합 · 편성될 수 있는 반은 마지막으로 편성되는 1개반만 가능하므로, 반 편성 후 장애아동의 입 · 퇴소에 따라 시스템 상 반 배치와 실제 운영하는 반배치가 다를 수 있음

예) 어린이집에 장애아 9명인 경우(누리장애아 5명, 일반장애아 4명)

① 반편성: 누리장애아반 A(ㅇㅇㅇ), 혼합반 B(ㅇㅇ△), 일반장애아반 C(△,△,△)

② 반 운영 중 A반에 누리장애아(ㅇ) 1명 퇴소 후 일반장애아(△) 1명 입소한 경우→ 시스템 상 누리장애아반 A(ㅇㅇㅇ), 혼합반 B(ㅇ△△), 일반장애반 C(△,△,△)

– 혼합반은 한 반만 편성 가능하므로 B반의 누리장애아 1명(ㅇ)을 A반으로 이동 후 입소하는 아동(△)을 B반에 배치 → 실제운영 누리장애아반 A(ㅇㅇ△), 혼합반 B(ㅇㅇ△), 일반장애반 C(△,△,△)

▶ 통합보육을 위하여 정원 범위 내에서 40%까지 비장애아를 보육할 수 있음

– 장애아전문어린이집에서 비장애아를 보육하는 경우에 비장애아 유아 보육현원이 9명 미만으로 시장 · 군수 · 구청장이 지역 내 수급상황(인근 지역 여유 정원이 없는 경우 등), 학부모의 요구(형제 등 동반입소)등 불가피한 사유가 있다고 인정하여 승인한 경우에는 예외적으로 2세반과 유아반 혼합보육 가능 (이 경우 교사 대 아동비율은 2세반 기준으로 적용하고 누리과정을 적용해야 함)

예) 2세아 10명, 유아 4명인 경우 2세반 1개반(2세아 7명)을 우선 편성하고 남은 2세아 3명과 유아 4명을 혼합반으로 편성해야 함

▶ 보육교사 등 배치

- 장애아 3인당 1인, 3인을 초과할 때마다 1인씩 증원(교사 3인중 1명은 특수교사로 배치해야 함)
- 교사 3인중 1명은 반드시 특수교사 자격소지자로 배치하되, 장애아 전담보육교사 대신 특수교사로도 배치가능
- 방과후 장애아의 교사 대 아동비율도 1:3이 원칙
- 장애아의 교사대 아동비율은 1:3이 원칙이나, 장애아동의 빈번한 입 · 퇴소 등을 감안하여 3개반당 1개반에서 반당 1인의 탄력 편성 가능(단, 연장반과 방과후 반은 분리하여 적용)

▶ 장애아동복지지원법에 따른 특수교사 및 장애영유아를 위한 보육교사 배치기준('18년 3월부터 취학하지 아니한 만 3세 이상 장애영유아에 적용)

- 특수교사 및 장애영유아를 위한 보육교사의 수는 장애영유아 수의 3분의 1이상이어야 한다. 이 경우 배치된 특수교사 및 장애영유아를 위한 보육교사 2명당 1명 이상은 유치원과정 특수교사여야 함
- 장애영유아의 수가 2명 이하인 경우 장애영유아를 위한 보육교사나 특수교사를 배치하지 아니할 수 있음

▣ 적용 예시

- 만 3~5세 장애아 2명: 장애아전담보육교사 1명
- 만 3~5세 장애아 3명: 장애영유아를 위한 보육교사 1명
- 만 3~5세 장애아 4명: 장애영유아를 위한 보육교사 1명, 유치원과정 특수교사 1명
- 만 3~5세 장애아 9명, 만 2세 장애아 6명: 장애영유아를 위한 보육교사 2명, 유치원과정 특수교사 1명, 장애아전담보육교사 2명
- 만 3~5세 장애아 9명, 만 2세 장애아 9명: 장애영유아를 위한 보육교사 2명, 유치원과정 특수교사 1명, 장애아전담보육교사 2명, 특수교사 1명

※ 장애영유아를 위한 보육교사는 유치원과정의 특수교사가 대체 가능, 장애아전담교사는 특수교사가 대체 가능

※ 만 3~5세 장애아가 여러 반으로 나누어져 편성된 경우 장애유아를 위한 보육교사, 유치원과정 특수교사는 만 3~5세 아동이 포함된 반배치

※ 장애아 종일보육아동과 장애아 방과 후 보육 아동은 같이 반 편성 불가

※ 장애아의 연령과 달리 반편성할 때에는 부모와 협의 및 시 · 군 · 구담당자의 승인에 의해 조정 가능

※ 또한, 장애아전문 또는 통합시설로 지정된 시설이라 하더라도 교사 대 아동비율 미 준수, 전담교사가 미 배치되었을 경우에는 일반어린이집 기준에 따라 지원해야 함
※ 미 지정 시설이 장애아를 보육할 경우, 장애아수(미취학, 취학장애아 포함)는 통합보육 상한(20%) 이내이어야 함
※ 직장어린이집의 경우 정부지원시설과 동일한 보육료를 지원

3) 특수아 통합교육을 위한 상담 지원

통합보육과 통합교육은 교사나 부모만의 노력으로는 성공하기 어렵다. 교육에 관여하는 모든 관계자들이 통합보육과 통합교육을 위해 각자의 역할을 충실히 하는 것이 중요하다. 다음은 장애 영역별로 영·유아기에 가족과 교사가 할 수 있는 상담을 위한 지원 활동은 다음과 같다.

(1) 지적장애 및 발달지체

⊙ 가족을 위한 팁

- 지적능력 차이를 지닌 아동을 이해하는 맥락에서 모든 사람의 다양성 이해를 촉진시키기
- 장애 자녀와 이웃의 일반 자녀 간에 또래 관계를 형성할 기회 제공하기
- 장애를 지닌 자녀와 이웃의 일반자녀 간에 또래 관계를 형성할 기회를 제공하기
- 교육계획 수립 과정에 적극적으로 참여하고, 자녀에게 조기교육을 받을 수 있는 기회를 많이 제공하기
- 개별화가족지원계획에 친숙해지고, 일반아동이 참여하는 조기교육 프로그램에 장애를 지닌 자녀를 포함시키는 일을 지원하도록 노력하기

◉ 교사를 위한 팁

- 현재 아동의 발달 수준을 확인한 후 먼저 초점을 맞추기
- 과제의 구성요소를 명확히 제시하고, 지도하고자 하는 학습 분위기를 흩트리는 외부의 자극 줄이기
- 단순한 과제로 시작하고 기술을 습득해 감에 따라 점차 복잡한 과제로 넘어가기
- 가급적 교수–학습 자료를 시 · 청각적으로 제시하면서 말로 이야기해 주기
- 초기 학습 단계에서 반복학습을 통해 숙달시키기
- 또래 아동과 적절한 행동을 할 때나 과제를 정확히 수행할 때는 보상을 주기
- 학습의 일반화와 전이를 촉진시키기

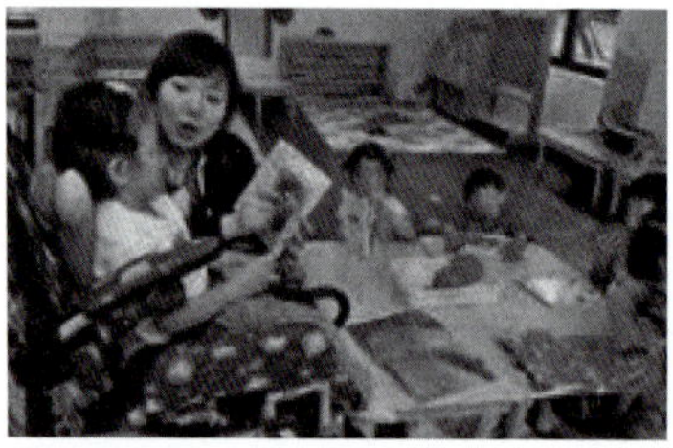

[그림 5-7] 대구 들마을어린이집

[그림 5-8] 대구 세명학교 유치부

(2) 자폐성장애

◉ 가족을 위한 팁

- 자폐성장애에 관한 정보를 찾아 읽기, 가능하면 다른 장애에 대한 지식 갖기
- 자녀의 자폐성장애 특성을 이해하고 부모교육에 적극적으로 참여하기
- 자녀를 지도할 때 한 차례에 한 가지 행동을 선택하여 집중적으로 다루기
- 가족상담 센터를 이용하여 적절한 휴식을 취하고 가족의 건강을 유지하기, 자녀 양육과 보호 부담을 줄일 수 있는 방법을 모색하고 적극 이용하기
- 긍정적인 태도를 갖게 하고, 규칙적인 생활을 통하여 취학준비를 시키기

◉ 교사를 위한 팁

- 아동의 현재 발달 수준에 맞게 지도하기
- 명확한 신체적 단서 또는 시각적 모델링을 이용하여 의미 있는 활동을 하도록 설득하기
- 언어적으로 지도할 때 구어적 단서와 신체적 단서를 짝지어 제시하기
- 한 번에 한 가지씩 지도하기, 추상적인 내용보다 구체적인 매체 제시하기
- 간단하고 직접적인 문단을 이용하여 언어적 부담을 가급적 줄이기

※ 교사는 개인적 자질과 전문적 자질을 갖추어야 한다. 개인적 자질은 열정, 확신과 침착성, 인내와 이해심, 희생과 봉사 정신, 책임감, 효과적인 의사소통이다. 전문적 자질은 특수교육에 대한 지식, 수업 계획, 수행능력, 장애 유형에 따른 교수 방법과 부모상담 능력 등을 갖추는 것이다(팽재숙, 2019).

(3) 지체장애 및 건강장애

◉ 가족을 위한 팁

- 장애의 전반적 영향을 완화시키기 위해 의료진과 밀접한 관계를 유지하기
- 지체장애 및 건강장애를 지닌 아동들에게 자신의 환경을 탐색할 기회를 충분히 제공하기
- 다른 아동과 어울릴 기회 제공하기
- 필요한 정보와 지원을 제공해 줄 옹호단체 및 지원단체에 가입하기
- 보건복지부나 지역복지기관 홈페이지에 자주 방문하여 지원 정보 얻기

◉ 교사를 위한 팁

- 지체장애 및 건강장애를 지닌 아동들이 활동할 수 있는 교실 환경 조성하기
- 주변의 다양한 환경을 탐색하고 유익함을 얻도록 지원하기
- 서서히 독립하여 활동할 수 있는 준비하기
- 부모와 상담을 통해서 아동의 요구를 충분히 파악하기

[그림 5-9] 지체장애아동과 건강장애 병원학교

(4) 정서 · 행동장애

⊙ 가족을 위한 팁

- 부모 훈련 및 기타 지역사회 가족지원 정신건강 센터 서비스에 참여하기
- 사회복지사, 유아특수교사, 전문 자원봉사자와 긴밀하게 활동하기
- 어린이집, 유치원이나 복지관에서 이용하는 것과 동일한 중재전략을 가정에서도 적용하여 일반화하고, 옹호단체나 부모단체에 가입하기
- 가족의 일상생활 일정표에 따라 생활하고 긍정적인 행동을 보상하는 유인 체계 마련하기

⊙ 교사를 위한 팁

- 어린이집 및 유치원 교사 또는 원장, 사회복지사, 특수교사 등과 긴밀히 협력하여 효과적인 교육을 위한 전략을 개발하기
- 명확한 일정표와 규칙을 마련하고 학급 내 모든 아동의 긍정적인 결과 확보
- 모두를 지원할 수 있는 학습 및 사회적 환경 조성하기
- 모든 아동에게 특정 사회적 행동(지시 따르기, 인사 나누기, 장난감 함께 가지고 놀기, 화날 때 사용하는 말 등)을 지도하기
- 거리낌 없이 지원 인사에게 도움 요청하기, 협력의 중요성을 항상 명심하기

(5) 의사소통장애

⊙ 가족을 위한 팁

- 정상적인 음조로 말함으로써 말과 언어의 모델이 되도록 하기
- 옹알이나 다른 소리에 반응하기
- 다른 아동과 같은 비율로 발달하지 않는다고 과잉교정을 하지 말기
- 청력검사를 실시하여 청각 구조와 생리의 이상예후를 발견하기
- 아동의 정상 범주에서 발달하고 있는지를 확인하고 다른 영역들을 관찰하기
- 어린이집이나 유치원에서 풍부한 언어경험을 제공하고 있는지를 파악하기

⊙ 교사를 위한 팁

- 말과 언어에 관련된 모든 프로그램에 부모를 참여시키기
- 모든 상황과 사건을 언어지도의 기회로 삼기
- 말과 사고의 연습을 위해 누가, 언제, 어디서, 무엇을, 어떻게, 왜 등의 질문하고, 아동의 어휘를 늘릴 수 있는 다양한 활동하기
- 위치를 나타내는 말을 사용할 기회 제공하기

[그림 5-10] 언어발달 수업

(6) 학습장애

⊙ 가족을 위한 팁

- 단어나 음 찾기와 같은 음운인식 훈련을 하기
- 주의를 집중할 때 강화하기
- 학습장애를 지닌 아동의 강점과 한계를 이해하고 존중하기

⊙ 교사를 위한 팁

- 지시를 할 경우 단문을 이용하여 한 번에 하나씩 하기
- 발달 수준을 고려하여 적절한 내용과 수준의 자료를 선정하기
- 요점과 의미를 명확히 하기 위해 예를 많이 들어주고 강화하기
- 새로운 자료나 기능을 학습할 때는 평소보다 더 많이 연습시키기

[그림 5-11] 인지발달 수업

(7) 시각장애

⊙ 가족을 위한 팁

- 시각장애를 지닌 아동들에게 가정환경에 적응할 수 있도록 돕고, 자유롭게 다닐 수 있도록 허용하기
- 가정 내의 불필요한 장애물을 제거하고, 주변 환경에 대한 방향감각 돕기
- 가정에서 가구를 재배치하거나 환경을 조정할 경우에는 항상 이에 관한 정보를 알려주기
- 아동과 가족을 지원하는 지역사회기관과 단체에 관한 정보 알아두기
- 개별화가족지원계획과 조기교육 프로그램에 익숙해지기

⊙ 교사를 위한 팁

- 이동능력 개발을 위해 학급, 학교, 지역사회 환경을 탐색하도록 돕기
- 촉감을 발달시키고 청력을 이용하는 활동을 함께 하여 정보 획득 능력을 발달시키고 촉각 보장구에 익숙해지도록 돕기
- 어린 아동들이 미소를 짓거나 시선을 마주 보는 법 등을 학습하도록 돕기
- 가족과 협력하여 방향감각과 이동능력을 발달시켜 가정과 학교 상황에 적응하도록 돕기
- 학급에서 또래아동들과 목소리로 대화하고 상호작용을 할 수 있도록 돕기

(8) 청각장애

⊙ 가족을 위한 팁

- 청각장애와 그 가족을 지원하는 기관과 시민단체에 관한 정보를 확보하기
- 청각장애를 지닌 아동과 관련된 복지관, 병원, 학교 등과 꾸준히 접촉하기
- 개별화가족지원계획에 익숙해지기
- 자녀 조기 통합교육에 관심을 가지고 적극 참여하기(어린이집, 유치원 등)
- 자녀의 의사소통능력 발달에 관심을 가지고 전문가와 상의하기
- 사물, 사람, 맥락 등에 대해 동시에 시각적이고 구어적인 방법으로 말하기

⊙ 교사를 위한 팁

- 가능한 조기교육 교실환경에서 수용 및 표현 의사소통 형태를 발달시키기
- 청각장애를 지닌 아동들이 단어란 추상적이고, 여러 가지 의미를 지니며, 관용적 표현의 일부임을 이해하도록 돕기
- 청각장애를 지닌 아동들이 일반아동들과 상호작용하도록 돕기
- 가급적 조기에 학교와 가정이 연계하여 일관성 있게 청각장애를 지닌 아동의 의사소통기술을 발달시키기
- 청각장애를 지닌 아동들이 사용할 음향기기(예 : 보청기)에 익숙해지기
- 보청기를 착용하고 학급에서 적절히 활동할 수 있다는 점에 확신을 갖기

※ 교사는 일반학급에 통합된 청각장애아동의 교육에 필요한 지식과 전문성을 갖춘 교수-학습기술을 가지고 있어야 한다(권순우, 2010).

4) 통합교육을 시작할 때 고려할 점

(1) 학급의 구성

통합교육을 통하여 얻을 수 있는 가장 큰 이점은 사회적 상호작용을 자연스러운 환경에서 경험할 수 있다는 것이다. 아동의 발달로 볼 때 또래 아동과의 상호작용이 활발하게 일어나는 시기는 만 2~3세부터이므로 통합반은 만 2세반 이상에서부터 편성·운영하는 것이 바람직하다.

(2) 교사의 구성

장애아동 통합교육 프로그램의 성공은 일반아동 프로그램의 질에 달려 있다. 일반교사와 장애전담교사 모두 일반아동 교육에 대한 이해도가 높고 경험이 풍부한 교사여야 한다. 통합교육을 이해할 수 있도록 통합학급 반 편성 전에 일반교사와 장애전담교사가 함께 통합교육에 대한 교육을 받도록 한다.

(3) 교재 및 교구

일반아동들에게 필요한 교재 및 교구를 준비하면 된다. 다만 장애아동이 지닌 특성을 고려하여 다양한 감각적 자극을 고려하여 시·청각, 촉각 등의 정보를 줄 수 있는 자료(예, 사진, 그림, 촉감각, 음성지원 동영상 등)를 더 준비하거나 교재 및 교구의 크기나 양을 조절해 준다. 감각장애(예, 시각장애, 청각장애)나 지체[장애아동이 있는 경우에는 확대경이나, 보청기, 휠체어가 이동할 수 있도록 교실의 공간 구성과 학습을 위한 책상 등의 보조장비가 필요할 수도 있다.

[그림 5-12] 보조공학기기 사용

[그림 5-13] 오른쪽 빈공간 옆에 글자

(4) 교사 대 장애아동 비율

장애전담교사 한 명당 장애아동 3명을 배치한다. 여러 학급에 장애아동을 분산 배치하고 장애전담교사가 돌아가면서 지원하도록 하는 것은 바람직하지 않다.

2 개별화교육

1) 개별화교육의 개념

개별화교육계획이 담고 있는 총체적인 의미를 파악하기 위하여 우선 용어를 구성하는 있는 단어의 의미를 살펴보면 아래와 같다.

⊙ 개별화: 장애학생의 개별성을 의미하는 것으로 장애아동의 개별적인 특성을 고려하여야 함을 강조한다.

⊙ 교　육: 교육은 크게 교육과정과 특수교육 관련서비스를 의미한다. 여기서의 교육과정은 장애아동의 교육적 요구에 적합한 교육과정이며, 특수교육 관련 서비스는 다양한 인적 · 물적 지원과 치료지원, 보조공학기기지원 등이 포함된다.

⊙ 계　획: 개별화교육지원팀이 협력하여 앞으로 수행하여야 하는 장애아동의 교육적 요구에 적합한 교육과정 및 특수교육 관련 서비스를 마련해야 한다.

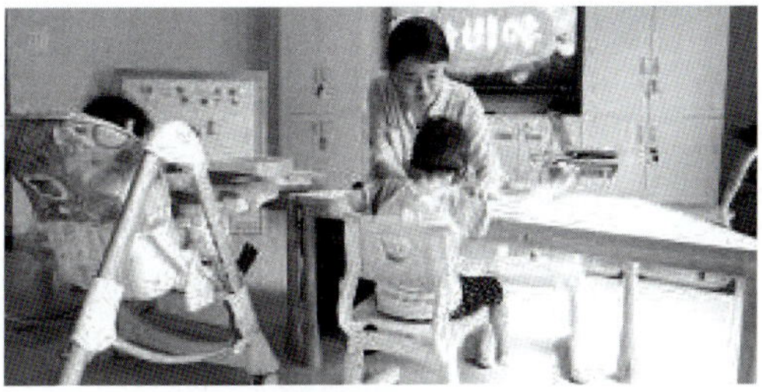

[그림 5-14] 개별화교육계획 수업

'개별화교육계획'이란 장애아동의 교육적 요구에 적합한 교육과정 및 특수교육 관련 서비스에 대하여 기록한 법적 문서이며, 교육설계도라고 정의할 수 있다. '개별화교육계획'을 작성하여 실행하는 가장 중요한 이유는 개별 아동들이 필요한 적절한 특수교육과 관련 서비스를 받을 수 있도록 하기 위해서이다.

「장애인 등에 대한 특수교육법」에서 개별화교육을 다음과 같이 정의하고 있다.

각급 학교의 장이 특수교육대상자 개인의 능력을 계발하기 위하여 장애유형 및 장애특성에 적합한 교육목표, 교육방법, 교육내용, 특수교육 관련 서비스 등이 포함된 계획을 수립하여 실시하는 교육을 말한다.

2) 개별화교육계획의 기능

개별화교육계획의 주요 기능은 다음과 같이 크게 세 가지 측면으로 살펴볼 수 있다(박순길 외, 2014).

- 부모, 교사 및 행정가가 특수교육대상자에게 어떤 교육적 서비스와 관련서비스가 시행되고 있는지 파악하는 관리도구로서의 기능
- 특수교육대상자의 진보상황을 알아보는 평가도구의 역할을 하여 교육의 적절성을 평가하는 데 중요한 서류의 기능
- 특수교육대상자에 대한 적절한 교육적 배치와 절차를 위한 도구로서의 기능

또한 국립특수교육원(2008)에서는 개별화교육계획의 기능을 다음과 같이 설명하고 있다.

- 특수교육대상자를 위하여 특별하게 고안된 교육을 보장하기 위한 계획서
- 특수교육대상자의 교육방향(목표, 내용, 방법)을 제시하는 계획서
- 특수교육대상자의 교육성취를 점검하고 평가하는 평가 계획서
- 특수교육대상자 및 보호자의 권리를 옹호하는 주요 문서
- 개별화교육지원팀의 개별화교육계획의 실행에 대한 책무성을 강화하는 문서
- 개별화교육지원팀이 협력적 체계 구축 및 의사소통을 돕는 문서

3) 개별화교육계획의 구성 요소

「장애인 등에 대한 특수교육법」 시행규칙 제4조에서 제시하는 개별화교육계획의 구성 요소는 특수교육 대상자의 인적사항과 특별한 교육지원이 필요한 영역의 현재 학습 수행 수준 등으로 아래와 같이 제시하고 있다.

① 특수교육대상자의 인적사항
② 특별한 교육 지원이 필요한 영역의 현재 학습 수행 수준
③ 교육목표(장기 및 단기 교육목표)
④ 교육내용
⑤ 교육방법
⑥ 평가계획
⑦ 특수교육 관련 서비스

4) 개별화교육지원팀 구성

각급 학교의 장은 특수교육대상자의 교육적 요구에 적합한 교육을 제공하기 위하여 매 학년의 시작일로부터 2주 이내에 각각의 특수교육대상자에 대한 개별화교육지원팀을 구성하여야 한다.

① 학교장 ② 보호자
③ 특수교육 교원 ④ 일반교육 교원
⑤ 진로 및 직업담당 교원 ⑥ 특수교육관련서비스 담당인력

[그림 5-15] 개별화교육지원팀 회의

5) 개별화교육계획의 수립·실행 절차

개별화교육계획의 수립 · 운영 절차는 의뢰, 진단 및 평가, 선정, 배치, 개별화교육계획 작성, 개별화교육계획의 실행 및 평가로 이루어지며, 각 단계별 내용은 [그림 5-16]과 같다.

진단평가 의뢰	보호자, 학급학교장이 의뢰
진단평가 실시	30일 이내 실시 후 교육장이나 교육감에게 보고
특수교육대상자 선정	2주 이내 보호자에게 통지
배치	30일 이내 통보 이의 시, 부모 90일 이내 행정심판 제기
개별화교육계획 작성	학기 시작일로부터 2주 이내 개별화교육지원팀 구성 후 30일 이내 작성
개별화교육계획 실행	개별화교육지원팀에게 개별화교육계획 복사본 제공
개별화교육계획 평가 및 검토	매 학기마다 평가 후 보호자에게 통보

[그림 5-16] 개별화교육계획 수립 · 실행 절차

⊙ 개별화교육계획 양식 사례

<table>
<tr><td colspan="2">지도기간</td><td colspan="3"></td><td></td><td colspan="2"></td><td></td></tr>
<tr><td rowspan="5">학생
인적
사항</td><td colspan="2">유치부 하늘반</td><td>성명</td><td></td><td>성별</td><td></td><td>생년월일</td><td></td></tr>
<tr><td colspan="2">장애 유형 및 등급</td><td colspan="2"></td><td>청력
(교정)</td><td colspan="3"></td></tr>
<tr><td colspan="2">보장구
(보청기/인공와우)</td><td colspan="6"></td></tr>
<tr><td rowspan="2">보호자</td><td>성명</td><td colspan="2"></td><td>관계</td><td>모</td><td>연락처</td><td></td></tr>
<tr><td>주소</td><td colspan="6"></td></tr>
<tr><td rowspan="6">현재
수준</td><td>영역</td><td colspan="7">내 용</td></tr>
<tr><td>건강생활</td><td colspan="7"></td></tr>
<tr><td>사회생활</td><td colspan="7"></td></tr>
<tr><td>표현생활</td><td colspan="7"></td></tr>
<tr><td>언어생활</td><td colspan="7"></td></tr>
<tr><td>탐구생활</td><td colspan="7"></td></tr>
<tr><td colspan="2">보호자의 요구</td><td colspan="7"></td></tr>
<tr><td colspan="2" rowspan="3">특수교육 관련
서비스</td><td>서비스</td><td>기간</td><td>담당자</td><td>방법</td><td colspan="3">내용</td></tr>
<tr><td></td><td></td><td></td><td></td><td colspan="3"></td></tr>
<tr><td></td><td></td><td></td><td></td><td colspan="3"></td></tr>
<tr><td rowspan="6">연간
교육
목표</td><td>영역</td><td colspan="7">내용</td></tr>
<tr><td>건강생활</td><td colspan="7"></td></tr>
<tr><td>사회생활</td><td colspan="7"></td></tr>
<tr><td>표현생활</td><td colspan="7"></td></tr>
<tr><td>언어생활</td><td colspan="7"></td></tr>
<tr><td>탐구생활</td><td colspan="7"></td></tr>
</table>

6) 개별화교육계획 치료지원 활동 사례

「장애인 등에 대한 특수교육법」에서 보장하고 특수교육 관련 서비스는 장애아동이 지니는 장애특성과 장애 정도에 따라 적합한 치료지원의 다양한 영역별 서비스를 다음의 [그림 5-17]과 같이 실시하고 있다.

[언어재활]

[작업치료]

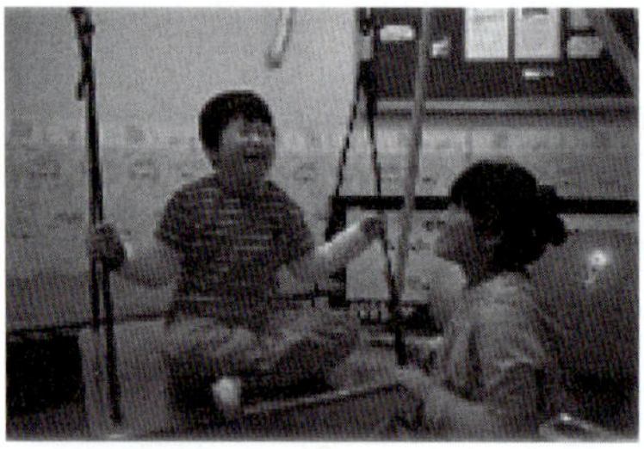

[감각통합]

[심리적응]

[미술심리]

[놀이재활]

[그림 5-17] 특수교육 관련 서비스 치료지원

3 전환교육

1) 전환교육의 개념

전환교육이란 '학교생활에서 사회생활로 이동해 가는 학생들의 활동을 촉진시키기 위한 교육결과중심 모형으로 협력 체제를 통해 고안된 장애인을 돕는 체계적인 교육활동이다. 즉, 대학교육, 직업교육, 통합, 취업(지원고용 포함), 평생교육, 성인서비스, 자립생활, 지역사회 활동에 참여하도록 도와주는 종합적인 교육활동이다'라고 명시하고 있다(IDEA, 2004).

전환교육이 성공적으로 이루어지기 위해서는 다음과 같은 원리가 반드시 지켜져야 한다.

첫째, 영 · 유아기 특수교육에서부터 모든 고등교육은 전환교육으로 이어져야한다.

둘째, 전환교육은 각 단계별(예, 유아교육기관 → 초등학교 → 중 · 고등학교 → 지역사회) 모든 교육의 기반이 되어야 하며, 부차적이 되어서는 안된다.

셋째, 아동의 선호도, 필요, 능력, 취미를 기반으로 하여야 한다.

넷째, 모든 교육목표는 고등학교 졸업 후 사회로의 전환에 관련된 것이 되어야 한다.

다섯째, 반드시 아동을 포함한 전문가와 협의를 해야 한다.

2) 유아 교육 기관에서 초등학교로의 전환교육

(1) 전환교육의 필요성

일반적으로 장애를 지닌 유아교육에 있어서의 프로그램 간의 전환은 공식적인 조기교육이 시작되는 만 3세와 초등학교 입학시기인 만 6세에 이루어진다.

잘 계획된 성공적인 전환은 장애를 지닌 유아와 그 가족들에게 성장과 발달을 위한 새로운 기회를 제공하고 스스로의 능력에 대한 강화를 경험하는 기회가 되지만, 그렇지 않은 경우에는 유아와 가족들이 불확실한 미래에 대해서 불안해하고 상처받기 쉬운 상태가 될 수도 있다(김영익 외, 2016).

전환교육은 장애를 지닌 아동을 위한 서비스 제공의 결실이라고 할 수 있다. 학령기 전 영 · 유아기부터 장애를 지닌 아동을 대상으로 한 진단 및 평가는 아동의 재능과 발달 그리고 학습 가능성에 초점을 두며, 이에 따른 다양한 지도내용은 학령기 이후 청 · 장년 성인생활의 사회적응을 위한 준비과정에 해당된다.

[그림 5-18] 초등학교로의 전환교육: 거제장평초등학교 부설 유치원

(2) 성공적인 전환교육 구성 요소

① 행정 관련 요소

- 행정가, 프로그램 제공자, 가족이 함께 문서화된 동의서를 작성한다.
- 서로 간 지속적으로 원활한 공식적인 의사소통 수단을 마련한다.
- 프로그램 제공자, 행정가, 가족은 전환을 계획하고 준비할 적절한 시간을 설정한다.

② 프로그램 제공자 관련 요소

- 서비스 제공자는 동의된 전환 관련 절차들에 대해서 계획한 대로 모든 제공자들의 임무, 역할, 책임, 임무 수행을 위한 적절한 시간 등에 대해서 알아야 한다.
- 서비스 제공자는 지역사회 내의 서비스 종류와 자원들에 대해서 잘 알고 있는 사람으로 추천한다.
- 서비스 제공자는 전환을 계획할 때 다른 기관들을 방문하여 서로 정보를 나누어야 한다.
- 유아가 이동할 기관의 서비스 제공자는 전환을 위해 교사나 다른 유아들을 준비시켜야 한다.

③ 가족 관련 요소

- 프로그램 관련자는 가능한 한 빨리 가족들에게 예상되는 전환에 대한 정보를 제공해야 한다.
- 필요하다고 생각되는 경우 가족이 직접 전환 과정을 시작할 수 있다.

(3) 전환교육 준비과정

[그림 5-19] 유아교육 기관에서 초등학교로 전환 준비

① 진학할 초등학교 결정하기(일반학교, 특수학교): 배치 장 · 단점 파악하기

- 특수학교의 경우 아동과 가족의 심리적인 안정감이 주요한 장점으로 제시되고 있다.
- 분리된 특수학교의 환경에서는 장시간 생활은 성인 생활의 정서 및 행동 측면에서의 부적응 등과 같이 그 단점이 더 많은 것으로 평가되고 있다.
- 통합교육은 장애를 지닌 아동의 능력 및 적응행동의 향상이라는 장점과 심적인 긴장과 불안정이라는 단점을 가진 것으로 평가된다.

② 진학할 초등학교 선택 시 고려 사항

- 학교생활에서 요구되는 아동의 신변처리 능력
- 아동이 교사의 지시를 이해하고 따르는 능력
- 아동이 학교의 여러 장소(교실, 운동장)를 찾아다니는 능력
- 일반학교 교장 및 교감의 장애를 지닌 아동에 대한 태도
- 일반교사의 장애를 지닌 아동에 대한 지도 능력
- 장애를 지닌 아동을 위해 특별히 고안된 교육 프로그램
- 장애를 지닌 아동이 이용하는 학교의 특별한 시설
- 학교에서 받는 언어재활 및 물리치료 등의 관련서비스
- 집에서 학교까지 소요되는 통학시간 및 교통수단의 편리성

⊙ 초등학교 진학 절차

- 시도별 차이는 있지만 대개 2월 초에 취학대상자에게 취학 통지서와 함께 배정 학교가 통보된다.
- 아동을 사립학교에 보낼 경우는 취학 통지서를 받는 대로 행정복지센터(주민센터)에 사립학교 입학 증명서를 제출하거나 전화로 사립학교 진학을 통보하면 되며, 취학 통지서는 입학식 전에 사립학교에 제출하면 된다.
- 입학 전에 홍역 예방 주사를 맞히고 접종 확인서를 학교에 제출해야 한다. 홍역은 생후 12~15개월에 1차 접종을 하고, 4~6세에 2차 접종을 하여야 예방할 수 있다.
- 일반적으로 최근에는 장애아동의 경우 입학 유예를 권고하지 않고 있다. 그 이유는 1년 더 유아교육기간을 연장한다고 하여 학교생활 적응력이 좋아지지 않으며, 어린이집(유치원)에서 같이 생활한 친구들과 함께 입학하는 것이 장애아동을 지원해 줄 수 있는 아동을 확보할 수 있다는 측면에서 장점으로 작용하기도 하기 때문이다.
  그러나 아동의 장애정도와 특성에 따른 발달단계를 고려하여 초등학교 진학을 유예하는 경우도 있다. 최종결정은 부모가 해야 한다.

출처: https://mediahub.seoul.go.kr

제6장

지적장애 및 자폐성장애 상담

1. 지적장애 상담
    1) 지적장애 정의
    2) 지적장애 분류
    3) 지적장애 원인
    4) 지적장애 특성
    5) 교육적 지원
    6) 상담 사례

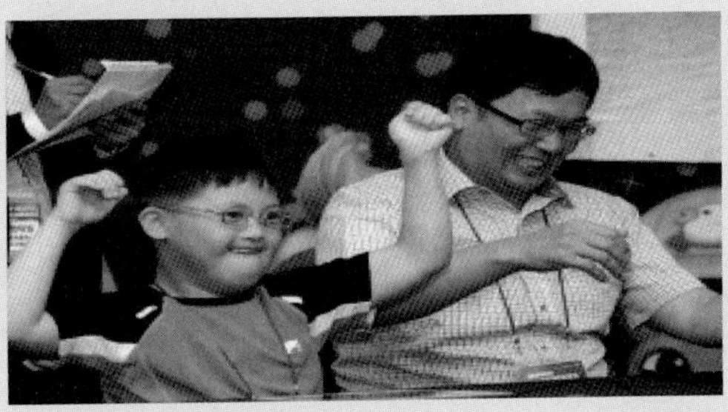

2. 자폐성장애 상담
    1) 자폐성장애 정의
    2) 자폐성장애 분류
    3) 자폐성장애 원인
    4) 자폐성장애 특성
    5) 교육적 지원
    6) 상담 사례

학습목표

1. 지적장애 정의, 분류, 원인, 그리고 특성에 대하여 알 수 있다.
2. 자폐성장애 정의, 분류, 원인, 그리고 특성에 대하여 알 수 있다.
3. 지적장애 · 자폐성장애아동의 교육적 지원과 상담에 대하여 알 수 있다.

생각나누기

Experiment step

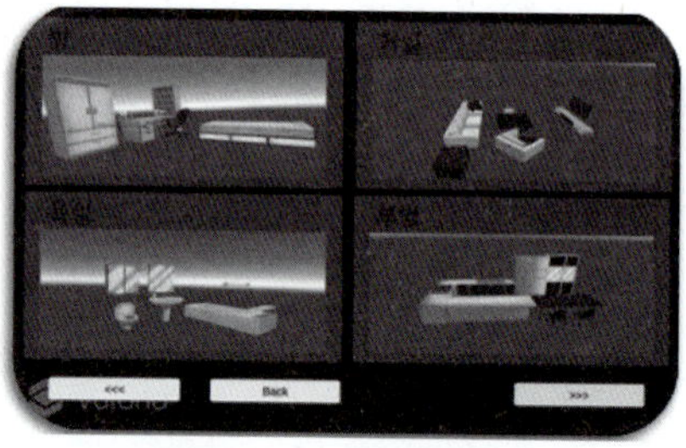

Place categorization

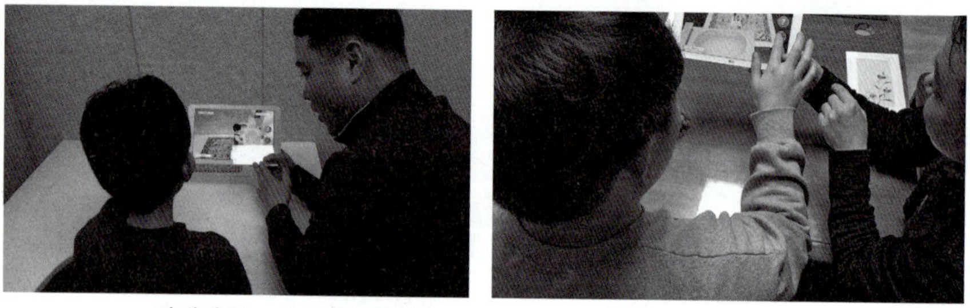

장애아동 교수–매체 증강현실을 통한 지도 장면과 교사의 체험

최근 교육현장에서는 증강현실을 통한 다양한 교수-매체가 관심을 끌고 있다. 증강현실은 학습자가 보고 있는 현실의 실제적 공간에서 스마트 기기가 구현해 내는 3차원의 입체적 가상영상을 겹쳐 보여줌으로써 생생한 현존감을 느끼게 해주는 것이다. 이러한 증강현실 기반 기술발전과 융합기술의 접목을 통하여 학습자 특성에 적합한 디지털 콘텐츠 개발과 교수-학습지원을 위한 교육공학의 개발로 이어져 장애아동을 위한 교육적 적용의 기대감으로 발전하고 있다(김영익 외, 2018).

I 지적장애 상담

지적장애는 언어, 운동 및 사회적응발달 영역에서 또래의 신경학적 발달 수준에 이르지 못한다. 다른 아동들처럼 동일한 순서로 인지적 발달을 가지나 속도는 느리다. 지적장애는 인지발달에 지체를 보이거나 차이를 나타내는 모든 연령의 아동들에게 적용될 수 있는 광범위한 용어이다. 본 장은 발달지체(출생부터 9세 미만의 아동)와 지적장애를 함께 다루기로 한다.

1) 지적장애 정의

지적장애란 일반적으로, 지적 기능과 사회 속에서 생활하기 위한 여러 가지 기술을 의미하는 적응행동 영역에서 유의미한 제한을 지니며, 18세 이전에 시작되어야만 지적장애로 정의될 수 있다.

▣ 「장애인 등에 대한 특수교육법」정의

'지적 기능과 적응행동상의 어려움이 함께 존재하여 교육적 성취에 어려움이 있는 사람'으로 정의하였다.

▣ 「장애인복지법」정의

지능지수의 상한선을 IQ 70으로 규정하고 지능과 일상생활, 사회생활, 직업을 동시에 고려하여 지적장애를 정의하고 있다.

발달지체의 개념은 학자마다 그 정의가 다양하지만 요약하면 "같은 연령의 정상또래보다 낮은 수준의 기능을 나타내는 아동의 성숙지연(maturational lag), 발달의 비정상과 느린 속도"를 말한다. 즉, 뇌의 역기능이나 구조적 손상이 아닌 아주 늦은 발달과 관련된 신경학적 미성숙의 원인에 의해 능력에 차이가 있는 것을 말한다.

※ 발달지체 ☞「장애인 등에 대한 특수교육법」에서는 발달지체를 '신체, 인지, 의사소통, 사회 · 정서, 적응행동 중 하나 이상의 발달이 또래에 비하여 현저하게 지체되어 특별한 교육적 조치가 필요한 영아 및 9세 미만의 아동'으로 규정하고 있다.

모든 검사의 기준이 그렇지만 특히, 지적 기능이라는 기준은 주로 IQ 검사에 의해 결정되는데 경계선에 해당되는 아동들은 검사 당일의 심리적, 정신적, 신체적 조건과 검사자의 라포르 형성 등의 여러 요인으로 인하여 1~2점의 오차 가능성이 있을 수 있다.

그렇기 때문에 IQ 검사만으로는 지적장애를 정의하는 유일한 요소가 아니므로 전문가와 주위의 임상적 판단이 중요하게 고려되며, 다음의 〈표 6-1〉을 보면 이해가 될 것이다.

〈표 6-1〉 지적장애의 적응행동과 지적기능 기준

적응행동 기능 수준 유의하게 지체됨		지적기능 기준(IQ)	
		유의하게 지체됨	유의하게 지체되지 않음
적응행동 기준	유의하게 지체됨	지적장애 (0)	지적장애 (×)
	유의하게 지체 않음	지적장애 (×)	지적장애 (×)

적응행동은 인간이 살아가는 모든 환경과 일상적인 상호작용에서 개인적 또는 사회적 생활에서 원활하게 기능하기 위해 학습해온 개념적, 사회적, 실제적 기술의 집합체이다. 2021년 AAIDD 체계에서는 〈표 6-2〉, 〈표 6-3〉과 같이 적응행동의 정의와 그에 따른 실제적 적응기술에 대하여 서술하고 있다(추연구, 김병룡).

〈표 6-2〉 지적장애의 적응행동과 지적기능 기준

- 적응행동은 사람들이 일상생활 속에서 기능하기 위해 학습하여 왔던 개념적, 사회적, 실제적 기술들의 집합체다.
- 적응행동에서 제한성은 일상생활을 하는 데 영향을 미치며, 삶의 변화 및 환경적 요구에 반응하는 능력에도 영향을 미친다.
- 적응행동에서 제한성은 지적 능력, 참여 · 상호작용 · 사회적 역할, 건강, 맥락의 네 가지 차원의 관점에서 고려되어야 한다.
- 지적장애 진단의 경우, 적응행동의 제한성은 장애인과 일반인이 포함된 일반 모집단을 표준화된 평가 도구를 사용하여 진단하게 된다.

이러한 표준화된 측정에서 적응행동에서의 유의미한 제한성은 다음과 같다.

① 개념적, 사회적 및 실제적 적응행동의 세 가지 유형 중 하나가 평균이하이다.

② 개념적, 사회적 및 실제적 기술들의 표준화된 측정도구에서 전반적 점수가 평균보다 적어도 −2 표준편차 이하의 수행으로 조작적으로 정의된다.

〈표 6-3〉 개념적, 사회적 및 실제적 적응기술의 예

개념적	• 언어(수용과 표현 언어) • 읽기와 쓰기 • 금전 개념 • 자기 지시 • 시간의 개념
사회적	• 대인관계 • 책임감 • 자존감 • 속기 쉬움 • 규칙준수 • 법률준수 • 희생되는 것을 피함
실제적	• 일상생활 활동 – 먹기 – 이동 – 화장실 이용하기 – 옷 입기 • 일상생활의 도구적 활동 – 식사준비 – 가사 – 교통 – 약물복용 – 금전관리 – 전화사용 • 작업기술 • 안전한 환경의 유지

2) 지적장애 분류

지적장애의 분류는 장애의 심한 정도, 교육 가능성에 대한 기대, 지원 수준 등 다양한 근거와 기준에 따라 분류하고 있다.

(1) 장애의 심한 정도

지적장애 정도는 〈표 6-4〉와 같으며, 발달지체의 교육적 진단 기준에 대하여 한국특수교육학회(2008)에서는 〈표 6-5〉와 같이 제시하고 있다.

〈표 6-4〉 지적장애 정도

지적장애 정도	IQ 범위	IQ 분류 표준편차	적응행동 제한 범위
경 도	55~70	–2SD	두 개 또는 그 이상의 영역
중등도	35~54	–3SD	두 개 또는 그 이상의 영역
중도	20~34	–4SD	모든 영역
최중도	20 미만	–5SD	모든 영역

〈표 6-5〉 발달지체의 진단 기준

출생 ~24개월	24개월 이상
(1) 하나 이상의 발달영역에서 25% 또는 표준 편차 2이상의 지체	(1) 하나 이상의 발달영역에서 20% 또는 표준 편차 1.5이상의 지체
(2) 둘 이상의 발달영역에서 20% 또는 표준 편자 1.5 이상의 지체	(2) 둘 이상의 발달영역에서 15% 또는 표준 편차 1 이상의 지체
(3) 전문가팀의 임상적 판단에 근거	(3) 전문가팀의 임상적 판단에 근거

(2) 교육 가능성에 대한 기대

- 교육 가능(IQ 50~70): 2~5학년 수준까지의 학업성취 가능
- 훈련 가능(IQ 35~49): 주로 자조기술 영역의 학습 가능, 일부 기능적
- 보호 중점(IQ 34이하): 일상생활 자조기술에서부터 모든 영역 보호 중점

(3) 지원 수준에 따른 분류

요구되는 지원	특성
간헐적 지원 (intermittent support)	필요할 때마다 제공되는 지원으로 간헐적 성격의 특성을 지닌다. 개인이 항상 지원을 필요로 하는 것은 아니지만 인생의 전환기에 단기간의 지원을 필요로 하는 경우(실직, 심각한 의료적 위기)에 지원함. 간헐적 지원은 고강도 또는 저강도로 제공될 수 있음
제한적 지원 (limited support)	일정한 시간에 걸쳐 일관적으로 그러나 간헐적이 아닌 시간제한적인 것으로 특징지어짐(시간 제한적인 고용훈련, 학교에서 성인기로 전환지원 등)
확장적 지원 (extensive support)	적어도 몇몇 환경(직장 또는 가정)에서 장기적으로 요구되는 지원으로 시간 제한적은 아님(장기간의 가정생활지원)
전반적 지원 (pervasive support)	항구성을 지닌 고강도 지원으로 전반적 환경에 걸쳐 제공되며 잠재적으로 삶을 유지하는 데 필요한 성격의 특성을 지님. 일반적으로 확장적 또는 시간 제한적 지원에서보다 더 많은 직원이(staff) 필요하며 개인에게는 더 개입적일 수 있는 지원을 포함

출처: American Association on Mental Retardation(1992), Definition, classification and system of support(9th ed.). Washington, DC: Author

3) 지적장애 원인

지적장애의 원인은 수많은 다양한 요인들로 인해 발생한다. 일반적으로 생물학적 요인, 사회·환경적요인, 유전적 요인 등으로 제시하지만 아직 까지 명확히 밝혀진 것은 의학적 진단에 의한 증명으로 확인된 다수의 증후군들이다(예, 염색체 이상인 다운 증후군, 윌리엄스 증후군 등). 현재는 이러한 다요소적인 원인들이 두 가지 이상 결합되어 발생되는 것으로 추론하고 있다.

(1) 발생 시기별 원인

미국지적발달장애협회(AAIDD)에서는 지적장애의 원인을 다음의 〈표 6-6〉과 같이 생의학적, 사회적, 행동적, 교육적인 네 가지 범주의 다양한 원인을 요인으로 사례를 제시하고 있다(AAMR, 2002).

〈표 6-6〉 지적장애의 다양한 원인

시기	생의학적	사회적	행동적	교육적
출산 전	• 염색체 이상 • 단일유전자 장애 • 증후군 • 대사장애 • 뇌 발생 장애 • 산모 질병 • 부모 연령	• 빈곤 • 산모 영양실조 • 가정폭력 • 출산 전 관리 부족	• 부모의 약물 복용 • 부모의 음주 • 부모의 흡연 • 부모의 미성숙	• 인지적 장애를 보이는 부모의 지원 결여
출산 전후 (주산기)	• 조산 • 출산 시 손상 • 신생아 질환	• 출산 관리의 결여	• 부모의 양육 거부 • 부모의 아동 유기	• 퇴원 시 중재 서비스를 위한 의료적 의뢰의 결여
출산 후	• 외상성 뇌손상 • 영양실조 • 뇌막염 • 발작장애 • 퇴행성 질환	• 아동–양육자간 상호작용 문제 • 적절한 자극의 결여 • 빈곤한 가정 • 가정 내 만성 질환 • 시설 수용	• 아동 학대 및 유기 • 가정폭력 • 부적절한 안전 조치 • 사회적 박탈 • 다루기 힘든 아동의 행동	• 잘못된 양육 • 진단의 지체 • 부적절한 조기 중재서비스 • 부적절한 특수 교육 서비스 • 부적절한 가족 지원

(2) 유전적 원인의 분류

유전적 원인으로 갈락토세미아, 페닐케톤뇨증, 손상된 엑스 증후군, 레트증후군, 다운증후군, 윌리엄스증후군, 프래더윌리증후군 등이 있다〈표 6-7〉.

〈표 6-7〉 대표적인 유전적 원인과 특성

유전적 원인	원 인	특 성
칼락토세미아	유전적으로 특정 물질을 분해하는 효소가 체내에 생성되지 않아서 발생	먼저 체중이 감소하고, 황달이 옴. 이 상태로 6~12개월이 지나도록 치료를 하지 못하면, 뇌손상이나 백내장, 내장 기관에 기능적인 이상이 발생
페닐케톤뇨증	아미노산 페닐알라닌을 티로신으로 분해하는 효소가 부족하여 발생	머리카락 색깔이 담갈색이고 피부색이 다른 사람보다 하얗고, 치료가 늦어지면 중추신경계에 손상을 입게 됨
손상된 엑스 증후군	성염색체 중 X 염색체 끝부분의 손상으로 인하여 발생	다운증후군처럼 얼굴 형태에서 공통점을 찾을 수 있는데, 긴 얼굴, 넓고 큰 귀, 큰 머리가 특징이며 지적장애를 나타냄
레트증후군	X 염색체의 변이로 인하여 발생	생후 6개월에서 18개월까지 정상 발달, 이 시기를 넘어서면서 퇴보하기 시작하여 말과 언어 및 운동기능을 상실, 구어의 사용이 어려움 운동기능 상실로 심한 경우 걸을 수 없게 됨, 사회적인 상호작용의 감소로 사람들과의 소통이 줄어들며, 운동기능상의 문제, 의미 없는 행동을 반복함
다운증후군	23쌍의 염색체 중 21번 염색체 수가 3개로 변형되어 발생	코가 낮고 눈과 눈 사이의 거리가 멀며, 혀가 두터워서 입을 벌리고 있는 경우가 많음, 손과 발도 작은 편이며 근육의 긴장도가 적고 관절 부위가 과하게 유연함, 일반적으로 사회성이 좋아 사람들과 대화하기를 좋아함
윌리엄스 증후군	7번 염색체의 돌연변이로 인해 발생	수학적 능력은 부족하나 상대적으로 언어 사용능력은 우수한 편, 음악을 좋아하며, 시각적 기억이 뛰어나 사람의 얼굴을 잘 기억함. 사람들과 잘 어울리며, 지적인 기능이 경계선급이어서 IQ가 70이 넘는 경우에는 지적장애 판정을 받지 못하는 경우도 있음
프래더윌리 증후군	15번 염색체의 이상으로 발생	식욕을 조절하지 못해 비만이 되고 키가 잘 자라지 않음, 비만은 고혈압이나 당뇨, 뇌혈관 질환 등의 큰 질환을 가져오게 되고, 선천적 불임인 경우도 있음

출처: 정대영 외(2012).

4) 지적장애 특성

지적장애아동들이 가지는 요구나 특성은 개인마다 다를 수 있지만 대체로 주의집중, 기억, 언어, 사회성발달, 학습동기 등에 있어 결함을 보이곤 한다. 한편, 발달지체아동들은 개인별 특성과 발달영역 간의 상호작용 측면에서 매우 이질적 특성을 나타나기 때문에 이로 인하여 어떠한 발달영역에서 어느 정도 지체되었는가를 단정하기에는 한계점을 가진다.

(1) 정보처리

지적장애아동들의 가장 명확한 특성은 외부에서 투입되는 정보 자극에 대해서 바람직한 것으로 여겨지는 반응을 산출하는데 결핍을 가진다. 정보처리는 외부세계의 어떠한 정보에 대하여 분석→분류→저장→기억→인출→실행하는 과정인데, 지적장애아동은 이러한 정보의 문제를 정확하게 파악하는 능력의 결핍, 필요한 자극이나 정보를 선택할 수 있는 능력의 부족, 정보를 비교할 수 있는 능력의 결핍, 자료를 종합하여 평가할 수 있는 능력의 결핍, 추론능력과 가설검증 능력의 결핍 등의 특성을 보인다(김동일 외, 2019).

(2) 언어발달

언어발달은 인지발달과 밀접한 상호작용 관련성이 있기 때문에 인지발달이 지체된 지적장애아동의 경우 언어발달이 지체된 경우가 대부분이다. 지적장애아동들이 일반아동들보다 말과 언어에 더 많은 문제를 보이는 것은 새삼 놀라운 일이 아니다(권순우 외 2020).

- 전반적인 언어발달지체(구문론: 문장 의미론: 비유어 관용어 등, 화용론: 대화 상황)
- 언어발달이 늦고 발달속도가 느리며 수준이 낮음
- 언어능력의 수준이 낮지만 기능적인 낮은 수준의 의사소통에는 어려움이 없음
- 조음음운장애: 발음과 음운규칙(예, 음의 생략, 대치, 왜곡, 첨가)이 자주발생

(3) 인지 · 학업적 특성

대부분의 지적장애아동은 학습능력과 주의집중력, 기억력, 추론능력, 사고력, 일반화능력, 창의력 등에서 일반아동에 비해 낮은 수준을 보인다(김기홍, 2014).

- 학습 시 개념적 수용, 이해, 기억 등에서 다양한 인지 능력 저하
- 특정 대상이나 과제 혹은 개념에 초점을 기울이는 선택적 주의집중 결여
- 자신이 습득한 지식이나 기술을 새로운 상황에서 일반화하는 능력 결여
- 관찰이나 모방을 통해 배우는 모방학습이나 우연학습의 능력 저하
- 잦은 실패의 경험으로 인한 낮은 동기부여와 자기효능감
- 장기기억보다는 단기기억력의 저하
- 지각능력 및 상상력, 추상적 개념의 이해력 및 분별력의 결여

(4) 사회 · 정서적 특성

지적장애아동은 또래 친구들과 어떻게 상호작용해야 하는지를 잘 몰라서 친구를 사귀지 못하는 경우가 많다. 또한 어렸을 때부터 자신이 친구들과 다르다는 것을 인식하고 자신에게 대한 자아 개념이 낮아져서 사회성 발달에도 부정적인 영향을 미치기도 한다(추연구, 김병룡, 2022).

- 적응행동의 결함과 반복된 실패의 경험으로 또래와의 대인 관계 결여
- 가정이나 학교에서 자신감 결여로 해야 할 일을 잘 못하며 의존성이 강함
- 자신의 주변 상황에 별로 관심이 없고, 외모나 복장상태에 개의치 않음
- 자기지향성, 책임감, 사회적 기술 등의 부족으로 인해 부적절한 행동을 함으로써 또래 친구들과의 상호작용에서 거부를 자주 경험
- 주의가 산만하고, 부주의하며, 사회적 단서를 파악하지 못해 충동적 행동의 경향

5) 교육적 지원

(1) 지도지침

지적장애 아동들은 학습에 더 오랜 시간이 걸리므로 교육적 요구를 충족시켜주기 위해 교사의 지도 스타일을 바꾸는 것이 중요하다.

- 과잉학습을 촉진한다.
- 분산 연습을 한다.
- 개념을 일반화한다.
- 여러 사례를 이용한다.
- 적절한 행동에 강화한다.
- 중요한 기술에 초점을 맞춘다.
- 어휘를 지도한다.
- 발달 진전도를 평가하도록 한다.
- 다양한 모든 감각을 이용한다.
- 보편적 학습 설계를 이용한다.

※ 여러 가지 기술을 가르칠 수 있는 교수–학습 매체를 제시한다.

(2) 교육과정 적합화

일반적으로 교육과정 적합화는 일부 과제를 단순화하고, 중요한 과제에 초점을 맞추며 그렇지 않은 과제를 생략한다. 다른 아동들이 우연학습을 통해 학습하는 기술 즉, 화장실 사용하기, 식사하기, 초기 언어기술 등을 포함한다.

① 사회관계 영역 : 자존감, 포함 및 사회학습

아동들은 익숙한 경험을 토대로 자신과 자신의 환경에 관하여 학습한다. 그들의 직접적인 환경인 가정과 어린이집, 유치원, 학교에서 학습한 다음 지역사회로 확대시켜 나간다.

- ▶ 자존감 :모든 아동은 자신에 관하여 학습할 필요가 있다.
- ▶ 포함(통합): 모든 아동은 사회의 일원이다.
- ▶ 사회학습: 모든 현장 학습에 참여하여 사회학습의 기회를 가져야 한다.

② 의사소통 영역 : 말하기, 듣기, 읽기 및 쓰기

지적장애 아동들은 일반아동에 비해 학습 속도가 느리기 때문에 어휘지도를 할 때 반복학습을 해야 하며, 여러 상황에서 일반화할 수 있도록 도와주어야 한다.

- ▶ 말하기: 또래와 의사소통을 위하여 말(speech)로 표현하는 것은 필수적이다.
- ▶ 듣기: 듣기는 어려운 과제이므로, 가능하다면 많은 단서를 이용한다.
- ▶ 읽기: 음성언어로 표현한 문해능력을 발달시키기 위해 많은 동화책이나, 장난감, 케릭터와 관련된 글자와 말의 상호 관계를 인식하도록 지도한다.
- ▶ 쓰기: 쓰기발달의 단계를 이해하고 아동이 종이에 긁적거리기로 시작하여 상징 체계 문자 표현을 이해하도록 한다.

③ 자연탐구 영역 : 수학, 과학 및 보조공학

문제 해결이나 발전 과정을 언어화하여 활동을 돕는다. 주제에 대해 다양하게 경험할 수 있도록 하고 반복할 시간을 많이 가지게 해 준다.

- ▶ 수학: 사회에서 생활하는 데 필요한 기초수학 기능을 익힐 필요가 있다.
- ▶ 과학: 직접적인 지식에 초점을 맞추고 미래의 학습과 관련된 정보
- ▶ 보조공학: 성공적인 학습 성취를 위하여 사용(예, 컴퓨터 보조교수)

④ 신체운동 및 기본생활 영역 : 대 · 소근육운동, 감각통합운동 및 기본생활

지적장애아동들은 대체적으로 대 · 근육 운동발달이 느리므로 교사는 아동의 발달 수준을 고려하여 활동을 계획하고, 다양한 활동을 경험하게하고 점차 어려운 활동으로 확대해 나아간다.

- ▶ 대근육운동: 대근육운동 기능은 체력을 발달시키고, 자신의 신체 인식과 협응을 발달시키는데 매우 중요하다.
- ▶ 소근육운동: 놀이를 계획할 때 신체의 기능의 토대가 될 수 있도록 한다.
- ▶ 감각통합: 신체활동을 통하여 감각운동을 통합할 수 있도록 여러 가지 대 · 소근 육운동 기술을 이용할 수 있는 기회를 충분히 제공한다.
- ▶ 건강과 안전은 아동이 평소에 좋은 건강 습관을 갖는 것은 매우 중요하다.

⑤ 예술경험 영역 : 미술, 음악, 창의성활동 및 역할놀이

여러 가지 예술 미디어를 조작함으로써 형태나 크기를 학습할 수 있고, 좋아하는 노래를 여러 차례 반복할 수 있다. 우선 대근육 운동으로 시작하고 음악에 맞추어 몸 전체를 움직이도록 소근육 운동으로 나아가고 아울러 집단 활동을 할 수 있도록 하는 것이 중요하다.

- ▶ 미술: 결과에 초점을 맞추기 보다는 과정에 초점을 맞추도록 한다.
- ▶ 음악: 자존감 향상과 또래참여의 사회성을 향상 시킬 수 있다.
- ▶ 창의성활동: 모든 아동은 활동을 해야 하며, 창작을 통한 통찰력을 향상시킨다.
- ▶ 역할놀이: 일반아동에 비해 상상력이 떨어지므로, 현실에 기초하여 구체적으로 제시하여야 한다.

※ 기능적인 생활을 위하여 개념적, 사회적, 적응 기술을 지도해야 한다.

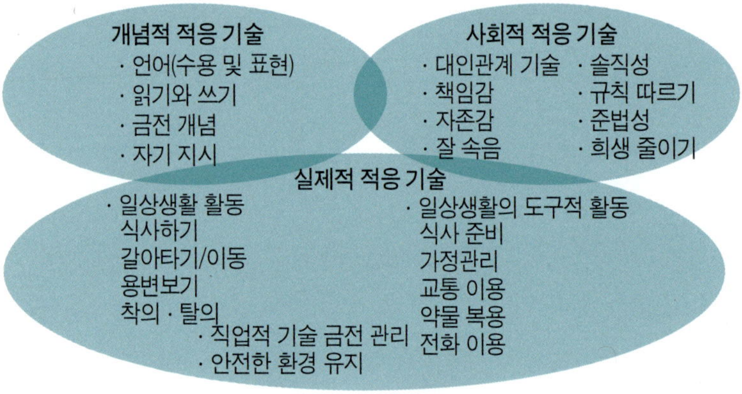

아무리 좋은 옷이라도 아동에게 맞지 않은 사이즈는 좋은 옷이 아니다.
아동에게 옷의 사이즈를 맞추어 재단하듯이
특수 교육 대상 아동에게 교육과정의 수정과 생활 기술을 위한 사항을 맞추어야 한다.

[개념적, 사회적 및 실제적 적응기술]

⑤ 지적장애아동 언어지도 – 사례

주 제: 봄 (목표언어: 의문사)

활 동 명: 개미집이 어떻게 생겼을까? 곤충의 부분 명칭

활동자료: 개미집 입체이야기자료, 곤충의 부분명칭 입체자료, 영상자료

T: 오늘은 개미들의 집에 대하여 이야기해보고 알아볼 거예요.
개미집을 본 적이 있나요?

C: 네 또는 아니요 (아동들의 대답 예상)

T: 그러면 선생님이 보여주는 텔레비전을 통하여 개미들이 무슨 일을 하고 어떤 집에서 살아가는지 잘 보세요.

T: (선생님은 또래아동이 방해가 되지 않는 자리 배치를 지적장애 아동에게 잘 볼 수 있게 하고 바로 뒤에 앉아서 아동이 텔레비전에 주의집중을 할 수 있도록 도움을 준다.)

T: (영상자료가 끝나면 선생님은 개미집 입체 이야기 자료집을 가지고 아동들에게 설명한다.)

T: 우리반 친구들은 개미를 본 적이 있나요? 본 적이 있다면 어디에서 보았는지 친구들에게 말해 줄 수 있는 사람 손들어 보세요?

C: 우리 동네 놀이터에서요(A아동), 우리집 마당에서요(B아동), 아빠하고 공원에서요(C아동)

T: (선생님은 상황을 봐서 지적장애아동에게 개미 사진과, 이야기 입체자료, 아동 부모님과 함께 동네 놀이터에서 개미 관찰 경험한 사진을 보여주며, 교사는 아동에게 질문한다. 아동이 의문사 "어디"를 이해하고, 교사의 질문에 적절하게 언어로 표현할 수 있도록 한다. 아동이 "개미"라고 말할 경우 교사는) 아주 잘 했어요 그런데 (의문사 "어디"를 사용하여 부모님이 보내주신 사진을 다시 보며주면서) "아! 00아가 엄마랑 아빠랑 함께 놀이터에서 개미를 보았구나! (라고 이야기 해주면서 다시 한번 아동에게 질문하여 경험한 내용에 대한 이해를 돕고 언어 사용에 도움이 되도록 한다.)

T: (교사가 조금 전에 보여준 개미집 이야기 입체 자료를 보여주며) 개미는 어디에 살고 있을까요?

C: 땅속에 살고 있어요, 땅 밑에 살고 있어요, 땅 안에 살고 있어요 등.

T: 00아동을 앞으로 나오라 하여 말을 기회를 준다.(이야기 입체 자료 다시 아동에게 보여주며)
00아! 개미가 조금 전에 엄마랑 아빠랑 놀이터에서 보았다고 말했지요! 그런데 방금 우리반 친구들이 개미가 사는 곳을 이야기 했어요 개미가 "어디"(의문사를 사용하여)에 살고 있나요?

C: "땅, 땅에,"(말하면)

T: 아! 땅에 살아요! 맞아요 땅속에 살고 있어요(자료 보여주며 아동의 시각적 정보를 통한 이해력과 청각적 수용언어를 모두 이해 할 수 있도록 다감각) 개미가 땅속에 살고 있네요!

T: 00아! 땅속 개미집은 어떻게 생겼나요? 네모 같아요, 아니면 동그라미 같아요?(교사는 아동의 손가락을 함께 움직이며 입체 자료에 그리면서 촉지각의 개념 도움을 준다.)

C: 동나미!(아동이 조음을 산출하는데 생략, 왜곡 등을 나타내면)

T: 아! 동그라미구나! 개미집은 땅속에 있는데 동그라미구나!(구문 확장) 잘 말했어요.

T: 이번에는 곤충의 몸의 이름에 대하여 알아보고 이야기할 거예요. 우리 사람에게도 몸에 모두 이름이 있어요. 00이 앞으로 잠깐 나오세요. (교사는 00이 신체부위 중 팔을 얼굴을 가리키며) 이 부위 이름을 무엇이라고 해요? 얼굴요 (아동들), (또 다른 신체 부위를 가리키며 질문) 목이요, 눈이요, 다리요, 발이예요 등.

T: 00이에게 사람 신체부위에 대하여 질문 (사람의 신체 알고 있는 부분을 곤충에게 전이)

C: 머리, 코, 발, 눈, 선생님이 의문사 "어디"를 사용하여 눈은 어디에 있지? (아동 반응)

T: (나비, 벌 곤충의 부분 명칭 입체 이야기 나누기 자료를 제시 설명하여 주고, 아동들에게 질문 A, B, C아동 발표 후 00를 불러 명칭에 대하여 지적하게 하고 언어로 표현하도록 지도한다. 잘 모르면 반복하여 지도 해준다.)

6) 상담 사례

(1) 일반어린이집과 장애전문어린이집 입학 상담 사례

Q 질문

저는 발달장애 4세 딸의 어린이집과 유치원 장애전문어린이집 입학을 어떻게 해야 하는지 고민이 많습니다.

언어발달이 많이 늦고 모방 발화는 하고 있습니다. 우리 아이에게 또래친구들과 시간을 보내게 하고 싶은 마음도 있고 전공을 한 특수교사가 있는 장애전문 어린이집으로 보내야 하는지 우리아이를 위한 최선의 선택을 어떻게 하면 좋을까요?

A 답변

어머니들은 아이들의 사회성을 위해서 통합 어린이집을 원하시는 경우가 많습니다. 아이들마다 각자의 특성과 장점, 약점이 다른 경우가 많습니다.

첫째, 우리아이의 신변자립(자조기술) 습득 단계를 생각해 보세요. 아이가 필요한 것을 요구할 수 있는 상황과 신변자립을 스스로 할 수 있는 활동이 많으면 통합어린이집을 선택하시는 방법이 있습니다. 둘째, 아이의 인지, 언어 발달수준이 교사의 도움을 많이 필요로 하면 장애전문 어린이집을 방문하여 상담 후 선택하는 것이 좋다고 생각 합니다. 그리고 유치원 알리미와 육아종합지원센터 사이트에 접속하시면 양육지원서비스, 언어발달 지원 서비스, 가족지원서비스 등에 대한 다양한 도움을 받을 수 있습니다.

(2) 특수학교와 통합학급 입학 상담 사례

Q 질문

저는 발달장애 6세 아들의 초등학교 입학 때문에 고민이 많습니다.

인지와 언어발달이 많이 늦고 공격성은 아직 없습니다. 배변실수는 간혹 있습니다. 기간은 남아있지만 걱정이 앞서고 있습니다. 통합교육을 해야 할지 특수학교에 보내야 할지 결정하기가 어렵습니다.

A 답변

초등학교 입학하는 시기의 고민은 부모님들에게 가장 어려운 선택의 시간인 것 같습니다. 우선 어머님의 입장이 아닌 내 아이에게 현실적으로 도움이 될 수 있는 학교를 선택하시는 것을 먼저 조언해 드리고 싶습니다.

자녀의 초등학교 입학에 대한 결정은 자녀의 독립적인 삶을 염두에 두고 고민하셔야 할 것 같습니다. 초등학교 입학 전 내 아이에게 도움이 되는 근본적인 기본생활 기술에 대한 훈련을 시키는 것이 좋겠습니다. 장소이동하기, 화장실 사용하기, 화장실 가고 싶다고 의사 표현하는 방법, 급식실 이용하기, 착석, 교사의 말에 지시 따르기에 대한 기초적인 일상생활 기술을 어린 시절에 익히는 것이 중요합니다.

그리고 지금 다니고 있는 기관의 교사와 특수교육지원센터를 방문하여 상담을 받으시면 객관적인 평가와 상담을 통하여 지금 내 아이의 수준에 맞는 학교가 어떤 곳인지 아동에게 필요한 교육기관을 결정하시는 데 도움을 주실 것입니다.

(3) 초등학교 1년 취학유예 상담 사례

Q 질문

저는 지적장애 7세 아동의 초등학교 취학유예 때문에 고민이 많습니다.

일반학교 특수학급에 입학할 생각입니다. 주변에서는 1년 유예하는 친구들이 많이 있습니다. 유예를 해야 할까요?

A 답변

초등학교 취학유예에 대한 고민을 부모님들이 많이 하고 있습니다. 가능한 취학유예를 권하지는 않습니다. 2021년 기준 입학 시기를 놓치고 어린이집에 다니고 있는 장애아동이 1천 295명으로 확인되고 있습니다. 학교준비가 안되었다는 이유도 있지만 조금 더 긴 시간을 학교의 보호아래 있어야 한다는 부모님의 생각으로 취학유예를 선택하고 있습니다.

어머님은 아이가 학교에 적응하기 위한 준비가 안 되었다고 생각하는지 아니면 부모님이 준비가 되어있지 않은지 생각해 보셔야 할 것 같습니다. 전문가들 또한 다른 의견을 제시하고 있습니다. 생활연령에 맞게 교육기관으로 보내야 한다는 의견을 가진 전문가와 반대의 의견을 제시하는 분들도 많습니다.

부모님들이 취학유예 후 벌어놓은 시간을 잘 활용한다면 취학유예에 대한 긍정적인 평가를 할 수 있지만 모든 준비를 완벽하게 입학하는 아동은 없습니다. 학교생활에 부딪히면서 필요한 기술을 배우고 가르치는 것입니다. 가능한 제 나이에 입학시키고 또래와 함께 학교생활을 하는 것도 중요합니다.

(4) 학교 부적응 상담 사례

Q 질문

저는 통합교육에 실패를 하고 특수학교로 전학을 한 전체지능 지수 58에 속하는 경도인지장애 수준을 보이는 철수의 엄마입니다. 일반 초등학교 통합교육을 받던 철수는 통합환경 에서 비 장애 학생들의 괴롭힘과 욕설로 3학년에 특수학교로 전학을 하였습니다. 처음에는 반 남자친구 한명의 괴롭힘으로 시작되었으며 그 아이는 다른 학부모와 학생과 관계에도 문제가 있었던 학생으로 학교에서 적극적으로 학생의 심리치료를 개입하고 상담진행을 하였습니다.

그러나 처음 괴롭힘 사건 이후 여자아이들은 철수의 물건을 던지고 놀리거나 꼬집는 행동과 남자아이들은 놀이터에서 놀고 있는 철수에게 욕설과 함께 흙을 얼굴에 던지고, 때리는 등 반 전체 아이들의 괴롭힘이 지속되었습니다.

철수는 학교에 대한 거부감과 함께 체중의 감소와 저녁에 잠을 못 자거나 계속 피곤하다고 이야기할 때 가족들이 반응을 바로 보여주지 않으면 공격적인 행동을 보였습니다. 부모님은 수차례 도움반 선생님과 학교의 도움을 요청하였지만 별다른 조치는 없었습니다. 결국 특수학교로 전학을 결심하게 되었습니다. 부모님은 초임이었던 도움반 담임교사가 우리 아이를 위해 목소리를 낼 수 없는 학교환경과 현실에 실망감을 느꼈습니다.

A 답변

장애아이들 또한 일반아이들과 똑같이 심리적 반응을 보입니다. 장애아동 스스로 장애인으로서 삶에 대한 분노와 우울의 심리적 반응을 느낍니다. 철수처럼 또래의 괴롭힘으로 체중의 변화, 불면증, 피로감을 호소하였다면 우울 장애를 의심할 수 있습니다. 그리고 가족들의 반응에 무시를 당한다고 느낄 때 즉시 화를 내거나 공격성을 보이는 행동, 중간에 특수학교로 전학한 후 특수학교 친구들에 대한 적대적인 행동 또한 일반초등학교에는 피해자의 입장에서 특수학교에는 가해자로 반 친구들을 괴롭히는 행동으로 부정적인 문제행동을 보일 수 있습니다. 행동에 문제가 있다고 하여 행동을 고치려고만 하면 안 됩니다.

긍정적인 행동 변화 효과를 위해서는 장애아동의 마음속에 숨어있는 부정적인 정서에서 긍정적 정서로 마음의 작용을 바꾸어 주어야 합니다. 통합교육 환경은 장애학생과 비장애 학생이 같은 교육환경에서 교육을 받는 환경이며 부모님이 말씀하신 것처럼 학교 내 소수인 특수학급 교사가 제대로 목소리를 낼 수 없는 학교분위기가 통합교육의 한계로 지적되고 있는 상황입니다.

즉, 마음은 통합교육이지만 현실은 분리와 차별이 느껴지는 교육현장입니다. 일반아동의 장애인식에 대한 부족함은 장애학생에 대한 부정적인 분위기 형성과 비장애 학부모들의 통합교육에 대한 불만을 느끼게 할 수 있습니다.

통합학급 교사는 장애 학생에 대한 긍정적인 교육관을 가지고 있는 교사를 우선적으로 배치하고 장애이해 교육을 통해 장애학생이 비장애 학생들과 함께 할 수 있는 긍정적 교실 분위기를 만드는 것이 필요합니다. 철수와 친구들이 상호작용이 활발하게 일어나는 활동이나 놀이과제를 통해 또래와 함께 상호작용 할 수 있도록 기회를 제공하는 방법과 또래교수법을 효과적으로 운영하는 방법이 있습니다. 또래 교수자는 교사와 정기적으로 만나 상호작용하는 방법을 배워 긍정적 지원을 받을 수 있도록 합니다.

(5) 화폐 사용 개념 상담 사례

Q 질문

저는 일반초등학교에서 통합교육을 받고 있는 경도 지적장애(구, 지적장애 3급) 6학년 정수 엄마입니다. 정수는 버스타고 시내 이동하는 것, 놀러가는 것, 슈퍼에서 물건사기, 심부름은 잘하지만 화폐 개념과 상황은 명확하지 않은 상태입니다.

정수는 토요일 도움반 친구 세 명과 만화카페를 갔습니다. 만화카페는 입장료와 음식 값이 후불제로 운영하고 있습니다. 후불제의 개념을 모르는 아이들은 닭강정, 음료수, 간식을 모두 시켜먹고 나중에 나올 때 음식 값이 23,600원이 나왔으며 친구들 돈을 모두 합쳐 계산을 했지만 돈이 부족했습니다. 주인으로부터 13,000을 계산하라는 전화연락을 받고 주인에게 송금을 하는 일이 있었습니다. 돈 개념은 매우 중요합니다. 우리아이 지도를 현장학습을 통한 지도를 부탁드립니다.

A 답변

오늘의 테마는 만화카페입니다. 활동목표는 내가 가진 돈으로 합리적인 소비를 할 수 있는 방법에 대한 활동을 하겠습니다.

인터넷을 통해 만화카페 메뉴사진을 출력합니다. 후불제에 대한 이야기를 하고 메뉴판에 나오는 메뉴를 정하고 음식 값 계산을 합니다. 그리고 주어진 용돈 안에서 필요한 물건부터 먼저 구매하는 것이 합리적이라고 설명합니다. 자신의 경험을 다른 친구에게 설명하는 시간을 통한 자기피드백 시간을 갖는다.

[만화카페 둘러보기 활동]

※ 화폐개념 17,700원을 500원 동전으로 바꿨을 때 (미술활동)

만화카페의 기본요금은 1시간에 3천원입니다

교사: 오늘 만화카페에서 먹을 것을 주문하기 활동을 합니다.

우선 메뉴판을 보고 결정을 합니다.

정수: 레몬톡 에이드, 매콤 닭강정, 라면, 오리지널 떡볶이 이렇게 먹고 싶어요.

교사: 음식값 먼저 계산을 해보겠어요.

정수: 레몬톡 에이드: 4,000, 닭강정: 5,900, 라면: 3,500, 떡볶이: 4,300

교사: 음식 값을 모두 합하면 (4,000 + 5,900 + 3,500 + 4,300 = 17,700)

기본요금 1시간: 3,000원을 합하면 20,700원

교사: 영수증을 받고 금액을 확인하고 친구들과 나눠서 내기

2 자폐성장애 상담

자폐증은 희랍어로 "아우타(auto)"에 해당되는 것으로 영어로는 'self'와 같은 뜻으로 해석하고 있다. 즉 "자기 자신 안의 세계" 속에 스스로 고립되어 있다는 의미이다. 1943년 미국 Leo Kanner 박사에 의해 사용되었고, Kanner 박사는 자신이 진료하던 아동들 중 매우 특이한 특성 즉 대상에 대한 완전한 무관심, 똑 같은 것(동일성)에 대한 고집, 대인관계의 어려움을 가진 아동을 분류하여 "유아 자폐(infantile autism)"라고 명명하였다.

1) 자폐성장애 정의

미국 정신의학협회에서 출간한 진단 자료집(DSM-IV)의 기준에 의하면 자폐성장애는 사회적 상호작용(눈 맞춤, 얼굴돌림, 지시따르기 등)과 의사소통의 질적 결함, 제한적이고 반복적인 상동 행동적인 유형의 제한된 행동, 그리고 사회적 상호작용, 사회적 의사소통을 위해서 사용되는 언어, 상징놀이나 상상놀이에서 한 가지 이상의 발달지체나 비정상적인 기능이 3세 이전에 나타는 경우라고 한다.

(1) 법적 정의

우리나라 「장애인 등에 대한 특수교육법」과 「장애인복지법」에서는 다음과 같이 정의하고 있다.

> 「장애인 등에 대한 특수교육법」에서는 자폐성장애는 '사회적 상호작용과 의사소통에 결함이 있고, 제한적이고 반복적인 관심과 활동을 보임으로써 교육적 성취 및 일상 생활적응에 도움이 필요한 사람'으로 정의한다.
>
> 「장애인복지법」에서는 '소아기 자폐증, 비전형적 자폐증에 따른 언어 · 신체표현 · 자기조절 · 사회적응기능 및 능력의 장애로 인하여 일상생활이나 사회생활에 상당한 제약을 받아 다른 사람의 도움이 필요한 사람'으로 정의한다.

(2) 「미국–정신질환 진단 및 통계편람」 정의

최근 2013년 미국 정신의학회의 「정신질환 진단 및 통계편람(Diagnostic and Statistical Manual for mental disorders-5: DSM-5, 2013)」에서는 〈표 6-8〉과 같이 자폐성장애에 대하여 제시하고 있다.

〈표 6-8〉 자폐스펙트럼장애에 대한 DSM-5 진단기준

A. 현재 또는 과거 병력상, 다양한 맥락에 걸쳐 사회적 의사소통과 사회적 상호작용의 지속적인 결함으로 다음의 3가지 모든 증상을 보인다.

1. 사회적-정서적 상호성의 결함 : 비정상적인 사회적 접근, 관심사, 정서, 감정, 반응을 공유하는 것이 어려워 주고받는 대화가 실패함. 사회적 상호작용의 개시에 있어 전반적인 부족

2. 사회적 상호작용에 사용되어지는 비언어적 의사소통 행동의 결함 : 언어와 비언어적 상호작용의 통합이 어려움, 눈 맞춤, 바디랭귀지의 이상함, 제스처의 이해, 사용의 결함, 얼굴 표정 및 비언어적 의사소통의 전반적인 부족

3. 관계의 형성과 유지의 결함 : 다양한 사회적 맥락에 어울리도록 하는 행동의 조절이 어려움, 상상놀이를 공유하는 것이 어려움, 친구를 만드는 것이 어려움, 또래에 대한 관심이 없음

B. 현재 또는 과거 병력상 제한되고 반복적인 패턴의 행동, 관심, 활동들로 다음의 것 들 중 2가지 이상

1. 상동적이고 반복적인 근육운동, 사물이나 말의사용(예, 단순한 상동운동, 장난감 줄 세우기, 사물 던지기, 반향어, 특이한 문구)

2. 일관된 동일성, 루틴에 대한 경직된 집착, 언어 또는 비언어적 행동의 의식화된 패턴(예, 작은 변화에도 극도의 고통, 전환의 어려움, 경직된 사고 패턴, 인사 의식, 매일 같은 길을 가거나 같은 식사를 하려고 함)

3. 비정상적인 강도 또는 몰입의 매우 제한되고 고정된 관심사(예, 평범하지 않은 사물에 대한 매우 강한 애착이나 집착, 과도하게 제한되거나 지속적인 관심사)

4. 감각 자극에 과도하게 민감하거나 둔감함, 또는 환경의 감각적 측면에 평범하지 않은 관심을 보임(예, 통증/온도 등에 분명한 무관심, 특정의 소리나 문양에 이상한 반응, 사물에 대한 과도한 냄새 맡기나 만지기, 빛 또는 움직임에 대한 과도한 흥분)

현재의 심각도에 대한 세분화 : 심각도는 사회적 의사소통의 손상 및 제한적이고 반복적인 행동 패턴에 근거함

C. 초기 발달 기간 동안 증상이 나타나야 함(다만 제한된 능력을 넘어서는 사회적 요구 가 있어야 비로소 명백하게 나타날 수 있음 또는 이후에 학습한 전략을 사용해 가장 할 수 있음).

D. 증상이 사회적, 직업적 또는 현재 기능 중 여타의 중요한 영역에서 임상적으로 유익 한 손상을 초래함.

E. 이러한 장애가 지적장애(지적발달장애) 또는 전반적 발달 지연으로 더 잘 설명되지 않음. 지적장애와 자폐스펙트럼장애는 흔히 동반되어 나타남: 자폐스펙트럼장애와 지적장애, 사회적 의사소통 장애를 함께 진단 내리려면 예상되는 일반 적 발달 수준 이하여야함.

주의: DSM-IV의 자폐성장애, 아스퍼거 장애, 또는 비분류 전반적발달장애로 확실하게 진단받은 사람이라면 자폐스펙트럼장애로 진단내릴 수 있다. 사회적 의사소통에 현저한 결함을 보이지만 자폐스펙트럼장애의 준거의 다른 증상에 해당되지 않는다면, 사회적 의사소통장애에 대해 평가가 이루어져야 한다.

명시할 내용:

- 지적 손상이 동반됨 또는 동반되지 않음
- 언어 손상이 동반됨 또는 동반되지 않음
- 익히 알려진 의학적 또는 유전적 상태나 환경적 요인과 연관됨
  - 부호화 주의사항: 관련된 의학적 또는 유전적 상태를 확인하여 추가적으로 부호화 할 것
- 다른 신경발달장애, 정신장애 또는 행동장애와 연관됨
  - 부호화 주의사항: 관련된 신경발달장애, 정신장애, 또는 행동장애를 확인하여 추가적으로 부호화할 것
- 긴장증 있음(다른 정신장애와 관련된 긴장증의 준거를 참고할 것)
  - 부호화 주의사항: 긴장증의 공병이 확인되면 자폐스펙트럼장애와 연관된 긴장증에 추가 부호화할 것

미국 정신의학회에서 DSM-5를 통하여 발표한 '자폐스펙트럼장애'라는 용어는 자폐성장애 범주의 하위유형으로 분류하던 자폐장애, 아스퍼거장애, 레트장애, 소아기 붕괴성장애, 비전형성 전반적 발달장애를 일연의 연속된 선상에서 심각도의 수준으로 바라보는 의미의 개념으로 새롭게 정의하였다.

2) 자폐성장애 분류

(1) DSM-IV-TR(2000)에서의 분류

전반적 발달장애(자폐범주성장애)를 다섯 가지 하위 장애유형 즉, 자폐성장애, 아스퍼거증후군, 아동기 붕괴성장애, 레트장애, 비전형성 전반적 발달장애로 분류하여 구분한다. 하위 유형의 개념을 살펴보면 〈표 6-9〉와 같다.

〈표 6-9〉 자폐범주성장애의 유형에 대한 개념

유형	개념
자폐성장애	사회적 상호작용과 의사소통이 현저하게 비정상적이거나 발달에 장애가 있음
레트장애	정상적인 태아기나 주산기를 가지며 일정기간이 지난 후에 특정 결함을 보임
아동기 붕괴성장애	2년간 정상발달을 한 후 여러 가지 기능 영역에서 현저한 퇴행을 보임
아스퍼거장애	사회적 상호작용에 심한 장애를 나타내며 제한적이고 반복적인 행동, 관심 또는 활동을 나타냄
달리 분류되지 않는 전반적 발달장애	사회적 상호작용의 발달이나 언어적, 비언어적 의사소통기술의 발달에 전반적으로 심한 장애를 보임

출처: 김영익 외(2015).

(2) DSM-V(2013)에서의 분류

[스펙트럼 정의]

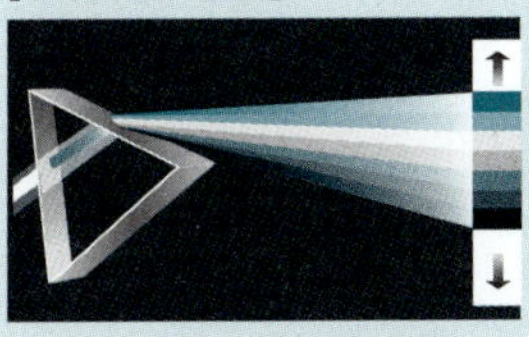

빛의 성분을 파장의 순서로 나열한 것을 말한다. 빛을 각 성분으로 나누는 것을 '스펙트럼으로 분해한다'고 표현할 수 있다.

자폐스펙트럼장애 = 자폐 + 스펙트럼 → 즉, 다양한 특성이 연속선상에서 존재

DSM-V에서는 자폐스펙트럼이라는 용어로 정의하면서 다음의 〈표 6-10〉과 같이 사회적 의사소통 및 제한적, 반복적 행동을 나타내는 특성의 정도 따라 심각도 수준을 3단계로 구분하여 제시하고 있다.

〈표 6-10〉 자폐스펙트럼장애의 심각도 수준

심각도 수준	사회적 의사소통	제한적/반복적 행동
수준 3 매우 상당한 수준의 도움을 필요로 함	언어적, 비언어적 사회적 의사소통 기능의 사용에 심각한 장애, 타인과의 사회적 상호작용 상황에서 최소한의 제한적인 반응만 보임. 예를 들어, 사회적 상호작용을 좀처럼 시도하지 않는, 이해 가능한 말이 거의 없는 사람은 욕구 충족만을 위해 특이한 방식으로 접근하거나 매우 직접적인 사회적 접근에만 반응함	행동의 경직, 변화를 극도로 어려워함, 또는 다른 제한적/반복적 행동이 모든 영역에서의 기능을 현저히 방해함, 큰 고통/어려움이 초점 또는 행동을 변화시킴
수준 2 상당한 도움을 필요로 함	언어적 비언어적 사회적 의사소통 기술의 현저한 결손, 적합한 도움이 있더라도 사회적 장애가 명백하고 사회적 의사소통의 제한적인 시작, 그리고 타인의 사회적 접근에 대한 감소되거나 비정상적인 반응. 예를 들어, 간단한 문장을 말하는 사람의 상호작용은 특정 흥미에 제한되고 현저하게 특이한 비언어적 의사소통을 함	행동의 경직, 변화를 어려워함, 또는 다른 제한적/반복적 행동이 일반사람이 보기에도 확실하게 흔히 나타나고 다양한 맥락에서 기능을 방해함, 큰 고통/어려움이 초점 또는 행동을 변화시킴
수준 1 도움을 필요로 함	적합한 도움이 없다면, 사회적 의사소통의 결손은 뚜렷한 장애를 초래함. 사회적 상호작용을 시작하기 어려움. 타인의 사회적 접근에 대해 비전형적이고 성공적이지 않음. 사회적 상호작용에서 감소된 흥미가 나타남. 예를 들어, 완전한 문장으로 말할 수 있고 의사소통이 어느 정도 가능하나 타인과 주고받는 대화에는 실패하는 사람은 친구를 만들려는 시도가 특이해서 성공적이지 않음	행동의 경직은 하나 또는 그 이상의 맥락에서의 기능을 심각하게 방해함. 활동사이의 전환에 어려움이 있음

이러한 관점은 외부환경 보다는 장애를 지니는 아동중심으로 변화하는 패러다임의 흐름이라고 할 수 있다(예를 들면, 지적장애의 분류를 1992년 이전 지능지수 IQ를 기준으로 규정하던 것을 현재는 지원의 강도를 기준으로 정의함).

3) 자폐성장애 원인

연구 초기에는 자폐성장애의 원인을 부모의 탓으로 돌렸다. 자폐를 처음 명명한 케너(Kanner)는 자폐아동의 부모를 매우 지적이며 차가운 성격을 가진 강박적 인물로 이들을 소위 냉장고형 부모라고 불렀으며, 그런 부모의 양구 태도가 장애의 원인이라고 믿었다. 그러나 부모의 성격과 자폐성장애의 인과적 관계는 밝혀진 것이 없으며, 미국 자폐학회는 1977년 아동의 심리적 환경에서 자폐성장애를 일으키는 원인이 확인된 바 없다고 밝혔다(Heward, 2009). 그럼에도 불구하고 많은 부모들은 자녀의 장애에 대해 죄의식을 갖기도 하고, 이를 극복하는 어려움을 겪기도 한다(정대영 외, 2020).

지금까지 자폐성장애의 원인에 대하여 수많은 요인과 가설이 난무하지만 그 원인이 정확히 무엇인지는 명확히 밝혀지지 않았다. 하지만 일반적인 견해는 생물학적인 유전적 요인, 신경학적인 신경전달물질의 불균형, 뇌기능의 구조적 이상, 다복합적인 생태학적 환경오염의 요인들로 서로 상호관련성에 의한 것으로 다음의 〈표 6-11〉과 같이 추정하고 있다.

〈표 6-11〉 자폐성장애의 다요인적인 원인

생물학적 요인	특 성
선천적인 요인	페닐케톤뇨증, 푸리대사 장애, 납중독, 갑상선 기능항진증, 결정성경하증 등의 대사장애 및 신체질환, 풍진, 헤르페스 뇌염 등의 감염으로 인한 뇌의 손상
신경학적인 생화학적불균형	신경학적 전달물질인 세로토닌의 과대함량, 높은 수준의 생체 자연 아편 물질 생성으로 타인과의 상호작용 의지가 낮음
뇌의 구조 문제	대뇌 구조 기능 담당 영역의 전두엽의 이상과 좌측 뇌가 작고 우측 뇌가 크거나, 외부 정보에 대한 뇌의 기능적 반응 활동 이상으로 인해서 주의력결핍 및 언어능력, 강박적 행동출현

(1) 자폐성장애 진단기준

자폐성장애를 지니고 있는지에 대한 판별은 여러 가지 면에서 이루어진다. 사회적 상호작용에 결함을 보이고, 의사소통에 질적인 결함을 보이며, 제한되고 감각적 이상 행동을 보이면 종합적인 진단과 검사를 받아볼 필요가 있다.

(2) 「장애인복지법」 자폐성장애의 판별 및 진단기준

자폐성장애의 진단기준에 대하여 「장애인복지법」에서는 다음의 〈표 6-12〉에서와 같이 그 기준과 세부 항목에 대하여 제시하고 있다.

〈표 6-12〉 자폐성장애의 판별을 위한 진단기준

제1급	ICD-10의 진단기준에 따른 전반적 발달장애(자폐증)로 정상발달의 단계가 나타나지 아니하고, 지능지수가 70이하이며, 기능 및 능력 장애로 인하여 전반적 발달척도 점수(GAS)가 20이하인 사람
제2급	ICD-10의 진단기준에 따른 전반적 발달장애(자폐증)로 정상발달의 단계가 나타나지 아니하고, 지능지수가 70이하이며, 기능 및 능력 장애로 인하여 전반적 발달척도 점수(GAS)가 21~40점인 사람
제3급	제2급과 같은 특징을 가지고 있으나 지능지수가 71이상이며, 기능 및 능력 장애로 인하여 전반적 발달척도 점수(GAS)가 41~50인 사람

[자폐성장애의 능력 장애 측정기준]

① 불러도 대답이 없다.	⑪ 가구의 위치를 옮기면 불안해한다.
② 독립적으로 적절한 식사가 불가능하다.	⑫ 같은 길로만 가려고 한다.
③ 대소변을 가리지 못한다.	⑬ TV에서 광고만 보려고 한다.
④ 또래와 놀지 못한다.	⑭ 밖으로 나가면 그냥 마음대로 가버린다.
⑤ 남의 말을 이해하지 못한다.	⑮ 머리의 크기가 작다.
⑥ 표현언어가 없다.	⑯ 눈을 맞추지 않는다.
⑦ 자기방어를 하지 못한다.	⑰ 손을 비틀거나 씻는 것 같은 행동을 반복
⑧ 충동적인 행동을 보인다.	⑱ 모든 물건을 입에 집어넣는다.
⑨ 자해적인 행동을 한다.	⑲ 생후 1~2년 정도까지는 정상적인 발달.
⑩ 한 가지 장난감에 집착한다.	⑳ 혼잣말을 하는데 대화를 하지 못한다.

[그림 6-1] 자폐성장애 선별 체크리스트

출처: 권순우 외(2020). 재인용.

위의 19가지 항목 중에서 7가지 이상의 항목에 0표가 되고 그 행동들이 지속적이며 또한 아동 생활연령에 맞지 않는다면 자폐성장애 특성의 위험군으로 선별될 수 있고 좀 더 심층적인 진단평가의 의뢰가 필요하다.

4) 자폐성장애 특성

자폐성장애의 특성은 다양한 발달영역에서 많은 문제행동을 나타내고 있다. 대표적인 주요한 특성은 사회적 상호작용의 결함, 의사소통의 질적인 결함, 그리고 제한적이고 반복적인 특이한 상동적 행동, 관심 및 활동을 보인다. 그런데 주의할 점은 이러한 장애는 증상의 심각도, 발생 시기, 다른 장애와의 연관성(예, 지적장애, 언어지체, 뇌전증)에 있어서 매우 다양하다는 점이다(National Research Council, 2001).

자폐성장애의 특성은 다양하나 일반적으로 가장 많이 보이는 특성에 대하여 요약하여 살펴보면 다음과 같다.

(1) 사회적 상호작용의 특성

자폐성장애아동은 다른 사람과의 사회적 관계 형성을 위한 상호작용 과정에서 결함을 보인다. 또래와의 상호작용을 잘하려면 상대방의 마음을 이해하고 감정이입을 할 수 있어야 할 뿐만 아니라 언어의 미묘한 어감과 비언어적 단서(예, 몸짓, 시선, 자세, 옷차림, 행동 등)도 알아차릴 수 있어야 한다.

그러나 자폐성장애아동은 이러한 능력이 부족하여 이를 활용해 타인과 상호작용을 하지 못하고, 이를 활용하여 소통하는 타인의 반응을 해석하는데도 어려움을 경험한다.

▣ 한국특수교육학회(2008)

- 사회적 상호작용을 위한 비구어적 행동(예, 눈 맞춤, 표정, 몸짓)의 사용에 어려움을 보임
- 연령에 적합한 또래관계를 형성하지 못함
- 즐거움, 관심, 성취 등을 다른 사람들과 나누려고 하지 않음
- 사회적 또는 정서적 상호성이 결여됨
- 발달 수준에 적절한 가상놀이와 사회적 모방놀이가 결여됨

(2) 의사소통의 특성

자폐성장애아동의 언어 및 의사소통의 특성은 말을 전혀 사용하지 못하는 아동부터 현학적인 대화를 즐기는 아동까지 그 스펙트럼이 다양하다. 인칭 대명사가 바뀜, 반향어 사용, 독특하고 단조로운 억양, 관용어나 속담을 융통성 있게 이해하지 못하고 언어를 문자 그대로 해석하기 등의 언어적 특성을 보이기도 한다(공주대학교 특수교육연구소, 2016).

▣ 한국특수교육학회(2008)

- ▶ 말을 하지 못하거나 발달이 지체됨
- ▶ 말을 하지 못하는 경우 대체적인 수단으로 보완하고자 하는 시도가 없음
- ▶ 말을 하는 경우에도 사회적 의사소통의 기능으로 사용하지 못함
- ▶ 상동적이고 반복적인 형태로 언어를 사용하거나 특이한 언어를 사용함

(3) 상동적인 반복행동과 특성

자기자극 행동은 자폐성장애아동에게서 흔히 나타나는 행동이다. 이러한 행동은 상체를 앞뒤 또는 옆으로 흔들기, 얼굴 앞에서 손 흔들기, 사물 돌리기, 물건 제자리에 놓기와 같이 명확한 기능이 없는 반복적이고 정형화된 행동이다. 자기자극 행동은 감각적 자극을 얻기 위하여 하는 것 같다(Scheuermann& Webber, 2002: 고은 외, 2015, 재인용).

또한 특정한 사물에 대하여 강한 집착을 나타내거나 지나치게 몰두한다. 예를 들면 얇은 종이를 잡고 손가락으로 탁탁 치거나, 긴 끈을 잡고 돌리거나, 열린 문을 가만히 보지 못하고 모두 닫는 등의 아동만의 느끼는 독특한 감각자극을 추구하는 행동들이다.

▣ 한국특수교육학회(2008)

▶ 제한된 영역에 지나치게 강도 높은 독특한 관심을 보임

▶ 특정 비기능적인 일과나 의례적인 행동에 융통성이 없이 집착함

▶ 사물의 특정부분에 대하여 지속적인 집착을 보임

▶ 자해 행동, 공격 행동, 텐트럼(지나친 떼쓰기) 등의 문제 행동을 보이기도 함

▶ 감각 자극에 대한 처리 및 반응이 독특함

(4) 인지 및 감각적 특성

① 인지적 특성

대부분의 자폐성장애아동은 인지능력과 학습능력에 많은 어려움을 나타내며 새로운 학습, 기술을 습득하는 데 필요한 시간이 일반아동에 비해서 길다.

지능은 매우 심한 지적장애 수준에서 우수한 능력의 수준까지 매우 다양하다. 자폐성장애아동의 약 70~80%는 지적장애의 지능을 지니고 있다. 그러나 약 10%는 서번트 증후군(savant syndrome)으로 특정 영역에서 천재적인 재능을 보이는 경우도 있다. 영화 '템플그렌딘'의 실제 주인공인 템플그렌딘은 지금도 미국 콜로라도 교수로 재직 중이다.

② 감각적 특성

자폐성장애아동의 감각적 특성은 신경학적 체계가 일반아동과는 다른 방식으로 기능적으로 정보처리를 하게 되어 행동에 문제를 일으키게 된다.

〈표 6-13〉 감각자극에 대한 자폐성장애아동의 감각수용력이상

감각수용력이상의 원인	감각수용 이상반응
입력된 자극이 다른 유형의 감각자극으로 혼동을 유발	청각자극인 소리가 시각자극인 색깔로 처리되는 반응
자극 둔감 또는 무반응	바로 곁에서 엄청나게 많은 접시가 깨져도 반응을 보이지 않다가도 자신의 흥미를 끄는 음악소리나 사탕껍질 벗기는 아주 작은 소리에는 민감하게 반응
다른 두 유형의 청각자극이 서로 간섭과 방해를 유발하고 청각적 정보의 왜곡	요리를 맛보는 동안 믹서기, 가스레인지 후드 등의 소음을 내는 주방기구는 꺼두어야 하고, 어떤 소리의 특정 주파수에 매우 예민하게 반응
촉각이나 통각에 의한 행동방해와 집착	명절에 한복에 받쳐 입는 속치마의 꺼칠한 촉감에 안절부절못하거나, 심하게 다쳐도 울지 않거나 이상스러운 물건을 만지는 데 집착

출처: 이미숙 외(2016).

5) 교육적 지원

(1) 교수적 모델

자폐성장애를 지닌 아동에 대한 중재와 지도는 집중적이고 지속적이며 다학문적으로 접근해야 한다. 자폐성장애 아동들의 조기중재는 매우 구조화되어야하며, 자료를 계획적이고 예측 가능한 태도로, 환경적 자극을 고려하여 다양한 방법과 총체적으로 접근해야 한다.

① 응용행동분석 : 집중적이고 종합적인 일대일 지도 프로그램이다.

- 변화시키고 싶은 행동, 대체하고 싶은 행동, 또는 시작하기를 바라는 행동을 지도한다.
- 변화 및 대체하고 싶은 행동의 목적에 관하여 가설을 설정하고, 긍정적 측면에서 지도한다.
- 행동을 시작하고, 목표를 하위 구성요소로 상세화하여, 훈련을 설계한다.
- 각 중재 후에 정적강화를 이용한다. 훈련은 자주 그리고 짧게 하고, 보상은 작게 신속히 제공해야 한다. 일부 프로그램은 바람직하지 못한 행동에 대해서 부적강화를 이용한다.
- 중재의 효과를 사정하고 필요하다면 중재를 수정한다.

② 발달적 개인차 관계중심 접근법

발달적 개인차 관계중심의 접근을 그린스펀과 위더에 의해 개발되었다.

- 주변세계의 장면, 소리, 지각에 관심을 갖는 것과 자신을 인식하는 능력
- 다른 사람과의 관계에 참여하는 능력
- 복잡한 제스처를 만들어 내는 능력과 일련의 행동들을 정교한 문제해결 순서로 배열하는 능력
- 아이디어를 낼 수 있는 능력
- 아이디어를 현실에 맞도록 논리화하고 현실과 연결할 수 있는 능력

(2) 보완 · 대체의사소통 지도

최근 그림교환의사소통체계(Picture Exchange Communication System : PECS)가 많이 이용되고 있으며, 그림교환의사소통체계는 1985년 미국에서 아동과 성인을 위한 보완 · 대체의사소통 지도를 위한 목적으로 개발되었으며, 단계별 내용과 실제 사례는 다음의 〈표 6-14〉, [그림 6-2]와 같다.

〈표 6-14〉 그림교환의사소통체계의 단계별 내용

단계	내용
단계 1	아동이 가장 원하는 물건과 그 물건의 그림을 교환하여 의사소통을 시도할 수 있도록 지도한다.
단계 2	아동이 그림을 능동적으로 찾을 수 있고, 누군가에게 요구를 하기 위한 의사소통을 할 수 있도록 지도한다.
단계 3	아동이 원하고 항목을 나타내는 그림을 구별하고 선택할 수 있도록 지도한다.
단계 4	아동이 요구를 할 때, 문장구조를 이용하도록 지도한다.
단계 5	아동이 "무엇을 줄까요?"라는 질문에 반응하도록 지도한다.
단계 6	아동이 자발적으로 또는 질문에 대한 반응으로 환경 내에 있는 것에 관하여 언급할 수 있게 지도한다.
단계 7	어휘 확대의 단계로 아동이 요구할 때 색, 모양, 크기와 같은 속성을 이용할 수 있도록 지도한다.

[그림 6-2] 사진교환 의사소통 체계 사례

출처: 권순우 외(2020).

(3) 약물치료

약물치료는 특정 표적 행동이나 공존조건을 처치하기 위한 프로그램의 일부로 고려될 수 있으며, 자극성 약물치료는 아동이 과잉행동이나 부주의 행동을 보일 때 이용될 수 있다. 반복적인 행동을 하는 경우, 세로토닌억제제를 사용할 수 있다. 다른 약물치료가 연구되고 있지만, 약물치료는 자폐성장애를 치료할 수 있는 것으로 보지 않는다 (Hyman & Tobin, 2007).

(4) 교육과정 적합화

자폐성장애 아동은 특성이 매우 다양하므로 일반적 교과과정을 적용하기가 쉽지 않다. 또한 교실이나 수업장면에서 어떤 모습을 보일지 예측하기 어렵다. 따라서 이들을 대할 때 침착하고, 긍정적이며, 일관성을 가지고 교육과정을 수정 유지할 필요가 있다.

① 사회관계 영역 : 자존감, 통합 및 사회성 발달

학습에 의한 것이 아니라 자연스럽게 습득되는 사회적 행동을 어느 수준으로 지도해야 하는가를 결정하는 것은 어려운 일이다. 사회적 행동은 현재 우리의 일부가 되어 있다. 이와 같이 우리가 자연스럽게 습득한 사회적 행동을 자폐성장애를 지닌 아동은 학습해야 한다.

❶ 자존감

- 특정 전략을 이용하여 아동의 자아개념을 발달시킨다.
- 아동이 자신과 타인의 감정과 신념을 의식하도록 도와준다.
- 아동이 스스로 문제해결을 생각하도록 도와준다.
- 아동에게 선택하는 방법을 가르친다.
- 아동에게 비판을 받을 때 어떻게 반응할지를 지도한다.

❷ 통합

자폐성 장애를 지닌 아동들은 일반 학급에 포함시키는 것 자체가 도전이 된다. 교사는 이들이 다른 아동들과 함께 어울려 놀고 상호작용을 할 수 있도록 의도적으로 안내하고 지도해야 한다. 또한, 교사는 일반아동들의 눈에 비친 이상행동에 대해 설명해 주어야 한다. 아동들에게는 간단히 설명해야 하고, 교사가 시범을 보여주어야 한다.

❸ 사회성 발달

- 아동의 사회 발달적 수준을 고려하여 지도한다.
- 언어 이외에 의미를 전달할 수 있는 제스처, 얼굴표정과 같은 기초 사회기술들을 지도한다.
- 다른 아동들이 귀찮게 하면 어떻게 대처해야 하는지에 대해 지도한다.

② 의사소통 영역 : 말하기, 듣기, 읽기, 쓰기

사회적 상호작용의 기초가 되는 의사소통은 자폐성장애를 지닌 아동들에게 도전과제가 되고 있다. 이들 중 다수는 말을 하지 못하고, 의사소통을 위해 말을 이용하지 못한다. 이들은 말하기 기술을 습득하고 더불어 의사소통을 위해 다른 사람과 의도적으로 말을 할 수 있도록 지도해야 한다.

❶ 말하기

- 단어를 선택하는 데 주의해야 하며 극단적인 말은 사용하지 않는다.
- 말을 사회적으로 사용하도록 지도한다. 언어를 단순화한다.
- 말할 수 있는 능력과 의사소통능력 간의 차이를 인식한다.
- 한 번에 한 가지씩 지도한다.
- 은유법에 대해 지도하고 말을 하는 가운데 그러한 상황이나 사례를 만들어 인식하게 한다.
- 말의 높이와 양을 상황에 맞게 조절하도록 지도한다.
- 과제를 완수할 때 까지 자기 말을 이용하도록 한다.
- 그림교환의사소통체계를 이용하여 의사소통의 효율성을 높인다.

❷ 듣기

자폐성장애를 지닌 아동들은 듣기에 어려움을 겪으므로 얼굴표정과 제스처의 사용을 통해 의미를 제시한다. 아동이 비구어적 단서와 보디랭귀지를 찾아보도록 촉진한다.

- 다른 사람의 말을 방해하지 않도록 지도한다. 반응할 시간을 준다.
- 이해하지 못할 경우 단서 제공 방법을 지도해 교사에게 말할 수 있도록 지도한다.
- 빙고, 소리 비교하기, 소리 내기, 소리 찾기 등의 게임을 통해 아동의 청각적 변별력 훈련을 지도한다.

❸ 읽기

읽기는 개인 활동과 집단 활동으로 할 수 있다. 아동에게 책을 복습하게 하고, 책의 내용과 실제 세계를 관련짓도록 돕는다.

- 그림순서를 이용한 이야기들을 읽게 한다.
- 상황이야기를 이용하여 필요한 사회기술을 지도한다.
- 재미있는 책을 읽고 유머감각을 향상시킨다.
- 컴퓨터 프로그램을 이용하여 학습을 지원한다.

❹ 쓰기

- 실제로 경험한 것에 대해 쓰도록 한다.
- 아동의 관심분야에서 시작한다.
- 써야 할 내용과 관련된 시각적 단서를 제공한다.
- 문자를 따라 쓰게 하고 베껴 쓰게 한다.
- 연필을 잡고 사용하는 훈련을 한다.

③ 자연탐구 영역: 수학, 과학 및 보조공학

수학과 과학은 구체화하여 지도한다. 실제 사례를 이용하고, 문제해결의 과정을 강조한다.

❶ 수학

아동이 흥미와 관심을 가지는 대상과 사물을 이용하여 수학을 가르친다. 수학을 실제 생활과 관련지어 문제해결의 한 부분으로 지도하면 더욱 유용할 것이다.

❷ 과학

과학은 개별적인 사실을 기억하는 분야가 아니라 관찰하고 질문하면서 자료를 수집하여 조직, 분석하는 분야이다.

❸ 보조공학

보조공학은 자폐성장애를 지닌 아동들이 학습이나 활동을 하는 데 중요한 자산이 된다. 보조공학은 아동의 요구를 위해 수정할 수 있고, 그들의 학습을 지원할 수 있다. 아동들이 함께 활동할 수 있는 기회를 제공한다.

④ 신체운동 및 기본생활 영역 : 대 · 소근육운동, 감각통합운동 및 기본생활

아동이 체육활동에 참여하기 위해서는 지원이 필요하다. 그들은 접촉이나 불쾌한 감각을 회피한다. 환경은 활력이 넘치는 운동을 하고, 마음을 가라앉힐 수 있는 기회와 장소를 제공한다.

❶ 대근육운동

대근육운동 영역은 구조화해야 한다. 협력적 게임을 구성하고, 장애물 코스를 만들어서 장애물을 어떻게 피해서 이동하는지에 대한 훈련을 한다.

❷ 소근육운동

근육긴장도가 낮은 아동들은 소근육을 강화시킬 필요가 있다. 모래나 진흙 속에 장난감이나 물건을 숨겨두고 찾기 놀이를 한다. 모래, 콩, 고무공이나 플라스틱 공 등 다양한 재질을 만지고 접촉하도록 한다.

❸ 감각통합운동

아동은 독특한 방식으로 자신의 환경에 반응한다. 감각통합을 위해 환경을 수정하여 동기를 유발 시키고 감각운동이 많이 포함된 환경을 제공한다. 일부 아동은 어떤 냄새에 지나치게 민감할 수 있다. 이러한 경우 가능하면 냄새가 나지 않는 환경을 만들어 주어야 한다. 향기가 없는 비누나 샴푸를 사용하고, 향수를 사용하지 않는다.

❹ 건강과 안전

좋아하거나 좋아하지 않는 것이 분명해서 편식을 하는 경향이 높다. 건강과 안전 분야에서도 다른 아동들이라면 스스로 관찰을 통해 학습하는 것을 자폐성장애를 지닌 아동들에게는 의도적으로 지도할 필요가 있다.

음악과 함께 하는 신나는 자발적인 신체움직임을 통한 감각통합과 심리운동은 의사소통의 기회, 사회성 증진, 뇌 발달의 인지활동이 촉진이 된다. 이는 자폐성장애아동뿐만 아니라 모든 아동들에게 즐거움을 통한 전인적인 발달교육에 효과적이며 아동의 장점을 활용한 긍정적 측면이 많은 교육적 접근이다(김영익, 권순우 2016).

[특별한 공간에 준비된 감각통합심리운동]

[현장학습을 통한 감각통합심리운동]

⑤ 예술경험 영역: 미술, 음악, 창의성활동 및 역할놀이

자폐성장애를 지닌 아동들은 놀이를 할 때 교사의 지원을 필요로 한다. 그들은 일반 아동들에 비해 보다 구조화되어야 하고 격려와 칭찬을 받아야 한다. 만약 역할놀이를 하게 되면 아동이 대사를 쓰기보다는 교사가 대사를 써 주어야 하며, 그것으로 역할놀이를 할 수 있게 도와주어야 한다.

❶ 미술

다양한 매체의 탐색을 격려한다. 아동들이 새롭고 색다른 자료에 접근하여 탐색할 수 있도록 허용한다. 그들이 좋아하는 것, 그들에게 친숙한 것으로 시작하여 다양함을 추가한다.

❷ 음악

음악은 유쾌함을 이끌어내고 주의집중을 하도록 도와주며, 다양한 청각세계를 체험하게 한다. 아동의 이름으로 노래를 불러서 아동이 반응을 보이면 강화를 하고, 율동과 함께 노래를 부른다.

❸ 창의성활동

자폐성장애를 지닌 아동들의 경우 그들의 활동을 지나치게 창의성에 근거하여 판단하지 말아야 하며, 활동 자체를 판단하지 말아야 한다.

❹ 역할놀이

흉내 내기 놀이를 가르치고, 실제와 꾸민 것을 구분하도록 돕는다. 뭔가 새롭고 다른 것을 하고 싶다면 그것에 대해 역할놀이를 한다.

⑥ 자폐성장애아동 언어지도 사례

주 제: 나와 어린이집

활 동 명: 친구들과 함께하려면

활동자료: 입체그림자료

T: 친구들! 오늘은 어린이집 생활을 함께하는 친구들에 대해 이야기하기로 해요.

T: 어린이집 00반 친구들과 함께 지내면서 좋은 점은 무엇인가요?

I: 같이 놀아요!(A) 재미있어요!(B) 심심하지 않아요(C) 도와줘요

T: 00반 아동들의 사진을 보여주며 이름을 말하고 어떤 친구인지 간단히 언급하도록...

I: 00이고요 밥을 많이 먹어요!(A), 00이고요 예뻐요(B)....

⊙ 함묵증 아동 예,

[교사는 순서가 5번째 될 정도에 아동을 호명하고 발표의 기회를 준다. 아동 시선에 맞추어 친구의 사진을 보여주며 이름을 호명하도록 한다. 아동이 무발화 5초이상 있으면 사진의 친구를 불러 아동 앞에서 사진과 실물을 비교하여 주고 친구 이름을 "이 친구는 사진에 있는 친구와 똑같지! 이름이 00이야, 00이 멋있지! 00아 잘 지내자! 라고 말해준다.]

⊙ 반향어 아동 예,

[교사가 자폐아동에게 "이 친구 이름이 뭐야?" 라고 했을 때 아동이 반향어로 반응하여 "이 친구 이름이 뭐야?", "이 친구 이름이 뭐야?" 라고 하면 교사는 아동의 발화한 반향어 기능을 상황 속에서 판단하여 "친구 이름은 00이야 00이" 수정하여 모델링해주어도 아동이 "친구 이름은 00이야 00이"라고 한다면 사진의 친구를 불러 반복하여 간단하게 "친구 00이야,
친구 00이야" 00아 자기 자리로 가서 앉으세요" 라고 해 준다. 교사는 다시 자폐아동에 00이가 자기자리로 가서 앉네 라고 친구를 손으로 가리키며 다시 한번 친구의 이름을 말하여 준다.]

*T: 교사는 움직이는 그림 자료집을 준비하여 아동 앞에서 보여주면서,
(장난감을 서로 빼앗으려고 하는 입체장면자료)
친구들! 여기 보이는 그림보세요 친구들이 어떻게 하고 있나요? 친구 마음은 어떨까요?*

I: 친구들이 장난감 가지고 싸우고 있어요. 기분이 안 좋아요!(A) ...(B).... (C아 동)....

T: (교사는 의사소통 의도가 전혀 없는 아동에게 참여 활동을 신체적 촉구와 함께 자료를 아동이 앉은 자리로 이동하여 눈높이를 맞추고) 00아 이 그림 보이지요 친구들이 무엇을 하고 있나요? 아동이 반응이 없어 다시 한번 질문하여, "00아 친구들이 장~~" 까지만 첫음절을 말하고 기다린다. 아동이 반응이 없으면 또래반 친구들이 도움을 받아 자! 우리 모두 같이 얘기 해봐요! 친구들이 무엇을 하고 있나요? 장난감을 서로 가지려고 해요. 기분이 안 좋아요!

T: 그러면 어떻게 하면 친구들이 함께 기분 좋게 장난감 놀이를 할까요?

I: 서로 순서를 지켜요! (A), 다른 장난감과 바꾸어 놀아요! (B),...(C아동)....

T: 의사소통 의도가 없이 혼자 지내는 아동에게 입체장면 자료에서 장난감을 나누는 장면으로 전환 하면서 제시된 아동들이 사이좋게 장난감을 가지고 지내고 얼굴표정도 밝고 기분 좋은 장면을 보여주며 앞 제시 장면과 뒷 제시 장면에서의 아동들의 감정을 비교하여 주며 설명해주고 자폐아동이 가장 선호하는 장난감을 자유영역 놀이 시간에 수업시간에 활동한 친구들과 함께 하려면 주제의 내용을 반복하여 들려준다.

T: 주제수업을 하고 있는데 자폐아동이 갑자기 뛰는 괴성을 지르고 발을 동동 구르는 행동을 한다(화장실 이용 지도).

6) 상담 사례

Q 상담 사례1 질문

제 아이는 숫자, 영어 알파벳, 엘리베이터에 관심을 많이 보이고 있으며 발화는 몇 단어로 의사소통하는 상황입니다. 00대학병원 의사선생님이 약물복용을 권하셨어요. 제 아이에게 점점 자기 생각이 강해지면서 사춘기가 되면 폭력성으로 나올 수 있고 그 때 가면 엄마아빠도 감당하기 힘들 텐데 지금부터 약을 먹어야 한다. 지금도 늦다고 빨리 약을 먹이라고 했어요.

의사선생님이 제 아들을 본 시간은 10초정도 보고 자폐라는 이유만으로 무조건 약을 먹어야 한다고 하는데 지금은 공격성도 없고 한번씩 감정기복을 보이지만 다른 문제를 보이지 않고 있는데 의사선생님 말씀처럼 꼭 약을 먹여야 할까요?

A 답변

어머님 걱정이 많으시겠어요. 약을 먹여야하는지 먹이지 말아야 하는지 약물의 부작용에 대한 걱정과 함께 혼란스럽고 갈등이 많이 생길 것이라 생각됩니다. 제일 어려운 질문이 약물복용에 대한 질문인 것 같습니다. 의사선생님들 마다 모두 다른 이야기를 하는 경우가 많습니다.

그리고 자폐아동은 같은 아동이 한 명도 없습니다. 증상이 있다고 해서 모든 아이가 약물치료를 시작하는 것이 아닙니다. 아동이 보이는 증상의 빈도와 강도 및 유형을 파악해야 합니다. 아동의 증상으로 인해 기능장애가 있거나 교육을 받는 것이 어려울 때는 약물치료를 권유할 수 있습니다.

⊙ 약물치료 권유기준

아동이 잠도 못자고 밥도 못 먹는 기능의 장애가 있다.

아동이 증상으로 인해 다른 치료 교육을 받는 것이 어려움이 있다.

아동이 두려움이나 불안을 심하게 느껴 주관적으로 불편감을 호소한다.

아동의 목표 증상에 효과적이라고 입증된 약물이 있다.

비약물적인 치료와 교육만으로 효과가 불충분하다.

※ 약물치료 권유기준에 대한 내용을 참고하시고 의사선생님과 면밀하게 상담을 하시기를 바랍니다.

Q 상담 사례2 질문

제 아이는 40개월 여자아이입니다. 자폐성향으로 진단을 받았으며 36개월까지는 보이지 않던 편식 때문에 걱정입니다. 어린이집 선생님으로부터 걱정스러운 연락을 받았습니다. 점심시간에 야채와 나물반찬이 나오면 먹지 않고 입에 물고 삼키려고 하지 않으며 고기만 먹으려고 하고 있습니다.

ASD(자폐스펙트럼장애) 아이들은 편식이 심한 것으로 알고 있는데 지금부터 편식을 한다면 앞으로 성장하면서 힘들어질 것 같아요 어떻게 하면 좋을까요?

A 답변

ASD 연구결과를 보면 ASD 아이들의 편식 때문에 장에 서식하는 세균을 총칭하는 장 세균종이 보통사람과는 다른 것으로 알려져 있습니다. 호주 퀸즐랜드 대한마터 연구소의 제이컵그래든 인지 건강유전학 실장 연구팀이 호주 자폐증 바이오 뱅크의 자료를 분석한 결과 다양하지 않은 식단과 좋지 않은 제한된 식단의 선호를 촉진해 결국은 장 세균총의 다양성이 떨어지고 설사와 비슷한 분변이 잦게 된다는 과학전문지 셀(Cell)에 발표되었습니다.

ASD 아이들은 어릴 때 편식지도를 점진적으로 하는 것이 도움이 될 것 같습니다. 아이들의 성장과정에서 만 2세를 전후하여 음식량이 줄어드는 경우가 있습니다. 부모님들과 선생님들이 조금이라도 더 먹이려고 아이가 좋아하는 것만 먹이게 될 경우 오히려 아이들의 편식이 심해지는 경우가 많습니다.

편식지도에 대한 도움을 드리자면 아이들의 편식지도는 공복시간에 하는 것이 좋습니다. 그리고 아이가 좋아하는 음식을 찾아내어 가장 좋아하는 순위를 정하고 야채, 나물처럼 싫어하는 음식과 함께 아주 조금씩 먹도록 합니다. 예쁜 그릇(아이가 선호하는 만화 캐릭터)에 아이가 좋아하는 음식은 많이 담고 싫어하는 음식은 나물 한 젓가락 정도 소량을 담아 놓고 좋아하는 음식과 함께 싫어하는 음식을 먹을 수 있도록 합니다. 그래도 아이가 거부감을 심하게 나타낸다면 음식을 담은 접시를 옆으로 옮기고 익숙해지도록 하십시오. 그리고 식사를 할 때는 식탁에서만 식사를 합니다. 밥 먹는 것에 집중할 수 있도록 합니다.

제7장

지체장애 및 의사소통장애 상담

1. 지체장애 상담
   1) 지체장애 정의
   2) 지체장애 분류
   3) 지체장애 원인
   4) 지체장애 특성
   5) 교육적 지원
   6) 상담 사례

2. 의사소통장애 상담
   1) 의사소통장애 정의
   2) 의사소통장애 분류
   3) 의사소통장애 원인
   4) 의사소통장애 특성
   5) 교육적 지원
   6) 상담 사례

학습목표

1. 지체장애 정의, 분류, 원인, 그리고 특성에 대하여 알 수 있다.
2. 의사소통장애 정의, 분류, 원인, 그리고 특성에 대하여 알 수 있다.
3. 지체장애 · 의사소통장애아동 교육 지원과 상담에 대하여 알 수 있다.

생각나누기

▣ 지체장애아동을 위한 보조공학기기

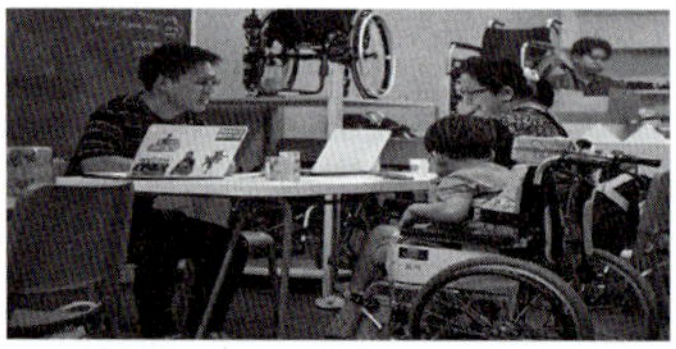

상상인그룹이 장애아동들에게 지원하고 있는 맞춤형 수동 휠체어 및 전동키트 지원 프로젝트가 훈훈한 감동을 주고 있다. 정부 지원 사각지대를 민간이 나서 개척, 전국 6~13세 성장기 몸이 불편한 아이들의 활동성과 사회성 향상을 위해 지원을 아끼지 않고 있다. - 출처: https://www.mk.co.kr/news/ -

▣ 의사소통장애아동을 위한 보조공학기기

엔씨소프트문화재단은 의사소통장애 아동을 위한 프로그램 'My Fist AAC'말하기, 쓰기 등 의사소통에 장애를 지닌 사람들을 지원하는 공익 소프트웨어를 개발, 무료 보급에 나서고 있다.

출처: https://www.gametoc.co.kr.

I 지체장애 상담

대부분의 아동은 기고 달리지만 지체장애 및 건강장애를 지닌 아동들은 걷기, 기기, 달리기 및 구르기 등의 활동에 제한을 받으며, 또래들과는 다른 경험을 하게 된다. 지체장애 및 건강장애를 지닌 아동들은 이처럼 제한된 경험으로 인하여 신체적, 감각적, 정신적 및 사회 · 정서적 발달이 고르지 못한 특성을 보인다.

1) 지체장애 정의

지체장애는 그 종류나 원인 질환 등의 범위가 광범위하고, 장애의 정도나 부위가 다양하여 엄밀하고 정확하게 정의하기란 사실상 매우 어렵다.

우리나라에서는 「장애인 등에 대한 특수교육법」과 「장애인복지법」에서 각각 지체장애에 대해 규정하고 있다. 「장애인복지법」상 지체장애와 관련이 있는 장애영역은 지체장애와 뇌병변장애이다. 지체장애 중 뇌성마비는 유아교육기관 및 특수학교의 학생 중 가장 높은 비율을 차지하고 있다. 뇌성마비는 「장애인 등에 대한 특수교육법」에서 지체장애, 「장애인복지법」에서는 뇌병변장애로 분류하고 있다.

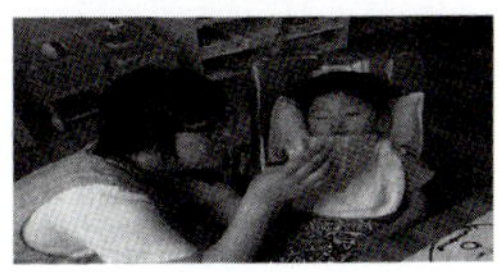

▣ 「장애인 등에 대한 특수교육법」의 정의

지체장애란 '기능 · 형태상 장애를 가지고 있거나 몸통을 지탱하거나 팔다리의 움직임 등에 어려움을 겪는 신체적 조건이나 상태로 인해 교육적 성취에 어려움이 있는 사람'을 말한다.

▣ 「장애인복지법」의 정의

「장애인복지법 시행규칙」(시행 2013.에서 지체장애인으로 신체의 일부를 잃은 사람, 관절장애가 있는 사람, 지체기능장애가 있는 사람, 신체에 변형 등의 장애가 있는 사람으로 규정하고 있다.

지체장애아동의 신체적 특성은 신체발육, 운동기능, 생리조절, 음식물 섭취 등을 살펴보는 것으로서 좀 더 자세히 이해할 수 있다.

신체발육▶ 일반적으로 신장, 체중, 흉위, 두위 등이 기준치에 비해 저조

운동기능▶ 비정상적인 반사와 자세의 문제, 근육 긴장도의 이상 반응

신변자립▶ 신경근육계의 이상으로 생리조절, 음식물 섭취 등 어려움

2) 지체장애 분류

지체장애 분류는 일반적으로 신경성 증후군과 운동기 증후군으로 나눌 수 있다. 〈표 7-1〉은 신경성 증후군의 뇌성마비 유형별 분류에 대한 내용이다.

〈표 7-1〉 뇌성마비 유형별 분류

유형	특 징
경직형 (spastic type)	가장 보편적인 형태(뇌성마비의 50~60%)로 대뇌피질의 손상에서 오며, 근 긴장도가 높아서 잘 움직이기가 어렵고, 움직임이 느리다.
불수의운동형 (athetoid type)	사지가 떨리거나 근 긴장도가 수시로 변함으로 인해 의도한 행동 이외에 과도한 흔들림이 많이 나타난다. 이러한 불필요한 흔들림은 의도적인 움직임을 시도할 때 많이 나타나서 기능적 동작을 방해한다.
강직형 (rigid type)	근육의 신축성 상실로 운동저항이 강하게 나타나며 언어나 동작이 둔하며 성장도 좋지 않고 지능도 일반적으로 낮아 사회생활 적응이 곤란하다.
진전형 (termor type)	대개 뇌막형과 같은 출생 후의 질환에 의해 생기며, 사지가 쉬고 있을 때에도 계속적으로 흔들린다. 대소변을 가리지 못하거나 말더듬이 심하든가 하는 소아적인 증상을 나타낸다.
운동실조형 (ataxic type)	소뇌의 손상에 기인하며, 몸의 균형을 잡지 못하고 방향과 균형감각이 마비되어 보행에 어려움이 있다. 눈과 손발의 협응동작도 좋지 않다.
혼합형 (mixed type)	뇌성마비의 여러 유형이 함께 나타난다.

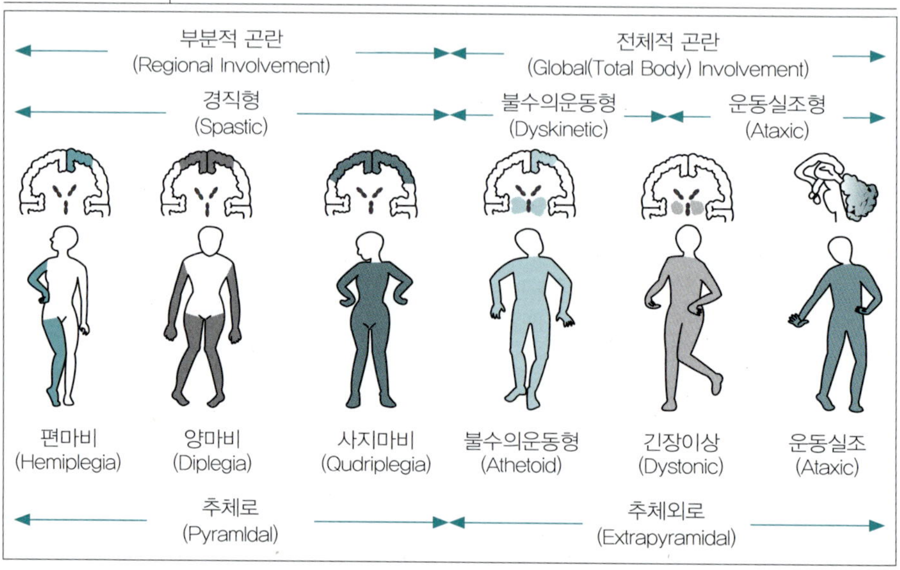

[그림 7-1] 뇌성마비의 여러 유형별 뇌손상 범위

출처: Batshaw, M. L. (1997). Children with disabilities(4th ed). Baltimore : Brookes.

3) 지체장애 원인

〈표 7-2〉 지체장애의 출생 전 · 후 원인

시기별	요인	주요 원인과 증상
출생 전	유전적 요인	• 가족성 불수의운동증 • 가족성 진전증 • 가족성 역성대마비 • 가계성 경직형 사지마비
	임신 중 요인	• 모체의 자궁 내 감염, 태아의 톡소프라스마증 • 모체의 풍진, 기타 감염, 모체 빈혈, 저혈압, 태아의 무산소증, 일산화탄소 중독, 태아의 뇌출혈, 모체 중독증, 대사장애, X선 조사, 모체의 영양실조, 임신 3개월 이내의 출혈 • RH 혈액형 불일치 등
출생 시	무산소증	• 기계적 호흡기 폐쇄, 난산으로 목 조임, 폐 확장 부전, 마약중독, 전치태반 박리, 모체의 산소 결핍, 모체의 저혈압, 골반 이상 분만, 머리 배출 지연, 약물중독 등
	외상 및 출혈	• 부적절한 겸자 사용, 뇌의 후굴, 지연 분만에 따른 제왕절개, 태아의 위치 부전 등
	소인성	• 미열, 핵황달, 태아의 출혈성 질환 등
출생 후	뇌 손상	• 뇌경막하혈종, 두개골절, 뇌의 타박상, 좌상, 외상, 뇌막염, 뇌염, 중독증(비소, SM, 콜탈), 뇌혈관 사고, 무산소증, 경기, 뇌의 발육 결함 등

출처: 김영욱 외(2009).

4) 지체장애 특성

(1) 인지 · 학업적 특성

지체장애는 범주가 극히 다양하기 때문에 지체장애의 인지능력 및 학업성취 능력을 한마디로 설명하기는 매우 어렵다. 지체장애의 대표적인 장애인 뇌성마비의 경우 운동장애를 비롯하여 지적장애, 시각장애, 청각장애, 정서장애, 간질 등 많은 수반 장애를 가지고 있을 경우에 인지발달과 학업성취에 문제를 보일 수 있다. 일반적으로 신경계통의 장애가 있는 경우에 인지 및 지각 능력에도 결함을 초래할 수 있으므로 학업성취 면이 문제, 즉 취학 전 영 · 유아기 학습의 준비성에서 문제를 보일 수 있다.

- ▶ 다양한 인지능력의 차이로 매우 다양한 개인적 발달 특성을 가진다.
- ▶ 중복장애로 인한 정보를 수용, 처리하는 능력이 부족하다.
- ▶ 수술, 치료 입원에 인한 학습결손과 학력이 저하된다.
- ▶ 신경계통의 장애로 지능 및 지각의 결함으로 인하여 학업 성취가 어렵다.

(2) 사회 · 정서적 특성

지체장애아동은 자신의 신체적인 장애에서 오는 열등감 및 부모의 과잉보호나 주위의 태도 등으로 인해 심리적으로 위축되며, 의존적인 성격을 가지게 된다. 이처럼 지체장애아동의 태도 형성에 관계되는 요인으로는 부모의 과잉보호, 주위의 태도, 경험부족, 장애 자체에 대한 본인의 수용 태도 등을 들 수 있다.

- ▶ 수반장애와 부모의 부적절한 양육태도나 조기교육의 불충분 결과에 의한 사회성에서의 미숙함이 보이기도 한다.
- ▶ 학습된 무기력과 부정적인 자아개념을 가진다.
- ▶ 신체적 활동에서 또래와는 다른 우울, 공격, 위축된 모습을 보인다.
- ▶ 뇌기능 부전에 의한 침착성 결여, 주의력 결여, 과잉행동, 전도성, 고집성 등의 문제를 보인다.

(3) 음성(말) 산출 특성

뇌성마비아동은 중추신경계의 기질적인 뇌 손상으로 인하여 음성언어인 말 산출을 위한 호흡-발성-공명-조음 및 운율체계 등이 과정에 영향을 받게 된다. 모든 뇌성마비아동이 말 산출에 어려움을 가지지는 않지만 대부분 말하는 것이 느리고, 운율이 불규칙적이며, 말이 매우 불명확하다(권순우 외, 2020).

- ▶ 호흡에 많은 어려움을 보이고 이로 인해 말에 영향을 받게 된다.
- ▶ 말 산출을 위한 발성 시 부적절한 호흡의 비정상적인 근긴장으로 성대 근육의 과긴장이나 부적한 성대의 내 · 외전 패턴으로 어려움을 나타낸다.
- ▶ 공명의 이상은 연구개와 인두의 구조 및 기능이상으로 인해 연인두폐쇄가 부적절하여 과대비성을 산출한다.
- ▶ 조음기관의 구조 및 기능이상에 의하여 하악, 입술, 혀, 구개의 구조 및 기능의 문제로 인해 부정확한 자음과 모음의 왜곡을 나타낸다.

5) 교육적 지원

조기치료와 교육환경은 정형외과적 및 신경학적 손상을 지닌 아동에게 폭넓은 경험을 제공할 수 있다. 아동은 직접 경험을 하고 다양한 자료와 장비를 지원받아야 한다.

- 아동이 성취할 수 있는 과제를 부여한다.
- 일상적으로 보조공학을 사용한다.
- 아동이 물건을 눈으로 보는 것뿐만 아니라 직접 만질 수 있도록 한다.
- 물건들이 어떻게 사용되는지 보여준다.
- 이동 장치를 사용하여 개인의 그림을 벽에 붙인다.
- 언어기술을 발달시키도록 한다.
- 아동이 성적 정체성을 확립하도록 돕는다.
- 높이와 각도를 조절할 수 있는 탁자를 사용한다. 여러 형태의 의자를 제공한다.
- 테이블을 벽에서 멀리 떼어 놓고 사방에서 근접할 수 있도록 한다.
- 미끄럼 방지용 마루 깔개를 사용한다.
- 화장실 규모를 평가한다.
- 손잡이를 줄이거나 두 개인 머그컵을 사용한다.
- 속이 깊은 그릇과 손잡이가 두 개인 머그컵을 사용한다.
- 아동이 물건을 옮길 수 있도록 지원한다. 워커에 바구니를 만들 수 있고, 쉽게 뒤집히는 장비는 사용하지 않는다.
- 쿠션이 있는 탁자 대용 판자를 무릎받침대로 사용한다.
- 페이지 홀더가 있는 책 스탠드를 사용한다.

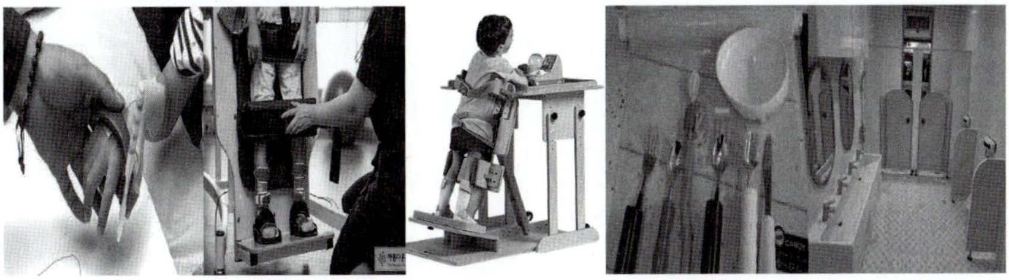

[그림 7-2] 지체장애아동을 위한 보조공학기기

(1) 교육과정 적합화

교사는 아동이 변화하고 성장한다는 것을 잊어서는 안 된다. 학기 초에 필요했던 수정과 조정이 학기 중이나 학기 말이 되면 더 이상 적절하지 않을 수 있다. 교사는 장비나 프로그램을 적용할 때 발달적 및 사회적 요구를 고려하여 수정과 조정을 해야 한다.

① 사회관계 영역 : 자존감, 통합 및 사회성 발달

아동은 더 넓은 세상과 그 세계의 일부에 관하여 배울 필요가 있고, 또한 정보와 기술이 모두 필요하다. 정형외과적 손상을 지닌 아동들은 다른 사람만큼 빨리 혹은 동일한 수준으로 이동하지 못할 수 있고 속도, 거리, 자신의 안전을 위한 협응과 관련된 기능을 개선할 필요가 있다.

❶ 자존감

아동은 현재 자신의 모습에 대하여 받아들여야 한다. 다른 사람과의 차이점뿐만 아니라 유사점도 받아들여야 하고, 긍정적인 자존감도 형성해야 한다. 아동이 긍정적인 방향에서 자신의 능력과 장애를 자존감으로 통합시킬 수 있도록 하는 것이 중요하다.

❷ 통합

모든 아동은 자신이 집단의 일부라고 생각할 필요가 있다. 아동이 보조장비를 착용함으로써 아동이 독자적으로 할 수 없는 활동이라도 배제시키지 말고 보조원을 배치하여 지원함으로써 아동이 활동에 참여하고 소속감을 느끼게 한다.

❸ 사회성 발달

정형외과적 및 신경학적 손상을 지닌 아동에게 있어서 지역사회에 대한 인식은 중요하다. 아동이 현재의 환경에 익숙해지도록 하는 것부터 시작하도록 한다.

② 의사소통 영역 : 말하기, 듣기, 읽기, 쓰기

직접 경험이 제한된 아동은 여러 가지 다른 경험을 갖도록 하여 언어 발달을 촉진할 필요가 있다. 현장학습을 한 후 경험한 이야기를 쓰게 하고 다른 사람들이 쓴 이야기를 통해 간접 경험의 기회를 갖도록 한다.

❶ 말하기

아동은 신체적 제약이 있기 때문에 자신이 필요한 것을 얻고 다른 사람에게 정보를 전달하기 위해 말하기가 더욱 필요하다. 자신을 표현하여 운동기능의 결함을 보완하도록 한다(예, 아동이 말을 할 수 없다면 의사소통판을 이용하여 도울 수 있다.).

❷ 듣기

책에 쉽게 접근할 수 있도록 하고, 다양한 인물이 등장하는 이야기를 선택한다. 그중 일부는 장애를 가진 등장인물도 포함될 수 있다. 정형외과적 손상을 지닌 아동의 그림을 보여준다. 이야기를 읽으면서 아동에게 어려운 단어가 없는지 확인한다.

❸ 읽기

듣기와 시각적 활동을 포함하는 읽기기술은 지체장애아동에게 쉽게 적용될 수 있다. 현장 언어경험을 한 후 현장학습을 하면 초기 읽기 경험에 도움이 된다.

❹ 쓰기

쓰기는 협응문제를 가진 아동에게 어려운 도전이 될 수 있다. 모든 아동은 쓰기에 필요한 손가락 및 손의 소근육을 협응시킬 수 있기 전에 몸의 통제력을 발달시켜야 한다(예, 찰흙이나 반죽을 만지면서 근육을 풀고, 쓰기 선수기능 위한 손가락과 조작 등).

③ 자연탐구 영역 : 수학, 과학 및 보조공학

지체장애 아동에게 다양한 접근법을 통하여 문제해결 기능의 발달을 지원하고 촉진하여 탐구능력을 발달시킬 수 있다. 특히, 크기, 거리, 속도와 관련된 개념들은 지체장애를 지닌 아동에게 중요한 것들이다.

❶ 수학

지체장애 아동들은 수학의 여러 가지 분류 개념을 접하게 된다. 아동들은 거리에 관한 중요성을 알 수 있고, 얼마나 멀리 가면 피곤해지게 되는지를 알아야 한다. 수학은 이러한 경험들을 수량화하도록 도와줄 수 있다.

❷ 과학

과학은 안전에 필요한 인과관계를 추론을 지도한다. 휠체어의 바퀴에 손을 빨리 움직일수록, 휠체어는 더 빨라진다는 것이나 오른쪽 바퀴만 돌리면 왼쪽으로 회전한다는 등의 인과관계와 관련지어 활동을 이해하게 한다. 바퀴나 도르래와 같은 단순한 기계를 사용하여 사물을 옮기는 방법을 지도한다.

❸ 보조공학

아동은 보조공학을 일찍 경험하여 자신의 삶의 일부로 생각할 필요가 있다. 아동이 손, 엄지 발가락, 혹은 혀 등 신체의 어느 부위라도 사용할 수 있는 운동능력이 있다면 컴퓨터를 사용할 수 있다. 컴퓨터는 근육, 운동, 움직임에 장애를 가진 아동을 포함하여 모든 아동이 사용할 수 있어야 한다.

④ 신체운동 및 기본생활 영역 : 대 · 소근육운동, 감각통합운동 및 기본생활

아동은 건강한 자아개념 형성을 위해 신체를 지각해야 하며, 개인의 건강과 안전을 유지할 수 있어야 한다. 몸의 일부에 감각이 없는 아동은 자신이 느낄 수 없는 상태를 시각적으로 인식할 수 있는 방법을 배워야 한다.

❶ 대근육운동

아동은 강도와 지구력을 위해 자신의 대근육을 사용하고 발달시켜야 한다. 근육 조절력이 열등한 아동은 추락할 위험이 있으므로 세밀하게 관찰하도록 한다. 누군가가 손으로 잡아주어야 할 수 있으며, 아동은 안전하게 넘어지는 법을 배울 필요가 있다.

❷ 소근육운동

아동은 소 · 대근육운동의 균형을 갖추어야 한다. 물건을 쥐고 다루는 능력은 학급에서 자료의 사용, 생활의 독립성을 위해 기본이 되는 기능이다. 대부분의 적응기술뿐만 아니라 문해 이전 기술은 소근육 협응을 필요로 한다(예, 구슬꿰기, 빨래집게 등).

❸ 감각통합운동

감각에서 오는 정보 통합은 중요하다. 감각에 주목하도록 아동에게 색다른 자극을 준다. 다른 구성 물질, 질감, 냄새를 가진 점토를 여러 가지 방법으로 활용한다. 점토를 찌르고, 뜯고, 붙이는 등 여러 가지 활동을 하고 나아가 밀방망이나 다른 도구를 사용하여 반죽을 다양한 방식으로 가지고 놀게 한다(양손 협응 사용, 양다리 교대 움직임).

❹ 건강과 안전

건강과 안전은 지체장애를 지닌 아동에게 특히 중요하며, 이러한 아동뿐만 아니라 다른 아동들에게도 영향을 줄 수 있다.

⑤ 예술경험 영역: 미술, 음악, 창작활동 및 역할놀이

창의적인 예술을 통하여 아동은 예술을 통해 감정을 표현하고, 신체지각을 향상시키며, 기본적인 운동기술을 훈련할 수 있다. 음악을 듣고 율동을 할 때는 모든 아동이 포함되어야 한다.

❶ 미술

지체장애를 지닌 아동의 경우 반죽놀이, 손가락그림과 같이 두 손의 사용을 요구하는 활동을 선택한다. 아동이 힘을 기를 수 있는 방법으로 두 손을 사용하도록 권장한다(예, 양손 활용할 수 있는 활동: 찰흙, 뚜껑 열기, 가위로 종이 자르기 등).

❷ 음악

몸 인식능력을 향상시키고 움직임을 촉진시키기 위하여 음악을 이용할 수 있다.

음악은 또한 개념을 가르치기 위하여 이용할 수도 있다.(예, "머리 어깨 무릎 발 무릎발", "엉금엉금 기어서 가자 ~ 악어 떼가 나온다! 악어 떼!")

❸ 창작활동

창의적인 움직임은 말 그대로 창의적인 것이다. 아동이 창의적이고 질적인 움직임을 볼 수 있도록 돕는다. 아동의 능력에 맞게 창의적으로 해석하는 개인의 권리를 받아들이는 것이다(예, 동작교육에서 신체표현 활동: 나뭇잎이 되어보자.).

❹ 역할놀이

역할놀이를 해 봄으로써 휠체어나 목발을 사용하는 사람의 어려움을 인식하도록 도와준다. 병원놀이를 해본다. 전신거울을 사용하여 자신의 모습을 탐구할 수 있도록 격려한다. 교사의 역할은 코치를 하는 것이다.

⑥ 지체장애아동 언어지도 – 사례

주 제: 여러 가지 탈것

활 동 명: 땅과 바다, 하늘로 다니는 여러 가지 탈것에 대해 알아본다.

활동자료: 교통수단 탈 것 입체 이야기 자료, 장난감 실물자료, 이동수단 영상자료

T: 오늘의 주제는 우리가 이동할 때 이용하는 탈 것에 대하여 알아보고 이야기 보아요. 우리 00반 친구들은 어린이집 올 때 무엇을 타고 왔나요?

C: 어린이집 차요!, 아빠 차요!, 엄마 차요! 등... 엄마랑 손잡고 걸어서 왔어요!

T: 예! 맞아요. 우리가 멀리 이동하기 위해 갈 때는 차를 타고 가요. 바퀴가 두 개이고, 엄마나 아저씨들이 타고 다는 것이 무엇일까요?

C: 자전거 타고 가요!. 오토바이 타고 가요!

T: 예! 맞아요. 멀리 가지 않고 가까운 공원이나 시장 갈 때 자전거를 타기도 해요. 피자집, 중국음식점, 택배 또는 우편배달부 아저씨들은 오토바이를 타고 물건을 배달하기도 해요.

T: 자! 지금부터 탈 것에 대한 입체이야기자료를 보여 줄 테니 잘 듣고, 잘 보세요! (교사는 땅으로 다니는 것, 바다로 다니는 것, 하늘로 다니는 것의 자료 설명을 충분히 설명하여 주고, 교통수단에 대한 소리도 함께 제시하여 준다. 영상자료 이용, 음성 시연)

T: 여기에 장난감 경찰차, 119구급차, 버스, 자동차, 비행기, 배가 있어요. 도로 위로 다니거나 골목길으로 다니는 탈것에 대하여 가져와서 이름과 어떠한 경우에 타는지 이야기 해주세요!

C: 경찰차, 119구급차, 버스, 자동차입니다. 땅으로 다녀요.

(아동이 탈것의 기능에 대하여 이야기를 해주고 부족한 부분은 보충 설명을 교사가 함)

T: 이번에는 00이가(지체장애) 나와서 먼저 발표한 친구와 같이 찾아주고 이야기 해주세요. (아동이 나오면 교사는 아동의 이동권을 보장해주기 위해 신체적 도움을 주고, 의사표현을 말로 할 수 있으면 최대한 발화 하도록 유도. 그리고 아동의 발화를 짐작하여 또래 반 아동들에게 아동이 발화한 내용을 반복하여 주고 칭찬과 격려를 해준다.

중증의 아동인 경우 아동의 눈높이에 자료들이 보일 수 있도록 하고 지적하기 또는 눈 응시로 아동이 구어로 발화하기 힘든 경우 최대한 참여 할 수 있는 기회를 주고 성취감도 가질 수 있도록 하여 준다. 아동이 말을 할 때 꼭 ! 자세 교정 및 도움을 주고 발화)

C: 으~ 다둥따(자동차), 겅!~깔따(경찰차), 이이구 구우~(119구급차) 땅~ (폭발적 발화)

T: 예 00이가 친구들에게 너무 이야기를 잘해 주었어요! 친구들 박수 한번 쳐 주세요!

T: 다음은 바다로 다닐 때 타고 가는 것인데 무엇일까요? 이번에는 00이가(지체 장애) 먼저 친구들에게 이야기 해 주세요. 친구들이 궁금해 하니까.

C: 으~배! (여객선 배를 가리키며) 무(물)에서 타요! 바다요 [교사가 다시 정조음 발화 반복]

T: 예 00이가 너무 잘 이야기해 주었네요. 맞아요 배는 바다나 강물위에서 타고 다니는 것입니다. 친구들 배 타본 사람 손 들어 보세요!. 예 우리00반 친구들은 모두들 타보았네요 혹시 못 타본 친구는 여행 갈 때 아빠랑 엄마에게 타보자고 해 보세요.

T: 그런데 00(지체장애)이가 어린이집에서 다리가 불편해서 타고 다니는 것 있지요? 이것을 휠체어라고 해요. 00(지체장애)아 다른 사람들은 멀리 갈 때 다리가 아파서 자동차를 타고 가는 것처럼 우리반 친구00(지체장애)이가 다리가 불편해서 어린이집 교실을 다닐 때 휠체어를 타고 다니는 거예요! 알겠지요 친구들? 지난번 음율 활동 시간에 배운 교통수단 노래를 한번 불러볼까요?

C: 아픈 사람 탔으니까 내가 먼저 가야해요! 삐-뽀, 삐-뽀, 불 났으니 내가 먼저 가야해요! 애-앵, 애-앵

[지체장애아동 노래를 통한 조음 향상과 함께 하는 사회성 증진]

T: 이번에는 구름 속으로 하늘로 날아다니며 먼 이웃나라 일본이나 미국 프랑스까지 많은 사람들을 태우고 데려다 주는 교통수단 탈 것은 무엇인가요?

C: 비행기요! 비행기!

T: 예 맞아요! 누가 비행기 소리 내어 보세요

C: 슈-우-웅(A), 슝-(B)00, 퓨! -우-우(지체장애)

T: 예 모두들 비행기 소리를 잘 표현해주었어요! 다시 한번 소리를 내어 보아요.

6) 상담 사례

Q 상담 사례1 질문

지금 현재 뇌 병변 장애로 4세 남아입니다. 현재는 뇌전증약을 복용하고 있으며 약 복용으로 발작 증세는 없고 구강반사와 연하곤란으로 묽은 이유식으로 섭취하고 있습니다. 현재 뇌손상으로 스스로 가능한 동작이나 움직임이 없는 것으로 현재 섭식의 기능이 없고 침을 지속적으로 흘리고 있으며 목가누기조차 불가능하며 신체 전반적으로 왼쪽의 기능이 약간 더 우세한 상태입니다. 가정에서 해줄 수 있는 방법은 없을까요?

A 답변

보호자는 끊임없는 언어 자극을 주면 좋을 것입니다. 그리고 다양한 환경음(노래소리, 엄마가 노래 불러주는 소리) 아이가 관심을 보이지 않아도 자극을 중지하지 말고 꾸준하게 자극하다 보면 자연스레 관심을 가지고 즐기게 될 것입니다.

감각기능을 자극시켜 최대한 정상발달 움직임을 유도하는 것이 도움이 될 것입니다. 관절압박이나 마사지를 통해 촉각 기능을 활성화시키는 것이 좋을 것입니다.

외부로부터 들어오는 감각자극을 조직화해서 효율적으로 반응하는 능력을 향상하는 치료활동과 다양한 오감각을 활용한 교육적인 자극이 필요합니다.

Q 상담 사례2 질문

저희 아이는 지금 3세 2개월입니다. 아이가 겁이 많고 적응하는 시간이 오래 걸리며 아이들과 상호작용에 문제가 있어 보인다는 어린이집 선생님의 권유로 검사의뢰를 하게 되었습니다. 잠잘 때 악몽을 꾸어 놀라는 경우가 자주 있으며 잠자면서 편안해하지 않고 불안해합니다. 잠에 들려면 매번 재워주어야 합니다.

주변 사람들이 저희 부부에게 아이가 상처받을까 과보호하고 예민하게 받아들이고 있는 부모양육형태의 문제가 아이에게 부정적으로 영향을 미친다고 이야기하고 있습니다. 저희 아이의 기질에 맞게 키우고 싶습니다.

A 답변

아동의 K-TABS 검사결과 조절행동에 잠재적 위험이 있으며 수면, 울기, 감각적 자극 조절에 어려움이 있을 것으로 사료됩니다. 아이에게 충분한 경험과 탐색을 할 수 있는 기회와 보고, 듣고 만지는 활동을 통해 탐험을 할 수 있는 기회를 제공해야 합니다. 아이가 촉각이 예민한 경우 안정감을 느끼는 재료부터 점진적으로 노출을 시켜야 합니다.

잠을 잘 못 자는 아이는 예민하게 느껴지는 각성주준을 둔하게 느끼게 해주고 다양한 감각 간에 균형을 맞춰주도록 합니다. 24개월 전 아이의 예민한 기질은 부모가 맞춰주지만 24개월 이후에는 감각의 역치를 조절해야 합니다. 감각은 정도의 문제입니다. 부모님이 아이를 안아줄 때 부모님은 살짝 압박을 하면서 안아 주어야 합니다. 감각통합놀이를 추천합니다 (놀이터, 등산, 담요를 이용한 김밥말이, 안전 그네, 해먹, 볼스위터, 짐닉볼 등).

2 의사소통장애 상담

의사소통은 두 사람 이상의 사이에서 자신의 느낌이나 생각 그리고 정보를 주고받는 과정이며, 정보를 부호화하는 전달자와 정보를 해독하는 수신자가 포함된다. 이때 정보는 언어적이거나 비언어적일 수 있고, 상징이거나 비상징적일 수도 있다. 이러한 의사소통의 기능은 의사소통의 즐거움 인식, 말 주고받기, 공동관심 형성, 의사소통 상대와의 상호작용 같은 의사소통의 본질은 사회적 맥락에서 형성되어지는 것이며, 실제적인 의사소통 능력을 개발하기 위한 기초가 된다(Wetherby & Prizant, 1989).

의사소통은 매우 복잡한 과정으로 의사소통의 메시지를 조절, 통합 및 형성하는 대뇌의 신경생리학적 여러 부위들이 관여하게 된다. 의사소통은 호흡-발성-공명-조음 등의 음성산출 메커니즘을 통하여 청각경로의 이해를 토대로 성대 발성기관의 기전 결과를 거쳐 소위 '말(Speech)'을 통하여 타인에게 표현된다.

의사소통장애란 타인과의 관계 속에서 다양한 정보를 주고받는 전달 수단으로 사용되어지는 의사소통 · 언어 · 말에 어려움을 가지는 것을 말한다.

> 의사소통(communication): 사람 간에 생각이나 감정 등을 교환하는 총제적인 행위이다. 의사소통은 구어(oral language)나 문어(written language)를 통한 언어적 요소는 물론 제스처나 자세, 얼굴표정, 눈 맞춤, 목소리, 억양 등과 같은 비언어적 요소를 통해서도 이루어질 수 있다(국립특수교육원, 2009).

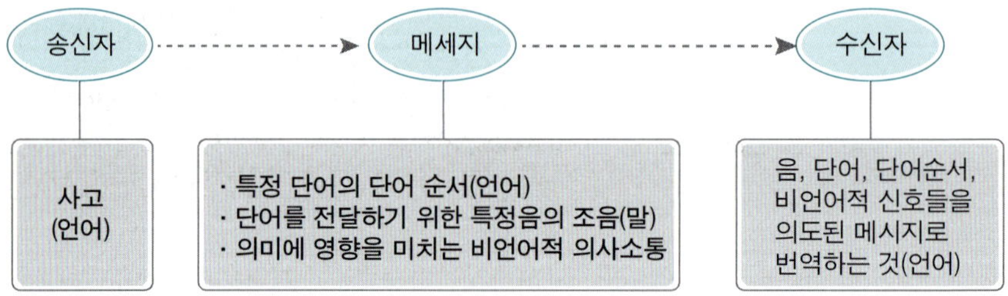

출처: 권순우 외(2020).

> 언어(language): 개인 간의 상호 의사소통을 위해 고안된 구조이며 상징적인 체계를 말한다. 생각과 느낌, 경험을 표현하기 위해 어떤 음을 규칙적으로 배열하는 것이며, 음운적 · 형태적 · 구문적 · 의미적 · 화용적 요소로 구성된다(권도하 외, 2014).

말, 구어(Speech): 구어 산출에 의한 언어의 생성이다. 언어를 표현하는 유일한 수단이 구어는 아니지만(예, 몸짓, 손짓, 사인, 그림, 그리고 문어적 상징 등이 사용될 수 있음), 구어는 가장 신속하면서도 효율적인 의사소통 방식이다. 말소리(speech sound)분리된 일련의 네 가지 과정 호흡–발성–공명–조음으로 이루어진다(국립특수교육원, 2009).

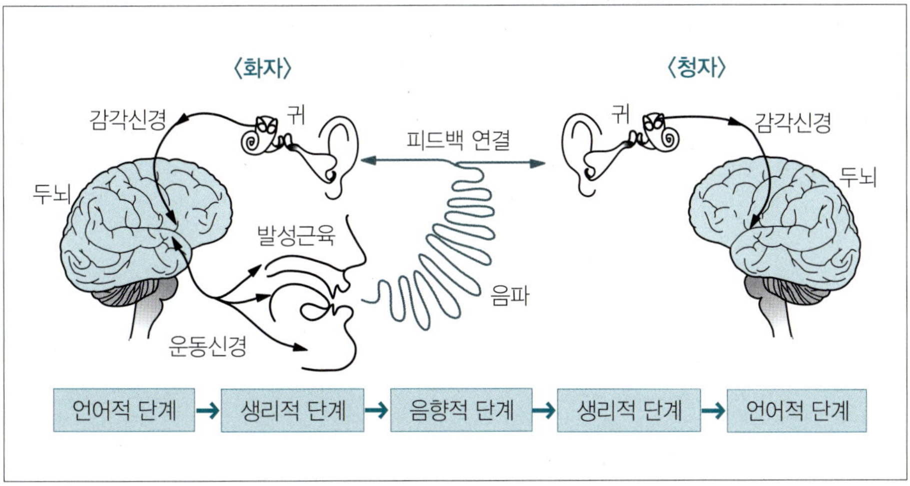

[그림 7–3] 말의 연쇄 과정

출처: 심현섭 외(2017).

1) 의사소통장애 정의

▣ 「장애인 등에 대한 특수교육법」 정의

다음의 각 항목의 어느 하나에 해당하여 특별한 교육적 조치가 필요한 사람

가. 언어의 수용 및 표현 능력이 인지능력에 비하여 현저하게 부족한 사람

나. 조음능력이 현저히 부족하여 의사소통이 어려운 사람

다. 말 유창성이 현저히 부족하여 의사소통이 어려운 사람

라. 기능적 음성장애가 있어 의사소통이 어려운 사람

2) 의사소통장애 분류

의사소통장애의 분류체계에 대하여 「장애인등에 대한 특수교육법」에서 정의한 내용을 중심으로 좀 더 살펴보면 다음의 [그림 7-4]와 같다.

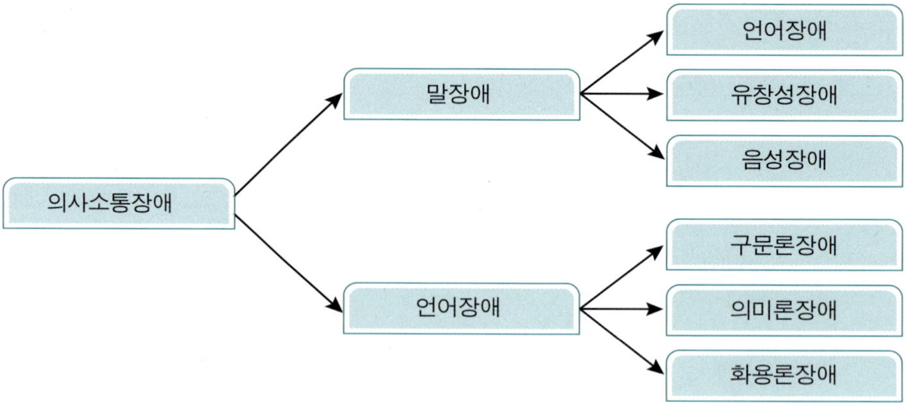

[그림 7-4] 의사소통장애의 분류

(1) 조음 · 음운장애

조음장애는 다른 사람과의 의사소통 상황에서 성대의 증폭된 음성을 통한 말소리의 산출과정 중에 어떠한 다양한 원인으로 인하여 정상적인 말소리가 만들어지는 데 장애가 발생하는 것을 말한다. 최근의 학문적 흐름에 조음장애에 음운장애의 개념을 포함하여 조음 · 음운장애라는 용어로도 많이 사용되어지고 있다(고은 외, 2015).

조음장애(articulation disorder)는 유아기 및 학령기아동이 약 10%로 가장 보편적인 유형의 말장애로서 입술이나 혀, 치아, 입천장 등과 같은 조음기관의 구조적 및 기능적 문제로 인하여 말소리를 정확하게 조음하지 못하는 것이다(국립특수교육원, 2009). 조음장애란 말을 산출하는 조음기관의 결함으로 특정 음에서 오류를 보이는 것을 말하며, 음운장애는 말소리의 규칙을 습득하고 사용하는 음운인식의 어려움으로 인하여 조음이 되지 않는 경우를 말한다.

(2) 유창성(말더듬)장애

유창성장애(flunecy disorder)는 말의 흐름(리듬, 강약, 속도)이 방해를 받아 유창하지 못한 것을 일컫는다.

⦿ 말더듬: 말을 시작할 때 단어의 첫 글자나 어두음 또는 단어전체를 반복하며, 음의 연장, 막힘 얼굴 찡그림, 쉼 등의 형태로 나타나는 것이다.

⦿ 속 화: 말의 속도가 지나치게 빨라서 음을 빠뜨리거나 발음이 잘못되는 것을 말 한다. 속화(말 빠름증)는 말더듬에 비해 실제 학교 현장에서는 만나는 일은 거의 없다.

(3) 음성장애

음성장애(voice disorder)는 음성이 화자의 성별, 나이, 체격에 비해 적절하지 못하며, 성대의 병리학적 이상, 또는 호흡기관 및 말소리의 구조적 · 기능적 이상으로 인해 음도, 강도, 음질, 유동성, 공명, 지속시간이 비정상적인 산출의 경우를 말한다.

▣ 음성장애는 일반적으로 발성장애와 공명장애로 나누어 구분한다.

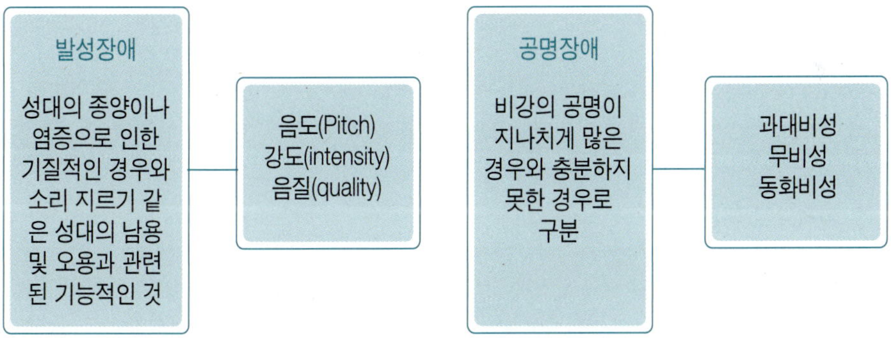

[그림 7-5] 발성장애와 공명장애 분류

(4) 언어장애

언어장애는 구어를 산출하는 대뇌생리 과정의 결함으로 인해 언어의 의미를 이해하거나 해석하는데 어려움을 지니는 것으로 언어발달장애와 실어증 등이 있다. 국립특수교육원(2009)에서는 다음과 같이 정의하였다.

> 대뇌 생리과정의 결함으로 인하여 언어발달의 이상이나 지체를 의미하는 의사소통장애의 한 유형이다.

언어장애의 분류는 학자들마다 다양한데 여기에는 구어의 결여, 지연된 언어발달, 질적으로 다른 언어, 중단된 언어발달 유형으로 살펴보고자 한다.

① 구어의 결여

> 언어발달의 결정적 시기인 3세 이후에도 자발적인 발화가 없는 경우로, 자발적으로 언어를 사용하지 않는 것이다(구문론, 의미론, 화용론 상호 연관성 문제를 보임).

② 지연된 언어발달

> 구문론과 의미론의 문제를 동반하는 것으로, 전형적인 언어발달단계를 거치지만, 또래에 비해 언어발달속도로 느린 경우로 언어발달지체로 볼 수 있다.

③ 질적으로 다른 언어

> 화용론의 문제를 동반하는 것으로, 말소리의 산출이나 어휘 발성에 문제가 없음에도 불구하고, 일반적인 말을 사용하는 방법과 다른 경우다(예, 자폐성장애아동 반향어, 사회적 상황에 맞지 않는 무의미한 말과 단어사용으로 상대방과 의사소통 안 됨).

3) 의사소통장애 원인

의사소통장애는 다양한 원인을 발생할 수 있으나, 기질적인 원인과 기능적인 원인으로 대부분 나누고 있다. 말장애의 원인과 언어장애의 원인에 대한 하위 유형으로 나누어 살펴보고자 한다.

(1) 말(speech)장애의 원인

▣ 조음장애 원인

▶ 기질적 원인: 조음기관의 선천적(구개파열이나, 신경학적 원인) 혹은 후천적인 요인(생후 뇌손상, 외상에 의한 구강구조의 손상)으로 인하여 말을 산출하는 과정에 관여하는 모든 입술, 혀, 치아, 입천장 등의 구강구조에 이상이 있는 경우이다.

[예, 혀→설소대 단축증, 너무 큰 혀 또는 작은 혀, 하악돌출, 상악돌출, 부정교합 등]

▶ 기능적 원인: 말을 산출하는 구강구조의 해부학적인 요소에는 이상이 없으나, 환경적인 요인으로 인하여 풍부한 언어자극 경험의 결핍, 또는 아동의 언어발달에 부정적인 영향을 미치는 다양한 개인적 특성에 따른 요인으로 인한 인지발달과 음운지식 능력의 부족으로 발생하는 경우이다[그림 7-6].

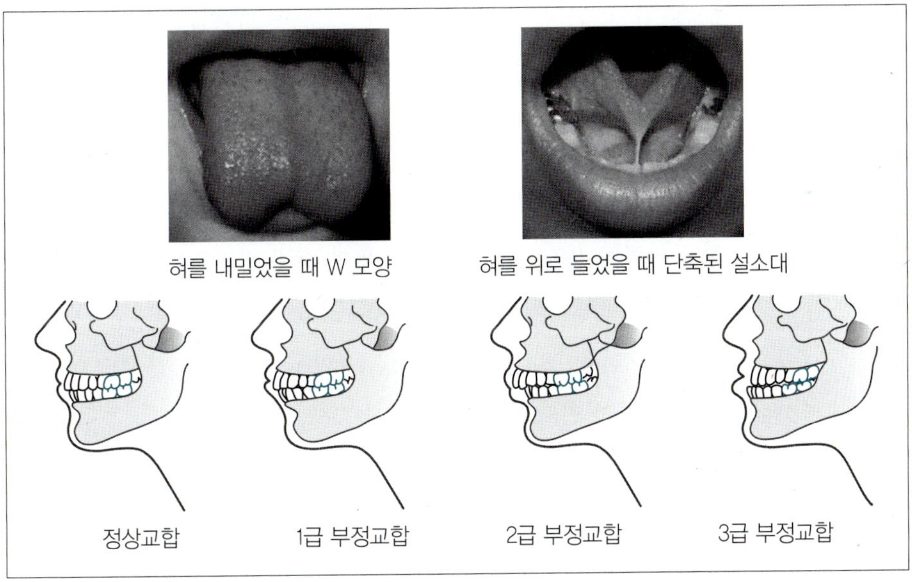

[그림 7-6] 기질적: 설소대 단축증 및 턱의 교합 상태

출처: 국가건강정보포털.

▣ 유창성 원인

말더듬의 발생원인은 명확하게 알려진 바가 없다. 일부에서는 여러 가지 요인들이 복합적으로 작용한다고 주장하기도 하는데, 대표적으로 [그림 7-7]과 같은 요인들을 들 수 있다(권순우 외, 2020).

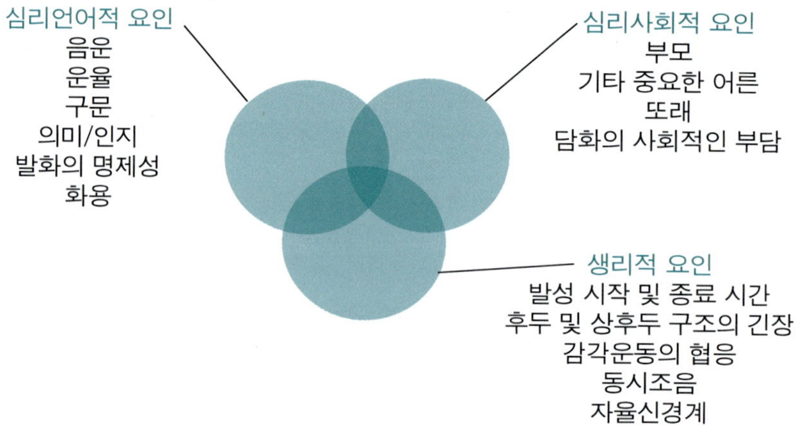

[그림 7-7] 말더듬 원인

▣ 음성장애 원인

음성장애는 말소리 근원인 음성이 산출되는 음원의 성대 병변으로 인하여 문제가 발생했을 때 나타나는 성대폴립, 성대낭종, 성대비대증 등의 다양한 성대질환과 감기로 인한 후두염, 성대의 오남용으로 인한 성대결절(유아, 가수, 교사, 종교인 등 말을 많이 하는 사람들이 많음)이 원인으로 발생된다[그림 7-8].

- ▶ 기질적 원인: 성대의 무게, 크기, 모양의 변화: 성대 결절, 성대 폴립, 성대 낭종, 유두종 등
  성대 운동에서의 문제: 성대 마비, 경련성 부전 실성증, 성대 구증
- ▶ 기능적 원인: 정서적, 정신 신경적 문제, 후두의 음성산출 메커니즘의 문제
  (성대의 지나친 긴장), 음성의 남용과 오용

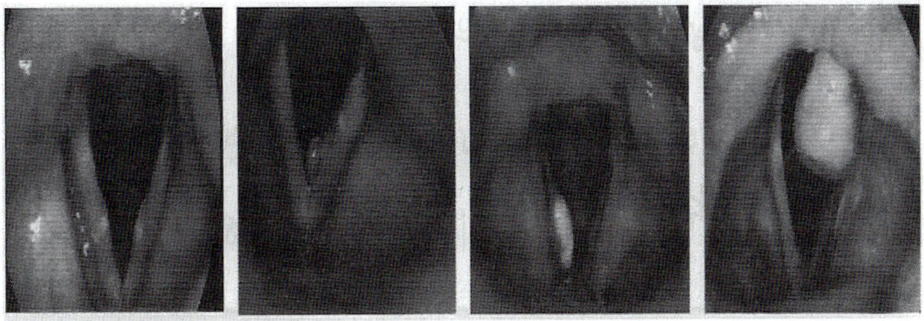

[그림 7-8] 성대 병변 증상: 결절, 폴립, 낭종 등

(2) 언어장애의 원인

언어장애의 원인으로 지적장애, 학습장애, 청력손실, 자폐성장애, 뇌성마비, 구강구조의 결함, 환경의 결핍 등을 들 수 있다. 특히, 언어발달의 결정적 시기에 아동에게 제공되는 언어의 질과 양이 언어발달에 큰 영향을 미친다는 점을 고려할 때 환경의 결핍은 언어장애의 큰 원인이 됨을 알 수 있다(김원경 외, 2021). 취학 전 영유아기의 발달 초기의 환경과 상호작용 경험은 언어의 질과 양에 이어서 아동의 어휘 및 언어발달에 분명한 영향을 미친다(Gargiulo, 2006). 이시기에 듣기를 통한 언어이해의 어려움을 지니게 되면, 말하기 언어능력에 영향을 미치게 되고, 이로 인하여 취학 후 일반아동에 비하여 학령기 학습의 읽기, 쓰기에도 어려움을 가질 가능성이 훨씬 더 크다.

또한, 말이나 언어의 결함은 서로 관련된 여러 요소들의 상호작용에 의해서 영향을 받기 때문에(Shames et al., 1994) 많은 경우에서 그 원인이 정확하게 밝혀지지 않고 있다.

4) 의사소통장애 특성

(1) 조음 · 음운장애 특성

조음 · 음운장애의 대표적인 오류형태의 특성 유형으로는 대치-생략-왜곡-첨가 순으로 대부분 나타난다고 할 수 있다. 다음의 〈표 7-3〉에 제시된 조음장애와 음운장애의 오류형태에 대한 유형별 사례를 살펴보면 이해가 쉬울 것이다.

▶ 대치: 정조음 되어야 할 목표음소가 다른 음으로 산출되는 것→ '삼촌', '땀똔 '

▶ 생략: 정조음 되어야 할 목표음소를 빼고, 생략되어 산출되는 것→ '바지', '아지'

▶ 왜곡: 정조음 되어야 할 목표음소가 알아들을 수 없는 음으로 산출되는 것

▶ 첨가: 정조음 되어야 할 목표음소에 첨가되어 산출되는 것→'코끼리', '코낄리'

〈표 7-3〉 조음 · 음운장애 오류 유형 실례

오류 유형	정의	실례
대치 (substitution)	목표 음소 대신 다른 음소로 바꾸어 발음하는 오류	사랑해 → 다랑해 아버지 → 아러지
생략 (omission)	음절이나 단어에서 음소를 빠뜨리고 발음하지 않는 오류	사랑해 → 아랑해 아버지 → 버지
왜곡 (distortion)	말소리를 생략, 대치하지는 않지만 정확하지 않아 그 소리를 식별하기 어렵게 발음하는 오류	사랑해 → 댜댕해 아버지 → 아봐지
첨가 (add)	필요 없는 다른 음소를 추가하여 발음하는 오류	사랑해 → 상랑해 아버지 → 아바버지

(2) 유창성장애 특성

유창성장애의 형태 중 말더듬은 말이 막히거나 반복되고, 연장되는 등의 그 양상과 정도가 매우 다양하고, 속화(말 빠름증)은 말의 속도가 지나치게 빠른 경우를 말한다. 이 두 가지 중 말더듬이 더 잘 알려진 형태이다. 다음의 〈표 7-4〉는 말더듬의 형태와 사례에 대한 내용이다(권순우 외, 2020).

〈표 7-4〉 말더듬의 형태와 사례, 진행

말더듬 형태	말더듬 형태의 사례	말더듬 진행
단어반복	“학교, 학교, 학교에 빨리 간다.”	초기말더듬 ↓ 심한말더듬 으로 진행 ↓
음절반복	“학, 학, 학, 학교에 빨리 간다.”	
음소반복	“ㅎ~ㅏ, ㅎ~ㅏ, ㅎ~ㅏ~, 학교에 빨리 간다.”	
연장(음, 신체동반)	“하~~~~~~~~~~~~악교에 빨리 간다.”	
폐쇄(기류막힘)	“하악~~~~~~!!!(기류막힘)교에 빨리 간다.”	
투쟁(얼굴, 신체)	눈 깜빡거림, 얼굴 찡그림, 목 뒤로 휘젓기	

말더듬의 대표적인 유형은 핵심행동과 부수행동으로 나눌 수 있는데 핵심행동은 반복, 연장, 막힘이며 부수행동은 말더듬 증상이 어느 정도 고착되었을 때 대부분 핵심행동과 함께 나타난다(Natke, 2000)[그림 7-9] 참조.

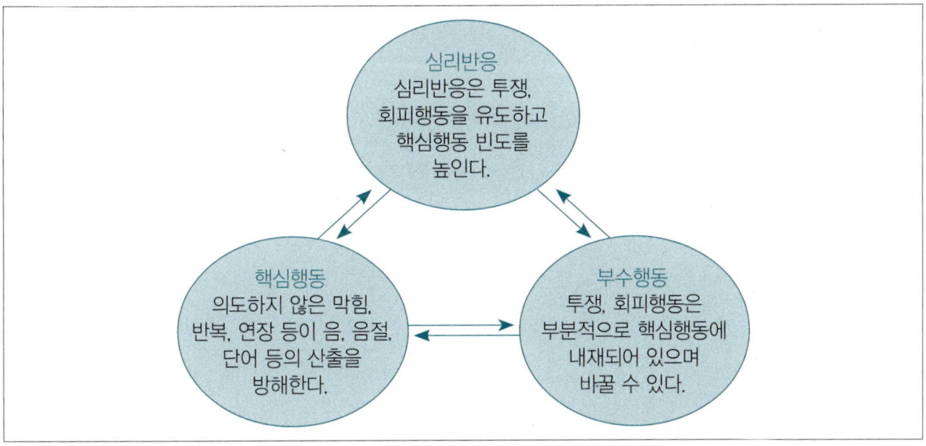

[그림 7-9] 핵심행동과 부수행동 간의 상호작용(Sandrieser, & Schneider, 2001).

출처: 고은(2014).

(3) 음성장애 특성

음성장애의 특성을 살펴보면 후두 음원의 생성과 산출에 관여하는 성대의 무게 및 접촉과 관련하여 나타나는 음도장애, 강도장애, 음질장애, 유동성의 문제가 대표적이다. 또한 음성을 산출하는 해부학적 기관에는 이상이 없으나 심리적인 문제로 인한 다양한 스트레스 요인으로 기능적 음성장애(예, 실성증)가 발생하기도 한다. 다음 〈표 7-5〉는 음성장애 하위 유형에 대한 내용이다.

〈표 7-5〉 음성장애 하위 유형별 특성

하위유형	산출되는 음성의 내용
음도장애	성, 연령, 체구, 문화적 환경에 따라 기대되는 음(소리)이 높낮이에 적절하지 않은 지나치게 너무 높거나 낮은 음성을 산출하는 경우
강도장애	음(소리)의 세기(크기)에 적절한 음성을 자신이 의도하는 데로 조절하여 전혀 산출할 수 없거나, 지나치게 음성이 크거나 작은 경우
음질장애	음(소리)를 산출함에 그 음색이 맑고 깨끗하지 못하여 상대방이 듣기에 매우 유쾌하지 않은 거칠거나 목쉰소리, 탁한 음성인 경우
유동성 장애	음도와 강도를 대화 속에서 물 흐르듯이 자연스럽게 문맥이나 상황에 맞게 변화하는 데 어려운 경우(예를 들면, 강세, 억양 등)

(4) 언어장애 특성

언어장애의 특성은 대뇌 생리과정의 결함으로 인하여 언어발달의 이상이나 지체를 의미하는 의사소통장애의 한 유형으로 언어의 구성 요소인 형태, 내용, 사용 등에서 어려움을 나타내는 특성을 지닌다(국립특수교육원, 2009).

언어는 자신에게 말해진 의사소통의 내용을 이해하는 능력인 수용언어와 다른 사람에게 의미 있는 내용으로 이해되는 언어를 산출하는 표현언어로 나누어진다(Friend & Bursuck, 2002). 아동의 전반적인 발달 중 언어발달에 어려움을 지닌 아동은 다른 사람을 말을 듣고, 이해하고, 자신의 생각을 말로써 표현하는 기술에 다음 〈표 7-6〉과 같은 언어장애 특성으로 어려움을 가진다.

〈표 7-6〉 언어장애 아동의 수용언어 및 표현언어 특성

수용 언어	표현 언어
• 질문에 적절하게 반응하지 못한다. • 추상적으로 생각하지 못하거나 관용 구에 포함된 추상적인 개념을 이해하지 못한다. • 들은 정보를 기억하지 못한다. • 구두 지시 따르기를 어려워한다. • 의사소통이 중단되는 것을 인식하지 못한다. • 말로 설명해 준 내용 중 관사와 같이 덜 구체적인 단어나 조동사 및 시제를 나타내는 단어들을 놓친다. • 말로 설명한 이야기의 순서를 기억하지 못한다. • 비슷한 소리의 글자들을 혼동하거나 단어의 소리나 음절의 순서를 바꿔서이해한다. • 유머나 은유적인 표현을 이해하기 어려워한다. • 양, 기능, 크기, 비교, 시공간적 관계를 나타내는 개념을 이해하기 어려워한다. • 2개 이상의 문장이 연결된 중문이나 하나 이상의 중속절을 지닌 복합문을 이해하기 어려워한다.	• 부정확한 문법을 사용한다. • 정확하게 설명하지 못한다. • 말을 할 때 자주 멈칫거린다("있잖아, 저기, 음") 등의 주저하는 말을 자주 사용함). • 주제를 이것저것 바꾸면서 말한다. • 제한된 어휘를 사용한다. • 정확한 의미를 전달하기 위한 적절한 단어를 찾기 어려워한다. • 사회적 언어사용이 빈약하다(특정 상황에 맞도록 의사소통 스타일을 변화시키지 못하며, 대화가 끊어질 때 회복시키지 못하고, 대화의 주제를 유지하지 못함). • 질문하기를 두려워하며, 무슨 질문을 해야 하는지를 잘 모르고, 어떻게 질문해야 하는지도 모른다. • 대화 중에 동일한 정보를 반복해서 말한다. • 추상적이거나 시공간적 개념에 대하여 말하기 어려워한다. • 상대방에게 충분한 정보를 제공하지 못한다.

출처: Bos, C. & Vaughn, S.(2002). Strategies. for teaching students with learning and behavioral problems(5th ed.). Needleham Heights, MA: Allyn and Bacon.

① 언어내용과 의미의 제한

특정 언어손상은 어휘습득 속도가 늦고 어휘가 다양하지 못하며 제한적이다. 특정 언어손상을 지닌 취학 전 아동들은 다음과 같은 특징을 보인다.

- 의미의 오류를 범하는 말을 한다.
- 어휘이해 검사와 명사 위계의 다중수준 과제에 어려움을 보인다.
- 주어진 상황에 적합한 특정 단어를 찾는 데 어려움을 겪는다. 대화적 담화와 일어문 명명하기 과제에 어려움을 겪으며, 단어 찾기에 어려움을 겪는 아동들은 반복, 대치, 다시 말하기, 말 중단 등의 문제를 보인다.

② 언어형태의 제한: 음운, 형태, 통사론적 문제

특정 언어손상 아동들은 음운론적 습득 경로가 일반의 또래들과 동일하지만 발달하는 데 시간이 더 많이 걸린다. 음운론적 결함을 보이는 취학 전 아동들의 특징은 문법적 형태소의 사용이 제한되고, 흔히 형태소를 빠트리며, 문법적 오류를 범한다.

③ 언어사용의 제한 : 화용론적

취학전 기간 동안 아동들은 여러 가지 대화기술을 습득한다. 그들은 대화 상대에 반응하는 능력을 점진적으로 향상시키며, 주어진 주제와 관련하여 몇 차례 대화를 주고받을 수 있게 된다. 또한, 청자의 언어 스타일에 적응하게 되고, 대화 중 발생한 오류를 스스로 점검하고 교정하며, 대화의 주제를 새로 제시하거나 변경할 수 있게 된다. 특정 언어손상 아동들은 다음과 같은 문제를 겪게 된다.

- 대화의 참여 능력 문제: 대화를 주도하고 지속시키는 데 어려움을 겪는다.
- 또래와 상호작용하는 데 어려움을 겪는다.
- 청자의 연령, 사회적 지위에 맞는 말과 언어사용에 어려움을 겪는다.
- 지시를 듣고 따르기에 어려움을 겪는다. 순서대로 조직하기, 시간적 관계와 인과관계를 이해하기, 이야기 주제에 집중하여 말하기 등에 어려움을 겪는다.

④ 초등학교 저학년 아동의 언어 특성

인지적 결함, 감각손상, 사회적 결함, 총체적 신경학적 결함과는 관련이 없으면서도 특정 언어손상 또는 의사소통장애를 지닌 아동들을 일부에서는 언어학습장애라고 한다. 의사소통장애를 지닌 초등학교 저학년 아동의 언어발달 특성은 다음과 같다.

- 말하기: 이야기 다시하기, 설명하기, 단어 선택하고 인출하기, 학급토의에 참여하기, 대화에 참여하기, 대화 주제에 관한 충분한 배경정보 제공하기, 대화 주제와 관련된 아이디어 내기, 과거에 일어난 사건에 관하여 이야기하기 등에 어려움을 겪는다.
- 쓰기: 문법적으로 정확한 문장쓰기, 철자법 등에 어려움을 겪는다.
- 듣기: 읽기이해, 이야기 중 가장 중요한 정보와 관계없는 정보를 구분하기, 시각적 및 내용 맥락(상황) 단서를 이용하여 이야기 줄거리를 이해하기 등에 어려움을 겪는다.

❶ 음운론적 특성:

취학 전 음운론적 문제는 대부분 초등학교 저학년까지 지속된다. 음운인식은 문해 학습의 성취에 중요하고 읽기능력을 예측할 수 있는 가장 좋은 예견지표이다.

❷ 구문론적 특성

언어표현이 단순하고 미숙할 수 있으며, 단순한 문장 구조 구성, 명사와 동사 사용의 정교성 문제, 수동적 문장의 이해 곤란 등이 나타난다.

❸ 의미론적 특성

어휘량이 적고 단어의 의미 표상이 정교하지 못하다. 추상적인 단어의 의미를 이해하는 데 어려움을 겪으며, 단어 인출과 단어 찾기에도 어려움을 겪는다.

❹ 화용론적 특성

언어의 사용, 사회성발달, 또래관계, 학급의 학습활동에 제한을 보인다. 복잡한 문자의 이해가 어려우며, 대화 중 오류가 있고 무관한 정보를 말하곤 한다.

5) 교육적 지원

(1) 지도지침

① 의사소통 중재를 위한 자연적 접근법

첫째, 아동들은 환경 내의 보호자와 다른 사람들과 상호작용하는 다양한 일상생활과 활동 가운데 말과 언어를 이용하며 의사소통능력을 발달시킨다.

둘째, 중재는 익숙한 상황에서 이루어질 때 가장 효과적이다. 아동들에게 제공되는 프로그램의 이름은 다르지만, 자연적 프로그램에는 아동이 주의를 집중하는 것에 관심을 갖는다.

셋째, 아동이 나타내는 의사소통 행동은 어떤 것이든 반응한다. 아동의 의사소통 시도와 교대로 말하기 등을 확대시킨다(Sandall et al., 2005).

② 의사소통 중재에 대한 직접접근법

직접 중재모델은 행동주의 심리학에서 정의하고 있는 학습원리에 기초를 두고 있다. 대부분의 연구자들은 직접중재법이 아동들에게 쉽게 적용되지는 않지만, 중증장애를 지닌 아동에게 후속결과를 인식하도록 하는 데 효과적일 수 있다고 믿고 있다.

③ 환경적 교수 접근법

환경적 교수 접근법은 직접적인 행동주의적 접근과 자연적 접근을 혼합한 복합접근법이다. 교사는 의사소통과 언어표적을 확인하고 목표를 달성하기 위해 교수 절차를 적용한다. 환경적 교수는 다음과 같이 기본적인 특징이 있다.

첫째, 부모와 전문가가 아동의 관심을 줄 수 있는 구체물 사건 및 관계에 대해 협의한다.

둘째, 부모와 전문가는 아동의 의사소통 시도를 시범 모방, 확대시킨다.

셋째, 부모와 전문가는 아동이 이해하지 못한 것으로 보이는 단어를 반복하고 명료화하여 요구한다.

넷째, 부모와 전문가는 발화 시 중요한 정보에 아동이 주의를 기울이도록 음성을 높여 강조한다.

③ 의사소통 촉진 전략

대부분의 연구자들은 전문가와 부모가 일반적으로 의사소통문제를 지닌 아동의 의사소통 촉진을 위해 언어재활사들이 사용하는 전략을 이용한다. 언어재활사는 부모와 조기특수교육전문가들에게 일상적인 상호작용을 하는 가운데 다음과 같은 촉진 기법을 적용하도록 지도한다.

❶ 음성자극

음성자극은 아동이 놀이를 할 때 소리를 내도록 격려한다. 교사는 아동의 목소리를 모방하여 아동으로 하여금 음성화를 더욱 많이 다양하게 이용할 수 있도록 촉진시킨다.

– 아동(장난감을 밀며): "바–바"
– 교사(아동을 모방): "바–바"

교사는 아동의 발화를 몇 차례 모방한 후, 좀 더 길게 모방하여 옹알이의 길이를 연장한다. 다음은 아동의 발화 목록에 없는 "다–다", "파–파", "마–마" 등을 아동에게 모방하도록 한다.

❷ 행동묘사(병행대화: 아동의 행동을 관찰하고 그 행동을 묘사하는 말하기)

아동에게 구두 반응을 요구하지 않는다. 아동이 바닥에 흩어진 장난감들을 가지고 놀 때 다음과 같이 할 수 있다.

– [아동이 트랙터를 집어서 밀기 시작한다.]
– 교사: "트랙터를 밀고 있구나!"
– [아동이 트랙터를 뒤집어서 바퀴를 돌린다.]
– 교사: "바퀴를 보고 있네! 트랙터를 뒤집었구나! 또는 바퀴를 돌리고 있네!"

연구는 조기특수교육자들이 놀이활동을 하는 동안 직접 교수보다 병행대화를 더 자주 이용하는 것을 발견했다(Smith, Warren, Yoder, & Feuer, 2004).

❸ 언어지도

병행대화와 마찬가지로 언어지도는 구어능력이 없는 아동들에게 일반적으로 이용된다. 교사는 언어지도와 함께 아동이 비언어적 의사소통 행위를 한 후 뒤이어 기술적 명칭을 제공한다.

후속촉진 기법은 아동의 발화길이와 복잡성을 증가시키는 데 도움이 된다. 이 기법은 유아언어를 보이는 아동뿐만 아니라 일어문 발화를 하는 아동에게 이용될 수 있다.

– [아동이 책장을 지나서 멈추어 선 다음 책을 보고 있다.]
– 아동: "어~, 어~"
– 교사: "책 갖고 싶어?"
– 아동: (성인의 손을 잡아서 이끈다.)
– 교사: (책을 꺼내어 아동의 손에 들려준다.) "책이야!"

❹ 확장

확장은 아동의 발화를 듣고 부족한 부분을 채워주는 것으로, 아동의 어순을 유지하며 아동 발화보다 성숙된 형식을 제공한다.

– [아동이 무릎에 팩을 얹은 채 컴퓨터 옆에 앉아 있다.]

– 아동: "책!"

– 교사: "책을 펴 봐!"

– [아동이 몇 장을 넘긴다.]

– [아동이 강아지 그림을 가리킨다.]

– 아동: "강아지, 멍! 멍!"

– 교사: "강아지가 짖는다!"

❺ 고쳐주기

고쳐주기 기법은 확장의 한 형태이지만, 목소리와 기분에 변화를 준다.

– [아동이 마루 위의 바구니에 책을 천천히 집어 든다.]

– 아동: (책을 한 권 집어 들고 펴면서) "책!"

– 교사: "책을 폈어?" (고쳐주기)

– 아동: "응, 폈어!"

– 교사: "그래 책을 폈구나!" (확장)

❻ 보상

보상은 확장과 비슷하지만, 확장 과정에 교사가 추가 정보와 같은 뭔가 새로운 것을 추가한다. 첫째, 교사는 아동이 '자음+모음'의 음절구조를 말할 수 있도록 단어 중 첫음절에 주의를 기울이게 한다. 둘째, 교사는 아동의 발화에 추가의 의미를 첨가한다. 아동이 교실에서 보조교사의 무릎 위에 앉아 있으면 벗어나려고 시도한다. 언어재활사는 아동의 손에 책을 들려주고 책을 펴도록 도와준다.

– [아동은 책을 보며 벌 그림을 가리킨다.]

– 아동: "ㅓ.... ㄹ"

– 교사: "벌이 날고 있다."(보상: 새 정보 추가)

– 아동: "ㅏ...."

– 교사: "벌이 먹고 있다."(확장: 먹고 있다.)

– 아동: "ㅓ, ㅓ"(첫째 ㅓ는 '벌'에서 표시하고 둘째 'ㅓ'는 '먹다'에서 표시한다.)

– 아동: "벌!"

❼ 보완대체의사소통

보완대체의사소통은 말과 글을 통해서 의사소통 요구를 충족시키지 못하는 개인을 돕기 위한 다양한 전략과 방법을 말하며, 의미를 나타내거나 대표성을 지닌 상징 세트나 어휘, 상징을 선택할 수단, 상징을 전달하는 수단 등 세 가지 요소를 포함해야 한다.

보완대체의사소통의 세 가지 구성요소 중 각 요소는 지원적이거나 자립적이 될수 있다. 자립적 보완대체의사소통은 신체적 도움이나 장치를 필요로 하지 않으며, 구어, 제스처, 얼굴 표정, 일반적인 몸의 자세, 수화 등이 포함된다. 지원적 보완의사소통 기법에는 외적 기구나 장비가 포함된다. 보완대체의사소통 기기로는 노테크(예: 연필이나 종이), 로우테크(예: 스위치를 눌러 문이나 문장을 전달하는 방법) 및 하이테크 전자장비(예: 컴퓨터를 이용한 목소리 산출기 등)가 있다.

❽ 감각통합심리운동

감각통합심리운동은 감각통합의 기본원리인 전정감각, 고유수용성감각, 촉감각 자극을 통한 활동과 심리운동의 기본원리인 신체경험, 물질경험, 사회경험을 신나는 음악리듬에 맞추어 신체움직임을 통한 동기부여 활동을 말한다(김영익, 권순우, 2016). 감각통합심리운동은 의사소통의 기회, 사회성 증진, 뇌 발달의 인지기능 등이 촉진된다. 이러한 활동은 장애아동뿐만 아니라 발달기에 있는 모든 아동에게 즐거움을 통한 전인적인 발달교육에 효과적이며, 아동의 강점을 활용한 긍정적 측면이 많은 신체움직임의 즐거움을 통한 비언어적, 언어적 의사소통의 접근이다. 다음의 [그림 7-10]은 감각통합심리운동과 사진교환 의사소통(PECS)를 사용하여 함께 지도한 사례이다.

[그림 7-10] 감각통합심리운동 지도 사례

(2) 의사소통장애아동 중재 원리

① 조음 · 음운장애

- 정조음 산출을 위한 조음 기관의 훈련
  - 호흡훈련 . 불기훈련(구강 기류와 비강 기류 인식)
  - 혀 운동 . 입술 운동
  - 볼 부풀리기 . 윗 턱, 아래턱 움직임 운동
- 음운인식 훈련(상위음운능력)
  - 두운(onset)인식 : 초성 또는 어두음
  - 각운(coda) 인식 : 종성 또는 어말음
  - 운모(rhyme) 판별하기 게임:

  1음절어에서 중성+종성(우분지 구조)

  또는 초성+중성(좌분지 구조: 몸체, 음절체 body)
  - 분절 나누기 및 분절 조합하기
  - 자음, 모음 글자 조합 게임 등
  - 글자 만들기를 한 음운 인식
- /ㄱ/ 음소가 들어가 글자 언어로 표현하기

  (예, 구두, 구슬, 구름. 가지 가방 가위 등)

② 유창성장애

- 아동의 비유창성 형태에 따른 말더듬 정도 이해를 통한 적절한 언어지도
  - 단어전체 반복 : "나는 나는 먹었다."
  - 단어부분 반복 : "나는 머머머 먹었다."
  - 연장 : "나는 머어---었다."
  - 투쟁 : 말 산출을 위하여 자신의 신체를 통하여 다양한 투쟁

  예) 눈을 깜빡이거나 목을 좌우나 뒤로 돌리거나, 얼굴을 찡그리고, 말을 하기 위해 호흡이 멈추는 기류 막힘. 눈동자의 빠른 움직임 등의 비정상적 신체적 행동이 나타나는 것.
- 말더듬의 형태의 진행은 대체적으로 단어전체반복 · 단어부분반복 · 연장 · 투쟁 순이다. 그러므로 교사는 아동이 말을 할 때 말더듬 형태는 파악하여 두는 것이 우선이다.

- 아동에게서 말 더듬는 단어들에 대한 목록을 작성하여 본다.
- 아동들은 갑자기 말해야 하는 상황에서 말더듬이 확연히 나타난다. 즉, 누군가와 경쟁적인 입장에서 상대방을 간섭하려고 할 때 나타나는 경우가 많으므로 아동이 자신의 욕구를 충분히 말하도록 하여야 한다. 또한 상대방의 이야기가 끝나면 이야기하도록 의사소통의 순서도 지도하도록 한다.
- 아동들은 말을 더듬기 전에 공포를 경험하게 된다. 공포의 경험이 다른 사람에게는 하찮은 것이 될 수도 있지만, 아동에게는 현실적 문제로 2세 6개월에서 4세 아동의 경우 특히 심하다. 이때 이해, 관심, 사랑을 보여주며 신체적인 접촉을 해 주면 좋다.
- 아동이 말을 시작하여 더듬는 현상이 일어나면 대신 말해 주지 않도록 하고 아동 스스로 말을 마치도록 배려하고 기다려주어 말더듬에 대한 어려움에서 벗어나도록 한다.
- 아동에게 '다시 말해라, 천천히 말해라, 또박또박 말해라' 등의 표현은 하지 않는다.
- 말더듬 행동에 특별한 관심을 나타내지 말고 긴장이 없는 분위기를 만들어 준다.
- 아동이 말을 더듬을 때 아동이 말할 수 있는 시간을 더 주고 말더듬이 계속될 때는 조용히 기다린다.

③ 언어장애

- 언어 이전기의 언어중재

언어 이전기에는 의사소통규칙을 인식하는 의사소통기능을 습득하는 데 초점을 두고 중재가 이루어져야 한다. 언어 이전기에 실시할 수 있는 중재 방법들은 다음과 같다.

• 함께 주목하기(joint attention)
• 함께 활동하기
• 선행행동에 대하여 연속반응 인식시키기
• 명명하기
• 사회성 게임하기
• 인지적 도식 확대시키기
• 의사소통수단 확대시키기
• 아동 모방하기
• 의사소통 차례 지키기

- 언어기의 언어중재

언어의 사용 측면에서 강조하는 원칙들로는 다음과 같다.

- 자연스러운 강화방법을 사용할 것
- 정상발달을 고려하여 중재를 계획할 것
- 아동 주도의 의사소통 행동을 유도할 것
- 맥락을 활용할 것 특히, 언어는 상황적 맥락의 영향을 많이 받으므로 다양한 비구어적 맥락과 구어적 맥락을 활용할 수 있도록 교사는 잘 계획할 필요가 있다(김영태, 2014).

④ 음성장애

- 아동에게 말을 많이 하지 않도록 음성 휴식이 가장 좋은 방법이나 유치원이나 어린이집에서 아동이 이러한 음성 휴식을 가지는 것은 사실상 매우 어렵다. 하지만 교사는 교실 환경의 다양한 환경 소음을 줄여 아동이 최소한의 말을 사용하여 큰 소리로 말을 하지 않아도 되는 환경을 만든다.
- 음성의 오용과 남용으로 성대를 부적절하게 사용하여 발생함으로 자신에게 가장 알맞은 목소리의 음도를 찾아 주는 것이 우선이다.
- 청각에 이상은 없는지 청력검사를 의뢰(자신의 목소리가 작게 들려 크게 말하는 경우 성대의 잘못된 사용으로 결절이 생김)한다.
- 음성장애 대하여서는 음성 휴식 및 허밍 요법으로 성대의 이완과 부드러운 접촉 유도하여 성대를 바르게 사용하도록 신체 피드백을 준다.
- 아동이 급한 성격의 기질적 성향이 있는 아동에 대하여 적절한 음도로 말할 수 있도록 청각적 및 시각적(손짓)으로 낮은 목소리로 말 할 수 있도록 지도하고, 적당한 음도로 말할 때 즉시 칭찬 스티커와 보상을 주어 구체적으로 말을 하는 빈도를 줄이는 음성 휴식의 시간을 가지도록 노력한다.
- 아동이 적절한 음도 사용으로 말할 때 칭찬 스티커를 강화물로 주어 적절한 음도 사용의 기회가 증가하도록 피드백을 준다.

6) 상담 사례

Q 상담 사례1 질문 (교사 입장에서)

저는 00어린이집 보육교사입니다. 저희 어린이집에 다니고 있는 유아반(47개월) 남자아이 담임입니다. A아동은 또래 아동들과는 전혀 의사소통이 없으며 혼자서 교실 내에 있는 교구장에서 자동차와 바다 상어 장난감이나 시각적으로 표현되어 있는 사진이나 그림만 엎드려보며 관심을 보입니다. 점심시간에만 잠시 책상에 앉아 밥을 먹으며 이후 자리에 일어나서 바로 재빠르게 1층 3세반 교실로 뛰어가 교구장에 있는 사물에 손가락 끝으로 가볍게 만지고 난 뒤, 바로 건너편 2세반 교실의 교구장에 뛰어가서 자동차 관련 그림책을 만지고 또다시 2층 5세반 교실로 뛰어가 교구장 앞에서 뒹굴고 창문 밖을 보면서 제자리 뛰기를 하는 패턴을 보입니다. 대부분 요구 사항에 있어서는 저의 손을 이끌거나 요구가 받아들여지지 않을 때는 뒹굴면서 울기를 반복합니다. 제가 어떻게 하면 A아동의 비언어적 표현이나 언어적 표현을 발달시킬 수 있을까요?

A 답변

A아동은 전반적인 발달(의사소통발달, 인지발달, 정서발달, 사회성발달, 신체발달, 애착발달 등)에 어려움을 지니는 아동인 것 같습니다. 어린이집에 등원하여 선생님이 하루 일과를 진행하면서 나타내는 행동을 관찰하면 또래 아동들과 다르다는 것을 선생님께서는 알고 있습니다. 어린이집에서 A아동을 위한 언어발달 교육은 안내하면 다음과 같습니다.

첫째, 현재 A아동이 나타내는 다양한 의사소통장면에서 또래 아동들과 언어사용을 하지 않으며 특정한 행동 패턴을 보이고 있어 원장님께 A아동의 현재 발달수준을 전달해드리고, 부모님께 조심스럽게 상담을 하시는 것이 우선입니다. 이를 통하여 어린이집, 가정, 언어발달 지원 전문기관과 함께 언어발달 촉진을 위해 접근하는 것입니다.

둘째, 수업시간 또래와 같이 할 수 있는 A아동이 선호하는 놀이 활동을 구성하여 참여를 통한 비언어적 표현과 함께 1단어 또는 2단어 수준의 언어적 표현을 시각적, 청각적, 감각적 활동에 구체적인 정보를 통하여 사용하도록 해주는 것입니다. 또한 의사소통에 참여하였을 때는 선생님의 얼굴 표정, 몸동작, 억양 등을 통하여 A아동에 대한 칭찬과 관심을 보여주어 의사소통 즐거움 느끼도록 합니다.

셋째, 현재 A아동의 장점인 신체활동 영역을 통하여 비언어적 요소로 의사소통을 할 수 있는 장면에서 또래아동의 언어사용을 모델링하는 기회를 통하여 A아동도 표현할 수 있는 기회(7명이 있으면 7번째 순서에서 A아동이 언어표현을 할 수 있도록 함)에 선생님이 아동의 입장에서 언어표현을 함께해주는 활동을 하는 것입니다.

넷째, A아동에게 있어서 언어발달을 위해 가장 중요한 것은 또래와의 의사소통입니다. 또래의 활동에 관심을 보이고 관계형성을 위한 사회성을 증진시키며 이를 통하여 자연스러운 의사소통 상황에서 스스로 또래아동에게 언어적 표현을 할 수 있는 기회에 선생님이 관찰하다가 언어적 모델링을 보여주는 것입니다.

Q 상담 사례2 질문

제 아이는 3세 7개월 남자아이입니다. 집에서나 유치원에서 언어를 이해하거나 표현하는 데는 아무런 문제가 없는데 발음에만 문제가 있어요!. 특히 /ㅅ/. /ㅈ/, /ㄹ/, 이런 음소가 들어간 단어에서 다른 음소로 발음을 합니다.

이로 인해서 아이가 어떤 상황에서 흥분된 상황이나 급하게 말해야 하는 상황에는 더욱더 발음에 문제가 많이 나타납니다. 우리아이 발음에 문제가 있는지요? 그리고 집에서 어떻게 도움을 주면 정확한 발음을 하게 될까요?

A 답변

아이의 언어발달 중 발음은 어머니가 듣기에 가장 쉽게 확인되는 부분이기 때문에 아이의 발음이 명료하지 않으면 걱정이 되고 귀에 거슬리게 되지요. 또한 발음이 나쁘면 다른 사람과의 의사소통에 지장을 주므로 정상적인 또래아이들과 같은 수준의 정확한 발음을 하는 조음음운 발달은 언어발달의 중요한 영역에 해당되기도 합니다.

발음으로 산출되는 말소리에는 발달의 순서가 있습니다. "아아아 오오오" 하는 단모음이 가장 먼저 산출이 되고 자음 중에서는 /ㅁ,ㅂ/ 등의 양순음, 즉 입술소리가 제일 먼저 산출됩니다. 먼저 첫돌이 지나면서 자음의 산출이 많아져서 두 돌이 될 때까지 /ㅂ, ㅃ, ㅁ/ 등의 양순음, 즉 입술소리와 /ㄴ, ㄷ, ㄸ/ 등의 치조음이 나타나고 /ㄱ, ㄲ/ 등의 연구개음이 나타납니다.

만 2세가 넘으면 기식파열음인 /ㅍ,ㅌ,ㅋ/와 성문음 /ㅎ/이 산출되고 만 3세 이후에는 경구개 파찰음 /ㅈ,ㅊ,ㅉ/가 산출됩니다. 그리고 이 때가지는 유음/ㄹ/과 마찰음/ㅅ, ㅆ/는 완성되지 않습니다.

지금 발음에 문제를 보이는 /ㅅ/ 계열과, /ㅈ/ 계열의 자음과, /ㄹ/음은 3~ 4세 아이들에서 흔히 나타나는 조음의 오류입니다. 예를 들면 "수박 먹었쪄[뚜박 먹었어], 모다 떴떠[모자 썼어], 마이쮸 타저[마이쮸 사줘], 따이기 또 먹어[딸기 또 먹어]" 등이 있습니다. 따라서 어머니께서 문제가 있다고 생각하시는 아이의 발음은 정상적인 발달과정으로 보시고 걱정하지 않아도 됩니다. 그런데 이러한 조음의 오류가 5~6세 전후까지 초등학교 입학을 앞둔 시기까지 나타난다면? 그것은 조음장애로 의심이 되니 반드시 전문기관인 언어치료센터 방문을 통해 진단평가를 받으시고 바른 발음의 조음치료를 해야 합니다.

현재 집에서 어머니께서 조금 더 도움을 주시고자 하시면 아이의 동기부여와 자연스러운 맥락에서 위의 문제를 보이는 음에 대하여 동요나 익숙하게 많이 사용하는 단어들 그리고 가족 구성원들의 언어모델이 중요하니 아이와 함께 흥미를 유발하는 언어 사용 놀이를 통하여 정조음의 기회를 주도록 하시면 될 것입니다. 또한 입술 움직임, 혀 움직임, 볼 부풀리기 등의 조음기관 놀이를 해주시면 도움이 됩니다.

※ 우리말 말소리가 산출되어 완전히 습득되는 단계

연 령	음소 발달 단계			
	완전습득 연령 단계 (95–100%)	숙달 연령 단계 (75–94%)	관습적 연령 단계 (50–74%)	출현 연령 단계 (25–49%)
2;0–2;11	ㅍ ㅁ ㅇ	ㅂ ㅃ ㄴ ㄷ ㄸ ㅌ ㄱ ㄲ ㅋ ㅎ	ㅈ ㅉ ㅊ ㄹ	ㅅ ㅆ
3;0–3;11	+ ㅂ ㅃ ㄸ ㅌ	+ ㅈ ㅉ ㅊ ㅆ	+ㅅ	
4;0–4;11	+ㄴ ㄲ ㄷ	+ㅅ		
5;0–5;11	+ㄱ ㅋ ㅈ ㅉ	+ㄹ		
6;0–6;11	+ㅅ			

제8장

정서·행동장애 및 학습장애 상담

1. 정서 · 행동장애 상담
   1) 정서 · 행동장애 정의
   2) 정서 · 행동장애 분류
   3) 정서 · 행동장애 원인
   4) 정서 · 행동장애 특성
   5) 교육적 지원
   6) 상담 사례

2. 학습장애 상담
   1) 학습장애 정의
   2) 학습장애 분류
   3) 학습장애 원인
   4) 학습장애 특성
   5) 교육적 지원
   6) 상담 사례

학습목표

1. 정서 · 행동장애 정의, 분류, 원인, 그리고 특성에 대하여 알 수 있다.
2. 학습장애 정의, 분류, 원인, 그리고 특성에 대하여 알 수 있다.
3. 정서 · 행동장애 및 학습장애의 교육지원과 상담에 대하여 알 수 있다.

생각나누기

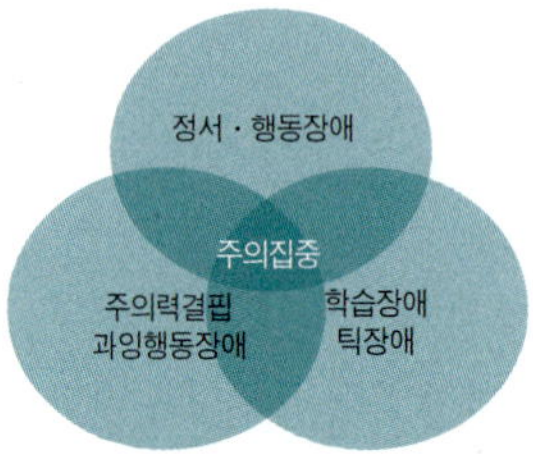

▣ 정서 · 행동장애아동들 중에서는 주의력결핍과잉행동장애와 학습장애를 함께 지닐 수도 있다. 또한 1차적인 정서 · 행동장애의 어려움으로 2차적인 또래관계 형성이나, 유아교 육기관 적응에 많이 힘들어한다. 나아가서는 초 · 중 · 고 청소년기까지 이어지는 경우도 있다.

▣ '천재'라고 불리는 과학자 알베르트 아인슈타인과, 토머스 에디슨, 그리고 동화작가 안데르센의 공통점은 무엇일까요?

학습장애의 일종인 '난독증'을 지니고 있었는데 극복하였다는 점이다.

출처: http://blog.naver.com

Ⅰ 정서·행동장애 상담

정서 · 행동장애라는 용어는 정서적 부적응, 병리적 증세, 일탈된 행동을 분류하기 위한 개념에 초점이 맞추어 졌다. 사람의 마음에서 일어나는 여러 가지 감정인 정서와 몸을 움직여서 동작을 표출 하는 것을 행동이라고 한다. 초기 학령기에 마음과 행동을 조절하는 다양한 기능들을 올바르게 경험하지 못한 아동을 과거에는 '정서장애'라고 불렀지만 최근에는 '정서 · 행동장애'라고 한다.

1) 정서·행동장애 정의

▣ 「국립특수교육원(2009)」 정의

정서 · 행동장애란 정서장애(emotional disability)와 행동장애(behavioral disability)가 합쳐진 용어다. 이러한 정서 · 행동장애라는 용어를 대신하여 정서장애, 때로는 행동장애라는 용어를 동등한 의미로 사용하기도 하지만 정서 · 행동장애라는 용어가 보다 적절한 용어로 폭넓게 사용하고 있다.

▣ 「장애인 등에 대한 특수교육법」 정의

장기간에 걸쳐 다음 각 목의 어느 하나에 해당하여, 특별한 교육적 조치가 필요한 사람

① 지적 · 감각적 · 건강상의 이유로 설명할 수 없는 학습상의 어려움을 지닌 사람

② 또래나 교사와의 대인관계에 어려움이 있어 학습에 어려움을 겪는 사람

③ 일반적인 상황에서 부적절한 행동이나 감정을 나타내어 학습에 어려움이 있는 사람

④ 전반적인 불행감이나 우울증을 나타내어 학습에 어려움이 있는 사람

⑤ 학교나 개인 문제에 관련된 신체적 통증이나 공포를 나타내어 학습에 어려움이 있는 사람

▣ 「주의력결핍 과잉행동장애」 정의

정서 · 행동장애와 함께 공존하거나 독립적으로 나타나는 주의력결핍 과잉행동장애(attention deficit and hyperactive disorder: ADHD)는 학교교육 현장에서 자신의 자녀가 특수교육대상자로 선정이 되어 특수학급에서 교육 받기를 꺼려하는 부모들은 일반학급에 그대로 잠재되어 특별한 교육의 혜택을 받지 않고 있는 것이 현실이다.

이러한 정서 · 행동장애, 주의력결핍 과잉행동장애, 학습장애아동들을 위한 모두가 공감하는 긍정적 지원을 통한 현실성 있는 특수교육 지원서비스가 이루어져야 할 것이다.

▣ 주의력결핍 과잉행동장애의 DSM-5 진단기준에 의한 정의

A. 다음과 같은 증상이 발달수준에 맞지 않고, 부적응하게 6개월 이상 지속될 때

(1) 주의산만 증상(여섯 가지 이상)

a. 학업, 일, 기타 활동 중 세심한 주의를 기울이지 못하거나, 부주의한 실수를 자주한다.

b. 과제 수행이나 놀이 중 주의집중을 지속하는 데 어려움을 자주 갖는다.

c. 대놓고 이야기하는데도 듣지 않는 것처럼 보일 때가 자주 있다.

d. 지시를 따라오지 않거나 학업, 심부름, 업무를 끝내지 못하는 경우가 자주 있다.

e. 과제나 활동을 조직적으로 하는 것에 곤란을 자주 겪는다.

f. 지속적으로 정신을 쏟아야 하는 일을 피하거나, 싫어하거나, 거부하는 것이 자주 있다.

g. 과제나 활동에 필요한 것을 자주 잃어버린다(예: 숙제, 연필, 책 등).

h. 외부 자극에 의해 쉽게 주의가 산만해진다.

i. 일상적인 일을 자주 잊어버린다.

(2) 과잉행동(a~f)/충동성(g~i) 증상(여섯 가지 이상: 17세 이상인 경우 다섯 가지 이상)

a. 손발을 가만두지 않거나, 자리에서 꼬무락거린다.

b. 가만히 앉아 있어야 하는 상황에서 자주 자리를 뜬다.

c. 적절하지 않은 상황에서 지나치게 달리거나 혹은 기어오른다(성인은 '안절부절 못함.')

d. 조용하게 놀거나 레저 활동을 하지 못하는 경우가 자주 있다.

e.'쉴새 없이 활동하거나 '혹은 마치 '모터가 달린 것 같이' 행동하는 경우가 자주 있다.

f. 지나치게 말을 많이 하는 경우가 자주 있다.

g. 질문이 끝나기도 전에 대답해 버리는 경우가 자주 있다.

h. 차례를 기다리는 것을 자주 어려워한다.

i. 다른 사람이 하는 것을 중단시키거나 무턱대고 끼어드는 경우가 자주 있다.

B. 이러한 증상이 12세 이전에 있어야 한다.

C. 적어도 2군데 이상(예: 학교, 가정)에서 존재

D. 사회활동, 학업, 직업 기능의 방해 혹은 질적 저하의 명백한 증거가 있어야 한다.

E. 조현병의 경과 중이거나 혹은 기분장애, 불안장애, 해리장애, 성격장애, 물질급성중독 혹은 금단에 의한 것이 아니어야 한다.

2) 정서·행동장애 분류

정서 · 행동장애의 분류체계는 크게 질적 분류와 양적분류 두 가지로 나누어진다.

(1) ICD-10의 질적 분류

질적 분류체계는 주로 정신 내면의 주관성에 따른 임상 관찰에 의존하는 경우로 세계보건기구의 ICD-10에서는 분류체계를 〈표 8-1〉과 같이 제시하였다.

〈표 8-1〉 정서 · 행동장애 분류

하위 범주명	세부 범주의 예
운동과다성 장애	활동성 및 주의력장애, 과잉운동적 품행장애
품행장애	가정형 품행장애, 비사회화형 품행장애, 사회화형 품행장애, 반항성장애
혼합형 품행 정서장애	우울형 품행장애, 기타 혼합형 품행 · 정서장애
아동기 발병형 정서장애	아동기 분리불안장애, 아동기 공포성 불안장애, 아동기 사회성 불안장애, 형제 간 적대장애, 기타 아동기 정서장애
아동기 · 청소년기 발병형 사회성 기능장애	선택적 함구증, 소아기 반응성 애착장애, 소아기 탈억제성 애착장애
틱장애	일과성 틱장애, 만성운동 · 음성틱장애, 뚜렛 증후군 등
소아기 및 청소년기에 시작되는 기타 행동 및 정서장애	비기질성 유뇨증, 비기질성 유분증, 섭식장애, 이식증, 상동증적 운동장애, 말더듬, 언어혼란증 기타 정서 및 행동장애

(2) Quay의 양적분류

Quay의 차원적 분류는 양적 접근의 대표적인 분류체계이다. 통계적 요인 분석에 근거하여 Quay는 서로 상관관계에 있는 군집행동을 개개 행동군의 범주로 제시하였다. 이러한 행동군의 자료는 사례사 보고와 행동평정척도에 의해서 주어진 것이다. Quay의 양적 분류체계에서 주요 행동 차원적 분류와 그에 따른 행동 특성은 다음의 〈표 8-2〉와 같다.

〈표 8-2〉 Quay의 양적 분류체계

분류	행동 증후 및 특성
품행장애	• 신체적 · 언어적 공격성 • 방해 • 대인관계 결함 • 불복종 행동 • 자기통제 부족
사회화된 공격행동	• 심한 공격적 행동 • 또래에게 인기 있음 • 비행 하위문화의 규준과 규칙 준수 • 또래집단 내에서 비행(참조: 직접적으로 다른 사람과 대적하지 않음)
주의력 결핍 및 미성숙 행동	• 짧은 주의집중 • 충동 통제와 좌절 • 미성숙과 관련된 퇴행행동 • 사고과정에서 문제 경험 및 사고감정 조절 및 사고과정 산만성 • 시각 · 청각 자극의 조직과 해석에 어려움 • 감정이 쉽게 변하며 무력감 나타냄
불안-위축행동	• 열등감과 낮은 성공기대 • 자기 의식적이고 과민반응 • 불안 및 우울증에 빠져 있음 • 당황과 불안 • 실패에 대한 두려움으로 학습이나 사회활동에 참여하기 꺼림
정신병적 행동	• 자신과 현실에 대한 손상된 태도로 인한 심각한 상태의 문제행동 • 환상과 망상, 자기학대 행동, 주제와 무관한 말하기 등
과잉행동	• 끊임없이 말하거나 행동하는 과다행동 • 글씨를 썼다가 지우는 행동 등을 반복하는 긴장 • 성급하고 파괴적인 행동

[그림 8-1] 정서 · 행동장애 유형

3) 정서·행동장애 원인

정서 · 행동장애의 원인은 다른 장애와 마찬가지로 수많은 요인들로 인해 발생한다. 개별적으로 지니고 있는 생물학적 원인과 아동을 둘러싼 다양한 사회 · 환경적 원인을 둘 수 있다.

(1) 생물학적 원인

정서 · 행동장애의 생물학적 원인은 일반적으로 유전이나 생화학적인 요인, 아동의 기질적 요인으로 나누어진다. 유전적 요인과 관련이 있는 정서 · 행동장애 중의 하나가 조현병이다. 정신질환의 가족력을 가지고 있는 경우 더 쉽게 조현병이나 정신분열성 행동이 나타날 확률이 높은 것으로 밝혀진다.

뇌 기능장애는 이상행동을 유발시킬 수는 있지만 장애문제 행동이 반드시 뇌기능장애 때문이라는 결론을 내릴 수 없다. 생화학적 요인에 관한 대부분의 연구는 크게 신경전달물질 연구, 유기체 연구, 그리고 신진대사 연구로 나누어진다. 신경전달물질은 뇌에 있는 화학적 물질로서 신경 자극을 뉴런에서 다른 뉴런으로 전달하는 역할을 한다. 세로토닌이나 도파민과 같은 신경전달물질이 자폐성장애나 조현증과 관련이 있다는 연구는 많지만, 이 물질들이 장애와 직접적인 관련이 있다고 밝혀진 것은 없다(Webber& Plotts, 2008, 고은 외, 2015 재인용).

기질적 요인으로는 합의된 정의는 없지만 아동의 기질은 선천적 경향일 뿐 아니라 환경의 영향을 매우 많이 받는 행동양식을 말한다. 기질의 세 가지 주요한 형태는 쉬운 아동, 까다로운 아동, 그리고 느린 아동이다. 쉬운 기질을 가진 아동은 스트레스를 잘 견디는 것과 상관관계가 있고, 이런 시기에 까다로운 기질을 가진 아동은 청소년기에 행동 문제를 일으킬 가능성이 크다는 연구결과가 있다(Rothbart & Bates, 2006).

(2) 사회 · 환경적 원인

사회 · 환경적 원인은 가족과 학교 요인을 포함한 문화적 요인을 들 수 있다. Dodge(1993)는 품행장애와 반사회적 행동을 유발하는 세 가지 중요한 요인을 다음과 같이 제시했다.

> 첫째, 초기에 열악한 양육환경
> 둘째, 학교 들어갈 때 나타나는 공격적인 행동유형
> 셋째, 또래들에 의한 사회적 거부

즉, 가정, 지역, 사회 그리고 학교가 아동들에게 바람직하지 않은 행동을 하게 하는 환경적인 원인이라고 설명할 수 있다.

① 가족요인

가족요인은 어린시기에 부모와 아동간의 관계를 통해 행동하는 법을 배우게 된다. 부모가 자녀의 욕구에 민감하며 일관적인 태도를 보이면 자녀는 긍정적인 행동특성을 보인다.

반면 부모가 비일관적인 훈육을 하고 지나친 체벌을 사용하면 가족과의 갈등 상황에서 폭력적이고 공격적 성향을 보일 가능성이 높다.

② 학교요인

학령기 이전에 정서적 문제를 보이는 아동들도 있지만 입학한 후에 학교에서의 부정적인 경험으로 인하여 정서·행동장애를 일으키는 아동들도 있다. 학교는 아동들이 가정 외에 시간을 가장 많이 보내는 곳이다. 따라서 문제행동을 야기할 수 있는 다른 사건들을 확인하기 위해 학교에서 어떤 일이 일어나는지를 신중하게 관찰해야 한다.

또한 대부분의 정서·행동장애아동들은 그들이 학교에 들어가서야 판별되므로 학교가 실제로 행동장애의 발생과 관련 있는지 알아보는 것이 바람직하다. 아동들의 정서·행동문제에 기여하는 학교 교육의 실태로는 학업실패, 적절한 행동에 대한 불명확한 규칙들과 기대, 일관성이 없고 처벌적인 훈육, 그리고 다양한 학습자들의 욕구에 대한 개별화 교육의 실패 등에 기인하는 비효율적인 교육을 들 수 있다(김진호 외, 2009).

학교생활이 정서·행동문제를 일으키는 데 기여하는 몇 가지 특정 요인을 살펴보면 다음과 같다.

① 학생의 개별성에 대한 교사의 무감각
② 학생의 성취나 품행에 대한 교사 및 부모의 너무 높거나 낮은 기대
③ 학업실패를 초래하는 비효율적인 교수
④ 적절한 행동에 대한 분명하지 않은 규칙이나 기대
⑤ 일관성 없는 체벌적인 학교 훈육방법
⑥ 잘못된 행동은 관심을 받고 바람직한 행동은 무시되는 학교환경
⑦ 교사나 또래의 잘못된 행동을 모방할 수 있는 기회

이러한 요소들이 아동의 정서나 행동상의 문제를 일으킬 수도 있다는 인식을 통하여 교사는 자신의 교수방법, 아동을 향한 기대수준, 훈육방법 등을 검토해 볼 필요가 있으며, 특히 문제를 보이는 아동 개인에게만 문제의 근원이 있다고 생각해서는 안 된

다. 교사의 행동은 아동의 문제를 호전시킬 수도 있고 악화시킬 수도 있다.

③ 문화적 요인

하나의 요인을 통해 정서 · 행동장애아동들의 원인을 찾고 설명한다는 것은 불가능하다. 대부분의 행동문제는 생물학적 요인을 가지거나 그렇지 않은 아동들이 가정, 이웃, 학교, 지역사회들이 위험 요인에 노출된 결과라 할 수 있다. 아동의 행동문제에 대한 효과적인 중재와 교육접근을 하기 위해서는 정확한 원인에 대한 지식이 꼭 필요한 것은 아니다.

4) 정서·행동장애 특성

정서 · 행동장애아동들은 또래 집단의 규준에서 유의미하게 벗어나는 일탈행동을 지니고 있다. 또래들에 비해 일탈된 행동들은 학업성취와 사회적 상호작용에 나쁜 영향을 미친다.

(1) 지능과 학업성취

대부분의 정서 · 행동장애아동들은 지능과 학업성취 면에서 또래의 일반아동에 비해 낮은 편이다. 실제 정서 · 행동장애가 심할수록 학교에서의 학습수행능력은 떨어진다. 학교에서 표준화검사를 실시하는 경우 검사지시에 집중을 못하거나 검사결과 부진아로 평가된다.

Kauffman(2005)은 정서 · 행동장애아동들의 지능과 관련된 연구를 재검토한 결과 다음과 같은 결론을 내렸다. 이들의 대다수는 IQ가 평균이하이지만, 정상분포 상에서 불균형적으로 경도지체 범주에 속하고, 상대적으로 소수만이 평균 이상이었다.

(2) 적응행동

정서 · 행동장애아동들은 외현화행동과 내면화행동으로 인하여 가정과 학교 등에서 적응하는 데 어려움을 겪는다.

이들이 가장 보편적으로 안고 있는 문제는 신체적, 언어적으로 다른 사람의 복종을 강요하는 특성, 과도한 공격적 양상과 언쟁을 반복적으로 하기 때문에 또래나 부모, 교사 등과 사회적 관계를 잘 유지하지 못한다. 기분 및 불안장애와 같은 내면화 행동을 보이는 아동들은 반사회적 아동들보다 교사들을 덜 방해할 수 있다(김진호 외, 2009).

다음의 〈표 8-3〉은 정서 · 행동장애아동들이 보이는 학교-관련 문제행동이다(이소현, 박은혜, 2011).

〈표 8-3〉 학교에서 나타나는 문제 행동

학교에서 보이는 정서 · 행동장애아동 문제 행동
• 빈번한 장기결석 및 지각을 한다.
• 대부분의 학과목에서 낙제점수를 보인다.
• 1.5학년~2학년 정도의 학업수준 지체를 나타낸다.
• 교사가 제시한 과제를 끝까지 완성하지 않는다.
• 과제를 늦게 제출하거나 더럽히거나 엉망으로 제출한다. 때때로 교사에게 불손한 말을 적어서 제출한다.
• 교사의 지시와 규정을 따르지 않는다.
• 수업시간 학교과제에 대한 주의집중에 어려움을 보인다.

정서 · 행동장애아동들은 또한 위축된 행동을 하기 때문에 고립되어 환상이나 백일몽을 경험하기도 한다. 아동기 발달에 심각한 영향을 미칠 뿐만 아니라 성인이 된 후에도 정신건강 측면에서 좋지 않은 예후를 보인다.

특히, 이들은 정상적인 발달특성인 만족스러운 인간관계를 발달시키지 못하기 때문에 사회적으로 고립이 된다. 정서 · 행동장애아동의 사회적 위축행위는 세심한 관찰을 하지 않으면 발견하기 어렵기 때문에 조기발견과 교사의 세심한 관심이 필요하다.

다음 〈표 8-4〉는 정서 · 행동장애아동들이 보이는 내면화 문제행동이다.

〈표 8-4〉 정서 · 행동장애아동 내면화 문제행동

정서 · 행동장애아동 내면화 문제행동
• 친구가 거의 없고 놀이기술 등의 필요한 사회적 기술의 결핍.
• 신체적 고통을 호소한다.
• 끊임없는 관심과 도움을 요구한다.
• 우울증 증세를 보인다.
• 다른 사람들과의 접촉과 사회적 상황을 회피한다.
• 자신을 스스로 가치 없다고 생각한다.
• 소아분열증, 자폐와 같이 타인의 상호작용에 반응을 보이지 않는다.

(3) 사회 · 정서적 특성

정서 · 행동장애아동들이 나타내는 다양한 장면과 상황에서의 행동 특성에 대하여 살펴보면 이들의 사회 · 정서적 특성을 알 수 있다. 정서 · 행동장애아동들은 정서적인 결함과 함께 화용론적 언어를 이해하고 사용하는데도 문제가 있다.

정서 · 행동장애아동이 지니는 불안, 기분 및 기타장애의 유형은 다음〈표 8-5〉와 같다.

〈표 8-5〉 불안장애, 기분장애, 기타장애의 유형

분류	유형
불안장애	• 범불안장애 • 외상 후 스트레스장애 • 공포증 • 공황장애 • 강박장애 • 선택적 함묵증 • 섭식장애
기분장애	• 양극성장애 • 우울증
기타장애	• 반항장애 • 조현병 • 품행장애 • 뚜렛증후군

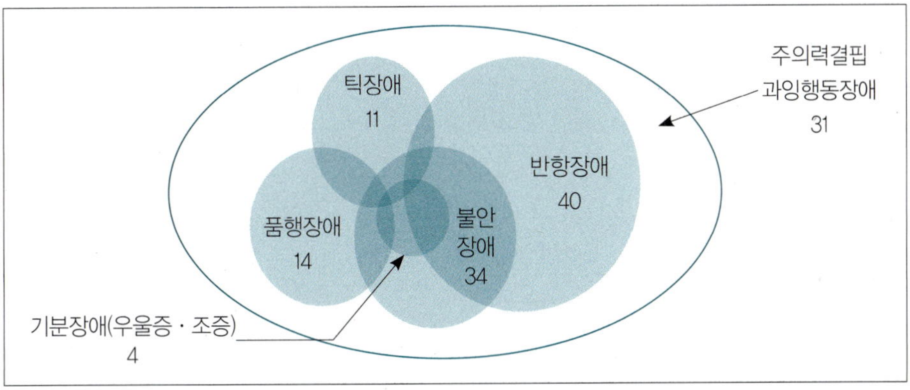

[그림 8-2] 정서 · 행동장애 유형 비율

5) 교육적 지원

(1) 행동관리

정서 · 행동장애 아동들은 일시적이든 장기적이든 온화하고 안락하며 안전한 환경을 요구한다. 교사는 아동 자신의 학습패턴과 관심에 맞게 활동할 수 있도록 배려해 주어야 하며, 문제행동을 지닌 아동에게 자신을 성공적으로 통제한 경험을 많이 갖도록 하는 것이 좋다. 다음은 교사가 정서 · 행동장애 아동을 교실에서 지도할 때 필요한 행동관리 지침이다.

- 환경을 구조화하여 행동을 성공적으로 변화시킨다.
- 강한 동기를 부여할 수 있는 활동을 계획한다.
- 일관성 있는 교육을 지속적으로 한다.
- 신학기 초에 규칙과 규범이 지켜질 수 있도록 교육한다.
- 아동이 이해할 수 있는 어휘를 선택하여 교사가 분명하게 언어전달을 한다.
- 감정과 행동을 구별하도록 교육한다.
- 선택의 기회와 학습에 따른 생각의 시간을 주어 기다려 준다.
- 눈 맞추기, 가까이 서 있기 또는 아동을 부드럽게 접촉하기를 통해 행동을 통제한다.
- 활동 사이에 충분한 휴식 시간을 갖도록 한다.
- 다양한 활동을 통하여 기다리는 시간을 짧게 하여 지루하지 않도록 한다.
- 학급의 하루 일과의 구조와 순서를 평가한다.
- 교사 자신과 아동들을 객관적으로 평가한다.

(2) 교육과정 적합화

① 사회관계 영역 : 자존감, 통합 및 사회성 발달

이 영역은 정서 · 행동장애 아동들에게 가장 중요하다. 어떤 아동들은 자신의 주변 환경에 적응하지 못하고, 사회기술이 부족하고 심지어 다른 아동에게 접근하지 않으려고 한다. 학급과 지역사회는 아동에게 익숙하고 안전한 장소가 되어야 한다. 현장학습을 할 때는 모든 아동을 안전하게 감독할 수 있도록 인적 자원을 충분히 확보해야 한다.

❶ 자존감

아동들은 자신에 대해 좋은 감정을 가질 필요가 있다. 아동들이 자신의 감정을 통제하는 것을 학습하기에 앞서 자신의 정서를 인식하고, 그러한 정서에 어떻게 반응하는지를 인식해야 한다. 아동이 어떤 생각을 하는지 물어보는 것은 중요하다(예, 아동이 어떤 주제에 대하여 느끼고, 그것에 대하여 생각하는 것은 오직 자신만의 자유 표현이라는 것을 학습하도록 도와준다.).

❷ 통합

정서행동장애 아동들을 통합시키는 일은 교사에게 있어서 하나의 도전거리가 될 수 있다. 교사는 아동이 집단의 일부라고 느끼도록 도와주어야한다. 개인차를 인정하고, 다른 아동들을 이해하며, 고립되거나 일반 아동과 같은 갈등을 겪더라도 소속감을 가지고 함께 어울릴 수 있도록 해야 한다.

❸ 사회성 발달

아동들이 어린이집이나 초등학교에 들어갈 때 또래 및 지역사회와의 상호 작용이 더욱 중요해진다. 어떤 적응문제는 가족에게 원인이 있다. 다양한 가족의 유형(한 자녀 가족, 다자녀 가족, 친척과 함께 살고 있는 가족, 한 부모 가족, 다문화 가족 등)에 대해서 이야기하고, 가족들의 기능적 요소를 강조한다.

② 의사소통 영역 : 말하기, 듣기, 읽기, 쓰기

아동이 어렵게 생각하는 상황 및 그런 상황을 불러오게 하는 생각에 대해 이야기하는 기술을 발달시킬 수 있도록 도와주어야 한다. 아동들은 문학을 통해서 다른 아동들이 어떻게 유사한 감정과 상황들을 다루는지 학습한다.

❶ 말하기

정서 · 행동장애 아동들은 사회적 상호작용에 대한 언어를 사용할 수 있도록 학습할 필요가 있다. 감정 표현 어휘를 지도한다. 아동이 이해하는 단어들을 사용하고, 감정을 나타내는 말을 지도한다(미치다, 슬프다, 행복하다, 꽉 조이다, 치다, 긴장하다, 흥분되다).

❷ 듣기

아동들에게 듣기를 이용하여 자신의 행동을 인식하도록 한다. 아동들이 지시사항을 따를 수 있도록 짧고 명료하게 지시를 하고, 교사는 아동에게 말을 하게 하여 그 내용을 재확인시킨다. 그리고 무엇을 해야 할지, 또는 하지 말아야 할지에 대해 말해준다.

❸ 읽기

읽기 준비 기술을 습득하기 위해서는 청각과 시각적 구분을 할 수 있어야 한다.

- 얼굴 특징을 구별하고 이름을 붙인다.
- 기분에 대해 이야기하도록 한다.
- 잡지에서 사람과 상황의 그림을 오려낸다.
- 적절한 문제 상황이 포함된 이야기를 큰 소리로 읽는다.

이야기를 이용하여 아동이 자신 또는 다른 사람을 다루는 기술을 증가시키도록 한다. 또래와의 갈등과 화난 감정에 대해 다루는 이야기("옛날에 ______라고 하는 아이가 있었다.")를 읽고, 감정을 다루는 것을 학습하는 아동에 대한 이야기를 해준다.

❹ 쓰기

쓰기는 다른 소근육운동 활동과 같이 어떤 아동들에게는 어려운 문제이다. 결과보다 과정에 초점을 맞춘다. 연필대신 워드프로세서를 사용하거나 아이디어를 구어보다 그래픽으로 전달하는 것이 더 쉽다는 것을 지도한다.

③ 자연탐구 영역 : 수학, 과학 및 보조공학

아동은 긍정적이고 성공적인 학습경험을 할 필요가 있다. 결과에 관련 없이 참여와 과정을 격려한다.

짧은 시간 안에 완성할 수 있도록 과제를 작은 단계로 나눈다. 정서행동장애를 지닌 아동들은 소집단에 참여하기가 더 쉬울 수 있다. 탐구 영역에서의 강조점은 덜 위협적이고 덜 힘든 분야가 되도록 해야 한다. 아동들이 스스로 조작할 수 있는 컴퓨터 소프트웨어를 선택한다.

❶ 수학

수학기능 자체를 학습할 수 있지만, 다른 활동을 통해서도 지도할 수 있고, 그러한 활동을 통해 아동의 일반적인 인식을 향상시킬 수 있다.

- 수학을 이용하여 유사성과 차이점을 지적하고 소속감을 갖게 한다.
- 차례 지키기와 공유하기로 수학기능을 통합한다.
- 단어카드 게임과 같은 단순한 게임을 이용하여 또래와의 상호작용을 격려한다.
- 경쟁적인 수학 학습게임을 너무 자주 하지 않도록 한다.
- 조작활동을 통해 수학을 지원한다.
- 아동들이 소집단 활동을 하면서 풀 수 있는 수학문제를 제작한다.

❷ 과학

탐구적 접근은 정서행동문제를 가진 아동들에게 과학을 가르칠 수 있는 좋은 방법이다. 아동이 선호하는 활동을 할 수 있지만, 다음과 같은 활동들도 포함할 수 있다.

- 물질의 물리적 특징들을 학습할 때 인간관계를 이해하도록 지도한다.
- 아동들이 실험을 하기 전에 실험에 대해 예상하도록 격려한다.
- 집단 활동을 할 때 실험방법을 지도하면서 협동심과 또래의 상호작용을 촉진 시킬 수 있다. 각 아동에게 활동을 분배하여 모두 참여하게 한다.

❸ 보조공학

컴퓨터와 상호작용을 하면 사람들과 의사소통을 하면서 극복해야 할 일들을 할 필요가 없다. 어떤 아동들에게 컴퓨터는 훨씬 덜 위협적인 존재이다.

- 단순히 키보드 치기로 할 수 있는 간단한 프로그램으로 시작한다.
- 아동들은 개별적 상호작용이 거의 이루어지 않는 소프트웨어로 작업할 수 있다.
- 컴퓨터 수가 제한되어 있다면 각 아동이 컴퓨터로 작업할 수 있는 기회를 동일하게 가질 수 있게 명단을 만들어 활용한다. 아동들이 함께 작업을 할 수 있도록 하나의 컴퓨터에 두세 개의 의자를 놓아둔다.

④ 기본생활과 신체운동 영역 : 건강과 안전, 체육 및 감각통합운동

아동들은 편안하고 안전한 환경에서 영양적 요구를 충족시키며, 보살피는 교사 및 또래들과의 관계를 발달시켜야 한다. 근육운동을 통해 대근육 운동과 소근육 운동 기술이 발달시킬 수 있고, 또래와의 상호작용을 할 수 있는 기회와 공간적 및 시간적 개념을 학습할 수 있다. 대근육 활동을 이용하여 정서행동장애를 지닌 아동들의 에너지를 발산하게 하고 집단 활동에 참여하도록 한다. 아동들은 자신의 신체, 감정 및 행동간의 관계를 인식할 필요가 있다.

❶ 대근육운동

대근육운동 활동이 통제 불능과 동일시되어서는 안 된다. 대근육운동을 통해 넘치는 에너지와 절망감을 분출하게 한다. 아동들이 뛰고, 기어오르고, 또는 세발자전거를 타도록 격려하고 에너지를 발산하게 하여 잘못된 행동으로 꾸중을 듣거나 훈계를 듣지 않도록 한다.

- 수업의 일부로 운동을 한다. 아동이 참여할 수 있는 다양한 외부활동 계획을 구성한다.
- 대근육운동 놀이는 공격적인 아동을 집단의 한 구성원으로 인정받을 수 있도록 한다.
- 샌드백 또는 바람 빠진 보보인형을 교실에 배치한다. 아동들이 무엇인가를 치고 싶을 때 샌드백을 힘차게 치도록 하고, 이러한 행동에 대해 긍정적으로 말해준다.

❷ 소근육운동

정서행동문제를 지닌 아동들에게 소근육운동 활동을 시키는 적절한 시기를 고려해야 한다. 아동이 이미 좌절감을 느끼고 있다면 소근육운동 발달과 연관된 문제들이 좌절감을 증가시킬 수도 있다. 하지만 아동들은 좌절을 회피하고 않고 오히려 동기를 부여하고, 격려하며 지원할 필요가 있다.

❸ 감각통합운동

아동들은 감각정보를 통합하는 연습이 필요하다. 어떤 아동들은 접촉, 소리 또는 다른 감각의 입력에 대해 지나치게 민감하거나 너무 둔감하기까지 하다.

- 아동이 접촉에 과민하다면 직접적인 접촉 부위를 최대한 줄일 수 있도록 스웨터나 재킷을 입게 한다. 개인적 공간을 분명히 하고 게임을 시작하기 전 모든 아동이 게임의 규칙을 알도록 한다.
- 경쟁 게임을 피하고 협력적 또는 최소한 비경쟁적인 게임 요소들을 추가한다.
- 따뜻한 물은 진정시키는 효과가 있으며, 지나치게 과민한 아동에게 유용하다. 민감성이 낮은 아동의 경우 냉수나 얼음조각을 사용하여 몸을 인식하게 하고 신체의 다양한 부위에서 어떻게 느끼는지를 깨닫게 한다.

❹ 건강과 안전

학급이 안전한 장소라는 것을 아동들이 학습하도록 한다. 예측할 수 있게 하고 지속성 있게 지도하여 아동이 무슨 일이 발생할지를 예상할 수 있게 한다.

- 적응기술(자립)을 지도하여 독립성과 자존감을 발달시키도록 한다.
- 학교 또는 밖에서 집으로 오고가는 등의 자연스런 기회를 이용한다.
- 큰 인형을 가지고 놀 때 옷 입고 벗기, 단추 잠그기와 지퍼 올리기를 지도한다.
- 아동에게 위생적인 변기사용법을 지도한다. 아동이 변기를 사용한 후 자기 스스로 닦을 수 있고, 물을 내리며 손을 씻고 말리는 학습을 한다.

⑤ 예술경험 영역: 미술, 음악, 창의성 및 역할놀이

정서행동장애를 지닌 아동들이 예술을 통해 감정을 표현하도록 조장한다. 강한 감정은 강렬한 색깔, 점토 두드리기 그리고 종이 찢기를 표출할 수 있다. 이러한 방법으로 화난 감정을 쏟아내도록 하고 아동 스스로 통제력을 유지하도록 한다. 음악을 이용하여 아동의 마음을 편안하게 하고 감정을 표현하도록 한다. 역할놀이를 통해 걱정과 두려움을 해소할 수 있고, 그러한 상황에 대처하는 연습을 할 수 있다.

❶ 미술

미술을 통해 아동의 신체와 자신의 감정을 어떻게 표현하는지를 지도할 수 있다.

- 큰 종이에 자신을 그려본다. 색깔을 칠하고 오려서 인형을 만들어 본다. 운동장에서 자신의 그림자에 물을 부어 자신을 그려본다.
- 느끼는 대로 점토를 치고 굴리고 찢기를 해본다. 자신의 감정을 그림으로 그려본다.

❷ 음악

음악을 이용하여 감정과 소리의 관계를 지도할 수 있다. 음악은 움직임과 함께 에너지를 방출하기에 좋은 활동이다.

- 아동들이 상처를 받아서 진정시켜야 할 필요가 있다면, 열정적인 선율로 시작하여 느린 음악으로 끝낸다. 매우 시끄럽고 활동적인 음악에서부터 조용하고 편안한 음악에 이르기까지 CD나 테이프를 준비하여 상황에 맞게 들려준다.
- 아동이 노래를 학습하면 변화하는 세상에서 예측 감각을 촉진시킬 수 있도록 노래를 자주 이용한다. 아동이 좋아하는 곡을 부른 다음 새로운 노래를 지도한다.
- 정서행동장애를 지닌 아동은 특정 리듬을 즐거워한다. 특정 리듬 노래를 요구하도록 격려한다.

❸ 창의성활동

아동은 자신의 신체를 통제할 수 있게 학습할 필요가 있다. 자신의 내면적 감성을 인식하도록 하고, 이러한 감정을 사회적으로 인정할 수 있는 행동으로 반응할 수 있도록 한다.

- 아동이 장난감 병정처럼 자신의 신체를 긴장시키고 또는 천으로 된 인형처럼 편안해지는 것을 학습하도록 안내한다.
- 율동으로 심리정서를 표현할 수 있도록 지도한다. 다양한 음악을 들려주고 율동하도록 한다.

❹ 역할놀이

역할놀이는 좋은 관계를 형성하도록 하고, 상황에 대한 두려움을 해소시키는 데 도움이 된다.

- 아동이 다른 아동과 놀기를 원하지만 어울리는 방법을 모를 경우 교사가 아동과 함께 집단에 어울려 놀며 어울리는 방법을 지도한다. 아동 참여 정도가 커질수록 교사는 서서히 물러난다.
- 집, 학교, 상점, 병원 또는 소방서 등의 상황을 만들어 다양한 역할을 해보게 한다.
- 아동이 두려워하는 상황에서 무엇을, 어떻게 해야하는지에 대해 이야기한다.
- 인형을 이용하여 경험을 간접적으로 이야기한다. 또한 다양한 주제로 장난감 전화놀이를 한다.

⑥ 정서 · 행동장애아동 지도 사례

주 제: 여름 (목표언어: 의문사)

활 동 명: 날씨가 더워요 우리를 시원하게 해주는 것에 대하여

활동자료: 여름철 냉방기기 대한 입체이야기자료, 장난감 실물자료, 영상자료

T: 오늘 어린이집 오는데 날씨가 추웠나요? 더웠나요?

C: 더웠어요! 땀이 나요!

T: 예! 맞아요. 오늘은 날씨가 많이 더워서 00반 친구들 얼굴과 이마에 땀이 났어요! 그럼 땀이 나면 어떻게 하는지 00반 친구들이 선생님이 이름 부르면 1명씩 일어나서 이야기 해주세요(정서 · 행동장애아동 특성에 따른 충동성, 청각적 주의집중. 차례 지키기...).

C: 세수하고, 에어컨 틀고..... 혼자서 계속 말을 함

T: 00아 잘 이야기했어요. 그런데 조금 전 선생님이 1명씩 순서를 지키며 일어나서 발표를 하자고 했지요? 그런데 00이는 우리가 약속한 순서 지키기 규칙을 따르지 않아 친구들이 이야기를 하지 않으려고 해요. 지금부터 발표 순서에 따라 이야기하도록 해요.

C: 예 그런데요 선생님 여름은 ..... (아동이 혼자서 계속 말을 이어나감)

T: 그만![부드럽지만 단호한 목소리로] 선생님이 순서 지키면서 규칙에 따라 이야기를 하자고 했지요. 그런데 00이가 규칙을 어겨서 맨 뒷자리에 있는 의자에 앉아서 다른 친구 이야기를 들어요[수업시간에 발표의 기회를 차단... 5분 정도, 아동이 잘 앉아 있으면 바로 발표의 기회를 주어 아동 특성의 충동성을 긍정적 언어행동으로 전환하여 준다.]

T: 예 00이가 선생님과 00반 친구들에게 순서 지키기를 잘하고 발표해서 참 잘했어요! 스티커를 줄 테니 00이 칭찬 스티커에 붙여요[강화물 통한 적절한 언어사용에 대한 보상]

T: 자 그러면 여름철 날씨가 더울 때 우리 몸을 시원하게 해주는 물건들에 대하여 선생님이 이야기를 해 줄 테니 잘 듣고 나중에 이야기 나누기로 해요!

C: 예 그런데요 선생님! 지금 우리 교실에 에어컨이 있는데요, 우리 집에도 에어컨 있는데

T: 00아 선생님이 00반 친구들에게 이야기를 해주려고 하는데 지금은 00이가 발표하는 시간이 아니고 00반 친구들과 모두 함께 선생님 이야기를 듣는 시간입니다. 그러니 00이 가 발표하고 싶어도 잘 듣고 있으세요. 친구들도 함께 듣고 있잖아요? 맞지요? 지금은00이가 무엇을 해야 하나요? 00이가 선생님 이야기를 듣는 시간입니다.

C: 예 선생님!

T: [선생님이 입체 이야기 자료 활동을 마치고] 와! 우리 00반 친구들이 모두 선생님 이야기를 잘 들어 주니 선생님이 너무 기분이 좋아요! 친구들이 선생님 이야기한 내용에 대하여 이름을 부르면 이야기 해 주세요.

T: 우리 몸을 시원하게 해주는 것에 대하여 이야기 해 주고 어떻게 사용하는 지 친구들에게 재미있게 이야기 해주세요![선생님은 순서를 지켜 호명하며, 간략히 활동한 내용에 대하여 질문한다] 00아! 선풍기에 대하여 이야기 해주세요. 00아! 부채에 대하여 이야기 해주세요. 00아! 친구들이 이야기한 내용을 다시 한번 이야기 해 줄래요?

C: "우리 아빠는요 여름에 시원한 바다로 여행을 떠나요!"[아동이 청각적 주의집중 안 함]

T: 00아! 선생님 말을 잘 듣고 말하세요. 조금 전 친구들이 이야기하는 내용을 잘 듣지 않았구나! 친구들이 이야기할 때 눈은 반짝반짝, 귀는 쫑긋쫑긋 잘 보고, 잘 듣고 잘 생각 하고 친구들에게 이야기 해 주면 좋아할 거예요! 방금 선생님이 뭐라고 했나요?

C: 잘 모르겠어요.

T: 따라해 보세요. 눈을 반짝반짝, 귀는 쫑긋쫑긋, 잘 보고, 잘 듣고 잘 생각해서 말한다!

T: 00아 선생님과 친구들에게 이야기를 할 때는 순서지키기하여 이야기해야 합니다. 혼자서 계속 이야기 하면 다른 친구들이 이야기 할 수 없어요. 그리고 손을 씻을 때나 화장실을 이용할 때 줄을 서서 기다리는 것과 같아요! 알겠지요. 약속 잘 지키면 칭찬 스티커를 붙여 줄 것입니다.

C: 예 선생님

T: 자! 지금 부터는 여름에 우리 몸을 시원하게 해 주는 모든 것에 대하여 1명씩 순서지키면서 이야기하기로 해요[선생님은 아동들을 둥글게 앉도록 하여 자연스럽게 순서대로 돌아가도록 구성한다]. 아이스크림(A아동), 에어컨(B아동), 수박(C아동), 선풍기(정서 · 행동장애아동) [환경중심의 자연스러운 활동은 정서행동장애 아동이나 주의력결핍과잉행동장애 아동의 과잉행동, 충동성, 주의력 향상에 도움이 된다.]

6) 상담 사례

Q 상담 사례1 질문

민수는 00소재에 있는 초등학교 1학년에 다니고 있는 아동이다. 4세에 아빠가 돌아가시고 엄마와 친할머니 친할아버지와 함께 기초수급자로 경제적으로 어려운 형편입니다.

민수는 화가 나면 분노조절을 못 하고 할아버지에게 욕을 하고 물건을 던지는 행동을 수시로 하였다. 엄마는 퇴근 후에 민수의 숙제를 봐주려고 하면 엄마에게 고함을 지르면서 책과 노트를 밖으로 던져버리고 분이 풀리지 않으면 대성통곡을 하고 문을 발로 차거나 물건을 문을 향해서 던지는 행동이 반복되고 있다. 민수는 늦은 시간까지 숙제하는 동안 엄마와 심한 갈등을 빚고 있다. 엄마는 민수의 폭력적인 행동과 학업적 결함을 나타내는 모습에 지쳐서 긍정적 반응보다는 부정적 반응으로 엄마 또한 욕설과 함께 폭력으로 아이를 통제하고 있습니다.

민수는 수업시간에 수업시작 종이 울려도 운동장에 있는 놀이터에서 혼자 놀거나 친구들에게 욕설과 함께 신체적으로 부딪히면서 공격적이고 폭력적인 모습을 보이고 있다. 3학년 형들에게 욕설과 함께 모래를 던져서 3학년 형들에게 맞는 횟수가 늘어나면서 학교에서는 유명해졌다. 담임선생님은 학교로 엄마를 불러 병원상담을 권유하게 되었습니다.

병원에 의뢰 한 결과 정서 · 행동장애의 소견이 보인다는 검사결과를 받았습니다. 민수는 학교에서 주위의 부정적인 시선과 부정적인 또래관계로 인하여 어려움을 겪고 있습니다. 민수는 학교생활 밖 교회에서의 생활에서도 가만히 있지 못하고 교회동생들을 때리거나 한자리에 앉아 있지 못합니다. 민수를 위해 도와줄 수 있는 방법을 문의합니다.

A 답변

민수는 주변 환경을 통제하고 지배하려는 욕구가 강한 성향과 불편감이 느껴지는 자극에 대해서는 쉽게 흥분을 하거나 화를 표현할 가능성이 높아 보이므로 갑작스럽게 공격적으로 대응할 수 있습니다. 사회적 규범에 익숙하지 않은 민수에게 규제와 제재가 강한 학교 환경과 학업을 하는 과정에서 또래와 교사에 대해 적대적 태도를 보이며 매우 부정적인 태도를 보이는 것 같습니다.

민수는 가까운 어머니와 조부모 대상과의 관계에서 불안정한 애착유형을 보여 왔을 것으로 보입니다. 관계를 맺고 유지하는 양상이 일방적이고 자기중심적이어서 주변 사람들로부터 부정적인 말, 거절, 거부의 경험이 많을 것으로 예상되며 이런 환경적인 조건이 민수에게 자기 자신에 대한 분노와 공격성을 갖게 하는 요인으로 작용했을 가능성이 있습니다. 감정을 표현하는데 미숙하고 스트레스 상황에서 부적절하거나 퇴행적이며 상황에 맞지 않는 행동을 보일 수 있습니다. 병원에서 약물치료를 권유한다면 약물과 함께 가족과 긍정적인 애착관계형성이 도움이 되는 가족치료를 함께 병행하시는 것이 도움이 될 것 같습니다.

Q 상담 사례2 질문

7세 여자아이가 학교 입학 준비를 하기 위하여 학습을 시키는 과정에서 갑자기 틱을 보이고 있습니다. 어깨를 으쓱하고 머리를 좌우로 흔들고 눈을 깜빡이고 있습니다. 병원에 갔더니 틱증상이라고 틱 치료약을 먹여보라고 합니다. 의사 선생님이 엄마가 아이의 틱을 견디지 못하면 약을 먹이는 게 좋다고 했습니다. 약물에 대한 정보를 찾아보니 부작용도 많고 살이 많이 찌거나 졸음이 많이 온다고 합니다. 틱 치료방법이 약물치료 밖에는 없나요?

A 답변

자녀의 틱증상은 단순운동 틱 증세로 대개 갑작스럽게 짧은 시간동안 의미 없는 동작으로 틱 장애의 초기 증상으로 가장 흔하게 나타나는 증상들입니다.

현재까지 틱 장애는 한 가지 원인 인자로 밝혀진 것은 없습니다. 유전적인 원인과 심리적 요인을 생각해 보시는 것이 좋을 것 같습니다. 가족 중에 틱장애를 나타내는 경우가 있는지, 부모님 중에 매우 통제적이고 간섭이 심한 경우가 있다면 아이는 항상 긴장되어 있고 불만을 표현하지 못하고 스트레스를 이겨내지 못하고 틱으로 나타난다고 볼 수 있습니다.

틱 장애가 많이 시작되는 연령이 7~10세 사이 즉 초등학교 입학을 전후하여 틱 증상이 공부와 관련된 스트레스가 증상 악화 요소로 작용한다고 볼 수 있습니다. 자녀의 틱증세의 원인을 파악하여 원인을 제거해 주는 자녀에게 맞는 놀이치료, 미술치료 프로그램을 적용하면 문제가 쉽게 해결이 될 수 있습니다.

약물치료는 의사선생님과 상담 후 치료프로그램과 함께 적용하면 좋을 것 같습니다.

Q 상담 사례3 질문

00시 소재의 영수는 엄한 아버지 밑에서 조금만 잘못해도 혼나기 일쑤였다. 초등학교 때 동생과 다툼을 하거나 숙제를 안 하거나 말썽을 부리면 여지없이 아버지에게 체벌을 당하고 정서적 학대 수준의 훈육을 듣기도 했어요. 초등학교 1학년 여름방학 때 워터파크를 갔다 온 이후로 눈을 찡긋거리고 어깨를 들썩거리는 증상을 보였는데, 병원에 가야 되지 않느냐는 어머니의 말을 무시하고 아버지는 나쁜 습관이 들었다면서 고치라고 혼만 냈어요. 그 이후 증상은 점점 심해져 모든 사람들이 주시할 만큼 몸을 움찔거리고 악악 소리를 질러대서 뒤늦게 신경과의 약을 복용하고 심리치료를 시작해도 별다른 효과를 보지 못했어요.

영수는 이런 틱 증상으로 인해 우울과 불안증상도 심해져 등교도 하지 않고 부모님과의 대화도 하기 싫어하는 상태입니다. 영수에게 어떻게 해주어야 할지 막막합니다.

A 답변

틱에 대한 오해를 하고 계시는 부모님이 많이 계십니다. 신경학적 요인과 관련된 틱장애는 뇌의 발달과 관련이 있기 때문에 아이들의 뇌가 완성되는 시기인 만 12~15세까지 지속되거나 악화되는 방향으로 진행하게 됩니다. 특히 틱이 만 5~7세에 시작되면 만 10세까지는 완만하게 진행되다가 만 10세가 되면 만 12세까지 급격하게 나빠질 가능성이 있습니다.

틱장애는 본인의 의지와 관계없이 무의식적으로 반복된 행동을 하는 것으로 눈을 깜빡이거나 갑작스러운 동작을 취하고, 소리를 내는 등의 행동으로 초기에는 어느 정도 조절이 가능하나 뇌의 기능이 점차 약화되면서 의지로도 조절이 불가능한 시점에 다다르면 심각한 상태로 넘어가며 1년 이상 지속된 상태는 뚜렛증후군으로 갈 수 있습니다.

틱이 발생하는 원인 중 심리적 요인은 일시적으로 아동이 심한 충격, 공포, 불안, 분노, 환경의 변화(동생출생, 이사, 전학) 등으로 인해 심한 스트레스에 노출되고 이로 인해 틱이 유발된 경우에는 대부분 틱 증상이 시간이 지나면서 저절로 좋아지거나 스트레스 환경이 사라지면 호전될 가능성이 있습니다.

틱은 약물치료와 함께 틱의 전조감각을 반대행동으로 바꿔주고 이완해 주는 습관반

전훈련, CBIT 행동치료요법으로 트레이닝을 한다면 효과가 있습니다. 영수와 부모님이 산책을 함께 하면서 30분 동안 걷기운동을 하십시오. 그리고 태권도와 수영은 틱증세가 호전되었을 때 시키는 것을 권유합니다.

◎ ADHD아동의 상담사례

Q 상담 사례 질문

유치원 선생님의 권유로 종합심리검사를 하였습니다. 아동은 유치원 교사의 말을 듣지 않고 미술시간에는 얼굴에 색종이를 붙이고 친구들에게 얘들아 내 얼굴 좀 보라 하면서 수업 분위기를 해치는 경우가 많았습니다. 여자 친구의 배를 발로 차거나 친구들을 괴롭히는 행동이 많아 친구들 모두가 아동을 싫어하는 상황입니다.

검사결과 작업기억 영역이 평균이하, Word Color Test 결과 좌측 전두엽손상과 더욱 밀접한 관계가 있습니다. 라는 검사 결과가 나왔습니다.

의사선생님은 약물치료를 권유하고 있습니다. 약물치료를 해야 할까요? 제가 아이를 어떻게 도와주면 좋을까요?

A 답변

자녀 때문에 걱정이 많으시겠어요. 병원검사결과 전두엽손상과 연관이 있으며 작업기억이 평균이하 결과를 살펴보면 아이가 정보를 머릿속에 기억하고 조작하는 능력이 낮다고 생각을 하시면 됩니다. 그리고 약물치료 하는 것이 자녀에게 도움이 많이 될 것 같습니다.

약물치료와 함께 작업기억 향상 놀이를 가정에서 함께해 주시면 작업기억 향상에 많은 도움이 될 것입니다. 아이들이 좋아하는 보드게임, 이미지 작업기억, 시장에 가면, 역할놀이 다양한 다감각적 접근을 해주시면 도움이 많이 될 것입니다.

2 학습장애 상담

학습장애(Learning Disability: LD)라는 용어는 1963년 미국의 Samuel Kirk에 의해 처음으로 알려졌고, 지적기능의 전반적인 발달지체는 아니지만 읽기, 쓰기, 셈하기 등의 학습능력에 지속적인 어려움을 겪는 상태를 나타내는 교육적 용어이다.

학습장애에서 가장 많이 나타나는 어려움은 읽기장애 또는 난독증 영역이다. '천재'라고 불리는 과학자 알베르트 아인슈타인과, 토머스 에디슨, 그리고 동화작가 안데르센의 공통점은 이러한 읽기장애나 난독증을 극복하였다는 점이다.

1) 학습장애 정의

▣ 「장애인 등에 대한 특수교육법」 정의

개인의 내적 요인으로 인하여 듣기, 말하기, 주의집중, 지각, 기억, 문제해결 등의 학습기능이나 읽기, 쓰기, 수학 등 학업 성취 영역에서 현저하게 어려움이 있는 사람.

▣ 「한국특수교육학회(2009)」 정의

학습장애란 개인 내적 원인으로 인하여 일생 동안 발달적 학습(듣기, 말하기, 주의집중, 지각, 기억, 문제해결 등)이나 학업적 발달(읽기, 쓰기, 수학 등) 영역들 중 하나 이상에서 심각한 어려움을 겪는 것을 말한다. 이 장애는 다른 장애조건(감각장애, 지적장애, 정서장애 등)이나 환경실조(문화적 요인, 경제적 요인, 교수적 요인 등)와 함께 나타날 수 있으나 이러한 조건이 직접적인 원인이 되어 나타난 것은 아니다.

2) 학습장애 분류

학습장애의 분류 체계에 대하여 연령대를 근거로 발달적 학습장애와 학업적 학습장애로 kirk와 Chalfant(1984)는 구분하여 [그림 8-3]과 같이 제시하였다(김애화 외, 2016). 한국특수교육학회(2008)에서는 학습장애의 분류 체계를 발현 시점에 구분하여 발달적 학습장애, 학업적 학습장애, 비언적 학습장애로 구분하였다.

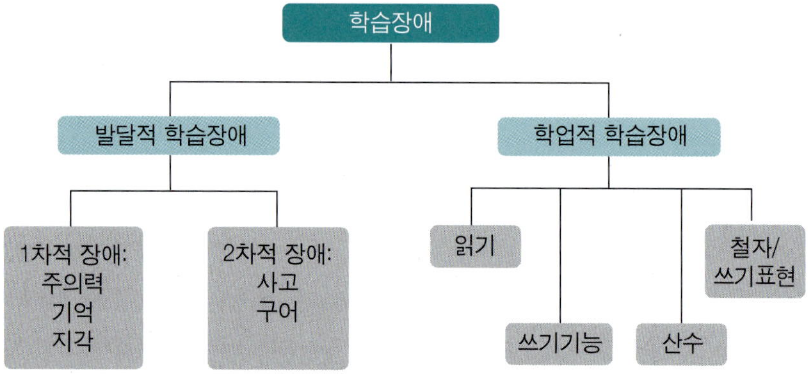

[그림 8-3] Kirk와 Chalfant(1984)의 학습장애 분류

(1) 발달적 학습장애

유아기부터 취학 전까지의 발달기 동안에 일어나는 장애로 학업성취에 필요한 선행기술의 결함으로 학습과 관련된 기본적인 영역에서 현저하게 어려움을 지닌다. 이러한 결과는 다음과 같이 주의집중장애, 기억장애, 지각장애, 사고장애 및 구어장애로 나타난다.

① 주의집중장애

주의집중은 학습을 위해 필수적인 선행조건으로, 학습 시에 일어나는 다양한 자극들 중 필요한 자극을 선별해 내는 능력을 말한다.

② 기억장애

기억장애는 단기기억, 장기기억 등의 능력 결함으로 인하여 보고 듣고 경험한 것을 기억하지 못하는 경우를 말한다.

③ 지각장애

지각은 감각을 인지하고 변별하며 해석하는 것을 의미한다. 단어, 그림 등을 인지하고 변별하며 해석하는 데 어려움이 있는 것을 말한다. 이러한 장애를 가진 아동은 그림이나 숫자의 의미에 따라 반응하고, 자신이 본 것을 이해하는 속도가 느릴 수 있다.

④ 사고장애

사고에는 판단, 비교, 계산, 추리, 평가, 비판적 사고, 문제해결 및 의사결정 등의 활동이 포함되어 있으며, 이러한 사고과정의 개념과 단편적인 지식들을 조직하여 목표를 달성하거나 새로운 이해 수준에 도달하기 위한 능력에 어려움을 가지는 경우이다.

⑤ 구어장애

인간은 언어적이거나 비언어적인 방법을 통하여 대상, 사건, 관계, 사고 등을 서로 표현하는데, 구어를 도구로 하여 다른 사람의 의사를 수용하거나 통합하지 못하며 자신을 표현할 수 없을 때 구어장애라고 한다.

(2) 학업적 학습장애

학령기 이후의 학업성취 과정에서 요구되는 읽기, 쓰기, 수학 능력 등에서 어려움을 가지는 경우로 아동은 학습 잠재력을 가지고 학교에서 정상적인 학습을 경험했음에도 불구하고 학년 수준에 비해 성취 수준이 현저하게 떨어지는 경우를 말한다.

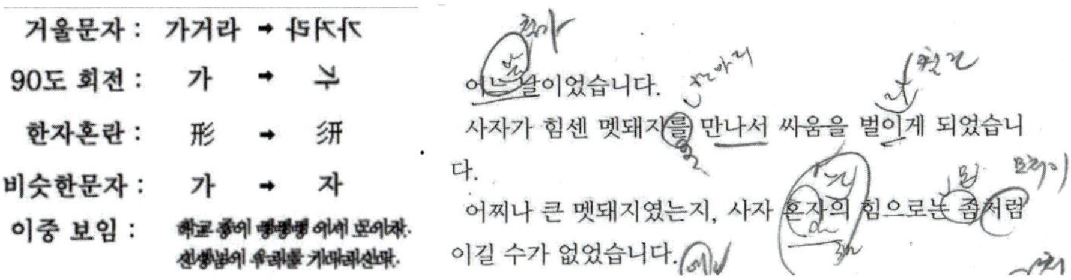

[그림 8-4] 읽기학습장애 사례

① 읽기학습장애

학습장애 하위영역 중 가장 많은 경우로 학습장애의 60~70% 이와 같은 기능을 제대로 발휘하지 못하여 음운인식, 유창성, 독해 등의 문제로 문자 매체를 읽고 의미를 파악하는 데 곤란을 겪는 것을 말하며, 대표적인 읽기학습장애로는 난독증을 들 수 있다.

② 쓰기학습장애

내적 요인이나 운동기능 통제, 지각, 시기억 및 기능의 우세성을 고려하지 않은 손의 선택(오른손잡이, 왼손잡이) 등으로 인하여 쓰기가 곤란하거나, 다른 사람이 읽을 수 없을 정도의 난필을 쓰는 경우를 쓰기학습장애라고 한다.

③ 수학학습장애

수학학습장애는 기본적인 계산기능인 덧셈, 뺄셈, 곱셈, 나눗셈 등의 학습과 추론능력, 언어능력을 필요로 하는 수학교과 영역의 학습에 장애를 가지며, 언어문제, 주의집중문제, 시·공간변별, 감각통합문제 등에 의해 일어난다.

3) 학습장애 원인

학습장애의 원인은 신경학적 요인, 유전적인 요인, 생태·환경적 요인, 생화학적인 요인으로 구분할 수 있다.

(1) 신경학적 요인

학습장애를 지닌 아동들의 경우, 대뇌손상이나 신경학적 손상의 증거가 불확실함에도 불구하고 줄곧 이러한 요인을 원인으로 추정하며 미소뇌기능장애, 뇌 손상, 중추신경계 기능장애라고 불렀다. 의학적으로는 이러한 정신적 충격이 출생 전, 주산기, 출생 후에 일어날 수 있으며, 학습장애의 원인이 될 수 있다. 학습장애의 판별에 관한 일부 연구들은 학습장애를 지닌 아동들과 일반학생들 사이에 대뇌의 구조적 측면이나 대뇌의 기능적 측면에 차이가 있다는 증거들을 계속 축적하고 있다(Hallahan & Kauffman 2006). 현재도 대뇌의 외상에 관한 임상적 증거가 거의 없지만 fMRI와 같은 첨단 테크놀로지를 이용하여 신경학적 기능장애를 규명하려는 연구들은 지속되고 있다(정대영, 2017).

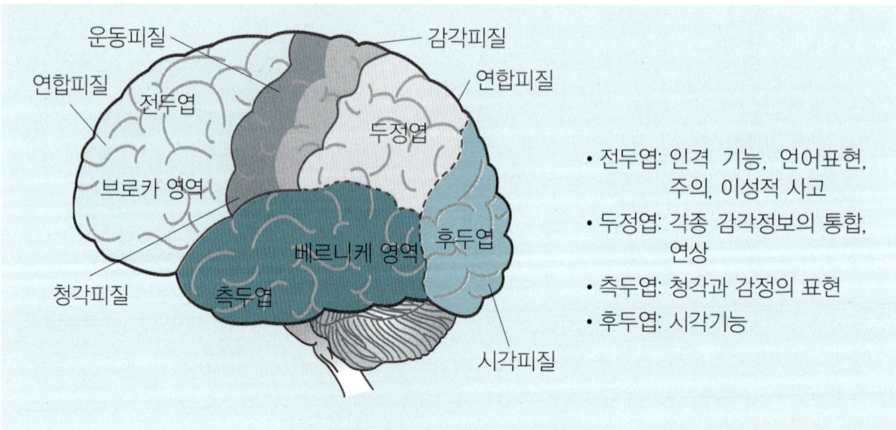

[그림 8-5] 대뇌의 구조와 기능

(2) 유전적 요인

학습장애의 유전 가능성에 대한 연구는 가계연구와 쌍둥이 연구를 통해 진행되어 왔다. 학습장애아동의 가계를 조사한 결과, 부모가 읽기장애를 가지고 있을 경우 학생이 읽기장애를 가질 확률은 30~50%인 것으로 나타났다(Smith, 2004). 유전적 이상은 학습장애 문제를 일으키거나 그러한 영역에 어려움을 겪게 한다. 이러한 문제는 부모나 교사에게 관심사가 된다. 일란성 쌍둥이와 이란성 쌍둥이에 관한 연구는 학습장애가 유전된다는 점을 주장했다. 일란성 쌍둥이 중 한 아동이 난독증으로 어려움을 겪을 경우, 나머지 아동도 그럴 가능성이 높다. 이러한 결과는 유전과 환경 문제가 명확히 구분되는 유전적인 요인이며, 연구 결과 또한 일부 학습장애는 유전될 수 있다는 점을 지지하고 있다(Doyle et al., 2001).

(3) 생태 · 환경적 요인

생태 · 환경적 요인은 학습에 직접적인 영향을 미칠 뿐 아니라 뇌기능장애의 가능성이 높은 상황을 만들어 학습에 간접적인 영향을 미칠 수 있다. 즉, 낮은 사회 · 경제적 지위(예를 들면, 양육문제, 영양실조, 빈곤, 질 낮은 교수)는 다른 요인들과 결합하여 학습장애의 학업적 결함특성에 매개역할을 할 수 있음을 의미한다. 예를 들어, 양육자의 언어적 자극이 부족한 환경에서 성장한 아동의 경우 뇌 기능이 정상적으로 발달하는 데 어려움이 있을 가능성이 높다. 이러한 신경생물학적 요인은 아동의 음운 인식과 같은 인지처리적 요인에 부정적인 영향을 미쳐 학업적 결함이 나타날 수 있다(공주대학교 특수교육연구소, 2016).

(4) 생화학적 요인

생화학적 물질은 신경세포들 사이에서 전기신호를 통한 정보전달을 조절하고 이완하면서 뇌 활동에 중요한 역할을 하는데 이러한 전달물질이 불균형을 나타내면 뇌의 전기적 활동에 이상이 일어날 수 있다는 것이다. 예컨대 내분비호르몬과 과잉행동 및 학습장애 간에는 어느 정도 관련성이 있는 것으로 알려지고 있다 갑상선호르몬의 수치가 낮을 경우 기억, 인지, IQ 등에 저하를 가져올 수 있으며, 수치가 높을 경우 주의산만, 과잉행동, 신경과민 등을 일으킬 수 있다(Pierangelo & Giuliani, 2006). 또한 음식물 섭취를 통한 인공 색소나 인공 향료가 학습장애를 일으킬 수 있는 것으로 보고 있다. 유사한 추정으로는 비타민 결함, 특히 비타민 B의 결함 등이 그 예이다.

학습장애는 이질적인 특성을 가지는 영역이기 때문에 아직까지도 학자들 간에 개념과 정의 그리고 판별에 이르기까지 명확한 학문적 기준의 제시에 따른 의견을 제시하지 못하고 있으나, 지속적으로 의견을 모으고 있는 중이다.

출생 전(태아기)	주산기	출생 후
• 흡연 • 약물남용 • 알코올중독	• 출산 지연 및 난산 • 무산소증(산소결핍증) • 미숙, 저체중 • 의료기구에 의한 뇌 손상	• 발작 • (뇌)진탕 • 수막염/뇌염 • 고열 • 사고 등으로 인한 뇌 손상

한편, 의학적 관점에서는 다양한 신경학적 검사, 뇌 영상 연구를 통해서 학습장애는 뇌기능상의 문제라기보다는 뇌의 생리적 기능의 변화로 인해 발생하는 것이라는 데 의견을 같이하고 있다(국가건강정보포털 https://health.kdca.go.kr).

4) 학습장애 특성

학습장애아동은 이질적인 집단의 특성으로 인하여 제각기 아동에 따라 매우 다양하게 나타나며, 특히 개인 간, 개인 내의 차이에 따라 선수기능과 학업기술 영역인 읽기, 쓰기, 수학, 추론 등에서 어려움을 지니는 정도는 매우 다를 수 있다.

(1) 학업적 특성

학습장애아동들 대부분이 어려움을 지니고 있는 학업적 특성의 하위 유형을 나열하면 읽기장애, 쓰기장애, 수학장애, 구어장애, 사고 및 추론장애이다. 이들의 유형은 서로 상호 간섭의 연관성이 있고, 이를 정확히 파악하고 이해하는 것은 학습장애아동들을 지도하는데 앞서 매우 중요하다고 할 수 있다.

미국의 「장애인교육법」 및 현행 문헌에서 제안하는 학습장애의 학업적 특성에 따른 하위 유형은 〈표 8-6〉과 같다.

〈표 8-6〉 학습장애 하위 유형

읽기장애	쓰기장애	수학장애	구어장애	사고장애
단어인지 읽기장애 읽기유창성 읽기장애 읽기이해 읽기장애	철자 쓰기장애 작문 쓰기장애	연산 수학장애 문제해결 수학장애	듣기장애 말하기장애	원인-결과 추론의 어려움

김애화 외(2016)가 제시한 읽기학습장애, 쓰기학습장애, 수학학습장애의 학업적 특성에 대한 내용을 살펴보면 다음과 같다.

① 읽기학습장애 : 읽기학습장애는 대부분의 학습장애아동이 어려움을 나타낸다.

❶ 단어재인 문제

단어재인은 문자 해독을 통해 이루어진다. 초기 단어 재인 능력은 이후 읽기 이해 능력을 예측해 주므로 때문에 매우 중요하다. 단어재인을 위해 아동은 음운 인식, 시각단어, 문맥 단서, 단어 구조 분석 등 여러 가지 단어 재인 기술을 사용하게 된다(Lerner & Kline, 2006).

- 음운인식: 음소와 글자 간의 관계 혹은 규칙을 이해하여 단어를 읽는 것
- 시각단서: 일견 '단어'라고도 하며, 단어를 보자마자 바로 인지하는 것을 말하는 것
- 문맥단서: 아동이 글을 읽을 때 문맥을 통해서 단어를 인지하는 것
- 단어구조 분석: 의미를 가진 최소 단위로 단어를 분석하여 인지하는 것을 의미함. 즉, 접두사나 접미사와 같이 의미를 가진 최소 단위로 단어를 쪼갠 후 읽는 것

❷ 읽기유창성 문제

음운인식은 가능하나 조음상의 문제가 없음에도 읽기 유창성에 문제를 가진 아동이 꽤 많이 발견된다. 즉, 이 아동들은 단어를 제대로 읽을 줄은 알지만 적절한 속도로 읽지 못하여 결국은 읽은 내용을 이해하는 데 어려움을 갖게 된다. 이러한 경우 아동의 명명하기의 속도 문제를 의심해 볼 수 있다. Bowers 및 Biddle(2000)은 음운 인식 결함과 명명 속도 결함은 서로 독립적이면서도 함께 나타날 수 있다고 주장하고, 취학전 · 후 저학년 선별검사에 명명 속도 측정을 추가하는 것이 필요하다고 제안하였다.

❸ 읽기이해 문제

읽기의 궁극적인 목적은 글을 읽고 그 의미를 파악하는 것이다. 읽기장애 아동의 대다수가 읽기 이해에 심각한 어려움을 경험하고 있다.

단어 재인 문제	구문론적 인식 문제
의미론적 인식 문제	선행 지식의 부족
기억 문제	사고 과정 문제

② 쓰기학습장애

❶ 글자 쓰기 문제

- 신경학적 혹은 시 · 지각 능력에 문제가 있는 아동은 누군가 읽어 줄 때보다 글을 보고 쓸 때 오류가 더 많이 발생한다.
- 청 · 지각 능력에서의 어려움을 지닌 아동은 글을 보고 쓰기를 할 때보다 누군가가 읽어줄 때 쓰기 오류가 더 나타난다.
- 소근육 문제를 가진 아동은 연필을 잡을 때 손놀림이 어색하며, 손의 힘이 필요이상으로 강하거나 약해서 혹은 부자연스러워서 글 쓰는 작업이 방해된다.

❷ 철자 문제

- 불필요한 글자를 삽입하거나 생략하고 다른 문자로 대체하는 경우가 많다.
- 읽기, 또는 듣기의 소리 나는 대로 적는 것(예, 한라산 → 할라산, 같이→ 가치)
- 불필요한 글자를 삽입하거나 생략하고 다른 문자로 대체하는 경우가 많다.
- 쓰기장애 아동의 철자와 관련된 학습 전략은 일반 아동에게 적용한 것과 유사하다.

❸ 쓰기 표현 문제

- 쓰기 표현 문제는 읽기 독해와 구두 언어상의 어려움에서 큰 영향을 받는다.
- 쓰기 표현 어려움의 아동은 글쓰기에 필요한 계획과 검토 과정에 어려움을 가진다.
- 글을 쓰는 과정에서 주제를 잊어버리기 때문에 글의 내용이 엉뚱한 방향으로 벗어나기 쉬우며, 주제에 대한 다양한 지식을 가지고 있다 해도 인출 문제로 인해 자신이 가지고 있는 지식에 대한 접근에 실패한다.
- 작문의 종류, 속성 및 구성 요소 등에 대한 지식 부족과 글쓰기 기술의 부족을 나타낸다.
- 반복된 철자 쓰기와 작문에서의 어려움에 의해 쓰기 표현 자신감이 떨어지게 된다.

③ 수학학습장애 : 수학계산장애와 수학추론장애로 구분할 수 있다.

수학계산장애	수학추론장애
▶숫자를 알지 못함 ▶암산을 잘하지 못함 ▶한 묶음 안의 물체 수를 세지 못함 ▶숫자를 알지 못함 ▶암산을 잘하지 못함 ▶한 묶음 안의 물체 수를 세지 못함 ▶수학부호(+, −, =, ×)의 의미를 이해 못 함 ▶도형과 관련된 문제를 어려워함 ▶분수와 소수 문제를 어려워함 ▶문제를 풀 때 연산을 헛갈려 함	▶크기, 순서 또는 수량과 관련된 개념이 어려움 ▶적절한 문제 해결 전략을 습득하거나 사용하는데 어려움을 지님 ▶구해진 답이 합당한지를 판단하지 못함 ▶어림 또는 예측과 관련된 문제의 어려움 ▶차트나 그래프 또는 표를 이해하지 못하거나 만들 수 없음 ▶학습한 수학적 기술을 일반화하지 못함 ▶추상적인 수학 개념 (예, 수직선의 양수와 음수)에 어려움 지님

(2) 인지적 특성

학습장애를 지닌 아동들은 인지, 상위인지 및 정보처리 과정 문제와 관련된 특성을 지니고 있다. 인지에 관한 이론들은 인간이 정보를 습득하고, 파지하며, 처리하는 방법에 초점을 맞추고 있다. 학습장애아동은 흔히 이러한 과정에 문제를 보인다. 일부 아동들은 기억력이 열등하여 오늘 학습한 내용을 내일이면 잊어버린다(정대영, 2017). 학습장애아동은 기억, 지각, 주의집중 등의 인지적 과정에 있어 결함을 보이는 경우가 많다. 특히 짧은 기간 동안에 기억이 지속되어야 하는 단기기억력에 더 어려움을 보인다. 단기기억력을 높이기 위해서는 기억하고자 하는 정보에 주의를 집중하는 과정이 필요한데, 학습장애아동의 상당수는 주의집중의 문제를 병행하고 있어 이들의 기억력 문제는 더욱 심각하게 된다(Bender, 2008).

이러한 인지적 결함을 해결하기 위해서는 구체적인 조직화된 학습전략과 학습매체를 준비하여 다감각 입력을 통한 정보 채널(예, 시각, 청각 등)로 주의집중과 장 · 단기 기억 저장 인지능력에 긍정적 결과를 가지도록 지도한다.

(3) 사회 · 정서적 특성

학습장애아동의 지속적으로 반복된 학업상의 좌절감은 부정적인 학습자아개념으로 이어진다. 예를 들면, 일반아동들에 비해 우울감이나 학교생활의 부적응, 또래와의 관계단절, 극단의 자살 충동 혹은 고립감 등을 경험할 가능성이 더 많다.

▶사회적인 측면: 학습장애아동의 75%가 사회적 기술결함을 지니고 사회적으로 고립되어 있으며, 또래에게 인기가 없다(Kavale & Forness, 1996). 이로 인하여 사회적 능력에서도 어려움을 지닌다(Gresham, 2001). 타인과의 사회적 관계의 형성과 유지, 사회적 단서를 잘 읽지 못하거나 부적절한 사회적 판단을 하는 미숙한 모습을 보인다. 상황에 맞지 않는 행동을 하거나 자신의 행동이 가져올 결과를 미리 예측하거나 받아들이기도 어렵다(박승희 외, 2007; Bender, 2008).

▶정서적인 측면: 행동 이전에 반성적 사고가 부족하고, 충동적인 경향이 많으며, 전반적으로 인내심이 약하고 쉽게 좌절하는 경향을 보인다. 그런가 하면 집단 놀이 중에 지나치게 흥분하는 경향이 있기도 한다. 즉, 비교적 감정과 반응의 변화가 심한 편이다(김동일 외, 2016). 또한 사회적 예절에 민감하지 못하며 정서가 우울하거나 사회적으로 위축되는 경향이 크고 모든 면에서 의존적이다.

5) 교육적 지원

(1) 교육과정 적합화

학습장애 아동들은 교육교과정의 수정이나 조정이 필요하며, 아동의 개별적 요구에 따라 제공해야 할 유형이 결정된다. 통합교육과정에서 학습장애 아동들을 포함시키고 이들의 요구를 충족시켜주기 위해 프로그램을 조정하면, 적대적 반항장애와 같은 이차적 장애를 예방하고 학습의 실패를 줄일 수 있다.

① 사회관계 영역 : 자존감, 통합 및 사회성 발달

모든 아동은 다른 아동 및 성인과 관계를 형성해야 하고, 자신이 다른 사람과 무엇이 다르고 어떤 것이 유사한지를 인식할 필요가 있다. 다양한 방법을 이용하여 문제를 해결하도록 아동을 격려하고 지도와 연습이 필요하다.

❶ 자존감

학습장애로 인한 학업실패의 경험으로 자존감에 열등감을 가지기 때문에 아동이 어려움을 겪는 영역에서 활동을 할 때 자신의 강점을 인식하도록 지도한다.

❷ 통합

아동이 집단의 한 부분임을 스스로 느끼도록 도와준다. 인간으로서 독특함을 지니고 있으며 집단에 기여할 수 있음을 이해하게 한다.

❸ 사회성 발달

사회학습을 통해 다른 사람들과 그들이 하는 역할을 인식하도록 지도한다. 아동의 강점과 요구에 기반을 두고 사회수업을 한다(예, 달리기, 노래, 그림, 리더십 장점이용).

② 의사소통 영역 : 말하기, 듣기, 읽기 및 쓰기

학습장애 아동들은 언어적 어려움을 지니고 있다. 연속적인 활동과 기억하기 게임은 일부 아동에게 어려울 수 있으며, 어떤 아동들은 청각 변별 과제를 어려워할 수 있다. 난독증을 지닌 아동은 문해기술을 학습하기 위해 다른 아동들에 비해 더 많은 연습을 해야 할 것이다.

❶ 말하기

아동이 자신의 생각을 전달하고 느낌을 말로 표현하도록 격려한다. 아동이 말하기를 어려워할 때 사진 단서로 아동의 언어화를 지원하고, 하루 생활에 대한 일련의 사진을 주고, 순서를 맞추어 설명하게 한다.

❷ 듣기

학습장애 일부 아동들은 소리나 단어의 차이를 인식하는 데 문제가 있어서 종종 의미를 잘못 이해하고, 단어의 운율 요소를 구별하는 데 어려움을 보인다. 아동의 청각적 기술을 발달시키기 위해서는 의사소통 시도를 강화시켜 줄 수 있는 재미있는 주제를 선택한다. 주의집중시간을 늘리고 집중력을 증가시키는 활동도 도움이 된다. 문장은 가능하면 짧게 하고, 한 번에 한 단계씩 지시한다.

❸ 읽기

대부분의 학습장애아동은 읽기학습에 문제를 가지고 있기 때문에 국어와 문해 활동을 즐겁게 할 수 있도록 해야 한다. 아동에게 읽기가 재미있다는 것을 알게 하고, 체험할 수 있도록 동기를 유발시켜 주어야 한다.

❹ 쓰기

쓰기에는 가독성(다른 사람이 읽을 수 있게 글쓰기), 유창성(단어를 자연스럽게 이어서 쓰기) 및 속도가 포함된다. 지구력이 부족하거나 소근육운동 협응능력이 부족하면 쓰기에 문제를 갖게 된다. 왼손잡이 아동은 또 다른 문제를 가질 수 있다.

③ 자연탐구 영역: 수학, 과학 및 보조공학

학습장애아동들은 다른 아동들만큼 일반적인 지식을 가지고 있지 못하기 때문에, 인과관계 및 추상적 사고 등 논리적 추론에 대한 연습을 해야 한다. 다음에 무슨 일이 일어날 것인지에 대해 예측할 수 있다는 것을 먼저 사물을 이용하여 연습시키고, 그다음에는 행동으로 시범을 보여준다. 이러한 방법을 통하여 아동의 인과관계 추론기능을 점차 개선시킬 수 있다.

❶ 수학

수학 분야의 감각운동을 경험적으로 인식하도록 한다. 단지 수학에 대해 보거나 듣기만 하지 말고 실제로 수학활동을 하는 것이 중요하다(예, 숫자를 제시할 때 물체의 집단과 숫자 일치시키기와 구분하기, 숫자, 색깔, 또는 그림을 선택하는 게임하기, 물체 세기, 숫자 이름 말하기 등의 수 개념과 관련된 게임을 한다.).

❷ 과학

기초적인 탐구방법을 적용하면 학습장애아동이 과학에 더욱 열심히 참여할 것이다. 아동은 자연세계를 이해하고 조직하기 위해 과학의 기본 개념들을 이용할 수 있어야 한다(예, 오렌지, 컵, 거울을 관찰하게 하고, 할 수 있는 만큼 세부 사항들 색깔, 모양, 크기, 감촉, 기능을 설명하게 한다.).

❸ 보조공학

학업성취를 위한 컴퓨터 활용 교육은 학습장애아동에게 동기부여와 반복학습의 장점이 있다. 보조공학을 발달에 맞게 적절하고 효과적으로 이용하기 위해서는 교육과정에 반드시 포함시켜야 한다.

④ 신체운동 및 기본생활 영역 : 대 · 소근육운동, 감각통합운동 및 기본생활

학습장애 아동들은 충동적 행동, 계획하기 능력의 부족, 환경에 대한 정보처리의 문제로 인하여 생활 속에서 많은 위험에 노출되어 있다. 또한 움직임과 관련하여 공간과 거리에 관한 정보를 통합하는 능력에 결함을 보일 수도 있기 때문에 신체움직임을 통한 즐거움을 경험하도록 해주어야 한다.

❶ 대근육 운동

학습장애 아동들은 신체 조절과 율동 능력이 부족하다. 이러한 아동은 깡충 뛰기, 뛰어오르기, 그리고 줄넘기와 같은 중요한 기본 운동기술이 부족하다. 아동이 소근육운동을 할 수 있기 전에 자신의 몸통과 어깨에 있는 대근육운동을 안정시킬 수 있어야 한다. 특히 교사는 협응력이 부족한 학습장애 아동을 지도하기 위한 활동계획들은 발달 단계에 적합해야 한다(예, 선 따라걷기 O, S, Z 모양, 뛰기, 큰 공굴리기, 작은 공 던지기 등).

❷ 소근육운동

교사는 아동에게 연습이 필요하다는 것을 알게 하고 흥미를 갖도록 해야 한다. 소근육운동 기능이 열등한 아동들은 손가락과 손목을 움직여 작은 물체를 다루는 것이 서툴다. 학습장애를 지닌 아동들은 선 안쪽 색칠하기, 지정된 영역에 풀칠하기, 가위로 종이 자르기 등도 어려울 수 있다. 큰 크레파스, 큰 분필, 그리고 단순한 디자인은 아동들의 소근육운동 능력을 발달시키는 데 도움이 된다.

❸ 감각통합운동

아동들은 접촉, 시야, 그리고 소리 등 자신의 감각을 이용하여 몸을 인식하고, 움직임을 통해 중력의 당기는 힘에 관한 정보를 얻는다. 뇌가 이러한 정보를 조직하고 해석하는 과정을 감각통합이라고 한다. 어떤 아동들에게는 운동계획하기가 쉽고 자연스럽지만 학습장애 아동들에게는 어려운 과제일 수 있다. 그러므로 교과과정을 이용한 다양한 감각채널을 활동을 통하여 자연스럽게 지도하도록 한다(예, 점토를 굴려 막대모양이나 글자를 만들고, 자신의 이름을 말하도록 한다. 트렌폴린에서 뛰면서 끝말잇기를 한다.).

❹ 건강과 안전

학습장애 아동들은 안전지시를 따르는 데 어려움을 겪거나 감각운동의 통합능력이 열등하여 위험한 상황에 자주 처하게 되기 때문에 세심한 지도가 필요하다.

⑤ 창의적 예술 : 미술, 음악, 창의성활동 및 역할놀이

학습장애 아동들은 시각적 미술을 통해 정서적 해방, 시각적 및 촉감을 통합할 수 있는 기회, 다른 사람에 의해 옳고 그름이 판단되지 않는 창작을 할 수 있는 기회를 갖게 된다. 음악은 감각운동의 통합 능력을 향상시키는 데 도움이 된다. 창의적 움직임을 추가하여 아동들이 정서를 표현하도록 하고 신체지각 능력을 향상시킨다. 역할놀이를 통해 아동들의 역할과 감정을 인식하도록 도와준다(예, 슬픔, 화, 불행한 감정, 행복한 감정 등을 표현).

❶ 미술

아동이 자유스럽고, 자발적이며 창조적일 수 있도록 조장한다. 아동이 자신의 작품이 무엇인가 중요하고 특별한 것이 되어야 한다고 부담을 갖게 되면 실패할 가능성이 높아진다.

❷ 음악

음악은 아동의 신체적, 심미적 그리고 인지적 발달에 기여한다. 이것은 즐거움과 창조적 경험을 제공하고, 청각적 기술을 발달시킨다. 감상, 노래 부르기, 음악에 따라 율동하기, 그리고 악기 연주하기 등 음악적 경험을 다양하고 폭넓게 시킨다.

❸ 창의성활동

학습장애 아동들에게는 창의성활동에 있어서 활동의 질을 중요시할 것이 아니라 창조성에 대한 부분을 강조해야 한다. 아동들의 활동을 평가하는 것보다 아동이 표현하고 해석할 수 있는 기회를 제공하는 것에 더 중점을 두어야 한다. 움직임은 또한 감각통합 능력을 발달시킬 수 있는 기회를 제공한다.

❹ 역할놀이

역할놀이는 아동들에게 여러 가지 역할을 할 수 있는 기회를 제공하고, 새로운 세계를 경험할 수 있도록 한다. 또한 새로운 역할을 시연하고 통제받을 기회를 경험하게 한다. 익숙하지 않은 상황은 문제가 될 수 있다. 학습장애 아동들은 고통만큼이나 즐거움을 표현하는 데도 문제가 있기 때문에 행복하고 슬픈 감정을 표현하는 연습을 해야 한다.

(2) 읽기와 쓰기 지도 – TIP

① 읽기 지도

- 아동에게 발달 수준에 알맞은 의미 있는 책 시간을 정하여 읽어 준다.
- 아동이 자발적 능동적으로 책 그림에 관심을 가지고 응시한다.
- 아동과 교사가 함께 책장을 넘기며 그림에 대하여 이야기 들려준다.
- 교사가 책장을 보며 그림에 대한 글자를 손가락으로 집어 가며 음성언어와 연결하여 읽어준다.
- 읽기 습득을 위해 풍부한 글자 환경과 글자를 매체로 하는 상호작용으로 표현한다.
- 읽기는 듣기, 말하기, 쓰기와 통합적으로 발달하게 되므로 교사는 글자 자료에 대하여 풍부한 경험을 가지도록 지도해야 한다.
- 아동의 읽기 활동은 인지발달에 영향을 줄 수 있으므로 관계되는 의미 있는 내용으로 상호 통합적으로 지도한다.
- 읽기 습득에도 아동을 둘러싼 환경에 영향을 받고 개인차를 가지므로 교사는 이를 염두하고 지도하도록 한다.
- 읽기 습득에 긍정적 결과를 가지기 위해서는 아동이 읽기에 대한 능동적 자세로 즐거운 경험을 가지도록 해야 한다.
- 아동은 말과 글자의 상징적 표상을 이해하기 시작하고 나아가 양자 간의 관계를 인식하게 되므로 교사는 아동들에게 말과 글자의 관계를 인식하도록 지도한다.

② 쓰기 지도

- 아동에게 연필이나 크레파스 등으로 다양하게 그릴 수 있도록 풍부한 경험을 제공한다.
- 교사는 그림책을 읽고 의미 있는 수준의 글자를 그림과 관련하여 적어 준다. 아동의 손을 잡고 읽어준 그림의 의미 있는 핵심 단어를 적어 준다.
- 아동이 그림에 대하여 얘기를 하면서 무언가 긁적거릴 수 있다면 교사는 글자 쓰기 한 것에 대하여 글씨를 쓴 것과 비슷하다면서 칭찬해준다.
- 아동이 그림을 보거나 들려주는 내용에 대하여 아무렇게나 쓰게 되는 자발적 행동을 유도하고 쓰면서 말로 표현하는 방법으로 지도하며 칭찬해준다.
- 교사는 아동이 언어 표현에 대한 상징기호 시각화한 문자를 이해하게 된다면 친구 이름에 대한 글씨 표현과 자신의 이름에 대한 글씨를 표현하도록 하고, 나아가 아동의 환경을 둘러싼 익숙한 사물에 대한 글자 쓰기를 통하여 표현하도록 지도하도록 한다.
- 교사는 아동이 글쓰기 표현에 대한 부정적인 경험을 가지지 않도록 항상 성공할 수 있는 풍부한 긍정적 경험을 가지도록 배려하여 지도한다.

6) 상담 사례

Q 상담 사례1 질문

제 아이는 7세에 병원에서 ADHD진단을 받고 약물치료를 받았습니다. 어릴 때부터 가만히 앉아서 책보는 것을 싫어하고 활동적인 것을 좋아했어요. 초등학교에 입학하고 1학년까지는 잘 몰랐는데 초등학교 2학년 담임선생님이 아이가 책을 잘 못 읽고 읽은 내용을 이해하지 못하는 것 같다고 하셨습니다. 학습에 문제가 있는 것 같은데 한번 상담을 받아보라고 권유하였습니다.

A 답변

학습에 어려움은 보통 6~7세에 나타나는 경우가 많습니다. 7세 이전에 그림책을 유창히 읽지 못하거나 쓰기능력, 셈하기와 같은 학습과 관련된 인지 기능 발달이 지연될 때 학습장애가 생길 수 있습니다. 선생님이 책을 잘 못 읽고 이해를 못 하는 것 같다고 말씀하시는 것으로 보아 학습장애의 특성 중 읽기장애를 의심해볼 수 있습니다.

읽기 장애는 읽기 속도가 느리고 아동이 자신이 읽은 문장을 이해하지 못하고 단어를 소리 내어 발음하는 데 어려움이 있습니다. 그리고 글을 잘 읽지 못하고 지식을 받아들이는데 제한적인 요소가 있습니다.

학습장애는 조기발견과 조기치료가 매우 중요하기 때문에 아동의 개인내적인 자원을 살려 학습된 무기력을 다양한 활동을 통하여 자신감을 올릴 수 있는 치료를 해야 합니다. 저학년에는 치료 속도가 빠르게 나타나고 있습니다.

가정에서 역할극을 통하여 책을 소리 내어 읽는 연습을 하거나 통글자 읽는 연습을 하는 것도 좋은 방법입니다.

제9장

청각장애 및 시각장애 상담

1. 청각장애 상담
    1) 청각장애 정의
    2) 청각장애 분류
    3) 청각장애 원인
    4) 청각장애 특성
    5) 교육적 지원
    6) 상담 사례

2. 시각장애 상담
    1) 시각장애 정의
    2) 시각장애 분류
    3) 시각장애 원인
    4) 시각장애 특성
    5) 교육적 지원
    6) 상담 사례

학습목표

1. 청각장애 정의, 분류, 원인, 그리고 특성에 대하여 알 수 있다.
2. 시각장애 정의, 분류, 원인, 그리고 특성에 대하여 알 수 있다.
3. 청각장애 · 시각장애아동의 교육적 지원에 대하여 알 수 있다.

생각나누기

■ 감각장애(청각장애, 시각장애) 특수교육 보조공학기기 발전사 과거와 현재

[과거 1890년대] 수어 · 지화

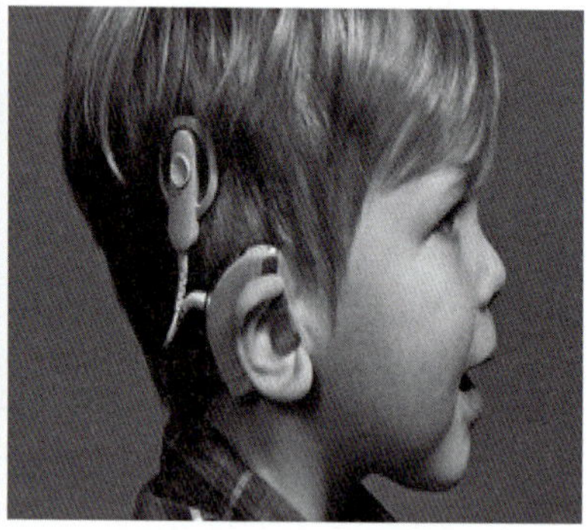

[현재 2000년 이후] 인공와우기기 조기교육

출처:http://blog.naver.com

[독서 확대기]

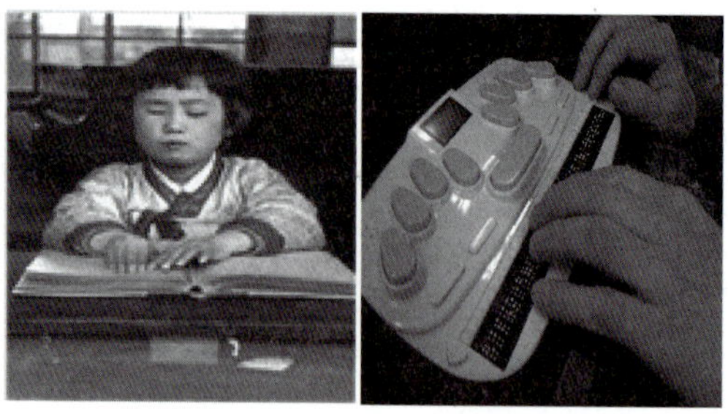

[점자 학습: 과거와 현재]

출처: 한국의 특수교육역사(2002).

I 청각장애 상담

인간은 모든 소리를 귀의 메커니즘인 청각경로 즉, 외이-중이-내이-청신경을 통하여 감지하고 듣게 된다. 이러한 귀의 청각경로 중에서 특정 부위에 장애를 지니게 되면 청력에 손실을 입어 소리를 전혀 들을 수 없거나 어느 정도의 소리만을 들을 수 있는 상태가 되어 청각장애로 의사소통에 어려움을 겪는다.

1) 청각장애 정의

청각장애란 경도에서 최중도에 이르는 청력 손실의 전 범위를 포괄하는 용어로, 청각경로인 귀에서 뇌에 이르기까지 관여하는 기관의 이상으로 소리를 듣지 못하거나 소리의 뜻을 이해하지 못하는 경우를 말한다. 청각장애를 지칭하는 용어로 농(deaf)과 난청(hard of hearing)의 두 가지로 분류할 수 있다.

청각장애는 의학적인 관점과 교육적인 관점에 따라 다르게 정의할 수 있다. 의학적 관점에서는 청각장애는 청력손실의 정도에 따라 정의하며, 교육적인 관점으로는 청력손실이 언어발달과 교육 성취와 같은 학업수행에 부정적인 영향을 미치는 경우를 일컫는다(한국청각언어장애학회, 2012).

▣ 「장애인 등에 대한 특수교육법」 정의

청력손실이 심하여 보청기를 착용해도 청각을 통한 의사소통이 불가능 또는 곤란한 상태이나, 청력이 남아 있어도 보청기를 착용해야 청각을 통한 의사소통이 가능하여 청각에 의한 교육적 성취가 어려운 사람

▣ 「한국특수교육학회(2008)」 정의

- 청각장애: 청각기관의 손상을 지칭하는 일반적인 용어로 농과 난청을 포함한다.
- 농: 청각보조 장치를 사용하거나 사용하지 않은 상태에서 청각에 이한 언어정보의 처리가 매우 어려워 교육수행에 부적 영향을 미치는 심한 청각장애를 의미한다.
- 난청: 청각보조 장치를 사용하거나 사용하지 않은 상태에서 청각에 의한 언어정보의 처리가 원활하지 않은 교육 수행에 부적 영향을 미치는 청각장애를 의미한다.

▣「청각 소리 전달 경로」

소리는 이개(귓바퀴)를 통하여 집음 되어서 외이와 중이를 거쳐 내이에 전달될 때 외이와 중이는 전음의 기능을 하며, 내이는 감음의 기능을 한다[그림 9-1].

◆ 기도 전달 [외부의 공기입자를 통한 매체로 전달]

소리 – 이개(귀바퀴) – 외이 – 중이 – 내이 – 중추 청신경

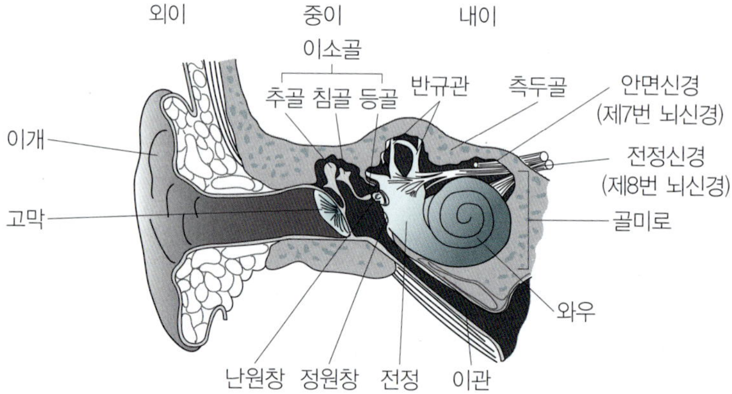

[그림 9–1] 기도 청취 경로 및 귀의 구조

◆ 골도 전달 [외부의 소리 파장이 두개골(bone)로 전달]

소리 – 두개골(bone) – 내이 – 중추 청신경

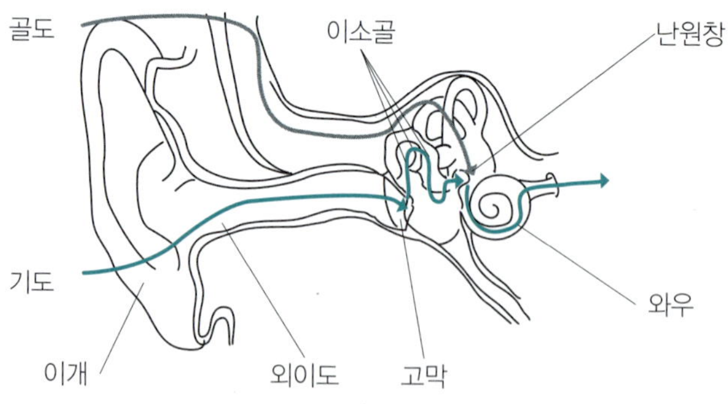

[그림 9–2] 골도 청취 경로

출처: 권순우 외(2020). 재인용.

2) 청각장애 분류

청각장애의 분류에는 청력손실 시기, 청력손실 정도, 청력손실 부위 등 다양한 기준에 따라 분류하지만, 학교 현장의 교육적인 측면에서는 청력손실 시기에 많은 관심을 가진다. 왜냐하면, 취학 전·후기의 언어발달과 학업성취도에 밀접하게 관련되기 때문이다.

(1) 청력손실 시기에 따른 분류

청력손실 시기를 교육적 측면에서는 언어습득 전·후로 나누어 분류.

언어 습득 전	언어 습득 후
• 언어를 이해하고 표현하는 능력 즉, 듣고 말하는 언어를 습득하기 전에 청각장애로 판명 • 선천적이거나 영·유아기 전후	• 언어 능력(이해, 표현)을 습득한 후에 외부 환경의 어떠한 요인으로 청각장애로 판명 • 후천적으로 유·아동기 전후

(2) 청력손실 부위에 따른 분류

청각기관의 손상 위치의 부위에서 따른 분류는 아래와 같다[그림 9-3] 참조.

◆ 전음성 난청: 외이나 중이의 문제로 발생하는 청각장애

• 청력손실 정도는 심하지 않은 경우(청력 보장구: 보청기)

◆ 감각신경성 난청: 외이나 중이는 정상이지만 내이나 청신경의 손상

• 청력손실 정도가 경도 ~ 최고도까지 다양(청력 보장구: 인공와우 이식, 청성 뇌간이식)

◆ 혼합성 난청: 전음성 난청과 감음신경성 난청이 혼합된 경우

• 청력손실 정도는 전음성 난청↗ 감음신경성↘

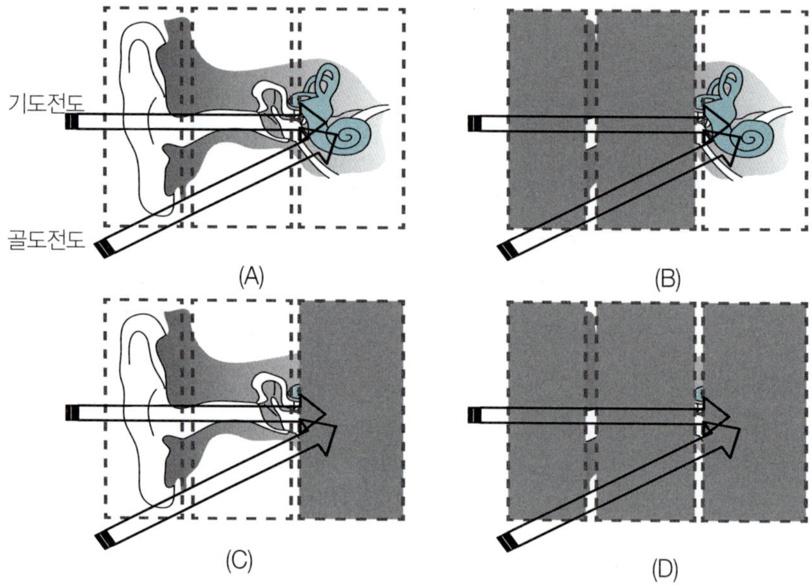

[그림 9-3] 정상청력(A), 전음성 난청(B), 감각신경성 난청(C), 혼합성 난청(C)

※ 회색블록은 외이, 중이, 내이의 청각 경로 중 병변의 부위를 의미함
출처: 한국청각학교수협회(2017).

3) 청각장애 원인

청각장애의 원인을 명확히 알 수 있는 요인을 찾아내고 밝혀내는 일은 여전히 어려운 일이다. 현재도 '원인 불명'으로 판단되는 것이 상당 부분을 차지하고 있기 때문이다. 미국의 전국 단위 결과에서도 청각 손상의 원인을 400가지가 넘은 것으로 조사되어 정확한 청각장애의 원인을 알 수 없다(Gallaudet Research Instiude, 2008). 청각장애의 원인을 출생 전·후별로 살펴볼 때 출생 전 난청의 원인은 다음과 같다(김삼섭 외, 2012).

(1) 출생 전 원인

- 모체의 풍진: 임신부가 임신 초기에 감염이 되는 경우에 다양하고 심한 장애를 유발하게 된다.
- 유전: 출생 시에는 청력에 이상이 없다가 생후 몇 년이 지나 난청이 되는 경우 유아 유전자 이상에 의해 태어날 때부터 이미 고도의 난청으로 태어나는 내이의 형성에 이상이 있는 경우가 있다.
- 모체의 풍진: 임신부가 임신 초기에 감염이 되는 경우에 다양하고 심한 장애를 유발하게 된다.
- 선천적 농: 출생 시 유전자 이상으로 발생하는 경우로 내이 형성에 이상이 있다. 유아가 2세가 지나도 말을 하지 못할 때 선천적 농이 의심된다.
- 선천성 거대세포 바이러스 감염: 바이러스 감염인 거대세포 바이러스는 청각장애를 포함하는 여러 장애를 야기할 수 있다.
- 조산/임신기간 중 합병증

(2) 출생 후 원인

- 중이염: 소아에서 가장 흔한 난청의 원인은 감기에 의한 중이염으로 급성 중이염을 조기에 치료하지 않고 그대로 방치할 경우 만성 중이염으로 이환되어 청력이 저하 될 수 있다.
- 뇌막염: 언어발달 후 청력손실을 일으키는 가장 큰 원인이라고 보고 있다. 뇌막염은 중추신경계 박테리아나 바이러스 감염에 의한 것으로 내이의 정밀한 청각기관을 파괴할 수 있다.
- 모체의 풍진: 임신부가 임신 초기에 감염이 되는 경우에 다양하고 심한 장애를 유발하게 된다.
- 소음: 큰 소음(시끄러운 음악 소리, 비행기 소리, 공장 소음 등)에 반복적으로 노출되면 청력손실에 치명적인 원인이 된다.

4) 청각장애 특성

(1) 언어와 말의 발달

농이나 난청으로 태어난 아동은 정상 청력을 가지고 태어난 아동과 똑같이 울고 옹알이를 하게 된다. 그러나 청각장애로 인한 청각적 피드백의 형성이 곤란하기 때문에 청각장애 아동의 옹알이는 곧 사라지게 된다. 이처럼 청각장애 아동은 사회에서 일반적으로 사용하는 언어를 획득하는 데 상당한 어려움을 겪게 되며, 언어에 의한 의사소통이 곤란해져서 결국 언어 발달에 문제가 생기게 된다(권순우 외, 2020).

청각장애아동의 언어발달을 촉진하기 위해서 언어적인 자극을 줄 때 능동적으로 참여하도록 한다. 청각장애아동은 언어발달이 다소 느리기는 하지만 발달하지 않는 것은 아니기 때문에 청각장애아동의 다양한 자극으로 언어의 의미를 잘 이해하고 표현할 수 있도록 해주는 것이 언어발달에 중요하다.

다음의 〈표 9-1〉은 청각장애아동의 발달시기별 언어특성에 대한 내용이다.

〈표 9-1〉 발달시기별 청각장애학생의 언어특성

<table>
<tr><th>발달시기</th><th colspan="2">언어발달 특성</th></tr>
<tr><td>생후 3~4개월</td><td colspan="2">몸짓, 움직이기, 울기, 양육자가 의사소통으로 해석할 수 있는 발성</td></tr>
<tr><td>생후 6~12개월</td><td colspan="2">목적을 달성하기 위해 몸짓과 발성을 사용한 의도적인 의사소통 시작</td></tr>
<tr><td rowspan="3">생후 6~36개월</td><td>비언어적
의사소통기술</td><td>• 증가, 단어나 기초 습득 시작시기에 감소되거나 고정</td></tr>
<tr><td>언어적
의사소통 행위</td><td>• 19개월에서 시작, 30개월에 안정, 30~36개월 사이 현저히 발달</td></tr>
<tr><td>어휘</td><td>• 생후 18개월: 평균 0~9개의 단어 사용
• 생후 22개월(통합적 의사소통 프로그램): 60개의 수화 외 구어 단어 습득
• 생후 22개월(구화 의사소통 프로그램): 10개의 수화 외 구화단어 습득</td></tr>
<tr><td rowspan="2">학령기</td><td>어휘 및
단어 의미</td><td>• 최중도 청각장애학생: 대략 3년 이상 지체
• 중증도 청각장애학생: 1년 정도 지체</td></tr>
<tr><td>화용기술</td><td>• 대화자로서 역할하기, 화제 꺼내기, 화제 유지하기에 어려움을 보이나, 나이가 들어감에 따라 꾸준히 향상</td></tr>
</table>

(2) 인지 · 학업적 특성

청각장애아동의 지적능력은 대체로 일반아동과 비교했을 때 차이가 거의 없다. 동작성 검사에서는 일반아동과 별 차이가 없지만, 언어성 검사에서 현저한 차이를 나타냈다. 청각장애아동들은 인지력에 결함이 있는 것이 아니며 단순히 잘 듣지 못하는 것이다. 일반아동과 똑같은 인지 발달단계를 따르나 약간 느릴 뿐이다(권요한 외, 2015).

학업적인 면에서 언어 관련 교과에서는 학업성취 점수가 현저히 낮지만, 수학 등과 같은 언어성이 요구되지 않는 교과에서는 일반아동과 차이가 없거나 일반아동보다 뛰어난 수준을 보이기도 한다. 이와 같이 인지 · 학업적 능력이 일반아동과 차이가 없다면 청각장애로 인한 전반적인 요인들과 가족의 사회경제적, 교육지원의 정도가 영향을 주고 있음을 고민해 보아야 할 것이다.

학자들마다 청각장애아동의 학업능력에 대한 연구결과의 차이가 다소 있지만 대체적으로 다음과 같다.

- 어휘능력: 난청의 경우 2년, 농아동의 경우는 4~5년 정도 지체된다. 형용사와 부사와 같은 추상적인 의미를 내포하는 어휘 습득에 어려움을 보인다.
- 읽기능력: 전반적인 읽기이해 능력은 4~5학년 정도의 수준을 나타낸다(단, 최근 인공와우 이식 수술에 대한 건강보험 적용으로 이른 시기에 인공와우 기기를 착용하고 청능훈련을 받은 영유아들은 학령기 이후 언어발달에 향상을 보이고 읽기능력이 또래 수준에 이르는 능력을 보이기도 한다.). 특히, 문법, 비유적 · 은유적인 표현, 문맥이해 등에서 어려움을 나타낸다.
- 쓰기능력: 문법의 규칙 습득에 전반적인 어려움을 지닌다. 자기중심적 표현과 배경내용을 알 수 있는 묘사에 부족함을 나타낸다. 특히, 조사 사용에 어려움이 많다. 문장을 구성할 때 단문장 형식으로 아주 짧게 표현하는 경향이 있다.
- 수학능력: 수학능력은 다른 학습능력에 비하여 가장 높은 성취 수준을 보인다. 초등학교 고학년에서 중학교 저학년 수준까지 이른다.

(3) 사회 · 정서발달

건강한 정서를 발달시키기 위해서는 출생 이후부터 부모와의 바람직한 애착관계가 형성되어야 하며, 인지능력과 언어기술이 뒷받침되어야 한다. 그러나 청각장애아동들은 언어 지체로 인해 자기표현이 어려움과 감정을 표현하는 정서적인 단어를 잘 이해하지 못함으로써 자기이해가 부족할 뿐만 아니라 다른 사람의 감정을 인지하고 이해하는 데 어려움을 겪는다.

특히, 청각장애인들의 낮은 사회인지 능력과 감정과 의사 표현의 어려움은 사회 · 정서발달과 자신이 정서적 특성과 사회적 상호작용 능력에 부정적인 영향을 미치게 된다. 결국 의사소통 결함으로 인해 구성원들 간이 정서적 유대관계 및 상호작용에 어려움을 겪게 된다(김삼섭 외, 2012). 이러한 점에서 청각장애아동의 사회 · 정서발달을 위해서 일반아동과 함께 서로가 폭넓은 이해를 통한 원활한 의사소통을 위한 다양한 방법으로 접근할 수 있는 길을 모색하여야 할 것이다.

5) 교육적 지원

(1) 다양한 언어지도 접근법

① 의사소통 접근법

청각장애를 지닌 유아를 둔 부모들은 자녀의 의사소통 교육과 관련하여 구화법에서부터 이중언어-이중문화 접근법에 이르기까지 다양한 방법들을 접하게 된다. 다양한 의사소통 수단은 청각장애를 지닌 영유아들의 의사소통능력에 큰 영향을 미친다.

또한, 청력 손실이 시작된 나이, 손실의 정도, 중추신경계, 받은 교육의 질, 그리고 가족지원의 정도는 아동의 의사소통능력 향상에 많은 영향을 미친다. 부모들과 전문가들은 아동의 능력과 가족의 선호를 고려하여 아동의 구어 발달과 청각 기능을 발달시키는 데 어느 입장을 강조할지를 결정해야 할 것이다.

② 단일어 접근법

구화법은 말과 청각 통로를 강조한다. 따라서 모든 상호작용과 교수는 구어만을 통해서 이루어진다. 구화법은 주로 입술읽기를 통해서 의사소통을 할 수 있도록 하는 데 중점을 두며, 잔존청력을 최대한 활용하기 위해 보청기와 인공와우 이식에 관심을 많이 갖는다.

③ 언어혼합 접근법

언어혼합 접근법은 국어를 숙달시키고 구어를 지원하고자 한다. 이러한 접근에서 말은 시각적 지원을 제공하는 수어를 가장 우선적인 의사소통 방법으로 고려한다. 언어 혼합 접근법은 수어로 된 국어를 사용하도록 하는데, 수어를 사용한다고 하여 말을 부정하는 것은 아니며 대부분 청각장애 프로그램은 구화와 수어를 모두 사용하는 토탈커뮤니케이션을 접근 철학으로 삼고 있다.

④ **큐드스피치 접근**

큐드스피치는 영어의 45개 음소를 수신호 형태, 즉 시각적으로 구어를 제시하여 구어적 의사소통을 보충하며, 말 읽기로 구분하기 어려운 말의 음절 및 음소 특징을 식별할 수 있도록 도와준다(고은, 2017). 이 접근은 여덟 가지 손 모양으로 자음을 나타내고 턱 주변의 네 가지 위치로 모음을 구별한다.

⑤ **이중 언어 접근법**

이중 언어- 이중 문화 프로그램들은 수어를 농문화의 언어로써 사용하며, 읽기와 쓰기를 통해서 국어를 가르친다. 이중 언어-이중 문화 접근법으로 교육을 받은 청각장애를 지닌 사람은 수어와 국어를 모두 구사하고, 농문화와 청인문화에서 생활할 수 있는 능력을 갖게 된다.

(2) 보조공학

최근 보조공학은 청각장애를 지닌 영유아들에게 다양한 방법으로 적용되고 있다. 따라서 전문가들은 부모들이 자신의 자녀에게 가장 적합한 보조공학을 선택할 수 있도록 안내하고 지원할 필요가 있다. 보청기, 인공와우, 캡션TV, 인터넷, 컴퓨터 및 기타 장거리 의사소통 기기의 개발로 청각장애를 지닌 아동의 교육 및 여가 기회가 급속하게 확대되고 있다(정대영, 2020).

① **보청기와 집단 FM 시스템**

보청기는 소리를 지원하기 위해 사용되는 가장 일반적인 보조공학이다. 보청기는 소리를 더 크게 만들어 주는 증폭 장치로서 특정 주파수를 구별해서 증폭하고 청각장애를 지닌 각 아동의 요구에 맞추게 된다. 집단 FM 보청기는 교실에서의 거리, 소음 및 잡음 등으로 일어나는 문제를 해결할 수 있다. 교사는 작은 마이크를 착용하고 아동은 각각 리시버를 착용한다.

② **인공와우 이식**

청력 손실 정도가 심한 아동들에게 가장 관심을 받는 보조공학 기기는 인공와우 이식일 것이다. 인공와우 이식은 소리를 귀에 전달하는 보청기와 달리 손상된 체모세포를 우회하여 청신경을 직접적으로 자극한다. 인공와우는 환경으로부터 소리를 모으는 외부 마이크, 송신기, 스피치 프로세서로부터 신호를 받아서 전기 자극으로 전환시키는 리시버 등 네 부분으로 구성되어 있다.

최근 인공와우 이식에 관한 관심과 희망자가 급속히 늘고 이식을 받는 아동의 수가 늘어나고 있으나, 청각장애를 지닌 모든 아동이 인공와우 이식에 적합한 것은 아니다. 인공와우 이식에 적합한 조건으로는 첫째, 심한 감각신경성 청력 손실이 있는 경우, 둘째, 보청기로부터 도움을 받지 못하는 경우, 셋째, 온전한 청신경을 가진 경우, 넷째, 의학적으로 수술이 금지되어 있지 않은 경우, 다섯째, 인공와우 이식을 지원하는 가족과 교육적 환경 등을 고려해야 한다. 보청기보다 인공와우를 이식했을 경우, 아동들이 말을 듣고 하는 능력이 더 우수하고 인공와우를 이식한 영유아들이 어린이집이나 유치원에 통합되어 교육을 받는 수가 늘어나고 있다(Geers, 2006).

③ 가족 참여하기

농 또는 난청 아동의 가족은 다양한 어려움에 직면하게 된다. 청각장애를 지닌 영유아의 부모들은 장애의 발견과 더불어 깊은 슬픔과 충격으로부터 의연한 태도에 이르기까지 매우 다양한 반응을 보인다. 어떤 가족들은 현실에 빠르게 적응하는 반면, 어떤 가족들은 적응에 오랜 기간이 걸리기도 한다. 가족들이 직면하는 어려움에 관계없이, 조기중재와 가족 참여는 청각장애를 지닌 아동의 발달에 긍정적인 영향을 미치게 된다.

전문가들이 가족과 협력하는 것은 매우 중요하며, 가족과 동반자적 관계를 형성하기 위해 다음과 같은 활동 들을 제안할 필요가 있다.

- 청각장애를 지닌 아동의 다른 부모들과 만날 수 있도록 하는 기회를 제공한다.
- 청인 부모들에게 난청 성인과 농 성인을 만날 수 있는 기회를 제공한다.
- 가족들에게 특별히 설계된 수어 수업을 제공하여 모든 가족 구성원들이 청각 장애를 지닌 아동과 의사소통이 가능하도록 한다.
- 아동의 의사소통 행동을 촬영하여 보고, 자녀와의 반응적 의사소통 행동을 발달시키도록 한다.
- 부모에게 아동의 보청기의 관리와 유지, 지속적 사용의 중요성에 관한 교육을 한다.
- 부모들이 단순한 반응적이기보다는 적극적이 되도록 가족들의 요구에 기초하여 가족들과 의견을 자주 나눈다(Sebald & Luckner, 2007).

(3) 청각발달을 촉진시키기 위한 전략

아동이 듣기 위해서는 소리를 듣고 이해할 수 있는 청각의 발달이 필요하다. 청각장애를 지닌 아동들은 대부분 보조공학과 청각훈련을 받아 향상시킬 잔존청력을 어느 정도 지니고 있다. 그러나 훈련을 받는다고 해서 모두가 청각기능을 발휘할 수 있는 것이 아니며 그렇지 못한 경우도 있다. 의사소통 접근에 관계없이, 청각장애를 지닌 아동들은 말과 환경적 소리들을 구별할 수 있는 능력을 향상시켜야 한다. 청각장애를 지닌 많은 아동은 자신이 들은 내용을 이해하기 위해 시각을 이용한다. 청력과 구어기술을 향상시킨다고 해서 수어의 사용을 배제하지 않으며, 오히려 수어를 사용함으로써 구어 기능을 향상시킬 수 있다(Clerc Center, 2007).

아동들은 상대방이 하는 말을 듣기, 소리와 단어를 모방하기, 지시사항을 따라하기, 그리고 요구에 반응하기 등을 학습할 필요가 있다. 아동들이 수어 또는 구화를 통해 의사소통을 할 수 있다는 긍정적인 기대를 가지는 것이 좋다. 교사와 부모가 일상생활 속에서 아동의 듣기능력을 향상시키기 위해 적용할 수 있는 전략들은 다음과 같다(Sharon, 2009).

- 주변의 소음으로부터 말을 구별할 수 있도록 하며, 일반적이고 명확한 어조로 이야기한다.
- 소리에 주의를 기울이도록 지원할 필요가 있다. 성인들은 "들어봐, 전화벨 소리를 듣고 있어"라고 말하며, 전화기를 가리킨다.
- 말을 하기 전에 아동의 주의를 끈다. 성인들은 말하기 전에 아동의 어깨를 두드리거나, 아동의 시선 높이에서부터 성인의 얼굴까지 장난감을 움직여 얼굴을 마주하고 눈을 맞추는 등 시각적 주의를 유도한다.
- 말소리의 크기를 일반적인 수준으로 이야기한다. 말소리의 크기를 일반적으로 하면 청각적 신호의 왜곡 현상을 최소화하게 된다.
- 아동이 듣기에 가장 쉬운 크기로 말한다. 어떤 아동들은 특정 음높이의 말을 더 잘 듣는다. 아동들은 일반적으로 더 높은 소리에 귀를 기울이게 된다.
- 음향을 강조하는 테크놀로지와 억양, 멜로디 그리고 표현이 풍부한 다양한 문장들을 사용한다.
- 듣기놀이를 한다. 아동에게 여러 차례 물체와 소리를 짝지어 제시한 후 시각적인 자료를 보여주지 않고 소리를 확인하도록 한다. 의미를 가진 소리–사물 짝짓기(pair sounds)를 이용한다.

① 청각적 의사소통과 학습을 향상시키기 위한 환경적 수정

환경의 설계는 아동의 청각기능을 향상시키는 데 중요한 역할을 할 수 있다.

다음의 환경적 적합화와 수정은 농 또는 난청을 지닌 영유아 및 초등학교 저학년 아동들에게 사용될 수 있다(Lewis & Doolag, 1999; Williams & Finnegan, 2003).

- 소리 나는 곳을 보도록 하고, 배경 소음을 줄인다. 일상생활 속에서 듣기 게임을 한다.
- 보청기 검사를 자주 실시한다.
- 교사는 아동의 청력이 더 나은 귀 쪽에 앉는다.
- 청인 아동들은 필요한 경우 청각장애를 지닌 아동의 어깨를 두드려서 학급 친구들에게 주의를 기울이게 한다.

② 소리 위치 찾기 기능

주변에서 나는 소리의 위치를 찾아낼 수 있는 것은 아동의 청각 기능 발달의 중요한 부분이다. 소리 위치 찾기란 소리의 근원 또는 출처를 판별할 수 있는 능력을 의미한다. 소리의 위치를 알아내는 능력은 한쪽 또는 양쪽 귀의 청력 손실 또는 소리를 여과하는 아동의 능력에 영향을 미치는 신체적 이상 때문에 부정적인 영향을 받을 수도 있다. 부모와 전문가는 소리 찾기 게임이나 소리들의 단서를 제공하여 영유아가 소리 나는 곳을 알아내도록 훈련시킨다.

③ 소리에 반응하기

아동은 소리를 들을 수 있어야 하고 또 그 소리에 의미를 부여하고 적절히 반응할 수 있어야 한다. 난청, 청각 처리 문제 또는 주의력 문제를 가진 아동들은 자신이 들은 소리와 의미를 연관시키기 어렵다. 소리에 적절히 반응하면 정확히 이해할 수 있는 것으로 볼 수 있다. 아동이 소리에 적절히 반응할 수 있는 능력을 향상시키기 위해서는 아동이 이해하기 쉬운 말로 바꾸기, 기다리는 시간 제공하기, 탐구와 실험을 격려하기, 소리에 적절하게 반응하도록 환경을 수정하기 등이 있다.

④ 소리 모방하기

아동이 소리의 위치를 알아내어 적절하게 반응할 수 있으면, 그 소리를 모방하는 것을 학습할 필요가 있다. 교사와 부모는 아동에게 소리 모방하기를 가르치기 위해서 아동이 목소리를 낼 때 그의 팔을 가볍게 톡톡 두드리는 등 목소리를 강화하는 촉감과 시각 단서를 이용하는 것이 바람직하다.

⑤ 가정의 일상생활 속에서 구어 촉진하기

가정생활은 언어를 촉진하고 강화하기에 가장 좋은 환경이다. 간식시간이나 식사시간에 모두 둘러앉아 마주 보는 가운데 부모가 음식을 건네주는 것은 자연스러운 일이다. 이러한 상황은 아동의 주의를 대화로 이끌 수 있는 좋은 단서가 된다. 기저귀 갈기 또는 변기 이용하기는 신체의 부위, 위치(예: 위, 아래, 안), 그리고 행동과 관련된 단어들을 소개하기에 좋은 시기이다. 아동의 기저귀를 갈기 위해 누워 있는 상황은 부모에게 사로잡힌 청중이 되므로 부모의 행동이나 말에 주의를 기울이게 된다. 예를 들어,

기저귀를 바꾸는 동안, 엄마는 철수의 다리를 올리고 노래를 부른다. 철수는 엄마가 노래를 부르는 동안 웃으며 발을 앞뒤로 흔든다. 엄마는 노래를 부르며 철수의 두 손을 잡고 노래에 맞추어 손뼉을 친다. 그리고 각 행동에 맞는 말을 한다. "다리 올리세요", " 기저귀 차세요", "바지 입으세요", "모두 끝!"

엄마는 이 과정을 모두 끝내고 철수를 안아 올린다. 아동이 좀 더 독립적이 되면, 변기 훈련을 시작할 때 변기의 물 내리기, 변기의 뚜껑 닫기 등 화장실에서 나는 소리를 아동이 들을 수 있도록 한다. 이러한 소리에 대해 주의를 기울이는 것은 중요하다. 생활 속에서 밀다, 열다, 닫다 및 돌리다와 같은 행동 관련 어휘를 확장시켜간다.

지역사회로 나가면 배경 소음을 많이 접하게 된다. 다양한 소음을 구별하기 위한 학습은 청력을 손실한 아동들에게 중요하다. 특히 배경 소음이 무엇인지 주의를 기울여야 한다. 지역사회에서 활동하게 되면 주변의 다양한 소리를 이해하고 구별하기 좋은 상황이 된다. 예를 들어 엄마는 자녀와 손을 잡고 길을 걷다가 멈추어 선다. "철수야 들어봐"라고 말하고 귀를 가리킨다. 그리고 하늘을 보고 비행기가 지나가는 하얀 꼬리를 가리키며 "비행기"라고 말한다. 기차나 지하철이 지나가는 소리, 버스나 트럭이 지나가는 소리 등을 이와 같은 방법으로 안내하고 학습시킨다.

⑥ 시각적 의사소통을 촉진시키기 위한 전략들

아동이 매우 어린 나이에 수어에 노출되면 자연스럽게 그리고 노력하지 않고 수어를 통해서 언어를 발달시킨다, 아동은 충분히 발달된 상태에서 명확히 언어를 제시하고, 그것을 이용하여 다른 사람과 상호작용하는 기회를 집중적으로 갖게 되면 그 언어를 배우게 된다. 청인 아동들이 언어와 말을 발달시키기 위해 자신의 청력을 사용하는 것을 가치 있게 여기고 학습하는 것과 같이 농 또는 난청을 지닌 아동들은 자신의 목소리로 옹알이를 하지만, 농 유아들은 목소리로 하는 옹알이와 함께 손으로도 옹알이를 한다.

손 모양은 공간에서 움직임과 위치와 조합되고, 움직임과 얼굴표정 및 언어 형태의 다른 수어들과 조합하여 제대로 된 수어를 습득하게 된다. 아동들이 정확히 모방하여 완전한 언어를 발달시키기 위해서는 수어를 분명히 표현해 주어야 한다. 농 성인이나 수어가 능숙한 사람은 수어를 할 때, 아동의 눈높이에 맞추어하기, 아동과 가까운 거리에서 수어하기, '표현'에 도움이 되는 수어를 아동이 흉내낼 수 있는 기회 제공하기와 같은 시각적 의사소통 기술들을 사용한다(Erthing, Preszios, & Hynes, 2019).

청인 아동처럼 청각장애를 지닌 아동 역시 그들의 시각적 언어를 학습하는 데 지속적으로 몰입할 필요가 있다. 아동의 시각적 주의를 유지하기 위해 아동 주도의 수어를 사용해야 한다. 얼굴표정과 수어 크기의 과장, 수어 공간의 확장, 율동적인 움직임 및 아동의 주의를 끌고 이해력을 촉진시키기 위해 반복한다(Bailes, 2001), 교사는 아동이 수어를 배울 때 손의 위치나 모양의 정확한 틀을 잡아 줄 필요가 있다. 교사가 표적 단어를 수어로 천천히 하여 손 모양, 움직임, 그리고 위치가 명확할 때 아동은 수어를 쉽게 학습할 수 있다. 영유아들의 시각적 의사소통을 지도하기 위한 전략으로는 다음과 같은 것들이 있다(McLaughlin, Small, Spink-Mitchell, & Cripps, 2004).

- 웃으며 물체의 이름을 노래로 부르면서 아동을 잡고 방 주위를 돈다.
- 두 개 또는 세 개의 수어 단어들을 반복하여 간단한 수어 이야기들을 공유한다.
- 시각적 모방 게임을 하면서 논다.
- 전등 켜기/끄기 게임을 하면서 수어를 한다.
- 교사나 부모가 어디로 가고 있는지, 언제 방을 떠나는지 항상 아동에게 말한다.
- 교사나 부모는 아동이 밖을 볼 수 있도록 무릎 위에 앉히고 수어도 하고 사물을 가리키기도 한다.
- 부모가 들어오고 나가는 모습을 볼 수 있도록 아동의 침대나 주변에 거울을 놓아둔다.
- 아동의 시각적 범위에서 일어나는 일을 아동에게 분명히 알려준다. 예를 들어, 부모는 밖으로 나갈 때 어디로 가는지, 왜 가는지 등을 말해준다.

⑦ 초기 문해발달을 촉진하기

청각장애를 지닌 영유아들이 특수학급에 있든지, 아니면 통합학급에 있든지 그들의 시각적 학습을 지원하는 환경을 조성하는 것이 중요하다. 학급이 시각적 학습자들의 요구에 맞게 조직되면 모든 아동에게 도움이 된다. 다음은 청각장애를 지닌 영유아들의 초기 문해기술을 지원하기 위해 교사들이 사용하는 일반적인 학급 조정활동의 사례이다. 이러한 조정은 청각장애를 지닌 아동뿐만 아니라 자폐성장애로 인하여 의사소통에 어려움을 겪는 아동들에게도 유익하다.

- 교사는 청각장애를 지닌 아동의 시선의 정면에 있어야 한다.
- 집단토의와 교수를 할 때는 아동들을 원형 또는 반원형으로 배치한다.
- 시선을 가로막을 수 있는 천장에 달려있는 물체나, 의사소통을 할 때 시선을 방해할 수 있는 교실의 시각적 방해물을 제거한다.
- 교실에서 시각적 화재경보, 시각적 출입구 경보, 시각적 벽보 등의 시각적 경보체계를 마련하고 이를 모든 수업에서 가르친다.
- 시각적 학습을 향상시키기 위해 보조공학을 이용한다.
- 역할놀이를 이용하여 이야기의 이해력을 증가시키고, 등장인물과 그들의 행동을 설명하는 이야기를 할 때 인형과 소품들을 이용하여 이해력과 어휘 발달을 향상시킨다.

청각장애를 지닌 아동들에게 책을 읽어줄 때는 반드시 상호작용 과정이 필요하다. 그 과정을 통해 교사나 부모는 아동이 무엇을 보고 듣는지 점검할 수 있고, 차례를 지켜 말하도록 가르칠 수도 있다. 교사나 부모가 책을 읽기만 한다면 아동은 자신이 무엇을 이해하고 있는지를 알 수가 없다. 교사나 부모는 아동의 이해력을 증가시키기 위해서 청력이 더 좋은 귀에 가까이 있거나 무릎에 아동을 앉혀서 천천히 이야기를 해야 한다. 교사는 사진과 표지를 가리키기 전에 잠시 휴지기를 갖고 아동이 어떤 방법으로 모방하거나 반응을 하는지 기다린다(Hafer, Rooke, & Charlifue-Smith, 2008b).

단어를 시각적으로 지원하는 방법에는 여러 가지가 있다. 전문가들은 샌드위치식 훈련을 통하여 새로운 단어와 가장 많이 사용되는 어휘를 지도할 수 있다. 즉, 첫째, 교사는 단어를 수어로 한다. 둘째, 교사는 단어를 지화로 나타낸다. 셋째, 교사는 가능할 때 물체 또는 그 물체의 사진을 가리킨다. 넷째, 교사는 인쇄된 단어를 가리킨다. 이런 기술들은 영유아들의 학습 선수기능을 갖추어 취학하는 데 도움이 된다.

⑧ 교수적합화와 조정

청각장애를 지닌 아동이 일반학급에 통합되었을 때 교사들은 시각적 의사소통의 측면들을 강조하는 교수적 조정을 해야 한다. 교수적 조정은 청각장애를 지닌 아동은 물론 모든 아동에게 도움이 된다. 아동의 청력에 관계없이 가장 일반적인 교수 적합화와 조정은 다음과 같다(Williams & Finnegan, 2003).

- 교사는 교수활동을 할 때 아동을 정면으로 바라본다.
- 교사는 말하는 동안 입을 아동에게 완전하게 보여주어야 한다.
- 개별적 지원을 할 때 청각장애를 지닌 아동의 옆에 앉거나 또는 무릎 꿇어앉는 것보다 앞에 위치하여 아동이 교사를 잘 볼 수 있도록 한다.
- 이름을 불러 아동을 확인한다.
- 칠판에 새로운 어휘, 교수법, 그리고 숙제와 같은 핵심 정보를 적어준다.
- 정보를 제시할 때 시각적)및 촉각적 접근법을 극대화한다.
- 단원 학습을 소개하기 위해 핵심 정보의 개요 등 선행 조직자를 이용한다.
- 영화, 비디오, TV 프로그램의 자막을 이용한다.
- 학급에서 빈번하게 사용되는 어휘에 대한 수어를 학습한다.
- 학급 내 청인 아동들에게 몇 가지 기본 수어를 지도한다.
- 청인 아동들에게 청각장애를 지닌 아동과 상호작용할 수 있는 방법을 지도한다.
- 학급에서 청각장애를 지닌 아동에게도 또래들과 같은 기대를 한다.

⑨ 청각장애아동 언어지도 – 사례

주 제: 우리 몸 · 감각

활 동 명: 여러 가지 소리(동물소리)

활동자료: 인형, 그림자료, 동화책, 컴퓨터

T: 선생님이 지금부터 우리 몸의 신체 감각 기관에 대하여 알아보기로 해요.

T: 입으로는 무엇을 할 수 있나요?

I : 말을 할 수 있어요, 노래를 부를 수 있어요, 맛있는 과자를 먹을 수 있어요

T: 예! 맞아요! 입으로는 말을 하고, 노래도 부르고, 맛있는 과자를 먹을 수 있어요

T: 그럼 귀로는 무엇을 할 수 있나요?

I: 소리를 듣는 거예요

T: 예! 맞아요 소리를 듣는 것이에요. 어떤 소리를 들려줄 테니 듣고 말해 주세요.

T: 삐약 삐약 (2회 반복), 야옹 야옹 (2회 반복)

T: A아동에게 무슨 소리인지 말해 보라고 합니다. B, C, D 아동들을 순차적으로 그리고 5 번째 순번에서 청각장애아동에게 발표할 기회를 줍니다.

팁: 다른 아동들의 소리를 많이 듣고 모방 발화의 조음 정확도 향상, 성취감 관계로. (아동이 교사의 목소리를 잘 들 수 있도록 환경 조성)

I: 아동이 이약 이약은 멍아이 이고, 아오 아오는 오아이 예요

T: 선생님이 잘했다고 하면서 아동에게 좌절감을 주지 않고 아동이 잘 볼 수 있도록 시각 적인 그림 자료를 보여주고, 아동의 손바닥에 교사가 직접 감각을 느낄 수 있도록 "삐약 삐약"을 발화 해준다(삐 - 발화시 이약 -아동발화에서 생략된 'ㅃ'를 느낄 수 있도록 하고 병아리 그림 지적, 야옹 -야옹(아동에게 교사의 성대 울림을 느끼도록 손대여). 듣고 그림카드를 짚어 보세요.

T: 다음은 무슨 소리인지 듣고 말해 주세요. 자동차 -빵빵, 오토바이- 부르릉

T: 그림 자료 보여주며, 청각장애유아 발표순서에서

I: -다도타 - 빠빠, 오토바이 - 부으응

T: 교사 그림카드를 "00이가 잘 말 했어요, 그런데 다시 선생님 따라서 해 볼래요?

아동에게 교사의 발음을 얼굴가까이에서 보여주며 "자동차" 2회정도 발화, 아동에게 모 방 발화 하도록 /ㅈ/ 음소는 파찰음 특성으로 느낄 수 있도록 아동 손바닥에 "자- 자- 자동차" 라고 발화 해주고 아동도 따라서 발화 하도록, 오토바이 부으응도 동일하게 오도바이 부르(/ㄹ/음소 발화 다시 2회 부여주며)릉(동일) 시각적으로 혀의 움직임 보여 주며

T: 잘못된 발음을 교사가 수정한 후, 다시 반복 그림카드 보면서 반복 지도

T: 활동 정리 하면서 입으로는 말하고 노래 부르고 과자를 먹고요 귀로는 소리를 듣고 누군인지 알아요? 귀는 소중해요

T: 음율 동기부여를 통한 자연스런 발화 유도

삐약 삐약 병아리, 음매 음매 송아지 .... 자동차 빵빵, 오토바이 부르릉

T: 짧은 동화책(토끼와 거북이)들려주고 청각장애아동이 내용을 이해하고 줄거리 이야기 발 표 기회를 주어 말하도록 하고 중간에 오류를 범하는 단어를 기록 해두었다가 아동에게

수정 말할 기회를 준다(아동이 발화로 자존감을 회복하고 말할 기회를 많이 주어 발화에 청각장애로 인한 어려움을 보상하도록 하여 준다.).

※ 교사는 청각장애아동이 소리를 잘 들을 수 있도록 자리배치를 고려하고, 입모양과 말을 속도를 천천히 명확한 발음으로 잘 볼 수 있도록 한다. 교실 내 소음과 관련된 음원은 차단하여 말소리 듣기를 통한 이해에 도움이 되도록 한다.

(4) 청각장애아동 지도 – TIP

① 청각장애아동 청력 보장구 확인, 점검

- 보청기와 인공와우기기(등원과 하원 시 정보공유)
  - 배터리를 점검하고 여분을 가지고 있어야 한다.
  - 부모님과 정보를 공유하여 보청기 보정에 관계되는 정보를 알아둔다.
  - 아동이 보청기 착용상태에 따른 훈련을 하도록 한다.
  - 인공와우기기 탈·부착상태를 확인한다.

② 청각장애아동 특성에 따른 교실 자리 배치

- 유아 양쪽 귀의 청력상태에 따라 교사의 정면이나 좌우 배치
- 교실내의 모든 소리가 확대되어 들린다.

③ 교사의 역할

- 수업 시간 활동에 있어서 교사는 정확한 발음으로 짧고 명확하게 말하여 준다.
- 소리는 크게 할 필요는 없지만, 말의 속도를 천천히 준다.
- 청각손실로 인한 잔존 능력을 활용하기 위해 시각자료를 함께 제시한다.
- 교실 내의 수업 시간 활동 시 소음이나 배경 소리에 방해 받지 않도록 한다.
- 수업 시간 활동에 아동이 내용을 이해하였는지 확인을 하도록 한다.
- 가능하다면 교사가 휴대용 마이크를 사용한다면 청각장애아동에게는 도움이 된다.

④ 청각장애아동 발성 특성

- 조음정확도
- 명료도
- 오류음의 특성

⑤ 또래 아동의 말소리 이해

- 언어사용은 사회성과 연관되어 있기 때문이다.
- 사회적 상호작용에서 구어 사용의 빈도 증가한다.
- 또래 아동에게서 자신의 말소리 피드백을 받는다.

⑥ 환경중심 상황에서 경험한 언어 사용

- 표현언어 사용 시 칭찬의 강화를 해준다. 표현언어 사용의 빈도가 증가한다.
- 언어 사용은 실제 맥락과 사회적 상황에서 직접 경험한 내용을 나누면서 발달한다.
- 아동으로 하여금 음성언어를 통한 의사소통의 즐거움 인식하도록 한다.

6) 상담 사례

Q 상담 사례 질문

저는 00유치원 교사입니다. 저희 유치원에 얼마 전 다니고 있는 00반(50개월) 남자 아동의 담임입니다. A아동은 태어나면서부터 선천적인 청각장애로 판정을 받고 20개월쯤 대학병원에서 인공와우 수술을 하였다고 합니다. 그 이후 언어치료실에서 청능 재활 언어치료를 계속 받고 있으며 작년까지 일반어린이집에 다녔다고 합니다. 이번 신학기가 되어 저희 유치원에 입학하게 되었는데 제가 청각장애아동은 처음이라서 도움을 받고자 질문하게 되었습니다. 청각장애로 어려움을 지니는 A청각장애아동에게 유치원 생활과 교육에 있어서 비장애아동과의 원활한 의사소통, 유치원 교육과정, 부모상담 등 교사로서 어떻게 하면 잘 도와줄 수 있을까요?

A 답변

A아동은 세상의 모든 소리를 듣는데 어려움을 지니는 선천적인 청각장애아동입니다. 그러나 최근 최첨단 의료공학기술이 발달하여 인공와우 수술로 청력에 많은 도움을 받고 있습니다. A청각장애아동교육에 있어서 가장 중요한 것은 1차적인 청각장애로 인하여 2차적인 아동의 전반적인 발달(의사소통발달, 인지발달, 정서발달, 사회성발달, 신체발달, 애착발달 등)에 어려움을 지니지 않도록 A청각장애아동을 둘러싼 모든 사람들이 청각장애아동의 특성을 이해하여 음성언어로 의사소통을 할 때 소리를 잘 들을 수 있도록 청취 환경을 구성해주는 것입니다.

첫째, 유치원 생활과 교육에 있어서 우선 또래 비장애아동들에게 청각장애에 대한 장애인식개선 교육을 해줍니다. 또한 청각장애로 인하여 소리를 듣는 데 어려움이 있는 간접체험의 교육을 실시하여 함께 유치원 생활을 하는 A아동을 이해하는 시간을 가집니다.

둘째, 유치원 교육과정에서 A아동에게 교실에서 자리위치는 A아동이 교사의 목소리와 입 모양을 잘 볼 수 있는 위치로 자리 배치를 해주며, 교사는 수업시간 A아동에게 말(음성언어)로 언어를 전달할 때 목소리를 크게 하는 것도 중요하지만 그보다 말의 속도 또한 중요하기 때문에 빠르지 않게 A아동이 잘 들을 수 있는 속도로 말해줍니다. 의사소통 장면에서는 언어적, 비언어적 수단을 다양하게 함께 제시하여 A아동이 잘 이해 할 수 있도록 해줍니다. 잔존청력을 최대한 활용하도록 해주며, 다양한 감각채널 특히, 다양한 시각적 교수매체의 자료를 제시합니다. 이러한 교수법으로 수업 활동에서 청각의 어려움을 극복하고 교사가 목표하는 교육내용을 이해하도록 도와줍니다.

셋째, 부모상담에서는 유치원 생활에 대한 전반적인 A아동의 의사소통 수준과 교육성취 수준, 또래와의 상호작용을 통한 사회성 수준 등의 내용과 A아동이 가정에서 언어이해와 언어표현 수준 그리고 지역사회 기관 전문 언어재활교육을 받고 있는 청능재활센터나 언어치료센터와 협력적 접근을 통한 상호교류로 교육내용의 정보를 주고 받도록 합니다.

2 시각장애 상담

우리는 눈이라는 소중한 인체 기관의 시각적인 과정을 통하여 세상과 상호작용을 한다. 시각적 기능은 다양하며 문자나 그림 등의 자료를 보고 학습하고, 자신이 인식한 시각적 표상을 토대로 공간을 이동한다. 다른 사람의 표정이나 제스처 행동에 대한 피드백을 받음으로써 올바른 사회기술을 습득하게 된다.

1) 시각장애 정의

시각장애는 시력장애와 시야결손장애로 구분된다. 시력장애는 안경, 콘텍트렌즈를 포함한 모든 종류의 시력 교정법을 이용하여 측정된 교정시력을 기준으로 한다. 시야

결손장애는 시각로가 차단되어 볼 수 없게 되는 경우를 말한다. 시각장애를 정의하는 가장 일반적인 방법은 법적인 정의와 교육적인 정의이다(정대영, 2020). 교육적 정의는 아동이 지닌 시각장애를 저시력과 전혀 보지 못하는 맹으로 나누고, 남아 있는 잔존시력의 능력을 발휘하거나 다른 감각(청각, 촉각)을 수단하여 학업 성취를 달성하는 것을 말한다.

▣ 「장애인 등에 대한 특수교육법」 정의

시각장애를 지닌 특수교육대상자는 시각계의 손상이 심하여 시각기능을 전혀 이용하지 못하거나 보조공학기기의 지원을 받아야 시각적 과제를 수행할 수 있는 사람으로, 시각에 이한 학습이 곤란하여 특정의 광학기구 · 학습매체 등으로 학습하거나 촉각 또는 청각을 학습의 주요 수단으로 사용하는 사람을 말한다.

▣ 「보건복지부 의학적 관점」 정의

① 나쁜 눈의 시력(만국식 시력표에 따라 측정된 교정시력을 말한다. 이하 같다)이 0.02 이하인 사람

② 좋은 눈의 시력이 0.2 이하인 사람

③ 두 눈의 시야 2분의 1 이상을 잃은 사람

▣ 「시각 구조와 인식 경로」

눈은 시각 정보를 수집하고 이를 전기 · 화학 정보로 변환하여 시신경이라는 통로를 통하여 뇌로 전달하는 기관이다[그림 9-4].

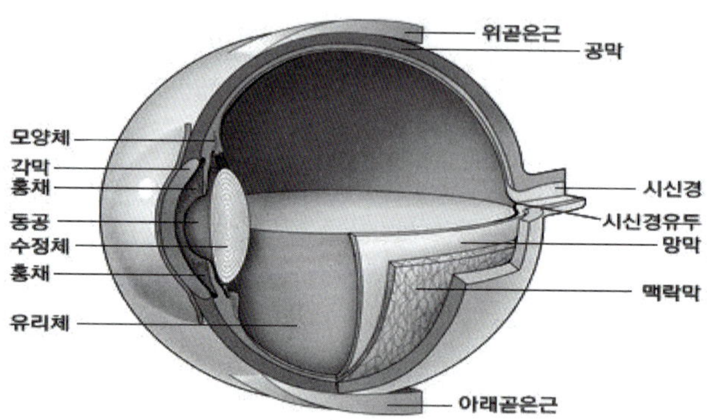

[그림 9-4] 눈의 구조

출처: 네이버 건강백과(서울대학교병원 신체기관정보)

▣ 시각인식의 메커니즘과 기능

빛 → 각막 → 동공 → 수정체 → 유리체 → 망막(시세포) → 시신경 → 대뇌

각 막: 빛이 제일 먼저 통과하는 막으로 안구를 보호하는 방어막의 역할과 빛을 약간 굴절시켜서 망 막으로 도달시켜 초점을 맞추는 기능

↓

동 공: 빛이 들어오는 통로로 주위가 밝아지면 동공이 수축 작아지고, 반대로 주위가 어두워지면 동공이 커져서 눈 안에 들어오는 빛의 양을 조절하는 기능

↓

홍 채: 각막과 수정체 사이에 위치하여 고리 모양의 막으로 동공의 크기를 조절해서 망막에 비치는 빛의 양을 조절하는 조리개 역할의 기능

↓

수정체: 수정체는 양면이 볼록한 모양의 투명한 조직으로 홍채 뒤에 위치하여 각막과 함께 눈의 주된 굴절 기관으로 가까운 곳을 볼 때는 두꺼워지게 하고 먼 곳을 볼 때는 얇아지게 하는 기능

↓

유리체: 수정체 후방에 위치하여 투명하고 젤리 같은 조직으로 넓은 안구의 내강을 채워서 안구의 형태를 유지하고 빛을 통과시키는 기능

↓

망 막: 얇고 투명한 막으로 안구 뒤쪽 2/3를 덮고 있는 투명한 신경조직으로 빛을 감지하는 시각세포가 넓게 퍼져 있다. 눈으로 들어온 빛이 최종적으로 도달하는 곳이며 망막의 시세포들이 시신경을 통해 뇌로 신호를 보내는 기능

2) 시각장애 분류

(1) 한국통합교육학회의 시각장애 분류

▣ 장애정도에 따른 분류

- 정상시력 근접 진단: 교정 렌즈나 읽기 보조기를 통해 특수한 훈련을 받지 않아도 정상적인 기능을 할 수 있는 아동
- 중등도 기능장애 집단: 시각 예민도가 중간 정도로 감소되었으나 시야의 손실은 없는 아동으로서 특수한 보조기기나 조명이 필요
- 중심 시야 감소 집단: 중등도의 시야손실이 발생하여 신체적 · 심리적으로 잘 대처하지 못할 가능성이 있으며, 법적 맹인으로서 특수한 서비스를 받을 권리가 부여
- 기능적 시력이 낮아서 중심 시력이 낮을 가능성이 있는 집단: 시야 손실이 현저하고, 신체적 적응에 문제가 따른다.

▣ 장애발생시기에 따른 분류

• 선천성 시각장애 • 후천성 시각장애

▣ 교육상의 분류

• 중등도 시각장애: 일반학급이나 학습도움실에서 시각 보조기기의 도움으로 거의 완전하게 교정될 수 있는 아동

• 고도 시각장애: 시각 보조기기의 도움을 어느 정도 받을 수 있고, 시각을 학습경로로 이용할 수 있는 아동이며, 법적 분류체계에서는 약시에 해당

• 최고도 시각장애: 시각을 교육 수단으로 사용할 수 없으므로 촉각과 청각이 중요 학습 경로이며, 법적 분류체계에서는 맹에 해당

(2) 「장애인복지법」의 시각장애 분류

• 제1급: 좋은 눈의 시력(공인된 시력표에 의하여 측정한 것을 말하며, 굴절이상이 있는 사람에 대하여 최대 교정시력을 기준으로 한다. 이하 같다)이 0.02 이하인 사람
• 제2급: 좋은 눈의 시력이 0.04 이하인 사람
• 제3급: 1. 좋은 눈의 시력이 0.06 이하인 사람
  2. 두 눈의 시야가 각각 모든 방향에서 5° 이하로 남은 사람
• 제4급: 1. 좋은 눈의 시력이 0.1 이하인 사람
  2. 두 둔의 시야가 각각 모든 방향에서 10° 이하로 남은 사람
• 제5급: 1. 좋은 눈의 시력이 0.2 이하인 사람
  2. 두 둔의 시야가 각각 모든 방향에서 50% 이상으로 감소한 사람
• 제6급: 나쁜 눈의 시력이 0.02 이하인 사람

3) 시각장애 원인

시각장애는 의학의 발달로 수술에 의해 시력을 회복하기도 하지만, 아직까지는 의학적으로 해결하기 어려운 시각장애가 많기 때문에 각 원인별로 예측되는 결과 및 시력을 알고, 이에 대한 적절한 교육적 조치를 취하는 것이 중요하다.

시각장애를 초래하는 대표적인 원인들은 〈표 9-2〉과 같다(김이영 외, 2015).

〈표 9-2〉 시각장애의 원인별 특성과 시력

눈의 상태	신체적 특성, 의학적 처치와 원인	예측되는 결과 및 시력	참고 그림
백내장	• 수정체의 불투명이나 혼탁 • 손상이나 외상의 원인인 약물, 영양실조 또는 임신 중의 풍진, 노화, 눈질환	• 시력의 감소, 시야의 흐려짐, 색각에의 어려움, 눈부심, 때때로 녹내장	
무홍채	• 전체적이거나 부분적인 홍채의 결함 • 유전: 일반적으로 보통염색체우성 질환이나 보통염색체 열성 질환으로 나타날 수 있음	• 시력의 감소, 눈부심, 홍채가 부재한 부분의 시야 손실 • 백내장과 녹내장이 수반되는 경우가 많음 • 조명의 상태와 눈부심이 시력에 영향	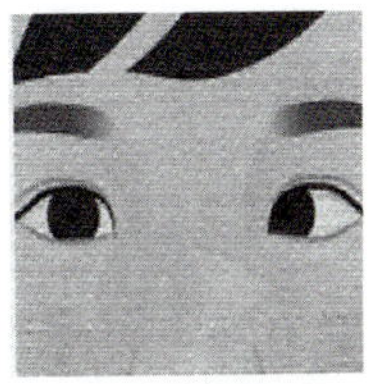
사시	• 한쪽 눈을 사용하는 학생들의 경우 사용하지 않는 한쪽 눈의 시력이 기능적으로 감퇴함 • 질병, 사시, 비균 등 굴절이상, 각막이나 수정체의 혼탁으로부터 발생	• 단안, 심한 시지각 결함, 한족 눈의 실명으로 발전될 수도 있음	
백색증	• 전체 또는 부분적인 색소의 결핍 • 피부색으로 나타나지 않는 경우도 있음 • 태양 빛에 노출되는 것에 대해 민감할 수 있음.	• 시력의 감퇴, 광선공포, 높은 굴절 이상, 난시, 눈부심, 중심에 황반과 사시	
녹내장	• 시신경에 이상이 생겨 시야 결손이 나타나는 질환 • 안압이 높아서 발생되는 경우 또는 시신경으로 가는 혈액 순환이 잘 안되거나 유전자 이상 등	• 시야가 좁아짐, 방치하면 실명에 이르게 됨	
색약이나 색맹	• 추체 기형, 황반 결핍, 부분적 혹은 전체적인 추체의 부재 • 유전: X염색체와 관련 또는 망막질환이나 중독에서 기인	• 색 변별에 어려움을 겪음 • 광선공포, 안구진탕, 황반 결핍, 중심 부분의 맹점	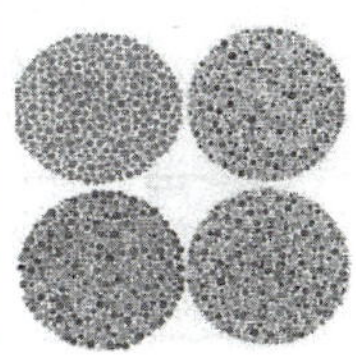

눈의 상태	신체적 특성, 의학적 처치와 원인	예측되는 결과 및 시력	참고 그림
황반변성	• 진행되거나 악화된 망막 추체의 중심 부분에 손상 미침	• 중심시야의 영향, 광선공포, 낮은 색각능력, 일반적인 말초시각	
망막박리	• 망막의 일부분이 위축되어 떨어짐 • 떨어진 망막은 짧은 시간 내에 재부착 가능 • 당뇨병, 머리의 충격, 외상, 퇴행성 근시 때문에 발생	• 시야의 손상, 흐려지는 시각, 맹점, 황반 중심시력의 손상 가능성, 잔손 시력이 있을 때 종종 발생되는 근시와 사시 • 망막박리가 중앙 부분에서 일어났을 때에는 황색변성증 발생 가능	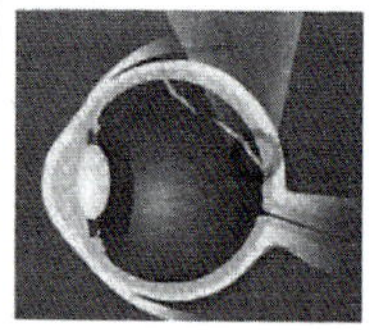
근시	• 망막 앞에 초점이 맺힘	• 가까운 곳이 잘 보이고 먼 곳이 잘 안 보이는 것	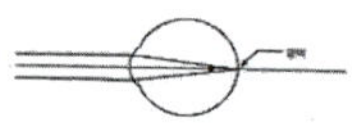
원시	• 망막 뒤에 초점이 맺힘	• 먼 곳이 잘 보이고 가까운 곳이 잘 안 보이는 것	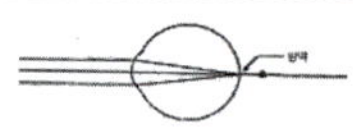
난시	• 두 점 혹은 그 사상의 초점을 갖는 것	• 각막을 통과한 모든 방향의 빛의 굴절력이 균일하지 않고, 눈의 경선에 따라 굴절력에 차이가 있음.	

출처: Sacks. S. Z. & Silderman. R. K. (2005). Education students who have visual impairments with other disabilities. Boston:Paul H. Brookes. 김이영(2015). 재인용. 국가건강정보 포털에서 수정 및 보완.

4) 시각장애 특성

시각장애를 지닌 아동의 발달은 정안(일반)아동과 비교하여 크게 다르지 않지만, 시각장애가 인지 및 언어, 사회, 일상생활 등의 발달 영역에 영향을 미칠 수 있다고 한다(권요한 외, 2015). 시각장애와 관련하여 연구한 학자들의 견해는 다양하다. 다만, 시각장애를 지니기 때문에 이러한 특성들이 발견되는 경향이 있지만 꼭 필연적이지는 않다는 견해에는 의견을 같이하고 있다.

(1) 언어적 특성

시각장애를 지닌 아동은 시각 대신 청각이나 다른 감각들이 발달하는 경우가 많다는 것이 일반적인 상식이다. 사물이나 상황, 상태를 시각적으로 보지 않고 개념을 형성하게 되기 때문에 실제의 의미와 다르게 인식할 수가 있다. 따라서 그렇게 습득하게 된 낱말을 사용하면서 의미가 정확하게 전달되지 않는 경우도 발생할 수 있다(정대영 외, 2020). 시각장애인의 사용 어휘 수는 풍부하지만 명사, 형용사, 부사, 동사 등에서 추상적인 표현의 구체적인 의미를 모르고 사용하는 경우가 가끔 있으며, 회화는 음성의 다양성이 부족하고 말을 크게 하는 경향이 있으며, 말의 속도가 느리고 몸짓이나 입술의 움직임이 적은 편이다. 또한 시각적 모방이 불가능하여 언어발달에 지체를 가져올 수 있으므로 시각적 경험과 관련된 언어 지도를 강조하여야 한다(한국특수교육학회, 2008).

시각장애아동의 구체적인 언어사용 패턴의 특성은 다음 〈표 9-3〉과 같다.

〈표 9-3〉 시각장애아동의 언어사용 패턴의 특성

- 자기중심적인 언어를 많이 사용하며, 지나치게 말을 많이 하는 경향이 있다.
- 다른 사람과 의사소통에서 언어(말)의 속도가 정안아동보다 평균적으로 느리다.
- 사람이나 구체적인 사물에 대한 내용을 상세하게 표현하지 않고, 자신에게 별 의미 없는 단어를 사용하는 장황한 언어로 표현한다.
- 시각장애로 인하여 비언어적 의사소통의 수단인 몸짓, 얼굴표정을 덜 사용한다.
- 조음(발음)에 있어서 입술 주변 근육의 움직임이 작으며, 억양의 변화가 적다.
- 시각적 경험의 결핍으로 인한 과도적 표현으로 독특한 추상적인 언어의 사용

(2) 인지 · 학업적 특성

① 인지적 특성

시각장애아동의 인지능력 특성은 정안(일반)아동과 비교해 볼 때 큰 차이는 없으나 환경적인 경험의 부족으로 지적능력이 인지발달에 영향을 주며, 사실에 대한 지식을 가지고 있으나 통합능력이 부족하고 추상적인 문제의 접근을 구체적 수준에서 해결하려는 경향을 보인다(한국특수교육학회, 2008).

이러한 시각의 손상으로 정보 획득이 어렵고 경험의 기회가 부족하여 지각이나 개념 형성에도 많은 어려움을 보인다. 정안아동은 개념을 발달시킬 때 부분에서 전체로

나아가지만, 시각장애아동의 경우는 다소 다르다. 시력을 가진 아동들은 전체 물체를 보고 난 뒤, 특정 세부사항에 초점을 둔다. 그러나 시각장애아동은 물체의 부분에서 전체로 이동하며, 직접적으로 물체의 여러 속성과 특징에 대해 탐색하고 인지할 수 있는 시간적 여유가 더 필요하다.

② 학업적 특성

시각장애아동들은 정안아동들에 비해 학업 성취가 다소 뒤지며, 학습장애아동들의 학업성취와 유사하다. 그리고 시각장애아동들은 경험이 상대적으로 제약을 많이 받기 때문에 정안 아동들만큼 읽기 과제를 통해 정보를 파악하지 못한다.

학습과 기억은 시각장애아동의 대뇌에 지적 기능을 담당하는 부위에 장애 영향을 미치는 병인이 없는 한 정안아동과의 비교에 질적인 차이는 없다. 또한 촉각이나 청각적 자극을 이용한 학습이나 기억의 연구에 관해서도 시각장애아동과 정안아동 사이에 뚜렷한 차이가 나타나지 않았다. 시각장애 학교에서 동작모방이나 촉각지도 등을 중시하는 것은 시각 경험의 부족을 보상하기 위해 행위적 표상을 통한 학습을 경험적으로 적용하기 위한 것이다(국립특수교육원, 1998). 시각장애아동들은 장애의 정도에 따라 제각기 다양한 학업성취 수준을 나타낸다. 따라서 취학전 · 후의 아동에게 필요한 모든 교육적인 지원을 제공하여 시각적 학습경험의 결핍을 극복하도록 해야 할 것이다.

③ 사회 · 정서 특성

시각장애아동들은 1차적인 장애의 문제로 인하여 2차적인 사회 · 정서 발달에 영향을 받는다. 자신의 신체를 볼 수 없기 때문에 신체상을 제대로 형성하기 어려워 자아에 대한 왜곡된 태도를 형성하게 된다. 또래와의 관계형성에 필요한 사회적 기술의 어려움으로 인하여, 수동적이고 소극적이며 조용한 성향을 지니게 된다.

또한 가족 간의 상호작용이나 사회적 상황의 인식이 어렵고, 우연적인 관찰을 통한 사회적 기술의 습득 기회의 제한으로 인하여 다양한 환경에서 상호작용하고 행동하는 등의 모방에 어려움을 겪는다(이경림, 2008).

또래아동들이 보내는 얼굴표정과 몸짓 그리고 의사소통 상황의 시각단서 알지 못하기 때문에 다른 아동의 관심에 어떻게 반응해야 하는지를 알기에 어려움을 느끼며, 적절한 사회적 상호작용을 시작하고 유지하는 법을 잘 모른다. 이로 인하여 학교생활에서 또래들로부터 관계형성에 거부당할 수 있고, 관심을 받으려고 질문을 너무 많이 하거나 부적절한 정서행동의 표출로 나타나기도 한다.

(4) 방향감각과 신체운동 특성

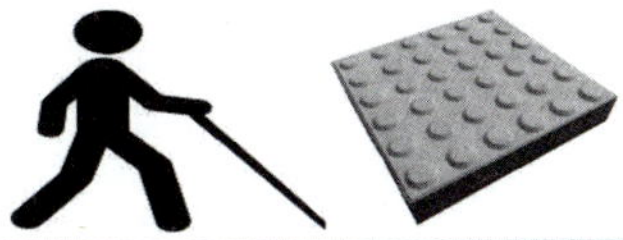

▣ 방향감각 이동기술 특성

방향감각과 이동기술이란 사람이 성공적으로 적응하는데 매우 중요하다. 다른 사람, 사물, 표지 등과 관련하여 어떤 위치관계에 놓여있는지를 느끼고(방향감각), 환경 속에서 이동하는 능력을 말하며 공간 능력에 크게 의존한다(정대영, 2011). 시각장애아동은 시각적인 제약 때문에 이동 시 과거 경험한 신체 부딪힘의 상해로 부터 위험성과 두려움을 느껴 본능적으로 자신을 보호하기 위해 움직임을 제한한다.

▣ 신체운동 특성

신체발달은 정안아동과 비슷하나, 신체 움직임의 활동 제한으로 체력과 기본적인 동작의 운동능력이 많이 지체되어 있다. 신체움직임은 몸을 흔들고, 머리를 내저으며, 눈을 비비는 등 사회적으로 부적절한 행동을 하는 경우가 있다.

5) 교육적 지원

아동이 기능적 시력을 얼마나 지니고 있느냐에 따라 교육과정의 수정이 이루어져야 할 것이다. 시력이 낮을수록 청각적 및 촉각적 채널을 더 많이 이용하게 된다.

(1) 교육과정 적합화

① 사회관계 영역 : 자존감, 통합 및 사회성 발달

모든 아동은 집단의 일부가 되어 다른 사람의 강점과 요구에 관하여 배워야 한다. 성인들은 안경과 같은 시력 보조기구에 익숙하지만, 어린 아동들은 그렇지 못하므로 배워야 한다. 모든 아동이 근본적으로 요구하는 것은 개인적 가치와 적절성이다. 자존감은 아동이 자신의 가치에 대해 개인적으로 판단하는 것으로서 자아지각과 타인지각에 의해 형성된다.

❶ 자존감

시각장애를 지닌 아동들은 자신감이 부족하고 경쟁을 한 경험이 거의 없기 때문에 몸의 인식이 보다 느리게 발달되는 경향이 있다. 대부분의 아동은 관찰을 통하여 여러 가지 사회기술을 학습하지만, 시각손상을 지닌 아동의 자존감을 높여줄 수 있는 방법들은 다음과 같다.

- 시각손상을 지닌 아동은 안경을 착용하거나 광학기기를 이용하는 역할모델이 필요하다.
- 신체부위를 말하는 노래를 부르며 율동을 한다.
- 아동이 다양한 방법으로 장소를 이동하도록 격려한다. 아동들에게 그러한 행동을 언제 하는지를 말해준다. 그리고 주변 환경과 관련하여 자신의 몸을 보다 잘 인식할 필요가 있다.
- 아동에게 자신의 감정을 설명하고 다른 사람의 정서를 이해할 수 있는 어휘를 지도한다.
- 자신감과 긍정적 자존감은 연령에 적합한 기술을 학습함으로써 갖게 된다.

❷ 통합

시각손상을 지닌 아동에 대한 교사의 태도는 학급의 분위기를 형성하는 데 큰 영향을 미친다. 시각손상을 지닌 아동에 대해 우려하거나 과잉보호를 하게 되면 다른 아동이 이러한 점을 쉽게 인지하게 된다.

- 또래들이 시각손상을 지닌 아동에게 말을 걸 때 자신이 누구인지를 밝히도록 지도한다.
- 다른 아동들에게 시각손상의 영향에 대해 설명한다. 가끔 아동들은 시각손상을 지닌 아동이 반응을 하지 않을 것이라고 생각하거나, 그들에 대한 관심이 부족하여 접근하지 않을 수 있다.
- 저시력을 지닌 아동에게 특정 장난감이나 자료를 가지고 함께 놀자고 권할 수 있도록 격려한다.

- 저시력을 지닌 아동들은 흔히 촉감 또는 운동지각을 통해 자신의 환경에 관하여 학습한다. 그들은 학급 동료들과 접촉하고 싶어 하므로, 허용되는 방법으로 상대를 터치하도록 지도한다.
- 일반 아동들이 다양한 시각손상을 체험하는 활동을 할 수 있도록 한다. 여러 가지 시각 활동을 체험해 보고 어떤 느낌이 드는지, 어떻게 하면 어려움을 줄일 수 있는지 등에 대해 토의한다.

❸ 사회성 발달

모든 아동은 자신을 둘러싸고 있는 세계에 대해 학습할 필요가 있고, 현장학습은 이러한 목적을 달성하는 데 매우 유용하고 즐거운 방법이다. 시각손상을 지닌 아동은 여러 가지 구체적인 경험을 통하여 정확히 일반화할 수 있다.

- 소집단 아동들을 대상으로 현장학습 계획을 세워 각자 경험을 할 수 있게 한다.
- 현장학습을 마친 후 이야기와 역할놀이와 같은 후속활동 기회를 제공한다.
- 아동을 위해 사물의 이름을 말할 때 그 모습과 실제를 구분한다.
- 테이프, CD, DVD 비디오는 아동이 자신의 사회적 세계를 확대하는 데 도움을 준다.
- 시력 측정하고 정확한 렌즈를 처방하는 등 의료전문가의 역할을 인식하도록 도와준다.

② 의사소통 영역 : 말하기, 듣기, 읽기 및 쓰기

언어와 문해는 시각손상을 지닌 아동들에게는 어려운 영역이다. 언어는 지식을 습득하고 세계를 이해하며, 다른 사람과 의사를 소통하는 중요한 도구이다. 시각손상을 지닌 아동들은 의사를 소통하기 위해 주로 구어에 의존하고, 환경에 대해 학습을 하기 위해 듣기에 의존하며, 필요한 물건을 찾지 못하면 다른 사람들에게 묻게 된다. 그러므로 시각손상을 지닌 아동은 다른 아동이나 성인에게 지시를 하고 지시를 따르는 방법을 배워야 한다. 또한, 그들은 청력단서나 청각기억에 더욱 의존하게 되며, 주의를 집중하고 눈을 마주치는 등의 비구어적 자질의 일부를 잃게 되므로 추가의 단서를 얻기 위해 언어의 억양 패턴, 크기 및 속도에 초점을 맞추도록 도움을 받아야 한다.

❶ 말하기

시각손상을 지닌 아동들은 말을 배울 때 주로 청각적 단서에 의존하게 된다. 반면에 다른 아동들은 입술, 입, 턱의 움직임을 보고 쉽게 모방할 수 있다. 아동들에게 무엇을 의미하는지에 대해 질문을 하도록 조장하고 사용되는 명칭의 이해를 넓히도록 도와주어야 한다. 아동들은 자신이 지각한 사실을 격려 받음으로써 잘못 이해한 점을 바로잡고 구어능력을 향상시킨다.

- 구어지시 따르기는 언어의 중요한 기능이다. 1~2단계로 이루어진 간단한 지시부터 시작한다. 지시를 할 때는 항상 구체적으로 하도록 한다.
- 시각손상을 지닌 아동들은 감정을 표현하고 이해하는 단어에 더욱 의존한다. 이러한 단어들을 배우도록 도와준다.
- 어린 아동들은 대부분 자신에게 말을 한다. 이러한 현상은 모든 아동들에게서 볼 수 있는 정상적인 언어행동이다. 시각손상을 지닌 아동들 역시 상상의 친구들에게 말을 한다. 이러한 행동은 실제 친구보다 상상의 친구에게 더욱 빠져들지 않는다면 문제가 되지 않는다.

❷ 듣기

시각손상을 지닌 아동은 어떤 과제를 수행하기 위해서 구어적 정보에 의존하므로 말을 이해할 필요성이 더 커진다. 시력문제를 교정한 아동조차도 항상 안경을 쓰지는 않는다. 그들이 소리를 확인하고 구별하는 법을 배우는 것은 매우 중요하다. 테이프나 CD를 듣고 유사한 소리를 구별하는 훈련을 통해서 이 분야의 기능을 발달시키도록 도와준다.

- 시각손상을 지닌 아동은 화자를 분명히 볼 수 없기 때문에 말하고 있는 사람을 보지 못할 수 있다. "나를 보세요. 사람들은 이야기할 때 말하는 사람을 보는 것을 좋아해요."라고 말해서 말하는 사람을 볼 수 있도록 격려한다.
- 시각손상을 지닌 아동들이 소리 찾는 연습을 할 수 있도록 듣기 게임을 한다. 소리를 내고 아동은 그 소리가 나는 곳을 찾도록 한다. 아동이 소리 나는 곳을 찾으면 소리를 낸 물체를 느끼게 하고 어떻게 이용되는지를 말해준다.
- 통 속에 물건을 넣고 아동이 그 통을 흔들어서 소리를 내게 한다.
- 시각적 손상을 지닌 아동은 미세한 청각적 변별을 학습해야 하므로 아동이 들은 것에 대해 기술하고 설명하도록 한다.
- 이야기 테이프나 CD를 이용하여 긴소리 짧은소리, 높은 소리, 낮은 소리를 구분하게 하고, 그 소리를 누가, 어떤 상황에서 어떻게 내는지를 확인한다.
- 가능하면 교사가 말하고 있는 사물의 모형을 준다. 크기는 상관이 없고, 모형으로 물체를 명확히 확인하고 실물이 아니라는 것을 알게 한다.

- '어디, 왜, 무엇'은 모든 아동이 이해하기 어렵다. 가능하면 이러한 단어들에 대해 시범을 보인다. 아동을 데리고 가서 무엇이 왜 그런 소리를 내는지를 느끼게 한다.
- 아동들이 가장 어려워하는 단어는 색깔, 하늘과 같이 볼 수 없는 것들이다. 이러한 단어는 일상 생활 속에서 아동에게 추가의 단서를 주어 학습할 수 있게 한다.
- 맡을 수 있고, 만질 수 있으며, 들을 수 있고, 볼 수 있고, 맛볼 수 있거나 직접 경험할 수 있는 것들을 자칭하는 단어들을 이용한다.
- 사물의 기술적 정의와 더불어 기능적 정의를 이용한다. "공은 구른다." "공은 튄다." 아동이 공을 굴리고 튀길 때 강화를 한다.
- 저시력을 지닌 아동은 자유롭게 움직이기 위해 구어적 지시를 따라야 한다. 이동을 위해 "서/ 가", "높은/낮은", "큰/작은", "안/밖/위", "딱딱한/부드러운"과 같은 단어들은 유용하다.

❸ 읽기

이야기는 아동들의 세계를 넓혀주므로 유익하며, 아동들에게 친숙한 주제로 시작한다. 이야기의 요점을 간단히 설명하기 위해서는 그림을 이용하는 것이 좋다. 아동들에게 그림과 이야기의 관계를 지적하도록 한다. 문해 읽기 분야에서 시각변별 기술을 발달시키고 정교화할 것을 강조한다.

- 교사는 이야기를 읽어 줄 때 아동이 보고 느낄 수 있는 모형물(토끼, 앵무새, 시차, 자동차, 강아지)을 이용하는 것이 좋다.
- 듣기 코너에서 녹음 교재를 듣게 한다.
- 확대문자 책이나 점자를 확보한다.
- 원형, 삼각형, 사각형 등 모양이 단순한 큰 물체로 시작한다.
- 아동이 큰 것을 구분할 수 있게 되면 작은 것을 구분하게 한다.
- 저시력을 지닌 아동들의 읽기 준비를 발달시키기 위해 촉각기능을 활용한다.
- 컴퓨터를 이용하여 글자의 크기를 확대한다.
- 인쇄에 대한 인식을 증가시켜 아동이 책을 느끼고 책의 각 부분을 확인하도록 돕는다.
- 점자를 포함하여 아동에게 다른 유형의 문어를 보여준다.
- 시각손상을 지닌 아동에 관한 책을 읽어준다.

❹ 쓰기

모든 아동은 단어를 말하는 능력과 쓸 수 있는 능력을 연계시켜 발달시켜야 하고, 아동이 쓴 것을 다른 사람이 이해할 수 있어야 한다.

- 약시아동을 위해 넓은 마커를 이용하여 쉽게 볼 수 있도록 한다.
- 아동이 시각적 피드백을 이용할 수 없다면 미디어와 촉각적 피드백을 함께 적용한다.
- 아동에게 사포나 나무 문자를 주어 손가락으로 추적하게 한다.
- 다른 촉각적 속성을 지닌 쓰기 미디어를 이용한다.
- 아동이 나이가 들면 컴퓨터나 워드프로세서를 이용하여 쓰게 한다.
- 점자 읽기와 점자 쓰기를 할 수 있도록 한다.

③ 자연탐구 영역: 수학, 과학 및 보조공학

❶ 수학

수 개념은 모든 아동에게 필요하다. 아동이 창의적으로 자신을 이용하여 세계를 탐색하고 분류하도록 돕는다. 저시력을 지닌 아동은 이러한 개념을 학습할 때 촉각 운동 측면을 수정하여 추가할 수 있다.

- 아동들에게 여러 가지의 모양, 크기, 무게를 촉각적으로 변별하고 짝지을 수 있도록 지도한다.
- 수 개념과 기하 도형을 지도할 때는 실물을 가지고 시작한다.
- 큰 도미노와 의도한 점에 대응시키는 것은 수 개념뿐만 아니라 소근육운동 기술지도에도 좋은 활동이다.
- 블록을 쌓은 공간을 구분하고 물리적 경계를 만들어 아동이 그것을 쉽게 찾을 수 있도록 한다.
- 반복되는 촉각패턴을 다양하게 이용하여 패턴과 관계를 지도한다(거친 것–부드러운 것, 거친 것 –부드러운 것, 거친 것–부드러운 것).
- 여러 가지 자료를 다양하게 대응하기, 범주화하기, 순서화하기 등의 경험을 제공한다.

❷ 과학

과학은 아동들이 자연 세계는 물론 시각과 다른 감각을 학습하는 데 도움을 준다.

과학을 통해 창의성, 문제해결, 의사결정, 발견 등을 강조한다.

- 아동이 눈과 눈의 기능에 관하여 학습하도록 돕는다.
- 렌즈의 목적에 관하여 이야기한다.
- 밀가루 반죽 만들기, 얼음 녹이기, 찰흙으로 모형 만들기 등을 통해 물질의 모양이 변하는 것을 경험한다.
- 날씨와 날씨에 적절한 옷에 대해 이야기한다.
- 다양한 온도의 물이 담긴 플라스틱병과 다양한 무게의 용기를 순서대로 늘어놓고 온도나 촉감을 발달시키도록 한다.
- 아동들이 유쾌한 맛과 불쾌한 맛을 확인하여 맛의 변별력을 발달시킨다.

❸ 보조공학

컴퓨터는 많은 부분이 시각적인 능력을 요구하므로 시각손상을 지닌 아동들에게 어려울 수 있으나, 자판이나 화면을 볼 수 있을 정도의 시력이 있는 아동들에게는 문제가 거의 없다. 시각손상을 지닌 대부분의 아동은 숫자키패드 사용법이나 터치타이핑법을 배울 수 있다. 이러한 학습은 아동이 어릴 때 이루어지는 것이 바람직하다.

- 목소리 신시사이저와 컴퓨터를 함께 이용한다.
- 25인치 화면을 이용하여 글자를 크게 확대한다. 스크린의 글자를 확대할 수 있는 프로그램을 이용할 수도 있다.
- 컴퓨터는 텍스트와 배경색을 바꿀 수 있다. 일부 약시아동들은 어떤 특정한 색이 배합될 때 더 잘 수행할 수 있으므로 최상의 색 배합을 찾아야 한다.

④ 신체운동 및 기본생활 영역 : 대 · 소근육운동, 감각통합운동 및 기본생활

시력이 제한된 아동들은 그렇지 않은 다른 아동들에 비해 건강과 안전문제에 더욱 주의를 기울여야 한다. 아동에게 이러한 문제를 일으키는 환경을 의식해야 하며, 가급적 청각정보와 지각정보를 증가시키려고 노력해야 한다.

그들은 자기가 있는 곳이 어디인지 아는 법을 배워야 하며, 안전하게 다른 장소로 이동하는 법도 익혀야 한다. 그러기 위해서는 감각통합운동능력이 필요하므로, 감각통합운동의 시각적 능력이 부족한 아동들은 그들의 잔존시력을 보상할 수 있는 다른 감각들을 개발해야 한다. 저시력을 지닌 아동들에게 외부활동은 상당히 어려운 과제라는 것을 인지하고, 안전한 장소에서 발달기술을 훈련시켜야 한다.

❶ 대근육운동

아동은 자신의 신체에 관한 지식을 증가시키고, 자신의 환경을 탐색하는 방법으로 신체의 대근육을 이용한다. 최근 시력을 교정하였거나 저시력을 지닌 아동은 도래에 비해 기능의 섬세함이 떨어지므로 다음과 같은 연습을 할 필요가 있다.

- 균형을 유지하는 일은 매우 중요하다. 고정된 위치에서 균형을 잡는 법부터 시작하여 서 있거나 앉은 상태에서 균형 잡는 연습을 한다. 아동이 역동적인 균형을 잡기위해 손에 물건을 들고 걷기, 점프하기, 기기 등의 행동을 하며 균형 잡는 연습을 한다.
- 특정 움직임에 대한 개념 형성이 미흡할 경우, 그들이 움직이기 전에 성인의 신체 형태를 느끼도록 하고 성인은 아동의 자세를 잡도록 도와서 운동감을 느끼도록 한다.

❷ 소근육운동

소근육운동 기술과 눈-손 협응 능력을 발달시키고 정교화하기 위해서는 많은 연습이 필요하다. 처음에는 아동들이 성공하기 쉬운 경험으로 시작하여 실망하지 않도록 해야 한다.

- 퍼즐 맞추기를 한다.
- 아동이 큰 조작활동에서 시작하여 점점 미세한 조작활동을 할 수 있도록 격려한다.
- 아동들에게 천을 구별하는 연습을 시킨다.

❸ 감각통합운동

저시력을 지닌 아동은 공간을 이동해 가기 위한 운동기억을 발달시켜야 한다.

- 아동이 크기가 다른 장애물의 위, 아래를 기어다니게 하는 것은 공간적 반향정위를 지도하는 좋은 방법이다. 처음에는 인간 장애물을 이용하여 이동을 지원할 수 있도록 하는 것이 좋다.

❹ 건강과 안전

건강과 안전은 모든 아동에게 있어서 중요하며, 어려운 학습 영역이다. 자신의 자발적 호기심을 의도적으로 드러내고 행동을 하기 전에 건강과 안전을 위하여 그 행동에 대해 생각해보아야 한다. 저시력을 지닌 아동은 다른 아동들에 비해 물건에 부딪히거나 물건을 떨어뜨릴 가능성이 더 높다.

아동들이 시각보다 촉각과 청각단서에 많이 의존하게 되면 학습기술에 더 큰 협응 문제가 발생할 수 있다. 그들은 다른 사람이 자전거를 타고 접근해 오는 것을 보지 못한다. 따라서 저시력을 지닌 아동들은 잔존시력을 이용하고 시력을 보상할 청력을 이용할 필요가 있다.

- 모든 아동이 적응기술에서 독립성을 기르도록 도와준다.
- 안전, 보기, 듣기 기술을 지도한다.
- 아동이 밖에서 뛰어놀 때 안경이 떨어지지 않도록 고정 장치를 한다.
- 그네, 시소와 같은 놀이기구에는 울타리를 설치한다.

⑤ 예술경험 영역 : 미술, 음악, 창의성활동 및 역할놀이

창의적 예술은 아동에게 안전한 방법으로 자신의 세계를 탐색할 기회를 제공한다. 그들은 외부활동을 교실 내에서 경험할 수 있다. 시각손상을 지닌 아동은 종이를 이용한 활동을 할 때 명확한 활동 경계가 필요하다. 음악은 듣기기술과 청각적 변별력을 향상시키기 위해 이용될 수 있다. 음악활동은 몸 인식능력을 습득하는 좋은 방법이지만, 물리적인 장애물이 없는 장소에서 해야 한다.

아동들의 움직임이나 운동이 너무 클 때는 밀 수 있는 경계를 마련한다. 창의적 운동은 방향정위와 이동기술을 지원한다. 시력이 제한된 아동은 안전하게 하고, 음악을 이용하여 소리의 위치를 찾고, 목소리를 구별하도록 도와준다. 악기와 목소리의 진동을 느끼게 하고, 음악을 이용하여 듣기훈련을 한다.

❶ 미술

잔존시력이 매우 낮은 아동은 예술의 어떤 분야에서는 제약을 받기도 하지만, 이러한 아동들이 조작할 수 있는 촉각자료가 많이 있다. 미술활동은 시각손상을 지닌 아동들에게 정서적 이완을 경험하게 하므로 매우 가치 있는 경험이라고 할 수 있다.

- 다양한 모델링 자료를 이용하여 여러 가지 촉각 경험을 제공한다.
- 아동들이 손가락을 사용하여 여러 가지 촉각 경험을 제공한다.
- 이젤페인트와 핑거페인트에 모래와 톱밥과 같은 추가의 자료를 첨가하여 보다 쉽게 느낄 수 있게 한다.
- 아동이 보지 못하는 경우 사포나 코르크와 같은 것으로 경계를 느낄 수 있게 해준다.

❷ 음악

음악은 저시력을 가진 아동에게 매우 즐거운 활동으로, 시각장애를 지닌 사람 중에는 유명한 음악가들이 많이 있다(예 : Ray Charles, Stevie Wonder, Joaquin Rodrigo). 그러나 시각장애를 지닌 아동이 선천적으로 음악을 잘할 것으로 기대해서는 안 된다. 음악공부를 통하여 섬세한 청각변별력과 기억력을 발달시킬 수 있다.

- 악기소리를 듣고, 소리가 어디에서 나는지를 찾아보게 한다.
- 음악의 소리 높이를 이용하여 "높다", "낮다"의 개념을 지도한다.
- 동작이 있는 노래로 이름, 행위, 명칭을 지도한다.
- 신체 인식능력을 향상할 수 있는 노래와 아동이 하고 있는 활동을 기술하는 노래를 부른다.

❸ 창의성 활동

창작활동은 아동들이 추상적 개념을 학습하는 데 도움이 된다. 또한, 아동이 자신의 개념에 대해 이해하는 방법이기도 하다. 아동에게 바람에 날리는 낙엽이 되라고 하면 어떤 모습으로 해석하는지를 볼 수 있다.

- 아동에게 다양한 방법으로 움직일 것을 요구한다.
- 개인인 공간에 대해 이야기하고 다른 사람과 부딪치지 않고 이동하는 장소를 어떻게 알 수 있는지에 대해 이야기한다.
- 음악에 대한 창의적인 활동을 통하여 여러 가지 우아한 활동을 할 수 있게 된다. 왈츠에서 트위스트, 마카레나 등은 협응력을 발달시키기에 좋은 운동이다.

❹ 역할놀이

아동들은 역할놀이를 통하여 상황에 관하여 학습하고 상황을 경험하고, 통제할 수 있게 된다. 그들은 역할놀이를 통해 새로운 경험에 더욱 익숙해질 수 있다.

- 일부 역할놀이는 일어나고 있는 활동에 대한 명확한 단서를 제공해 준다. 예를 들어, 찻잔과 받침 접시는 티파티를 의미한다.
- 다양한 활동을 위한 촉진제로 이용할 수 있다.

⑥ 시각장애 언어지도– TIP

❶ 교사는 반드시 시각장애아동의 유형에 따른 특성을 이해하고 언어지도를 하여야 한다.

예) 근시: 가까운 사물은 선명하게 잘 볼 수 있으나 멀리 있는 사물은 흐릿하여 잘 볼 수 없거나 전혀 못 보는 상태

원시: 근시와 반대로 가까이 있는 사물은 선명하게 볼 수 없으나 멀리 있는 사물에 대하여서는 초점을 잘 맞추어 볼 수 있는 상태

기타: 난시, 사시, 약시, 안구 진탕, 색명, 백내장, 녹내장, 미숙아 망막병증 등 어린이집 활동 및 수업시간에 시각적인 자료를 이용한 지도를 할 때는 꼭 유형에 따라 적절하게 볼 수 있도록 제시하여 주어야 개념이해를 통한 언어습득과 사용에 도움

❷ 감각 단서의 활용과 제시를 통한 정보를 제공으로 잔존감각을 활용 인지를 통한 언어이해를 통한 언어를 표현할 수 있는 기회를 줄 수 있도록 해야 한다(다감각 제시).

❸ 저시력 아동을 위한 물리적인 교육적 환경 구성(전맹인 아동은 그리 많지 않음)을 통한 언어개념 지도

– 교실의 적절한 조도 유지를 통한 개념 설명

– 색채의 대비를 통한 교구 활동 및 교재 제공

❹ 시각의 어려움으로 또래와 사회적 상호작용에서 의사소통에 어려움을 가지지 않도록 반구성 또래 아동들에게 특성을 충분히 이해 시켜주고 체험 활동으로 경험 기회 제공

(예, 친구들과 눈 맞춤을 통한 감정 읽기에 어려움과 놀이의 매체가 되는 사물집중에 어려움 등)

❺ 아동이 시각적 제한으로 볼 수 있는 가능한 시야의 수준을 확인하고 어린이집에서 생활할 때 제시되는 모든 시각적인 제시에 반영하여야 한다.

❻ 자료를 제시할 때 종이의 아웃라인을 검은색으로 표시하여 제시해 준다. 이는 눈에 띄어야만하는 다른 표면들과 대조적으로 하면 아동의 시각적 변별에 도움이 된다.

(2) 점자교육

한글 점자는 6점(세로로 3점, 가로로 2점)으로 구성되고, 왼쪽 위에서 아래로 1, 2, 3점, 오른쪽 위에서 아래로 4, 5, 6점의 번호를 붙여 사용한다([그림 9-5] 참조). 그리고 6개의 점을 조합하여 64(26)개의 점형을 만든다. 즉 점자는 많은 점형으로 이루어지고, 그 점형에 의미가 부여된 문자이다. 점자일람표는 다음의 [그림 9-6]과 같다(임안수, 2008).

점자는 읽을 때는 왼쪽에서 오른쪽으로 읽어야 하며, 점자를 찍을 때는 반대로 오른쪽에서 왼쪽으로 찍어야 한다. 이러한 규칙은 점자를 처음 접하여 배울 때 혼동과 착각으로 인하여 쉽게 실수할 수 있는 경우가 발생함으로 유의하여야 해야 한다. 최근에는 보조공학기기의 도움을 받아 점자프린터로 대신하거나 점자정보단말기를 사용하여 필기를 하기도 하지만 기본적인 점자 배열의 규칙은 숙지하고 있어야 한다.

찍기(오목점)	읽기(볼록점)
읽을 때 (좌에서 우로)	찍을 때 (우에서 좌로)
① ④ ② ⑤ ③ ⑥	④ ① ⑤ ② ⑥ ③

[그림 9-5] 점자의 번호와 읽기와 쓰기

▣ 점자 일람표

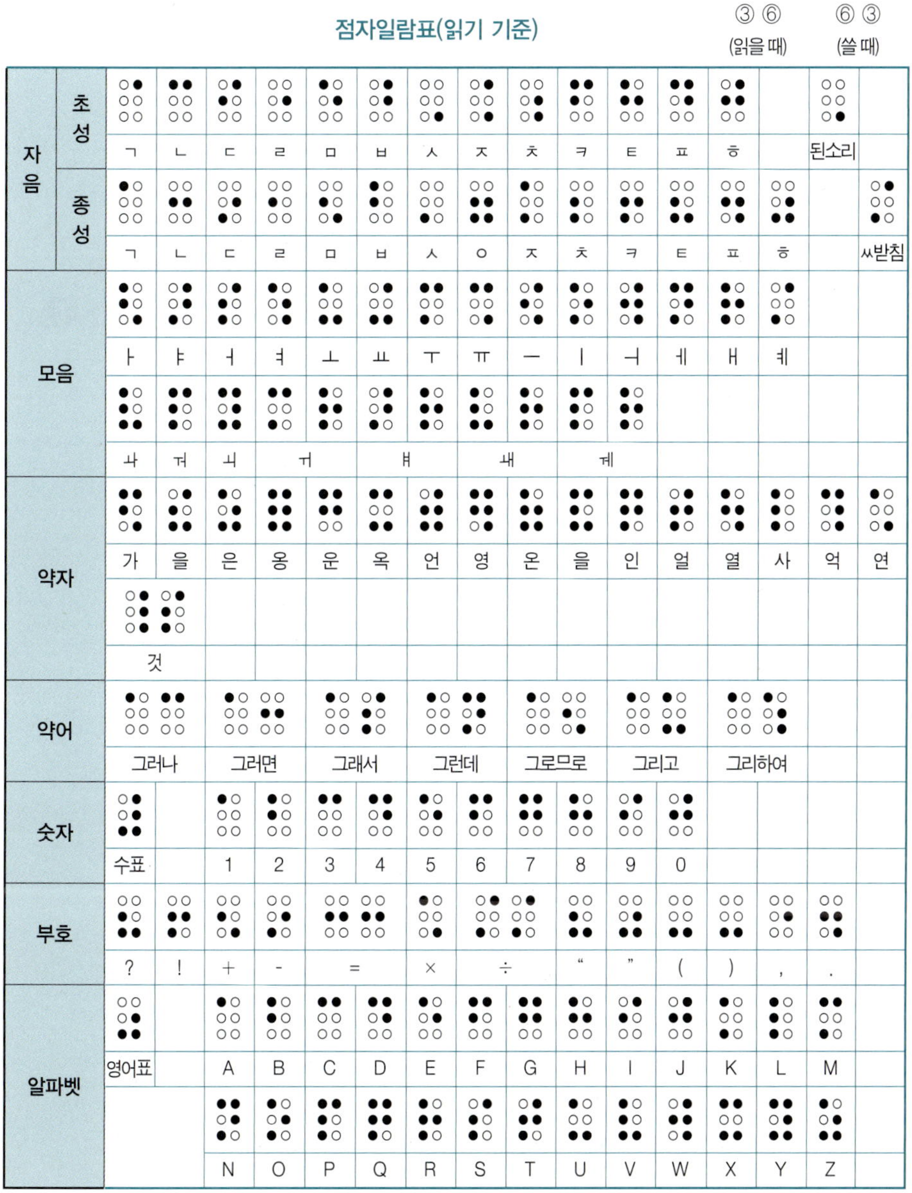

[그림 9-6] 점자 일람표

▣ 점자 정보단말기(한소네)

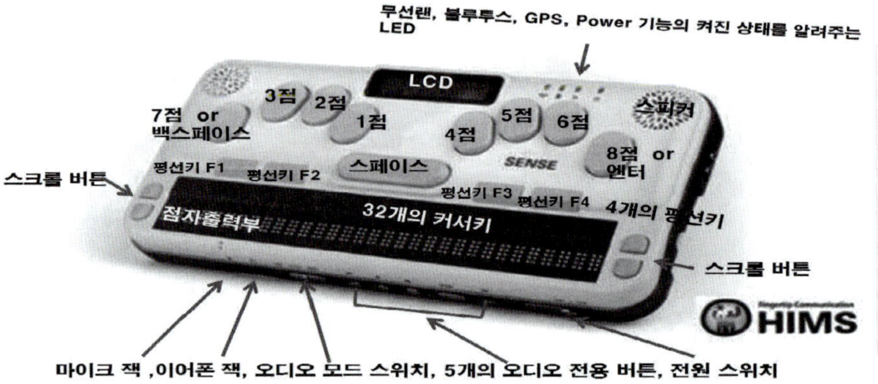

※ 점자정보단말기 기능

1) 점자 키보드를 사용하여 문서를 작성할 수 있다.

2) USB 키보드를 사용하여 한소네 U2의 다양한 기능을 사용할 수 있다.

3) 문서를 열어 점자 프린터로 출력하거나 묵자 프린터로 출력할 수 있다.

4) '한글', 'MS 워드' 등의 일반 워드프로세서로 작성한 문서를 한소네 U2의 워드프로세서에서 음성이나 점자로 읽을 수 있습니다. 그리고 문서의 내용을 편집하여 저장

5) 다른 사람과 이메일을 주고받을 수 있다.

6) 중요한 일정을 미리 기록해 두고 원하는 시각에 알람이 울리도록 설정할 수 있다.

7) 여러 사람의 개인 정보를 입력해 두고 원할 때에 효율적으로 찾아볼 수 있다.

8) 인터넷을 통해 웹 사이트에 접속하여 다양한 방법으로 웹 페이지를 읽을 수 있다.

9) wav, mp3, wma, ogg 등의 미디어 파일을 재생하고 음성을 녹음할 수 있다.

10) 계산기를 사용하여 복잡한 수식을 계산할 수 있다.

11) PC와 연결하여 편리하게 파일을 주고받거나 화면에 출력된 내용을 음성이나 점자로 읽을 수 있다(PC의 화면을 읽고자 하는 경우에는 별도의 스크린 리더 프로그램을 필요).

12) 파일 이름을 변경하거나 파일을 복사, 이동, 삭제할 수 있습니다.

13) 음성 크기, 속도, 고저 조절 등을 조절하거나 스톱워치, 자명종 등 부가기능을 사용할 수 있다.

14) 점자를 모르는 사람도 LCD를 통해 손쉽게 점자를 배우고 한소네 U2를 사용할 수 있다.

15) 실로암 전자영한사전, 전자교재, 노래방 검색, 점자학습 등의 다양한 콘텐츠 프로그램이 내장되어 있어, 학업 및 취미생활에 사용할 수 있다.

16) 프로그램의 다양한 게임을 통해 즐거움을 느낄 수 있다.

17) 소셜 네트워킹을 통해 실시간 문자 채팅이나 음성 채팅을 할 수 있다.

18) 라디오를 들을 수 있다.

▣ 보조공학기기

시각장애아동의 교수를 위해 자료 및 보조도구를 적절히 선택하고 수정하는 것이 매우중요하다. 아동의 기능 수준, 교육적 필요, 연령, 장 · 단기 교수목표들을 고려하여 최신보조도구와 자료를 제공하도록 노력하며, 청각, 시각 매체를 다양하게 사용할 수 있도록 제공해야 한다(전헌선 외, 2012).

〈표 9-3〉 주요 보조공학기기의 종류와 특징

명칭	특 징	사진
점자정보 단말기	• 문서의 내용을 점자나 음성으로 출력할 수 있음 • 학습과 업무처리에 필요한 워드프로세서, 주소록, 일정관리, 음성녹음, 계산기, 인터넷, 메신저, e-mail 사용 가능	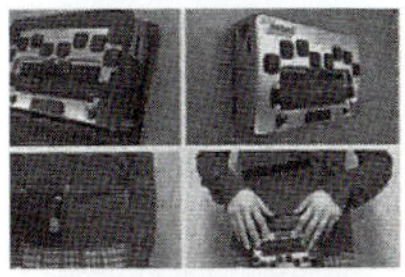
단원망원경	• 멀리 있는 것까지 잘 볼 수 있음 • 2.2배에서 10배까지, 30M까지 선명하게 볼 수 있음	
주머니형 확대경	• 소지하기 용이함 • 제품에 따라 4배 또는 7배 배율로 확대됨	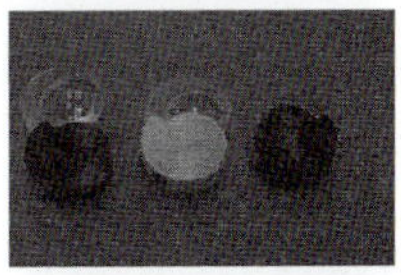
휴대용 확대경	• 근거리용으로 활자 및 그림 확대 가능함 • 휴대가 간편하도록 접어서 사용할 수 있음 • 제품에 따라 3.5배, 5배, 6배, 15배, 20배 배율로 확대됨	
조명형 확대경	• 근거리용으로 문자 및 그림 확대, 조명 기능 있음 • 조명 기능이 있어 밝은 곳에서 독서하는 것에 편안함을 느끼는 저시력인 경우 사용하기 편리함	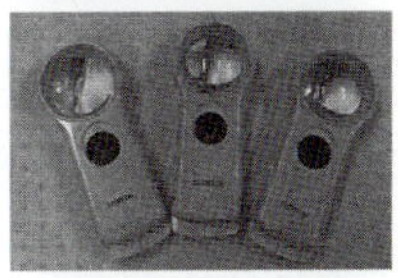
센스뷰데스크탑 (화면확대기)	• 2배에서 73배까지 확대 가능(19인치 모니터 기준) • 대비조절 기능/라인, 윈도우마커 기능/초점고정 기능	
센스뷰두오 (휴대용 독서 확대기)	• 두 개의 카메라 내장 • 근거리 카메라: 근거리 확대 및 쓰기모드 기능 • 원거리 카메라: 길거리 표지판, 칠판 등 확인 기능, 이미지 저장 및 스크롤 확대 화면을 20장까지 저장할 수 있으며, 저장된 이미지 또는 정지된 이미지를 확대해서 숨겨진 부분을 스크롤하여 볼 수 있음	

출처: 김이영 외(2015). 실로암시각장애인복지관 http://www.silwel.or.kr

6) 상담 사례(교육 사례)

시각장애 2급 장애를 가지고 있는 준성이는 세상의 정보를 받아들이는 주요 감각수단인 시각이 손상되었지만 청각을 이용하여 주변사람들의 목소리를 구분한 뒤 준성이만의 음률로 표현하였다. 담임교사의 목소리를 들으면 베토벤 바이러스의 음을 흥얼거리고 활동지원사 선생님의 목소리를 들으면 산토끼의 음을 흥얼거리고 발달센터의 인지치료 교사에게는 “집에 가자”, “집에 가자”는 표현을 하였다.

준성이는 일반 아동이 각 교사의 이름을 부르는 것처럼 음률로 교사들의 이름을 표현하였다. 준성이는 8세 후반까지 부모님의 과잉보호로 인한 유동식으로 식사 한 결과 씹는 기능과 미각이 예민해서 주스, 우유 이외의 음식물에 대한 거부가 심했다. 담임교사와 특수학급 교사는 준성이의 특성을 파악하여 준성이의 예민하고 편식이 심한 식사지도를 과제분석으로 1년 동안 식사지도 한 결과 편식이 많이 좋아졌다.

담임교사는 준성이의 수명현상을 고려하여 햇빛의 방향과 조명의 밝기에 고려하여 창문에서 조금 떨어진 위치의 자리에 앉아 수업진행을 하고 있다. 담임교사와 특수교육실무사는 안전하고 독립적이며 효율적인 반향정위와 이동훈련을 위한 보행기능 강화를 위한 한 방법으로 왼쪽과 오른쪽의 방향을 지도할 때 언어적 촉진과 함께 준성이의 신체부위를 이용하여 반복지도 하였다.

교실에서 화장실을 찾아서 이동할 때는 트레일링 기법을 하도록 지도하였다. 시각장애아동들에게 많이 보이는 특이하게 걷는 걸음걸이를 바르게 하기 위한 활동으로 준성이가 좋아하는 리듬에 맞추어 걸어보기와 윗몸일으키기, 음악 들으면서 트렌폴린에서 뛰는 활동을 하였다. 특수학급 교사는 이동훈련 교육을 하고 난 뒤에는 칭찬으로 정서적 보상을 해주었다.

준성이의 부모는 가정에서 초등학교에 다니는 누나와 함께 시각장애아동이 할 수 있는 보드게임(오델로)으로 촉각, 청각적 자극을 주고 있다. 오델로 게임은 흰 돌과 검은 돌의 촉감이 다르게 되어있으며 보드의 각 칸이 양각으로 되어있다. 보드판에 자력이 있어 흰 돌과 검은 돌이 서로 붙게 되어있어 촉감각을 통해 시각장애아동도 할 수 있는 게임이다.

준성이는 누나와 함께하는 보드게임을 통하여 시각이 아닌 다른 감각으로 세상과 소통하고 있는 것이다.

출처: 권순우 외(2020).

제10장

특수아 교육과정 적용 실제

학습목표

1. 일과구성에 따른 장애아동 프로그램 실제에 대하여 알 수 있다.
2. 장애영역별 누리과정 프로그램 적용 실제에 대하여 알 수 있다.
3. 누리과정 적용에 대한 장애아동 영역별 재구성을 알 수 있다.

생각나누기

[장애아동 누리과정 활동 장면]

“누리과정의 목적은 유아가 놀이를 통해 심신의 건강과 조화로운 발달을 이루고 바른 인성과 민주 시민의 기초를 형성하는 데에 있다.”

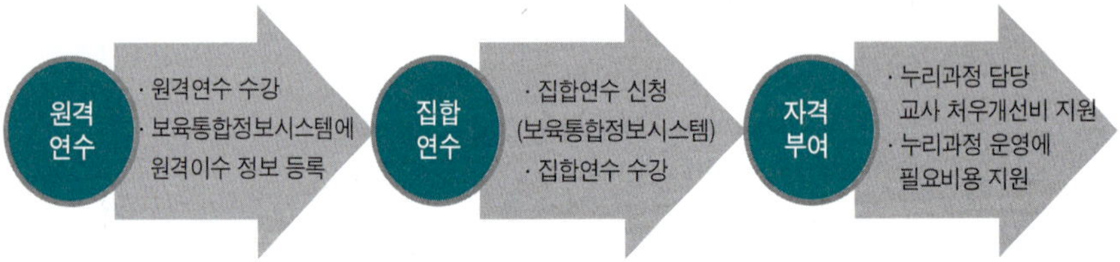

[누리과정 교사 연수 흐름도]

“누리과정 교사연수는 보육교사의 전문성을 강화하고 어린이집에서 유아 · 놀이 중심의 누리과정이 안정적으로 실시되어 보육서비스의 질을 향상시키는 것을 목적으로 합니다.”

I 일과 구성에 따른 장애아동 프로그램

본 장에서는 일과 구성에 따른 장애아동 프로그램과 지원을 위한 실제적인 등원 지도, 자유선택 활동 지도, 간식 및 급식 지도, 바깥놀이 지도에 대하여 경상남도교육청(2014) 유치원 교육과정 편성 · 운영 매뉴얼, 교육부(2008) 장애영 · 유아 교육과정 편성 · 운영 자료를 참고하여 재구성 작성하였다.

1) 등원 지도

(1) 일반적인 특성

등원은 가정에서 교육(보육)기관으로의 전이와 양육자와의 분리를 경험하는 도전적인 활동이 될 수 있다. 매일 아침에 등원하는 장애아동의 교육(보육)기관에 적응하는 시간이 필요함을 알고 안정감을 느끼면서 등원할 수 있도록 계획하여야 한다.

(2) 지도내용 및 방법

첫째, 일관성 있는 태도로 맞이한다. 부모가 교육(보육)기관에 영 · 유아를 데려오고, 신발 정리를 하고, 교사나 또래에게 인사하며, 영 · 유아의 물건을 정리하는 등과 같이 일관된 패턴을 정하여 맞이한다.

둘째, 적응행동(신변처리기술)을 지도한다. 등원 시간은 인사하기, 신발 벗기, 신발장 위치 찾기, 신발 정리하기, 외투 벗기, 외투 정리하기, 가방 정리하기 등 적응행동을 배우기 좋은 시간이며, 이러한 적응행동은 매일 일관된 연습과 지도를 통하여 쉽게 배울 수 있다.

영 · 유아의 수행 수준에 따라 다양하게 지도한다.

셋째, 자신의 물건과 위치를 인식하도록 지도한다. 등원은 영. 유아가 자신의 이름을 인식하기에 좋은 시간이다. 신발장과 사물함, 자신의 물건에 부착된 이름과 사진을 보며 자신의 이름을 배워 나갈 수 있고, 이름과 사진을 보면서 글자를 인식할 수 있도록 지도한다.

넷째, 부모와 영 · 유아에 대한 정보를 교환한다. 등원 시 부모와 영 · 유아에 대한 이야기를 나눔으로써 부모와 교사 간의 신뢰감이 형성되고, 부모가 전해 준 정보(수면 시간, 섭취한 음식의 양과 종류, 건강 상태)는 영 · 유아가 보육기관에서 보이는 행동 특성에 대한 이해를 돕는다.

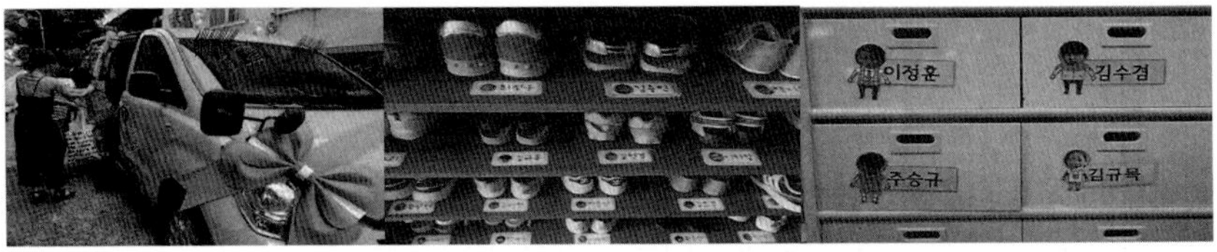

[그림 10-1] 등원과 자신의 이름 인식

(3) 지도 시 유의 사항

① 부모와 헤어진 후 불안해하거나 다음 활동으로의 전이가 어려운 장애아동에게는 일과표를 제시한다. 일과표는 학급 일과표를 이용할 수도 있고, 개별 아동의 발달 수준에 따라 이해 정도를 고려해 개별 일과표를 이용할 수도 있다. 일과표는 시각적으로 분명하게 알 수 있도록 제시해야 하며, 일과표를 일정한 장소에 비치하거나 게시하여 수시로 볼 수 있도록 하여야 한다.

② 연령에 적절한 방법으로 인사해야 한다. 영아반의 경우에는 안아 주면서 맞이할 수 있지만 유치반의 경우 유아의 수행 수준에 따라 바른 자세로 알맞은 인사말을 하도록 맞이하는 것이 좋다. 간혹 연령 특성상 비장애아동들에게는 사용하지 않는 인사방법(안아주기, 뽀뽀하기)을 장애아동들에게만 사용하는 경우가 있는데, 이러한 모습을 또래 영 · 유아들이 장애아동을 대할 때 모방할 수 있기 때문에 주의해야 한다.

③ 입기와 먹기, 화장실 사용과 관련된 신변 처리 기술 지도는 부모와 교사가 일관된 방법으로 지도해야 한다. 부모가 출근 시간에 쫓겨 바쁘거나, 영 · 유아가 한꺼번에 등원하여 교사가 바쁜 경우에는 영 · 유아에게 신변 처리 기술을 연습할 기회를 주지 않고 부모나 교사가 처리하는 경우가 발생하기도 한다. 부모들은 여유롭게 등원할 수 있도록 하여야 하며, 교사들은 이 시간의 중요성을 알고 지도해야 한다.

④ 부모와 헤어지는 데 어려움이 있는 영 · 유아들을 위해서는 부모와 함께하는 시간을 연장해 주거나, 부모가 영 · 유아의 놀이 모습을 지켜보도록 하여 영 · 유아가 편해질 때까지 기다려 주도록 한다. 집에서 좋아하는 놀잇감이나 애착 대상이 되는 물건을 가져오게 하거나, 자주 안아주는 등 신체적 접촉을 해주면서 부모가 돌아올 것임을 이야기하여 안정감을 가지도록 해 준다.

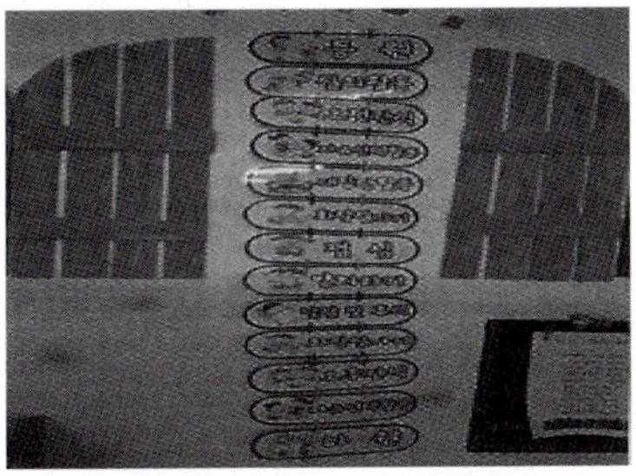

[그림 10-2] 하루 일과표

[그림 10-3] 개별화 일과표

(4) 등원 활동 지도의 실제

▣ 활동 장면 1 반갑게 인사해요

① 등원 시간에 인사하기를 지도하는 것은 자연스러운 일상생활 맥락에 부합되는 활동으로 매일 지도할 수 있어 효과적이다.

- '인사하기' 는 사회적 상호 작용을 시작할 수 있는 중요한 사회적 기술이다. 등원 시간에 인사하기를 지도하는 것은 자연스러운 일상생활 맥락에 부합되는 활동으로 매일 또래들이 하는 것을 자연스럽게 여러 번 볼 수도 있어서 좋은 효과를 얻을 수 있다.
- 현관 앞에서 영 · 유아와 눈을 맞추며 교사가 인사하는 모습을 보여준다. 영 · 유아가 따라하지 않을 경우 "ㅇㅇ야, 인사하고 들어가자."라고 언어로 촉진한다. 인사를 했을 경우에는 칭찬을 해 준다.
- 시범을 보이고 언어로 촉진하여도 반응을 보이지 않을 경우 "ㅇㅇ야, 선생님처럼 인사해 봐" 또는 "ㅇㅇ야, △△이가 선생님한테 인사하는 것 보자." "ㅇㅇ도 ㅁㅁ 이처럼 해보자." 와 같이 또래 영 · 유아가 시범을 보여 주도록 부탁한다.
- 영 · 유아가 반응을 보이면 영 · 유아가 좋아하는 방법으로 칭찬해 주거나 (예, 등 토닥여 주기, 머리 쓰다듬어 주기, 엄지손가락 치켜세우기, 옆 사람에게 칭찬해 주기 등) 교실로 들어와 영 · 유아가 좋아하는 놀잇감을 제공해 주어 놀 수 있도록 해준다.

② 담임 선생님뿐만 아니라 친구들과 다른 어른들에게도 인사하기를 배워야 한다.

- 영 · 유아의 발달 수준과 또래의 연령에 따라 달라질 수 있으나 먼저 담임 선생님께 인사하는 것부터 시작하여 같은 반 친구, 보육기관 선생님, 함께 온 부모님께 인사하는 순서로 점차 대상을 확대하여 지도한다.
- 대상을 확대하여 '인사하기' 배울 때도 위의 장면과 같은 방법을 사용할 수 있다. 언어로 촉진하기 ("ㅇㅇ야, 친구에게도 인사해 보자."), 또래 시범보기 ("ㅇㅇ아, △△ 이가 너에게 인사할거야 잘 보자."), 또래 중재 이용하기 ("ㅇㅇ아, 가서 ㅁㅁ에게 인사를 해 줄 수 있겠니? ㅁㅁ는 수줍어서 먼저 하는 게 힘든가 봐") 등을 할 수 있다.

- 작은 목소리로 웅얼거리거나 말없이 고개만 끄덕여도 그 반응에 대하여 칭찬이나 격려해 주고 점차 큰소리로 인사하도록 지도한다. 인사하기의 학습 기간에는 비장애아동들도 모두 적극적으로 인사하기를 할 수 있도록 학급 전체를 격려한다.
- 아침이나 일과 시간 전에 학급 전체 영 · 유아들이 모여 노래를 부를 때 인사하기 동작을 넣거나 관련 노래를 부르며 동작을 해 보도록 한다.

【장애유형별 지도상의 유의점】

- 의사소통장애 : 말을 하지 못하는 영. 유아는 행동만 보이게 하거나 입구에 "안녕하세요?"가 쓰여 있는 인사하는 그림 카드를 준비해 놓고 영. 유아가 카드를 집어 의사를 표현할 수 있도록 한다(보완대체 의사소통 그림 카드 이용).
- 시각장애 : 교사가 친구의 이름을 말해주어 인사할 수 있도록 한다(예 "ㅇㅇ가 왔구나. ㅇㅇ에게 인사해 보자.").
- 자폐성장애 : 새로운 자극이나 환경에 더 민감한 반응을 보여 등원을 거부할 수 있고 등원을 하더라도 교실에 들어가지 않으려고도 할 수도 있으므로 거부 반응을 심하게 일으키는 원인을 찾아 제거해 주거나 익숙해지는 시간을 더 오래 갖는다. 영 · 유아가 좋아하는 자극이나 놀잇감(예 좋아하는 음악을 직접 들을 수 있는 CD 플레이어 제시, 소리 나는 공 등)을 제시하여 거부 행동을 줄일 수 있다.

▣ 활동 장면 2 혼자서 옷을 입고 벗을 수 있어요

① 옷을 입고 벗는 기술은 단계적으로 학습해야 한다.

- 옷을 입고 벗는 행동은 여러 단계의 기술이 필요한 연속 행동이다. 따라서 장애 영 · 유아가 할 수 있는 단계가 어디까지인가를 파악하고 그다음 단계부터 도움의 범위를 조절하며 지도한다.
- 옷을 입기보다 벗기 쉬우므로 옷 벗기 훈련을 먼저 시작한다. 교사가 장애 영. 유아와 함께 바지를 잡고 발목까지 내려주고, 벗는 것은 혼자 하게 한다. 이렇게 반복하여 발목에서 벗을 수 있게 되면 그다음에는 무릎까지만 내려 주고 나머지는 혼자하게 한다. 이런 식으로 혼자 완전하게 벗을 때까지 단계적으로 지도한다. 벗기가 익숙해지면 입기를 지도한다.

② 스스로 할 수 있을 때까지 도움의 범위를 점차적으로 줄여간다.

- 많은 부모들이 장애. 영유아가 스스로 하기를 기다리지 못하고 대신 해 주는 경우가 있고 자녀의 능력을 과소평가하여 할 수 없다고 생각하는 경우도 있다. 충분한 시간을 두고 장애 영 · 유아가 연습할 수 있는 기회를 주어야 하며, 조금 서툴더라도 될 수 있는 한 장애 영 · 유아들이 최소한의 도움만 받아 자발적으로 옷을 입고 벗을 수 있도록 기다린다.
- 교사는 다양한 활동 속에서 옷 입고 벗는 기술을 지도할 수 있는 기회를 만든다. 조형 활동 중 작업용 앞치마를 입고 벗을 수 있으며 역할놀이, 바깥놀이 시에도 옷을 입고 벗는 기회를 만들 수 있다.

【장애유형별 지도상의 유의점】

- 지체장애 : 옷을 입힐 때는 마비가 있는 쪽을 먼저 입히고 움직임이 가능한 쪽을 나중에 입힌다. 운동 범위가 제한된 장애아동은 헐렁한 옷이 입고 벗기 쉽고 단추나 스냅 버튼의 옷 보다는 벨크로 단추의 옷이 편리하므로 수선하여 입혀야 한다.
- 시각장애 : 옷을 만져보게 하여 옷 모양을 확인할 수 있도록 한다. 이때, 말로 설명하되 항상 일관성 있게 표현한다. 예를 들면, 코트를 표현할 때 상의, 윗옷, 파카 자켓 등의 다양한 용어를 사용하게 되면 혼돈할 수 있으므로 한 가지 용어를 일관성 있게 사용한다.
- 청각장애 : 필요할 때 적절한 시범과 함께 말을 해 준다면 대부분 일상생활 중에서 배울 수 있다. 예를 들면, 영. 유아에게 윗옷을 보여 준 다음 목을 집어 넣으면서 "쏙! 옷을 입네!" 라는 언어적 설명과 함께 행동을 보여준다.
- 자폐성장애 : 감각에 대한 반응이 지나치게 민감하거나 둔감한 경우, 인내심을 가지고 각 단계 마다 적정한 수준으로 해당 감각을 제공하여 자극하되 유아의 한계를 파악하여 조심스럽게 접근한다.

【가정 연계 지도】

- 촉각적 민감성을 완화시키기 위하여 목욕할 때 부드러운 타올이나 솔, 머리빗을 이용해 온몸을 마사지하는 놀이를 해 본다.
- 가정의 일상 중에서 옷 입고 벗는 것을 자연스럽게 연습할 수 있는 기회를 갖도록 안내한다(예: 보육 기관을 등원하기 위하여 옷 입기, 목욕하기 위하여 옷을 벗기, 수영복 갈아입기 등). 부모나 형제가 스스로 옷을 입는 보습을 보여 준다.

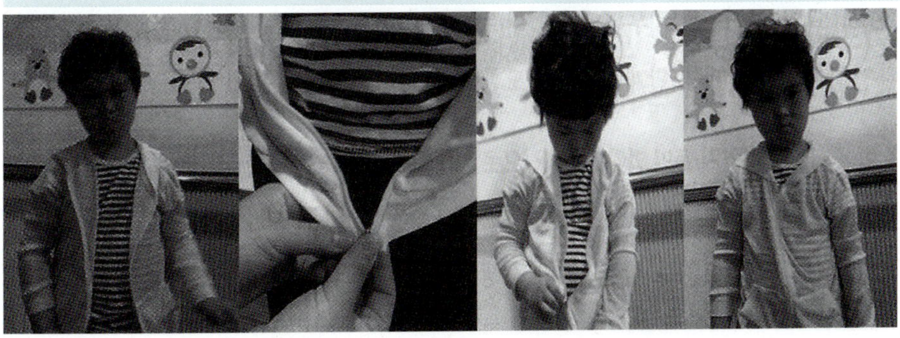

[그림 10-4] 외투를 입고 지퍼 올리기 지도

2) 자유 선택 활동 지도

(1) 일반적인 특성

일반 영 · 유아들은 자유 선택 활동 시간에 놀이를 주도하거나 선택할 수 있기 때문에 즐거운 시간이 된다. 그러나 장애아동은 구조화되어 있지 않고, 예측 가능성이 낮은 자유 선택 활동 시간에 어려움을 느끼며, 이 시간을 적절하게 활용하지 못할 수도 있으므로 적절한 지원이 요구된다.

① 자유 선택 활동에서 장애아동이 겪는 일반적인 어려움

- 주 단위로 변하는 다양한 놀잇감에 친숙하지 않기 때문에 어떻게 이해해야 할지 알 수 없다. 어떤 놀이를 선택해야 할지 모르고 놀이에 집중하는 시간이 짧다.
- 원하는 놀이만 참여하고 다른 놀이는 참여하기 어렵다.
- 장애아동의 발달에 적합한 놀잇감이 없어서 놀이에 흥미를 느끼지 못한다.
- 소음에 민감한 장애아동의 경우 여러 영 · 유아들이 떠드는 소리에 스트레스를 받을 수 있다.

② 자유 선택 활동 영역 구성하기

- 언어, 수, 조작, 음률 등의 영역을 배치할 수 있다.
- 각 영역은 구조적으로 조직화 되어야 하고, 그림 또는 글과 함께 표시되어 있어야 하며, 아동들이 보기 쉽게 되어 있으면서 접근이 용이해야 한다. 이렇게 놀이 환경을 구조화(조직화)하는 것은 영 · 유아들에게 질서와 안정감을 줄 수 있으며, 영 · 유아들의 정리 활동을 용이하게 하여 정리 시간 절약에도 도움이 된다.

[그림 10-5] 수 · 조작 영역

[그림 10-6] 언어 영역

③ 자유 선택 활동이 적합한 놀잇감과 자료 제시

- 보육 기관에서는 일반 영 · 유아의 흥미를 유지시켜 줄 수 있는 놀잇감을 생활 주제에 맞추어 교체해 준다. 그러나 장애아동의 경우 익숙해진 놀잇감을 사용하는 것을 즐긴다. 그렇다고 장애아동에게 새로운 것을 경험하는 기회를 제공하지 않아도 된다는 것은 아니다. 장애아동은 심리적으로 안정된 상태에서 어렵고 익숙하지 않은 것에 대하여 점진적으로 제공한다.
- 다양한 발달 수준에 적합한 놀잇감을 제시한다(예 점토).
- 또래와의 상호작용을 유발시킬 수 있는 놀잇감을 제시한다(예 병원놀이).

(2) 지도 내용 및 방법

첫째, 장애아동이 관심을 보이는 것을 탐색해 볼 수 있도록 교사가 도와주고, 장애아동의 관심을 다른 데로 돌리기보다 현재 흥미를 느끼는 활동을 중심으로 지도하는 것이 좋다.

둘째, 교사는 제공된 놀잇감을 가지고 안전하게 놀이하는 방법을 정확히 알려준다.

셋째, 놀이 선택이 어려운 경우에는 놀잇감이나 영역을 선택할 수 있는 자료를 제시하여 활동을 계획할 수 있도록 돕는다.

넷째, 선호하는 놀이만 참여하는 경우에는 교사가 제시한 활동을 한 후에 참여하도록 하거나, 매일 한 가지씩 새로운 활동을 한 후 자유롭게 놀이할 수 있도록 한다.

다섯째, 또래 장애아동과의 놀이를 격려한다. 장애아동들은 교사와 상호작용을 하거나 놀잇감과 상호작용을 한다. 또래가 주변에 많이 있지만 상호 작용을 하며 놀이하는 데 어려움을 보이기 때문에 구체적인 방법을 찾아 지도해야 한다. 놀이를 하는 또래 집단에 장애아동을 동참 시키거나 교사와 장애아동의 놀이에 일반 영 · 유아의 참여를 유도하며 또래와의 상호작용을 촉진한다.

여섯째, 장애아동의 특성에 따라 활동 방법과 제시 방법을 수정해 줄 수 있고, 글씨쓰기 가 어려운 경우 글자를 찾아 붙이기로 대치할 수 있다.

- 활동 방법의 수정 예
  색종이 접기가 어려운 장애아동을 위하여 눈사람을 다양한 재료(예 색종이, 털실, 솜 등)로 꾸미도록 방법을 수정하고, 원하는 재료를 선택할 수 있도록 기회를 준다.
- 제시 방법의 수정 예
  종이를 찢거나 훼손하는 장애아동을 위하여 클립보드에 부착하여 제시한다.

일곱째, 신호를 이용하여 정리 시간을 알려준다. 전체 장애아동들에게 정리 신호를 주기 전에 장애아동에게 미리 정리시간임을 알려주어 받아들일 수 있는 시간을 준다. 정리시간이 되면 활동했던 놀잇감을 제자리에 정리하게 함으로써 위치에 대한 인식과 정리하는 습관을 갖게 한다.

(3) 지도 시 유의 사항

자유 선택 활동 시간은 장애아동이 자기 결정력을 높일 수 있고, 또래와의 상호작용을 경험할 수 있는 중요한 시간이다. 장애아동은 등원 시간이 늦어지면 자유 선택 활동에 참여하기 어렵기 때문에 자유 선택 활동 시간의 중요성을 먼저 부모님께 설명하고 늦지 않고 등원할 수 있도록 충분히 안내한다.

자유 선택 활동 시간에는 장애아동이 스스로 활동의 영역과 종류를 선정하여 놀이하기 때문에 각 영역에서 목표하는 활동을 할 수 있도록 모든 영역에서 준비를 잘 갖추어야 한다.

① 언어 영역

- 장애아동의 발달 수준과 선호도를 고려하여 다양한 책을 비치한다.

언어 영역에서 장애아동들은 무의미하게 책을 넘기기만 하거나, 책에 관심이 부족할 수 있다. 촉감 책, 사운드 북, 입체책 등 장애아동이 스스로 책을 선택하여 볼 수 있도록 여러 가지 책을 준비한다. 경우에 따라서는 장애아동의 선호도나 학습을 고려하여 교사가 제작한 책을 비치 할 수도 있다.

또래에 관심을 갖기 시작한 장애아동이 있다면 또래들과 찍은 사진첩을 제시 하거나 주제에 관련된 실물사진(예 교통 기관 - 소방차, 경찰차 사진), 대집단 활동 시간에 들었던 동화 자료, 주말을 지낸 이야기를 발표한 사진 자료 등을 제공해 줄 수 있다.

② 수 · 조작 영역

- 활동 방법 및 자료를 수정한다.

장애아동들의 연령이 높아질수록 수. 조작 영역의 교구는 인지발달에 어려움을 가져 활동하기에 어려움을 느끼게 된다. 예를 들면, 게임판 주사위에 숫자만 쓰여 있다면 숫자를 모르는 장애아동은 말을 옮기는 활동에 참여할 수 없다. 또래들의 도움을 받아 숫자를 세며 함께 말을 옮기도록 방법을 수정할 수도 있고, 주사위의 숫자 밑에 장애아동이 선호하는 스티커를 숫자만큼 붙여 놓고 숫자를 세어 본 후 도움받아 말을 옮기는 과정에서 수 개념을 익히도록 자료를 수정할 수도 있다.

③ 조형 영역

• 안전사고에 주의한다.

조형 영역에는 가위나 접착제 등이 항상 비치되어 있어 안전사고가 발생할 수 있다. 아직 가위 사용이 서툴러 위험한 상황이 발생할 수 있는 장애아동이 있다면 자료의 제시 방법을 고민해 보아야 한다. 예를 들면, 속이 보이는 밀폐용기에 가위를 담아 보관하여 일반 장애아동들은 필요할 때 꺼내어 사용한 후 다시 뚜껑을 닫도록 지도하고, 장애아동은 필요한 경우에 도움을 받아 사용하도록 하여 안전사고를 예방하도록 한다.

④ 역할 쌓기 및 영역

• 장애아동의 사회성 지도를 계획한다.

이 영역은 모든 장애아동들이 선호하며 상호 작용이 가장 빈번히 일어나는 공간이다. “빌려줘”, “고마워”, “같이 놀자”등과 같은 말로 의사를 표현하도록 지도한다.

[그림 10-7] 장애아동 역할 놀이

• 놀잇감을 사용한 후 정리 시간을 통해서도 배울 수 있다.

쌓기 영역의 블록은 다양한 색깔과 모양으로 구성되어 있다. 보통 한 종류의 블록은 한 바구니에 담아 정리하지만, 정리 공간의 여유가 있다면 색깔별로 분류하여 정리하거나, 모양별로 분류하여 정리할 수 있도록 준비 한다. 이러한 정리 시간을 통하여 자연스럽게 색, 모양의 분류 개념을 배울 수 있는 기회를 줄 수 있다.

⑤ 음률 영역

• 일반아동뿐만 아니라 장애아동들로 노래 부르기를 좋아한다.
• 평소 일상적인 언어를 잘 사용하지 않는 자폐성장애아동 중에서도 노래 부르기는 적극적으로 참여하는 경우를 볼 수 있다.

또래와 노래를 함께 부르거나 한 소절씩 번갈아 가며 부르기 등을 통하여 장애아동과 일반아동의 긍정적인 상호작용을 경험할 수 있도록 유도하고, 장애아동도 할 수 있다는 것을 보여줄 수 있다.

(4) 자유 선택 활동 지도의 실제

▣ 활동 장면 1 교실에는 다양한 놀잇감이 있어요.

① 장애아동의 발달 수준에 적합한 놀잇감을 준비한다.
• 장애아동의 연령이나 발달 수준에 따라 필요한 놀잇감 종류나 수준은 달라지게 된다.
• 장애아동이 관심을 보이는 교재나 놀잇감을 잘 알고 사용해야 한다. 동일한 교재나 놀잇감만 사용하는 경우에는 다양한 경험과 학습을 제공하기 위하여 점진적으로 관심을 확장시켜 주어야 한다.
② 그림이나 이름을 표시하여 놀이 방법을 알려준다.
• 장애아동의 경우 언어 이해력이 떨어지기 때문에 교사의 설명이나 지시를 이해하지 못하는 경우가 많다. 이러한 경우에는 그림이나 단순한 표식과 같은 보충적인 방법을 사용하여 해결 할 수 있다. 놀잇감 사용 방법이나 게임순서, 규칙 등을 이해하기 쉽게 그려 주는 것이 도움이 될 수 있다.
③ 장애아동이 선호하는 다양한 놀잇감을 준비한다.
• 감각을 사용하는 탐색 놀이는 시각장애아동에게 가장 본질적인 놀이 활동이므로 다양한 감각 놀이 자료를 준비한다(예 종이 구기는 소리 듣기 등).

- 키가 작거나 다리 운동 기능이 약한 장애아동을 위하여 페달이나 바퀴가 달린 놀잇감의 페달에 벨크로 끈을 부착하거나 발 디딤대를 놓는 등의 수정을 하여 준다.
- 저 시력 장애아동을 위하여 조명을 밝게 하고 큰 책, 촉각으로 탐색할 수 있는 점자책 등이 필요하다. 또한, 굵고 선명한 선으로 그려진 그림과 문질러서 냄새를 맡는 후 각 책도 좋다.
- 놀잇감에 다양한 천을 붙여서 부분을 구별할 수 있도록 하며, 퍼즐은 쟁반에 놓아 잘 찾을 수 있게 한다. 조형 활동 시에는 선이 잘 보이는 굵은 펜을 주고 자르는 선이나 윤곽선에 풀칠해 주어 구분할 수 있게 한다.
- 손을 사용하기 어려운 장애아동은 교사의 도움을 받아 책을 잡고 페이지를 넘기며, 녹음기를 켜는 등의 보조 도구가 필요하다.

【지도상의 유의점】

- 집에서 사용하는 물건, 놀잇감도 교실에 함께 배치할 수 있다. 장애아동은 친숙한 물건을 좋아하며 친숙한 물건사용으로 좀 더 편안하게 상호 작용할 수 있다.
- 교사가 제작한 교재는 시판용 교재보다 개별 장애아동의 필요에 더 적절하게 적용될 수 있다. 이것은 교사가 교재를 제작하는 단계에서부터 특정 장애아동의 필요나 특정 교수목표에 맞도록 제작할 수 있을 뿐만 아니라, 일단 제작된 교재도 쉽게 수정하거나 보충할 수 있기 때문이다.
- 장애아동이 사용할 교재는 장애 특성으로 인한 상태가 교재의 활용에 방해되지 않는지(입에 넣었을 때 유독성 물질이 나오는지 등), 장애 상태에 따라 수정할 수 있는지 등의 관련 정보를 살펴보아야 한다.
- 소리가 매우 높게 울리거나 시끄러운 환경은 장애아동의 주의집중을 방해하며, 자극에 대한 과민성과 문제 행동, 공격성을 증가시킬 수 있으므로 소음을 줄이기 위한 카펫, 천, 타일 등의 방음 장치를 고려한다.

【가정 연계 지도】

- 가정에서는 일상생활에 사용하는 도구를 이용하여 놀이할 수 있다. 주방용품이나 가재도구, 문구류 등도 장애아동이 좋아하는 놀잇감이 될 수 있다.
- 일상 생활 중 가족과 함께하는 놀이를 개발한다. 빨래를 널거나 개기, 부모와 함께 요리하기, 집안에서 베란다를 이용하여 숨바꼭질하기 등의 활동은 매우 즐거운 놀이가 될 수 있다.

[그림 10-8] 자 · 모음 색깔로 구분되는 교구

[그림 10-9] 2인용 가위

▣ 활동 장면 2 친구와 함께 놀이해요.

① 장애아동의 놀이 수준과 놀이 단계를 고려한다.

- 장애아동의 경우 일반아동에 비하여 속도가 느리기는 하지만 대체적으로 아동의 놀이 발달 단계 순서에 따라 놀이 수준도 발달한다. 교사는 장애아동의 놀이 수준과 발달 단계를 고려한 놀이지도 전략을 세워야 한다.
- 장애아동은 대부분 장애아동 스스로 놀이를 구조화하기 어렵기 때문에 처음에는 성인 주도의 놀이를 시작하는 것이 좋다. 교사는 놀이 방법을 직접 시범을 보여 주어야 하며 교사와 놀이하는 동안 또래가 같이 참여하여 장애아동이 친구에게 할 수 있는 말이나 행동을 보여 준다.

② 또래가 먼저 장애아동에게 상호 작용을 하도록 알려 준다.

- 처음에는 여러 명보다 한 명의 또래와 놀이하도록 한다. 만일 장애아동이 특별히 어떤 또래를 좋아한다면 그 또래가 놀이 파트너가 되도록 유도한다.
- 선정한 또래가 장애아동과 놀이할 수 있도록 놀이하는 방법을 알려 준다(예 또래가 먼저 인형놀이를 하자고 말한 후, 인형을 안고 우유를 먹이는 행동을 장애아동에게 보여 준다.).
- 공놀이, 함께 자동차 타기 등 협동을 필요로 하는 단순한 놀이를 많이 한다. 놀이를 하는 또래 집단에 장애아동을 동참시키거나 교사와 장애아동이 놀이할 때 일반 아동을 참여시킨다.

③ 장애아동이 좋아하는 놀이 친구와 놀잇감을 제공한다.

- 장애아동은 일반아동보다 성인들과 상호 작용하는 것을 더 선호하는 경향이 있다. 이는 또래들보다 성인들이 자신의 요구를 더 잘 파악하고 반응해 주기 때문이다.
- 중도 장애아동의 경우, 구체물이나 실물을 중심으로 놀이 기회를 제공하며 직접 경험을 할 수 있는 감각 놀이 기회를 많이 준다.
- 자폐성 장애아동은 특정한 색이나 형태, 패턴과 기호 등을 좋아하거나 특정한 촉감이나 청각 자극이 있는 놀잇감, 사물을 선호할 수 있으므로, 이러한 개별적인 특성을 파악하여 놀잇감을 제공한다.

【지도상의 유의점】

- 많은 수의 또래가 자기 주변에서 왔다 갔다 하는 것이 장애아동에게는 위협적으로 느껴질 수 있다. 장애아동은 주변에서 계속적으로 변화하는 활동에 대처하지 못하기 때문에 자유 선택 활동은 장애아동이 또래에게 안전감을 느낄 수 있게 하는 방법을 찾은 후 진행하는 것이 좋다.

【가정 연계 지도】

- 가정에서 좋아하는 친구와 놀 수 있는 기회를 만들어 준다. 생일 초대를 하거나 놀이터에서 함께 놀면서 상호작용의 기회를 많이 갖는다.
- 장애아동의 집에 친구가 놀러 와도 장애아동은 놀이를 협조적으로 하지 못할 수 있으므로 부모와 가족이 같이 놀이에 참여하면서 시범을 보여 준다.

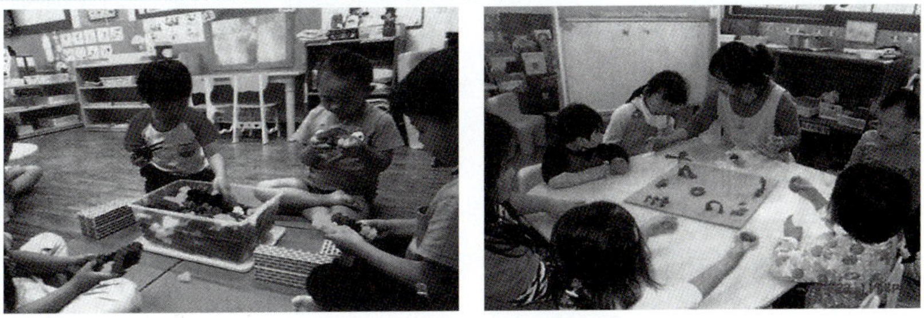

[그림 10-10] 친구와 함께 놀아요

3) 간식 및 급식 시간 지도

(1) 일반적인 특성

보육 기관에서 진행되는 간식 및 급식 시간은 다양한 기술을 필요로 하는 중요한 하루 일과 중의 한 부분이다. 장애아동은 다음과 같은 이유로 간식 및 급식과 관련된 지도가 필요하다.

① 구강 운동의 발달

씹기, 빨기, 삼키기 등의 활동은 턱 운동, 혀 놀림, 입술 근육 등의 구강 운동을 발달시킨다. 구강 운동 기능의 지체로 인하여 식사 속도가 늦는 등의 문제를 나타낼 수 있다.

② 음식 섭취에 대한 부적절한 태도 개선

음식 섭취에 있어서 음식 거부와 편식, 스스로 안 먹기, 너무 빠르거나 늦게 먹는 부적절한 속도, 식기 던지기와 구토 등의 여러 가지 문제행동을 나타낸다. 그러므로 음식을 즐겁게 섭취할 수 있도록 잘 지도해야 한다.

③ 식사 속도의 지체로 인한 활동

부적절한 식사 속도의 문제를 가진 장애아동의 경우에는 다음 활동으로의 전이에 어려움을 갖게 되므로 식사 지도를 하여야 한다.

④ 편식으로 인한 영향 불균형

감각적으로 선호하는 음식물만 섭취하는 편식의 경우 빈약한 성장, 과체중 및 비만, 변비 등의 문제가 발생할 수 있다. 심한 경우에는 치아가 상하기도 하기 때문에 다양한 음식을 맛볼 수 있도록 지도해야 한다.

⑤ 도구 사용을 통한 운동 능력 발달

숟가락 등의 도구를 사용하여 스스로 먹지 않는 장애아동의 경우 손가락이나 팔 근육 운동, 눈 · 손 협응 능력의 발달에 지장을 초래하여 부모로 하여금 과잉보호를 하게 되는 요인이 된다. 그러므로 이러한 식사 도구를 바르고 안전하게 사용할 수 있도록 지도해야 한다.

⑥ 생존을 위한 독립적인 기술

음식을 먹는 것은 부모의 도움 없이 혼자 살아가기 위한 일차적인 생존 기술이다. 대부분의 장애아동은 관찰과 모방으로 이러한 기술을 습득하지만 장애아동은 자발적인 습득에 어려움이 있다. 그러므로 스스로 습득하여 생존할 수 있도록 독립 기술을 지도해야 한다.

⑦ 또래 관계의 어려움

음식을 거부하는 모습을 통하여 '고집스러운 아이'라는 생각을 하거나, 음식을 흘리거나 하는 모습을 보게 되면 또래들이 반감을 갖게 되어 접근을 피하므로 또래 관계에서 불리한 위치에 놓이게 된다.

(2) 지도 시 유의 사항

장애아동의 개별적인 신체적, 생리적인 특성과 건강상의 문제로 식습관 지도에 주의해야 하는 경우가 있다. 이러한 경우 담당 의사와 부모님 등을 통하여 정확한 정보를 얻고 필요하다면 교육(보육)기관 내의 영양사와 간호사, 조리사와의 정보를 공유해야 한다.

① 뇌병변 장애아동

- 부모는 전문가(예 의사, 물리치료사, 작업치료사 등)와 지속적인 의사소통이 필요하다.
- 식사 시간이 길어지게 되므로 좌절, 피로누적, 영양 섭취의 문제를 초래할 수 있다. 따라서 바른 자세로 앉아 씹기와 삼키기를 잘하도록 격려한다.
- 한꺼번에 많은 음식을 섭취하기 어렵기 때문에 적은 양이지만 감자, 으깬 콩, 과일 같은 것처럼 영양소가 많은 것을 선택하여 제공한다.
- 장애아동의 비정상적인 근육 긴장도와 제한된 신체적 활동으로 인하여 변비가 생기지 않도록 유동식과 식이섬유 음식물을 섭취한다.
- 물을 마시거나 삼키기 어려운 장애아동의 경우 요구르트나 장애아동용 시리얼로 걸쭉하게 만들어 준다.

② 근육 긴장도가 낮은 장애아동

- 식도가 막히는 위험이 발생할 수도 있고 과도하게 음식물을 입에 많이 넣는 경우가 씹기가 어려워져 이로 인하여 구토 반사를 초래할 수도 있다.
- 다운증후군 아동의 경우, 근육 활동과 긴장도의 수준이 낮고 운동량이 상대적으로 적기 때문에 나이가 들어감에 따라 비만이 되기 쉬우므로 높은 영향의 저칼로리 음식을 먹는 습관을 가지게 하여야 한다.

③ 자폐성장애아동

- 음식물의 색, 맛에 따라 특정 음식을 비정상적으로 선호하여 특정 음식을 거부하고 이에 대한 공포감까지 유발할 수 있다. 한두 가지 음식만을 고집하는 음식물에 대한 강박증을 나타내기도 한다.

• 교육기관에서는 아주 적은 음식을 먹고, 가정에서는 선호하는 음식물을 먹이는 일이 없도록 가족과의 협력이 중요하다.
• 과도하게 방해가 되는 음식물 강박증에 대한 행동 지원 계획이 요구되기도 한다.

(3) 간식 및 급식 시간 지도의 실제

▣ 활동 장면 1 혼자 먹을 수 있어요

① 장애아동은 일반아동 보다 습득하는데 반복이 필요하다.
• 장애아동은 행동을 습득하는 데 더 많은 시간이 필요하고, 특수한 도구가 필요하거나 기다리는 데 어려움을 보이는 등 개별적으로 수행할 수 있는 행동이 다르기 때문에 목표 행동을 정하여 차근차근 반복적으로 지도해야 한다.
• 할 수 없는 행동이 많지만 할 수 있는 행동은 반드시 시간이 좀 걸려도 혼자서 할 수 있도록 지도해야 한다. 예를 들면, 숟가락 잡기를 할 수 있다면 숟가락은 혼자서 잡게하고 다른 행동에 도움을 주어야 한다.

② 장애아동도 모두 참여할 수 있도록 간식 및 급식 시간에 수행해야 하는 규칙 및 과제를 순서대로 지도 한다.
• 간식 및 급식 시간에 장애아동들이 수행해야 하는 과제를 시간 순서대로 살펴보면, 순서를 기다려 줄을 서서 배식 받기(또는 교사가 배식해주는 것을 기다리기) → 식판 또는 도시락을 가져다 자신의 자리에 놓기 → 식사 인사 후에 식사도구를 이용하여 먹기처럼 혼자 식사를 하기 위한 일련의 과정을 가지고 있다.
• 여러 가지 행동 중에 스스로 할 수 있는 행동과 도움을 주었을 때 수행할 수 있는 행동, 도움을 주어도 하지 못하는 행동을 구별하여 평가해 본 후 목표행동을 정하여 지속적으로 지도한다.

[그림 10-11] 장애아동의 식사 모습과 식사 순서 지키기

③ 한 가지의 목표라도 매일 반복하여 가르친다.

- 일반아동들이 많이 있고, 장애아동을 개별적으로 지원해주는 인력이 없는 학급을 운영할 때 간식 및 급식 시간에 장애아동만을 위하여 지도하는데 어려움이 있다.
- 〈표 10-1〉과 같은 일과 참여 행동 목록에 따른 평가를 통하여 지도가 필요한 것 중에 서 제일 우선적으로 가르쳐야 하는 것을 선택하여 한 가지씩이라도 매일매일 동반한 방법으로 지도 한다.
- 구체적인 지도 방법에 따라 장애아동이 보다 독립적으로 간식 및 급식 시간에 참여할 수 있도록 지도한다.

〈표 10-1〉 간식 및 급식 시간 일과 참여 행동 목록 평가

평가 행동 (일과 참여 행동)	평가
줄을 서서 자신의 순서를 기다린다.	
손 소독기를 이용한다.	
자신의 간식과 급식을 가져온다.	
친구들과 함께 식사 노래를 부른다.	
포장이나 용기에서 먹을 것을 꺼낸다.	
바르게 앉아서 먹는다.	
숟가락과 포크를 바르게 사용한다.	
밥과 반찬을 번갈아 가며 먹는다.	
바닥에 흘린 음식을 먹지 않는다.	
식기를 제자리에 정리한다.	
"잘 먹었습니다."라고 인사한다.	
식사 후 정해진 자리로 간다.	

[평가] ○ :스스로 수행 ,△: 도움받아 수행, –: 수행 안 됨.

【장애 유형별 지도상의 유의점】

- 지체장애 : 뇌병변장애아동의 경우에는 섭식(예 삼킴, 씹기 등), 간식 및 급식 시간 지도시 자세 지도 방법에 대한 정보를 파악하는 것이 함께 이루어져야 하며, 이를 위하여 부모, 전문가(예 의사, 작업, 언어, 물리치료사 등)가 장애아동 씹기 능력과 언어표현 수준, 구강 구조 등에 대한 정보를 공유하여 보다 적절한 지원을 실시한다.

- 시각장애 : 장애아동의 볼 수 있는 시력의 정보와 독립 보행 가능 여부에 따라 지원의 구체적인 방법을 수립한다. 새로운 음식은 시각장애 아동에게 힘들 수 있으므로 식판에 반찬을 놓아 줄 경우 새로운 음식에 대하여, 색, 냄새, 맛을 교사가 설명해주고, 냄새를 맡게 한 뒤 입에 넣어 경험해 볼 수 있도록 한다.
- 자폐성 장애: 숫자를 알고 있는 장애아동은 청각적 지시보다 시각적으로 몇 번 씹어야 하는가를 알려 주는 것이 더 효과적이다. 예를 들면, 처음에는 씹는 모습의 그림과 함께 숫자를 제시하고 같이 숫자를 세어 주면서 제시한 숫자만큼 씹고 삼키는 것을 알려 준다. 그 이후부터는 그림과 숫자만 제시해주어 스스로 정해진 숫자만큼 씹고 삼킬 수 있도록 한다.

【가정 연계 지도】

가정에서도 보육 기관과 같이 가정에서 지켜야 하는 식사 시간의 평가 항목을 작성하고 현재 장애아동이 수행하고 있는 수준에 따라 잘하는 것과 지도가 필요한 것을 파악하여 보육 기관과 함께 지도할 수 있도록 연계한다.

▣ 활동 장면 2 식사도구 사용하기

- 식사 도구 사용 지도는 장애아동 발달에 중요하다.
- 장애가 있어서, 나이가 어려서, 많이 흘리고 지저분해져서, 시간이 오래 걸려서 등의 이유로 대부분의 부모들이 장애아동에게 직접 음식을 먹여 주는 경우가 많지만, 독립성을 기르기 위해서는 스스로 식사하는 행동을 지도해야 한다.
- 숟가락을 쥐는 것부터 시작하여 음식을 떠서 입으로 가져가기까지의 행동을 차근차근 지도하여 눈과 손의 협응력을 기른다.
- 숟가락으로 음식을 흘리지 않고 먹는 것은 식사 예절을 배우는 데 있어 중요한 과정으로 사회성 발달에도 영향을 준다.
- 처음부터 잘하기 어려우므로 조금씩 나누어 가르친다.
- 식사에 필요한 도구 (예 숟가락, 포크, 젓가락, 컵 등) 사용을 지도할 때 가르치고 싶은 행동 목표를 위하여 구체적인 행동을 단계적으로 나누어서 지도한다. 그 예로 아래와 같이 그 순서에 따라 한 단계씩 반복 지도한다.

⊙ '숟가락 사용하기'의 단계적 순서의 예

① 숟가락을 손으로 단단히 잡는다.
② 숟가락을 음식 속에 넣어 손목을 돌린다.
③ 숟가락에 음식을 뜬다.
④ 흘리지 않게 숟가락을 입으로 가져간다.
⑤ 입을 벌린다.
⑥ 숟가락을 입 안의 적당한 자리에 가져다 놓는다.
⑦ 숟가락을 둘러싼 입술을 다문다.
⑧ 음식을 입 속으로 옮긴다.
⑨ 숟가락을 입에서 빼낸다.

[그림 10-12] 장애아동의 식사 모습과 식사 순서 지키기

③ 특별한 식사 도구와 바른 자세로 앉기

- 장애아동 대 · 소근육 운동의 발달의 정도에 따라서 특수한 도구를 사용해야 하는 경우도 있는데, 이러한 도구는 스스로 식사하는 데 적절한 도움을 줄 수 있으며, 음식의 크기를 조절해 주는 것과 같은 작은 지원도 장애아동의 독립적인 식사를 도울 수 있 는 방법이다.
- 식사 시간에는 장애아동의 자세가 중요하다. 장애아동의 자세와 더불어 교사의 위치도 중요한데 숟가락 같은 도구의 사용을 지도할 때에는 장애아동이 더 잘 움직이고 많이 사용하는 팔 쪽에 앉아 팔의 어깨를 중심으로 약간 뒤쪽으로 앉아 팔의 움직임이 더 자연스럽게 움직일 수 있도록 도와준다.

【장애유형별 지도상의 유의점】

- 지체장애: 뇌병변장애아동의 경우 대 · 소근육 움직임이 어려움으로 식사 도구를 사용하여 식사를 하는 것에 어려움을 가질 수 있으나, 보조도구를 제시해주어 스스로 독립하여 식사할 수 있는 경험을 제공해주어야 한다.
- 시각장애: 숟가락으로 음식을 먹기 전에 장애아동이 숟가락을 먼저 만져 보게 하고, 교사가 숟가락의 모양과 용도를 설명해 준다. 예를 들면, 장애아동이 숟가락 손잡이를 만질 때에는 "손으로 여기를 잡는 거야." 음식을 담는 부분을 만질 때에는 "여기에 음식을 담는 거야."라고 설명한다. 또한, 포크로 음식물을 찾아 찍어 올려 입으로 가져가고 내려놓는 기본 연습을 하게 한 다음, 이에 익숙해지면 숟가락으로 바꾸어 준다.

【가정 연계 지도】

- 식사 시간에 모든 가족이 함께 식사함으로써 장애아동이 다른 사람이 먹는 것을 볼 수 있도록 한다.
- 간식 시간이나 식사 시간에 숟가락으로 뜨기 쉬운 음식을 제공하고 숟가락을 준다. 예를 들면, 밥이나 으깬 감자, 으깬 바나나와 같이 점성이 있어서 숟가락으로 떠 올릴 때 흩어지지 않고 덩어리지는 음식이 좋다.

- 장애아동이 사람이나 동물 인형에게 숟가락을 이용하여 음식을 먹여 주는 놀이를 하도록 한다. 손 인형을 이용하면 입을 벌리고 다무는 것이 크게 보이므로 도움이 된다.
- 부모는 장애아동에게 평상시에 올바른 식습관과 관련된 그림책을 보여 주며 숟가락 사용을 자연스럽게 익힐 수 있도록 한다.

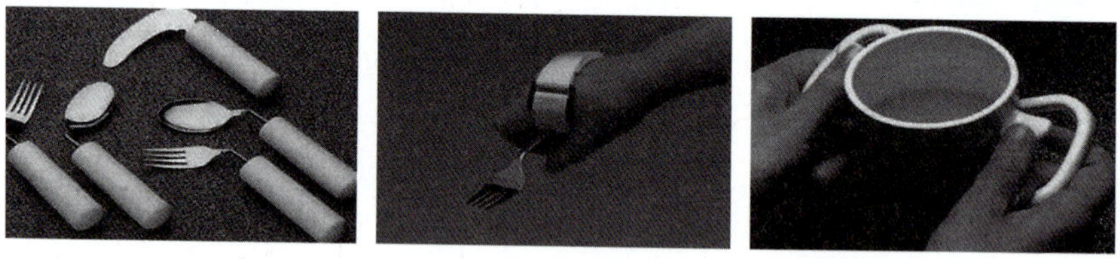

[그림 10-13] 장애아동의 식사 보조기구와 사용방법

4) 바깥놀이 지도

(1) 일반적인 특성

장애아동은 교실에서 벗어나 자연 속에서 놀이하면서 대근육 발달을 이루고, 실내에서 표출하기 어려웠던 욕구를 마음대로 표출하면서 즐거움을 느낄 수 있다. 실외 활동 시 장애아동은 다음과 같은 어려움을 갖게 된다.

- 자신의 물건을 스스로 챙기지 못한다.
- 넓은 공간에서 이탈하려는 욕구가 크다.
- 운동 능력이 떨어지는 경우 놀이 기구의 사용에 있어 제한되는 점이 많다.
- 또래의 활발하고 급진적인 놀이 형태에 참여하지 못한다.

(2) 지도 내용 및 방법

첫째, 바깥놀이 시설을 이용하거나 여러 가지 놀이 기구를 이용하는 것은 대근육 발달 기회를 제공한다.

둘째, 실외 환경에서 어떻게 놀이하는지를 배울 수 있다.

셋째, 바깥놀이는 사회적 기술을 발달시킬 수 있는 최고의 기회를 제공한다. 미끄럼틀 차례대로 타기, 자동차에 탄 친구 밀어주기, 먼저 자전거를 탄 친구에게 빌려달라고 요구하기 등 다양한 사회적 기술을 학습할 수 있는 기회가 발생하게 된다.

(3) 지도 시 유의사항

실외 활동을 지도할 때 유의 사항으로는 짝짓기 활동, 기본생활 습관 지도, 또래와 함께 놀이하기, 신호음 정확히 듣기 등이 있다.

① 실외 활동으로 전이할 때에는 짝을 정하여 함께 이동한다. 짝을 선택할 수 있는 기회를 제공할 수도 있고, 교사가 주기적으로 짝을 선정하여 변경해 줄 수도 있다. 짝과 함께 모이기 등의 약속을 통하여 상호작용을 유도할 수 있다.

② 옷이나 신발 등 자신의 소지품을 스스로 챙기고 외투입기, 신발신기 등의 기본생활 습관을 지도한다.

③ 바깥놀이 기구를 이용한 집단 놀이를 유도하여 또래와 함께 놀이할 수 있는 기회를 자주 제공한다.

④ 넓은 공간에서는 모이는 신호를 정확히 들을 수 있도록 큰 신호음을 이용한다.

▣ 활동 장면1 산책하기

- 보조자로 활동할 수 있는 또래를 장애아동과 짝지어 준다.
- 일반아동과 장애아동을 짝지어 주고 짝과 손을 잡고 다니도록 한다.
- 짝을 지어 주었더라도 항상 교사가 옆에서 다니며 안전하게 다니도록 지원한다.
- 어린이집 밖에서 장애아동의 산만한 주의와 행동을 예방한다.
- 사전 답사를 반드시 실행하여 장애아동의 주의를 산만하게 하거나 과잉 행동을 유발할 만한 요소를 점검한다.
- 필요에 따라 산책 경로를 수정하거나 필요한 장비를 준비한다. 예를 들면, 장애아동의 등 뒤에 주소와 전화번호가 적혀 있는 이름표를 달아준다.
- 장애아동이 놀라거나 예측하지 못한 상황으로 인해 안정감을 잃게 될 경우를 대비하여 마음을 편안하게 해 줄 물건 또는 선호하는 간식을 준비하면 도움을 줄 수 있다.
- 장애아동이 현장 학습이나 산책에서 교육적 효과를 얻을 수 있도록 집중하여 관찰하고 탐색할 수 있는 사물이나 장면을 미리 계획하고, 수준에 맞는 구체적이고 적절한 발문을 사전에 계획하여 실행한다.

【장애 유형별 지도상의 유의점】

- 건강장애: 뇌전증(경련을 일으키고 의식 장애를 일으키는 발작 증상)으로 약물을 복용중이거나 건강상의 문제가 있는 경우 햇빛 알레르기를 일으킬 수 있다. 장시간 햇빛에 노출되지 않도록 그늘진 공간에서 쉬거나 놀이할 수 있는 장소가 있어야 한다.

- 지체장애: 그늘로 이동하거나 너무 덥다는 의사 표현을 하지 못하므로 그늘과 햇볕에 있는 시간의 균형을 맞춘다. 이동이 어려운 장애아동은 실외 활동에서 적절히 참여하지 못하고 배제되는 경우가 있다. 안전하게 이동할 수 있는 특수장비(예 바퀴의자, 워커 등)를 이용하여 이동을 하거나, 교사의 신체적인 도움을 받아 다양한 놀이 시설을 경험해 볼 수 있도록 돕는다.
- 시각장애: 방향성과 이동성에 어려움을 갖기 때문에 교사는 특별히 주의해야 한다.
- 자폐성장애: 소리에 민감하거나 큰 소리에 깜짝 놀라 과하게 당황하여 예측 불허의 행동을 하거나 상동행동 또는 울거나 소리를 지르는 장애아동을 위하여 장소에 대한 정보를 미리 제공하거나 장소를 변경하는 등의 대책을 세워야 한다.

[그림 10-14] 실외 활동: 코스 미리 알려주기, 휠체어 또는 도보 산책

▣ 활동 장면2 놀이터 이용하기

- 친구와 같이 놀 수 있도록 도와준다.
- 바깥놀이 시간은 대부분의 장애아동들이 선호하는 시간이고 일반적으로 실내보다 더 적극적으로 놀이에 참여하며, 또래 간 상호 작용도 많이 일어나지만, 장애아동들이 다소 흥분해 있고 열려있는 공간 때문에 차분하게 다른 장애아동의 참여를 도와주도록 지도한다.
- 일반아동들이 먼저 놀이를 청하도록 교육과정에 그 내용을 계획하여 지도하고 놀이에 참여하지 못하는 장애아동에게도 개별적으로 놀이에 참여할 수 있는 기술을 지도한다.
  ※ 예를 들면, 놀이에 참여하지 못하는 장애아동을 이해하고 초대하는 방법에 대하여 이야기해 보거나 극 놀이를 통하여 연습해 보도록 한다.
- 장애아동에게는 놀이에 참여하고 싶은 의사를 밝히는 기술을 지도한다. 교사나 또래의 모델링이나 시범보이기, 직접 가르치기 등으로 지도하면 효과적이다.
- 바깥놀이를 할 때 다양한 놀이 기구를 이용해 보도록 지도한다.
- 장애아동 중에는 한 가지 놀이 기구만을 고집하는 경우가 있다. 다양한 놀이 기구를 사용하여 신체 발달을 촉진시키고 새로운 기구를 사용하도록 지도해야 한다.

- 경험해 보지 않은 놀이 기구를 이용하도록 할 때에는 장애아동이 좋아하는 놀이 기구나 친구를 이용할 수 있다. 예를 들면, 시소만 타는 장애아동에게 미끄럼틀을 한 번만 타고 함께 시소를 타자고 하거나 좋아하는 친구가 미끄럼틀을 타는 것을 보는 것부터 시작한다.
- 새로운 기구를 이용하도록 하는 교사의 요구에 조금이라도 응하면 칭찬해 주는 것을 잊지 않는다. 방과 후 부모님께 이야기를 하여 칭찬을 받도록 한다.
- 시간을 두고 조금씩 시도하여 보도록 한다.

【장애 유형별 지도상의 유의점】

- 의사소통장애: 말로 의사 표현을 할 수 없는 장애아동에게는 그림 카드를 준비하여 카드로 의사를 표현하도록 한다. 장애아동의 수준에 따라 선택 카드 수를 조정한다.
- 자폐성장애: 시각적인 자료가 효과적일 수 있으므로 그림을 제시하여 규칙에 대한 이야기를 해준다.
- 시각장애: 시각장애 아동은 중요한 감각 중 하나인 시각의 손상이 있으므로 공간에서의 운동 시 두려움을 더 많이 느낄 수 있다. 장애아동이 익숙해질 때까지 교사가 앉아서 안고 타거나 타기 전에 바깥놀이 기구를 손으로 탐색하는 기회를 갖도록 한다. 예를 들면, 미끄럼틀의 경우 오르는 계단과 타고 내려가는 경사틀 앞에 촉감으로 구분하고 알 수 있도록 표시해 두어야 한다.

【가정 연계 지도】

- 가정에서 사회적 상호작용 기술을 익힌 것을 연습해 볼 기회를 주도록 부탁한다. 장애아동이 시도하거나 적절하게 상호작용할 경우 칭찬과 격려를 하도록 안내한다.
- 가정에서도 교육(보육)기관에서 지도했던 방법에 따라 지도할 수 있도록 지도하는 방법을 제공한다. 일반화를 위하여 보육 기관에서 도전하여 이용할 수 있게 된 바깥놀이 기구를 알려주어 집 주변이나 지역 사회의 바깥놀이 기구를 이용해 보는 경험을 하도록 한다.

[그림 10-15] 안전규칙 설명과 놀이시설 이용하기

2 장애영역별 누리과정 적용 실제

본 절은 교육부, 보건복지부(2019) 2019년 개정누리과정과 전남련 외(2011) 표준보육과정에 의한 주간교육계획안, 양명희(2021)와 이진숙 외(2020)의 장애아통합 관련 내용을 참고하여 발췌 재구성 및 보완하여 장애아동 특성에 따른 누리과정의 적용 실제 사례를 작성하였다.

장애아동은 일반아동과는 달리 현재 처해있는 상황이나 지니고 있는 장애 특성 등을 고려할 때 실제로 별도의 교육과정에 따라 접근해야 한다. 장애아동을 교육(보육)할 때 가장 우선적으로 적용해야 하는 원칙은 장애를 지니지 않은 아동들이 일반적으로 하게 되는 모든 발달상의 경험을 가능한 동일하게 할 수 있도록 환경을 구성하고 프로그램을 운영하면서, 특별한 지원을 필요로 하는 부분에 대해서는 추가로 지원해 주어야 한다.

장애아동을 위한 교육프로그램은 일반교육과정을 중심으로 운영하다 보면 대부분의 장애아동들은 계획된 활동에 잘 참여하기 어려운 경우가 많다, 또한, 일과와 활동이 진행되는 중에 또래들과 잘 어울리지 못한다면 계획된 프로그램을 통하여 교육적 혜택을 받기 어렵다.

따라서 장애아동을 위한 교육과정은 가장 우선적으로 진행 중인 교육(보육) 일과와 활동에 잘 참여하도록 촉진하고 또래들과의 긍정적인 상호작용으로 개별적인 교수 목표를 성취할 수 있도록 도와주는 것을 포함한다.

교육(보육)과정 수정이란 이와 같이 장애아동이 교육(보육) 활동 및 사회적 상호작용에 참여하도록 활동이나 교재를 재구성, 조정, 변경하는 것을 의미한다. 장애아동을 위한 교육(보육)과정 수정 절차 및 단계는 [그림 10-16]과 같다.

1단계 →	물리적 환경의 점검 및 수정 →	전략 1: 좋아하는 놀잇감과 교재 비치 전략 2: 좋아하는 영역 마련 및 독립적인 접근 보장
2단계 →	교수적 환경의 점검 및 수정 →	전략 1: 일과 및 활동의 구조화 전략 2: 집단 구성의 점검 및 수정
3단계 →	사회적 환경의 점검 및 수정 →	전략 1: 좋아하는 성인(교사)과의 근접성 전략 2 : 친숙하고 좋아하는 또래와의 접촉
4단계 →	활동의 단순화 및 구체화 →	전략 1: 아동의 발달 수준 및 특성에 따른 활동 수정 전략 2: 활동의 기능성 점검 및 수정
5단계 →	교사의 직접적인 교수 →	전략 1: 활동 참여를 위한 기술 진단 전략 2: 특정 기술의 교수

[그림 10-16] 활동 참여 증진을 위한 교육(보육)과정 수정 절차 및 단계

1) 시각장애아동

(1) 시각장애아동 특성 및 지도 중점 사항

시각장애아동 특성	시각장애아동 특성별 지도 중점 사항
– 시각적 표상이 없어 개념 형성 이 어렵다. – 시각 손상으로 인한 일반적인 자극 부족으로 인지, 언어가 지체될 수 있다.	– 과제 제시 전 탐색 시간을 충분히 제공한다. – 시각정보와 함께 청각정보를 반복적으로 제공한다. – 잔존 감각(예 청각, 촉각, 후각, 근육감각, 미각적 경험)을 사용할 수 있도록 지도 한다.

(2) 활동 계획안

생활 주제	가을과 자연	소주제	가을의 변화
활동명	가을 풍경을 꾸며요	활동 유형	미술 활동
활동 형태	자유 선택 활동	연 령	3, 4세
누리과정 관련 요소	– 자연 탐구 〉 과학적 탐구하기 〉 물체와 물질 알아보기 〉 물체와 물질을 – 여러 가지 방법으로 변화 시켜본다. – 예술경험 〉 예술적 표현하기 〉 미술 활동으로 표현하기 〉 다양한 미술 활동으로 자신의 생각과 느낌을 표현한다.		
교육 목표	① 가 수준(일반아동) – 같거나 비슷한 색깔의 사물과 명칭을 말할 수 있다. – 색이 섞여 다른 색이 되는 것을 알 수 있다. ② 나 수준(시각장애아동) – 향기가 들어간 물감을 통하여 색깔을 인지할 수 있다. – 잔존 감각을 활용하여 창작 활동을 할 수 있다.		
교육 자료	가을 풍경 사진, 향기가 들어간 물감, 가을 풍경 활동지 (일반 복사본, 하드보드지에 양각화 된 배경지), 팔레트, 붓 등		

(3) 교수 · 학습 활동 방법

단계	학습 내용	교수 · 학습 활동	
		① 가 수준(일반)	② 나 수준(장애)
도입	가을의 색깔 탐색	– 가을 풍경에서 알고 있는 색의 명칭을 말해 본다.	– 가을 풍경 사진의 모습을 보고 파란 하늘과 낙엽, 단풍, 들판, 갈대밭의 색깔에 대하여 교사 의 설명을 듣는다.
전개	사진에 있는 가을색깔 만들기	– 사진에서 보았던 색깔의 물감을 두 가지 이상 선택하여 팔레트에 짜고 색을 섞는다.	– 물감에 향기를 넣어 색의 차이를 알 수 있도록 한다.
	가을 풍경 색칠하기	– 가을 풍경 활동지에 물감을 이용하여 색칠해 본다.	– 물감을 책상에 차례대로 배열한 후 하드보드지에 양각 기법으로 표현된 가을풍경 그림판을 제시한다. – 손가락(finger painting)을 이용하여 제시된 배경에 색칠을 한다.
정리	전시하기	친구들이 표현한 가을 풍경 표현에 대한 설명을 듣고 자신의 작품을 설명한다.	
활동 평가		① 같거나 비슷한 색깔의 사물과 명칭을 말할 수 있는가? ② 색이 섞여 다른 색이 되는 것을 알 수 있는가?	① 향기가 들어간 물감을 통하여 색깔을 인지할 수 있는가? ② 잔존 감각을 이용한 기법으로 창작 활동을 할 수 있는가?

2) 청각장애아동

(1) 청각장애아동 특성 및 지도 중점 사항

청각장애아동 특성	청각장애아동 특성별 지도 중점 사항
– 언어와 문자 해독력에 가장 큰 어려움을 지닌다. – 또래아동과 사회적 상호작용에 어려움을 지닌다. – 문제 해결 능력이 떨어진다. – 환경의 중복 소리로 인하여 집중력 낮다.	– 교사, 스피커, 악기 등과 같은 음원에 가까운 곳에 아동의 자리를 배치한다. – 잔존 청력의 발달을 지원한다. – 적절한 크기의 말을 사용한다. – 시각적, 촉각적 단서를 제공하여 유아의 언어이해력을 높인다.

(2) 활동 계획안

생활 주제	즐거운 어린이집	소주제	새로 꾸민 우리반
활동명	함께 만드는 리듬놀이	활동 유형	음률
활동형태	자유 선택 활동	연령	5세
누리과정 관련 요소	– 예술경험 〉 아름다움 찾아보기 〉 음악적 요소 탐색하기 〉 다양한 소리, 악기 등으로 셈여림, 빠르기, 리듬 등을 탐색한다. – 예술경험 〉 예술적 표현하기 〉 음악적으로 표현하기 〉 리듬악기를 연주해 본다. – 자연탐구 〉 탐구하는 태도 기르기 〉 탐구기술 일상생활의 문제를 해결하는 과정에서 탐색, 관찰, 비교, 예측 등의 탐구 기술을 활용해 본다.		
교육 목표	① 수준 (일반아동) – 악기를 스스로 선택하여 연주할 수 있다. – 다양한 소리에 관심을 가지고 악기를 탐색할 수 있다. – 악기 소리를 낼 수 있다. ② 수준 (청각장애아동) – 악기를 탐색한 후 악기를 고를 수 있다. – 다양한 소리에 관심을 가지고 악기를 탐색할 수 있다. – 악기 소리를 낼 수 있다.		
교육 자료	탬버린, 트라이앵글, 웨이브 드럼, 카바사, 클래터 등의 악기, 악기 그림, 글자가 적힌 카드, 작은 모형 등		

(3) 교수 · 학습 활동 방법

단계	학습 내용	교수학습활동	
		① 가 수준(일반)	② 나 수준(장애)
도입	악기를 보며 이야기하기	– 준비된 악기를 탐색한다. – 악기의 사용방법을 알아본다.	– 준비된 악기를 시각적, 촉각적으로 탐색한다. – 악기 사용방법을 알아본다.
전개	악기 소리 탐색하기	– 자신이 고른 악기를 연주하여 소리를 탐색해 본다. – 악기 소리와 이름 듣고 말해 본다.	– 악기 진동을 시각적, 촉각적으로 느끼며 탐색(북 위에 작은 모형 올려놓기 한다.) – 악기를 보며 그림, 글자가 적힌 카드를 짚어 본다.
	악기 선택	– 장애아동 스스로 악기를 선택한다.	
	악기 다루기	– 노래를 들으며 악기를 연주하여 소리를 낸다.	– 악기의 진동과 시각적 움직임을 느끼며 연주한다.
	연주하기	– 기호가 표시된 악보를 보며 악기 연주하기	

정리	악기연주	- 악기별 연주 시 관람하거나 단체로 악기를 연주해 본다.	
활동 평가		① 악기 이름을 세 가지 이상 말할 수 있는가? ② 악기 소리를 구별하여 악기를 고를 수 있는가? ③ 악기를 스스로 선택하여 노래를 들으며 소리를 낼 수 있는가?	① 다양한 소리에 관심을 가지고 악기를 탐색할 수 있는가? ② 악기 소리를 낼 수 있는가? ③ 감각을 이용하여 악기 소리를 변별하고 소리의 차이를 알 수 있는가?

3) 지적장애아동

(1) 지적장애아동 특성 및 지도 중점 사항

지적장애아동 특성	지적장애아동 특성별 지도 중점 사항
- 주의집중을 잘 하지 못한다. - 교사의 지시를 잘 따르지 않는다. - 읽기와 쓰기를 거의 하지 못한다. - 음악 활동을 좋아한다.	- 활동적이고 청각적인 자극을 제시한다. - 또래 도우미 및 짝 활동을 실시한다. - 글자 대신 그림 자료를 제시한다. - 1인 1역할을 제공한다.

(2) 활동 계획안

생활 주제	소중한 가족	소주제	함께하는 가족놀이
활 동 명	주방 악기 난타	활동 유형	소집단 활동
활동 형태	바깥놀이	연 령	5세
누리과정 관련 요소	- 예술경험 〉 아름다움 찾아보기 〉 음악적 요소 탐색하기 〉 다양한 소리, 악기 등으로 셈여림, 빠르기, 리듬 등을 탐색한다. - 예술경험 〉 예술적 표현하기 〉 음악으로 표현하기 〉 리듬 악기를 연주 해 본다.		
교육 목표	① 가 수준(일반아동) - 주방 도구를 두드리며 나는 소리를 탐색할 수 있다. - 노래에 맞춰 주방 악기를 연주할 수 있다. ② 나 수준(지적장애아동) - 주방 도구를 두드리며 나는 소리를 탐색할 수 있다. - 자유롭게 연주할 수 있다.		
교육 자료	다양한 주방 도구(냄비, 프라이팬, 국자, 냄비 뚜껑, 플라스틱 통, 도마, 숟가락, 뒤집개, 집게 등), CD 플레이어, CD 등		

(3) 교수 · 학습 활동 방법

단계	학습 내용	교수 · 학습 활동	
		① 가 수준(일반)	② 나 수준(장애)
도입	주방 도구 보며 이야기 하기	- 준비된 도구를 탐색한다. - 주방 도구의 이름과 사용 방법에 대하여 이야기한다.	- 준비된 도구를 탐색한다. - 주방 도구의 사용 방법을 모방하고 흉내해 본다.
	난타 공연 관람	- 난타 공연 동영상을 본다.	
전개	도구 탐색하기	- 제시한 도구 소리를 탐색한다.(예 두드리기, 흔들기, 문지르 기, 부딪히기 등)	
	도구 선택하기	- 자신의 원하는 도구를 선택 한다.	- 또래의 도움을 받아 도구를 선택한다.
	도구 소리 내기	- 선택한 도구로 소리 내어 본다.	- 선택한 도구로 교사의 도움을 받아 소리 내어 본다.
	난타 배우기	- 자유롭게 연주해 본다.	
정리	난타 연주하기	- CD 플레이어 노래에 맞춰 주방 악기로 난타 공연을 한다.	- 노래에 맞춰 제시되는 그림 악보를 보고 도구 소리를 내 어 본다(장애아동 차례 알려주기).
활동 평가		① 주방 도구를 두드리며 나는 소리를 탐색하는가? ② 노래에 맞춰 주방 도구를 연주하는가?	① 주방 도구를 두드리며 나는 소리를 탐색하는가? ② 그림 악보를 보고 주방 도구를 자유롭게 연주하는가?

4) 지체장애 및 건강장애아동

(1) 지체장애아동 특성 및 지도 중점 사항

지체장애아동 특성	지체장애아동 특성별 지도 중점 사항
- 근육 긴장도의 변화가 나타난다. - 신체움직임과 인지능력에 손상을 지닌 아동은 수업의 참여에 어려움을 지니는 경우가 있다. - 오랫동안 같은 자세를 유지하기 어렵다. - 정확한 의사소통 능력이 떨어진다.	- 아동의 반응을 충분히 기다려 준다. - 활동에 최대한 참여할 수 있도록 자세를 잡아준다. - 모든 활동에 일정 부분이라도 참여할 수 있도록 기회를 제공한다.

(2) 활동 계획안

생활주제	세계 속의 우리나라	소주제	우리나라의 문화 유산
활 동 명	대문 놀이	활동 유형	게임
활동 형태	대그룹 활동	연 령	5세
누리과정 관련 요소	– 신체 운동, 건강 〉 신체 활동에 참여하기 〉 바깥에서 신체 활동하기 〉 규칙적으로 바깥에서 신체 활동을 한다. – 의사소통 〉 듣기 〉 동요, 동시, 동화 듣고 이해 가기 〉 동요, 동화를 다양한 방법으로 듣고 이해한다. – 사회관계 〉 나를 알고 존중하기 〉 나의 일 스스로하기 〉 하고 싶은 일을 계획하고 해본다.		
교육 목표	① 가 수준(일반아동) – 문지기와 문으로 들어가는 역할 중에서 하고 싶은 역할을 선택하여 참여할 수 있다. – 함께 손을 잡고 문지기 역할을 하고 싶은 친구에게 "같이 하자"라고 말 할 수 있다. ② 나 수준(지체장애아동) – 친구의 도움을 받아 줄지어 이동할 수 있다. – 친구의 도움을 받아 문지기 역할을 할 수 있다.		
교육 자료	악보, '대문 놀이' 전래 동요 등		

(3) 교수 · 학습 활동 방법

단계	학습 내용	교수 · 학습 활동	
		① 가 수준(일반)	② 나 수준(장애)
도입	전통놀이 이야기하기	– 전통놀이 의미를 알아본다. – 전통놀이 종류를 알아본다.	
전개	대문놀이 배우기	– 놀이 방법과 노래를 알아본다.	
	역할 알아보기	– 문지기 역할, 문으로 들어가는 역할을 알아본다.	
	역할 정하기	– 하고 싶은 역할을 선택하여 정한다.	
	대문놀이 게임	– 또래와 짝을 정한다. – 역할에 맞게 위치치한 다음 노래를 부르면서 게임을 한다.	– 또래와 짝을 정한다. – 문 들어가는 역할: 짝의 도움을 받아 게임을 해본다. – 문지기 역할: 도구(예 천, 막대기)를 사용한다.
정리	평가해 보기	– 대문놀이를 하고 난 후 느낀 점을 말해 본다.	
활동 평가		① 자신이 원하는 역할을 선택하여 참여할 수 있는가? ② 친구에게 역할을 제안할 수 있는가?	① 보조 기구와 또래의 도움을 받아 활동에 능동적으로 참여할 수 있는가?

5) 자폐성장애아동

(1) 자폐성장애아동 특성 및 지도 중점 사항

자폐성장애아동 특성	자폐성장애아동 특성별 지도 중점 사항
– 주의집중을 잘 하지 못한다. – 교사의 지시를 잘 따르지 않는다. – 읽기와 쓰기를 거의 하지 못한다. – 음악 활동을 좋아한다.	– 활동적이고 청각적 자극을 제시한다. – 또래 도우미 및 짝 활동을 실시한다. – 글자 대신 그림 자료를 제시한다. – 1인 1역할을 제공한다.

(2) 활동 계획안

생활 주제	즐거운 어린이집	소주제	새로 만난 우리반
활 동 명	어린이집 처음 가는날	활동 유형	동화
활동 형태	소집단	연령	5세
누리과정 관련 요소	– 사회관계 〉 나와 다른 사람의 감정 알고 조절하기 〉 나와 다른 사람의 감정 알고 표현하기 〉 자신의 감정 알고 표현한다. – 의사소통 〉 말하기 〉 느낌, 생각, 경험 말하기 〉자신의 느낌, 생각, 경험을 적절한 낱말과 문장으로 말한다.		
교육 목표	① 가 수준(일반아동) – 일과 중에 자신의 느낌을 표현할 수 있다. – 동화 속 주인공의 느낌을 표현할 수 있다. ② 나 수준(자폐성 장애아동) – 기분 좋은 표정 카드를 보고 기분 좋은 표정을 지을 수 있다.		
교육 자료	동화 「유치원 처음 가는 날」 기분을 나타내는 그림 카드 등		

(3) 교수 · 학습 활동 방법

단계	학습 내용	교수. 학습 활동	
		① 가 수준(일반)	② 나 수준(장애)
도입	동화책 탐색	– 동화의 제목과 지은이를 읽어 본다.	– 교사와 또래가 말하는 것을 듣고 동화의 제목을 따라 읽는다.
	동화 듣기	– 제자리에 앉아 동화를 듣는다.	

전개	동화 내용 회상하기	- 동화 내용 중 주인공의 느낌이 나오는 장면을 집중하여 본다. - 동화 속에 나오는 주인공의 느낌을 이야기해 본다.	- 동화를 본다. - 교사가 들려주는 느낌을 듣고 장면을 찾아본다.
	유아교육 기관에 처음 왔을 때의 느낌 이야기하기	- 어린이집 첫 등원 때 기분을 말하거나 그림카드를 선택한다.	- 입학식 사진을 보며 맞는 얼굴 표정과 소리를 듣는다. - 교사의 도움을 받아 기분 그림 카드를 선택하여 자신의 느낌을 표현한다.
	동화 속 엄마와아이의 변화 과정을 이야기하기	- 동화 내용 중 주인공의 기분이 변화하는 장면을 보고 느낌을 말해 본다. - 교사가 말하는 기분을 그림카드에서 선택하여 표현한다. - 교사의 표정을 보고 느낌을 표현한다.	- 교사가 보여 주는 동화 내용 중 엄마의 표정을 보고 기분 카드를 찾아 관찰하고 표현해 본다. - 교사가 표현하는 기분 표정을 관찰한다.
정리	기분 변화를 이야기하기	- 어린이집 사진과 기분 그림 카드를 보여 주며 기분 그림 카드를 활용할 수 있는 기회를 준다.	
활동 평가		① 일과 중 자신의 느낌을 표현할 수 있는가? ② 동화 속 주인공의 느낌을 표현할 수 있는가?	① 웃는 표정을 보고 기분 좋은 표정을 지을 수 있는가?

6) 의사소통장애아동

(1) 의사소통장애아동 특성 및 지도 중점 사항

의사소통장애아동 특성	의사소통장애아동 특성별 지도 중점 사항
- 말 속도나 운율이 불규칙적이다. - 말소리 체계에 대한 지식이 부족하다. - 다른 사람의 지시 내용을 이해하기 어렵다. - 자립적인 의사소통 욕구가 부족하다.	- 말 속도를 늦추어 아동의 이해를 돕는다. - 아동의 말을 확장하여 시범을 보인다. - 서로 주고받는 대화로 격려한다. - 구체적 사물을 제시한 후 언어를 제공한다.

(2) 활동 계획안

생활 주제	우리 동네	소주제	다양한 직업
활동명	몸으로 직업을 표현해요	활동 유형	신체
활동 형태	대집단 활동	연령	5세

누리과정 관련 요소	– 사회관계 〉 나는 알고 존중하기 〉 나의 일 스스로 하기 〉 하고 싶은 일을 계획하고 해 본다. – 의사소통〉말하기〉낱말과 문장으로 말하기 〉 다양한 낱말을 사용하여 상황에 맞게 말한다. – 신체 · 건강 〉 신체 활동에 참여하기 〉 자발적으로 신체 활동에 참여하기
교육 목표	① 가 수준(일반아동) – 우리 주변의 직업에 대하여 말할 수 있다. – 다양한 직업과 관련된 동작을 따라해 볼 수 있다. ② 나 수준(의사소통장애아동) – 간단한 동작을 따라할 수 있다. – 직업 그림을 보고 직업 도구를 가지고 올 수 있다.
교육 자료	다양한 직업 그림(예 의사, 화가, 소방관, 미용사, 경찰 등), 다양한 직업 의상 또는 소품(예 청진기, 이젤, 못, 소방관 모자, 머리빗, 수갑, 망 치 등).

(3) 교수 · 학습 활동 방법

단계	학습 내용	교수 학습 활동	
		① 가 수준 (일반)	② 나 수준(장애)
도입	직업 탐색하기	– 직업 도구를 탐색한다. – 그림 보고 직업 이름을 말한다.	– 직업 도구를 탐색한다. – 그림을 보고 직업 이름을 모방하여 말한다.
전개	직업이 하는 일 알아보기	– 교사의 설명을 듣고 어떤 일을 하는가 알아본다.	
	직업 관련 물건 알기	– 직업 이름을 듣고 관련 물건을 제시한다.	– 직업 카드를 보고 관련 물건을 제시한다.
	동작 게임 하기	– 직업 이름 듣고 의상이나 소품을 착용하여 동작을 표현한다. – 다른 장애아동의 동작을 보고 직업을 말한다.	– 그림 카드를 보고 의상이나 소품을 착용하고 동작을 표현한다. – 다른 장애아동의 동작을 보고 그림 카드를 선택하여 관련된 내용을 말한다.
정리	내용 회상하기	직업 카드나 소품을 보며 직업 이름을 이야기한다.	
활동 평가		① 우리 주변의 직업에 대하여 말할 수 있는가? ② 다양한 직업과 관련된 동작을 따라 해 볼 수 있는가?	① 간단한 동작을 따라 해 볼 수 있는가? ② 직업 그림을 선택할 수 있는가?

7) 학습장애아동

(1) 학습장애아동 특성 및 지도 중점 사항

학습장애아동 특성	학습장애아동 특성별 지도 중점 사항
– 읽는 속도가 느리고 정확하게 읽지 못하며, 읽은 글을 이해하는데 어려움이 있다. – 음운, 삽입, 생략, 대치 등의 오류를 보인다. – 부정적인 자아개념이나 낮은 자존감을 가진다.	– 학습 과제에 초점을 맞추는 과정 훈련을 말한다. – 아동이 흥미를 느낄 수 있는 주제로 활동을 한다. – 주의집중 시간과 난이도를 조절하여 활동을 진행한다. – 다감각적 접근 방법을 사용한다.

(2) 활동 계획안

<table>
<tr><th>생활 주제</th><td>즐거운 어린이집</td><th>소주제</th><td>사이좋은 친구</td></tr>
<tr><th>활 동 명</th><td>글자 자석으로 친구 이름 만들기</td><th>활동 유형</th><td>언어 영역</td></tr>
<tr><th>활동 형태</th><td>자유 선택 활동</td><th>연 령</th><td>5세</td></tr>
<tr><th>누리과정 관련 요소</th><td colspan="3">– 신체 운동 · 건강 〉 신체 조절과 기본 운동하기 〉 신체 조절하기 〉 눈과 손을 협응하여 소근육을 조절해 본다.
– 의사소통 〉 쓰기 〉 쓰기 도구 사용하기 〉 쓰기 도구의 바른 사용 방법을 알고 사용한다.</td></tr>
<tr><th>교육 목표</th><td colspan="3">① 가 수준(일반아동)
– 칸으로 나뉜 칠판에 글자 자석을 붙일 수 있다.
– 자 · 모음 자석을 이용하여 친구 이름을 만들어 볼 수 있다.
② 나 수준(장애아동)
– 글자 자석을 이용해 단어 카드 위에 단어와 같은 단어를 만들 수 있다.
– 글자의 자음과 모음의 모양을 구분할 수 있다.</td></tr>
<tr><th>교육자료</th><td colspan="3">자석 칠판, 자석 자 · 모음 · 친구 이름 카드, 사진, 카세트, 비고츠키 카드 등</td></tr>
</table>

(3) 교수 · 학습 활동 방법

<table>
<tr><th rowspan="2">단계</th><th rowspan="2">학습내용</th><th colspan="2">교수. 학습 활동</th></tr>
<tr><th>① 가 수준(일반)</th><th>② 나 수준(장애)</th></tr>
<tr><td>도입</td><td>자 · 모음 노래 익히기 (비고츠키 노래)</td><td colspan="2">- 노래를 부르며 자. 모음 카드를 익힌다.
- 자 · 모음을 몸짓, 손짓으로 자유롭게 표현한다.</td></tr>
<tr><td rowspan="3">전개</td><td>자 · 모음 자석 알기</td><td>- 자 · 모음 자석을 알아 본다.
- 자 · 모음 합하여 내 이름을 만들어 본다.</td><td>- 자 · 모음 자석에 관심을 갖는다 (노래를 부르며 구체물과 매칭 하기).</td></tr>
<tr><td>자 · 모음사용 방법 알기</td><td>- 칠판에 그려진 칸 위에 자 · 모음으로 글자를 만든다.
- 내가 만든 자 · 모음 글자를 소리 내어 읽어본다.</td><td>- 칠판에 그려진 칸 위에 글자 자석을 넣어 본다(아동의 수준 에 맞게 칸 크기를 조절하기).
- 교사나 친구의 도움을 받아 칸 위에 자 · 모음으로 글자를 구성 한다(모방하여 발화하기).</td></tr>
<tr><td>자신의 이름과 친구 이름 만들기</td><td>- 친구 이름을 듣고 자 · 모음 자석으로 이름을 구성한다.</td><td>- 프린트된 카드에 자. 모음 카드를 붙인다 (자.모음의 색깔을 달리하여 알려줌.).
- 내 이름, 친구 이름이 프린트된 글자에 자석 글자를 붙인다(글 자마다 색깔이 다름).
- 교사나 친구의 도움을 받아 글자를 모방하여 말한다(또는 친구 사진과 내 사진을 이용하여 알기 쉽게 지도함.).</td></tr>
<tr><td>정리</td><td>친구 얼굴과 이름 매칭하기</td><td>- 자석 글자와 친구 얼굴 사진을 짝지어 본 다.</td><td>- 자석 글자와 친구 얼굴 사진을 짝지어 본다(사진에 작게 이름 짝지어 줌.).</td></tr>
<tr><td>활동 평가</td><td></td><td>① 글자의 자음과 모음의 모양을 구분 할 수 있는가?
② 자음과 모음 자석을 이용하여 글자에 관심을 가지고 만들어 볼 수 있는가?</td><td>① 자 · 모음 글자를 탐색해 보고 관심을 가질 수 있는가?
② 정해진 칸 안에 자 · 모음 카드를 구성하여 넣을 볼 수 있는가?</td></tr>
</table>

8) 발달지체아동

(1) 발달지체아동의 특성 및 지도 중점 사항

발달지체아동 특성	발달지체아동 특성별 지도 중점 사항
– 스스로 이동하거나 움직임에 제한이 있다. – 다른 사람의 행동을 통하여 배울 수 있는 사회적 기술을 습득하기 어렵다.	– 구체적이고, 직접 조작할 수 있는 교재, 교구를 사용한다. – 다양한 활동을 통해 학습할 수 있게 한다. – 또래와 상호 작용하는 방법과 의사소통 방법을 직접 알려 준다.

(2) 활동 계획안

생활 주제	교통과 안전	소주제	미래의 교통수단
활 동 명	빨간 깃발, 초록 깃발	활동 유형	게임
활동 형태	대 . 소 집단 활동	연 령	5세
누리 과정 관련요소	– 신체운동 · 건강 〉 신체 조절과 기본 운동하기 〉 이동하며 운동하기 〉 걷기, 달리기, 뛰기 등 다양한 이동 운동을 한다. – 사회관계 〉 다른 사람과 더불어 생활하기 〉 친구와 사이좋게 지내기 〉 친구와 협동하며 놀이한다.		
교육 목표	① 가 수준(일반아동) – 깃발과 같은 색을 찾을 수 있다. – 깃발을 조작하여 움직일 수 있다. ② 나 수준(학습 장애아동) – 같은 색 카드를 보며 깃발을 찾을 수 있다. – 신호에 따라 깃발을 조작하여 다양하게 움직일 수 있다. – 게임 규칙을 지키며 즐겁게 놀이할 수 있다.		
교육 자료	빨간 깃발, 초록 깃발, 빨간 검정 줄무늬 깃발, 초록 검정 줄무늬 깃발, 흰색 깃발, 검정 깃발, 깃발 색과 같은 종이 카드 등		

(3) 교수 · 학습 활동 방법

<table>
<tr><th rowspan="2">단계</th><th rowspan="2">학습 내용</th><th colspan="2">교수 · 학습 활동</th></tr>
<tr><th>① 가 수준 (일반)</th><th>② 나 수준(장애)</th></tr>
<tr><td>도입</td><td>재료를 보며 이야기 하기</td><td colspan="2">준비된 재료를 탐색한다.</td></tr>
<tr><td rowspan="4">전개</td><td>깃발의 색깔 알아보기</td><td>– 빨간 깃발, 초록 깃발의 색깔을 알아본다.</td><td>– 아동이 아는 색깔을 알아본다(빨간, 초록을 구별하 지 못하는 경우).
– 확실히 구분할 수 있는 검정, 흰색의 깃발 색깔을 알아본다.</td></tr>
<tr><td>깃발 조작하기</td><td>– 빨간 깃발, 초록 깃발을 번갈아 가며 들어본다.
– 깃발을 손에서 놓지 않고 움직인다.
– 깃발을 잡고 동작을 따라 한다.</td><td>– 친구의 깃발 색깔을 보고 모방하여 깃발을 들어 올린다.
– 교사의 지시(색깔 카드) 따라 깃발을 들어 올린다.</td></tr>
<tr><td>규칙 알아보기</td><td>– 규칙판을 보고 설명한다.
– 시범을 보인다.</td><td>– 빨간 깃발, 초록 깃발을 보고 설명을 듣는다.</td></tr>
<tr><td>음악에 맞춰 깃발 게임하기</td><td>– 친구를 모방하여 깃발을 따라 올린다.
– 교사의 카드를 보고 깃발을 따라 올린다.</td><td>– 원 한가운데서 원하는 깃발을 들고 서 있는다.
– 교사나 친구를 모방하여 같은 색의 깃발을 들어 올린다.</td></tr>
<tr><td>정리</td><td>음악에 맞춰 깃발놀이</td><td colspan="2">교사의 깃발 색깔에 따라 음악에 맞추어 깃발을 들어 올린다.</td></tr>
<tr><td>활동 평가</td><td></td><td>① 신호에 따라 다양하게 움직일 수 있는가?
② 게임 규칙을 지키며 즐겁게 놀이에 참여할 수 있는가?</td><td>① 깃발과 같은 색을 찾을 수 있는가?
② 깃발을 조작하여 움직일 수 있는가?</td></tr>
</table>

제11장

문제행동 지원 상담 실제

1. 문제행동 지도 이해
2. 상동행동 지도방법과 사례
3. 집착행동 지도방법과 사례
4. 자해행동 지도방법과 사례
5. 섭식 및 기타 문제행동 지도방법과 사례

출처: http://www.psychiatricnews.net

학습목표

1. 문제행동의 정의 및 유형과 기능을 이해하고 교육지원과 상담을 할 수 있다.
2. 상동행동, 집착행동, 자해행동을 이해하고 교육지원과 상담을 할 수 있다.
3. 섭식 및 기타 문제행동에 대하여 이해하고 교육지원과 상담을 할 수 있다.

생각나누기

▣ 문제행동(problem behavior)이란 어떠한 이유로 인해 일반적이지 않은 방식으로 행동하 는 것을 말하며 대상의 연령이나 심신의 특성, 처한 환경에 따라 다양한 형태로 나타난다.

▣ 긍정적 행동지원(Positive behavior support)이란 문제행동이 발생한 이후에 반응적으로 대처하는 전통적인 행동중재와 달리 적절한 행동을 사전에 지도하는데 관심을 두는 예방적 인 접근이다.

[손등 물기]

[몸이나 손 흔들기]

[귀 막기]

[섭식문제: 그냥 삼키기]

I 문제행동 지도 이해

전통적인 행동주의 이론에 근거하여 중재한 접근은 문제행동을 없애거나 감소시켜야 할 '문제'로 보았다. 그러나 최근 학자들은 이러한 문제행동을 아동이 나타내는 '의사소통의 표현' 기능으로 이해하고 접근하고 있다. 즉, 문제행동의 기능에 따른 중재 적용을 강조하고, 문제행동의 예방을 위해 문제행동의 원인이 될 수 있는 환경의 재구성과 대체할 수 있는 기술의 지도법을 강조한다(양명희, 2016).

본 장에서는 특수아들이 가장 많이 나타내는 문제행동인 '상동행동', '집착행동', '자해행동', '섭식장애', 기타 문제행동 중심으로 부산광역시교육청(2014)와 서울특별시어린이병원 · 한국육영학교(2015), 양정숙(2017) 등이 제시하고 있는 중재 내용을 참고하여 실제적인 지도법으로 발췌 재구성하여 살펴보았다.

▣ 문제행동에 대한 정의[부산광역시교육청(2014)]

- 유치원(어린이집), 특수학교 및 유 · 초 · 중 고등학교의 특수학급, 일반학급에 재학하는 특수 아가 나타내는 규준에서 벗어난 행동이다.
- 이때 규준에 "현저"하게 벗어난 행동이 문제행동이라고 할 경우 이를 객관적 수치로 나타내기는 어려움이 있다. 또한 문제행동은 그 자체 행동뿐만 아니라 주위의 물리적 환경이나 사회적 · 심리적 관계와 밀접하게 관계되므로 다음의 하위 기준을 충족함을 고려해야 한다. 즉, 아래의 3가지 하위기준을 충족하면서 아동을 담당하는 교사(장애아전문교사나 유아특수교사, 특수교사, 아동상담전문가 등)들이 '현저하다'라고 주관적으로 판단되는 행동이다.

(1) 특수아 자신의 심리, 신체, 건강에 현저하게 위험을 주는 행동

(2) 주위 또래 아동 및 교사의 심리, 신체, 건강에 현저하게 위험을 주는 행동

(3) 학습이나 활동, 놀이 등의 유치원(어린이집), 학교생활을 현저하게 방해하는 행동

1) 문제행동 지도 단계

특수아가 등원하여 하루 일과 중 여러 상황과 장면에서 발생하는 다양한 문제행동에 대한 구체적인 지도 단계는 다음 [그림11-1]과 같다.

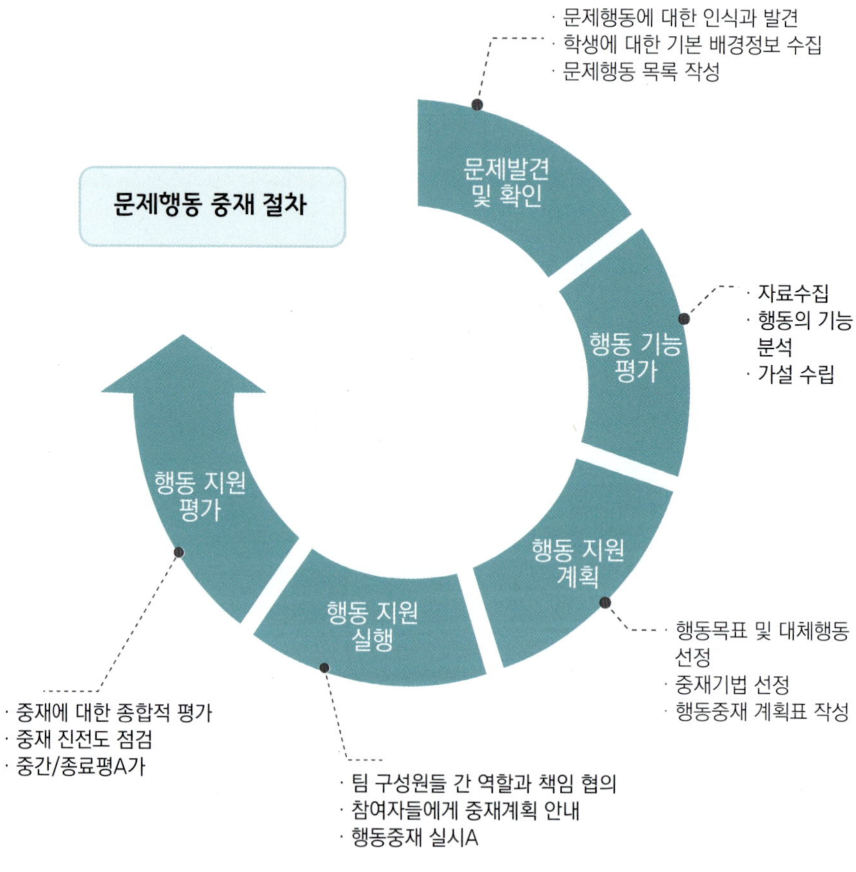

[그림 11-1] 문제행동에 대한 지도 단계

2) 문제행동 유형 이해

문제행동 유형에는 타인을 공격하는 행동이나 파괴행동, 자해행동 등의 외현화된 문제와 정서적 · 심리적으로 어려움을 지니는 내면화된 문제의 유형이 [그림 11-2]와 같이 있다. 또한 어떠한 행위에 대하여 획득을 위한 것과 반대로 회피를 위한 문제행동의 유형이 있다[그림 11-3].

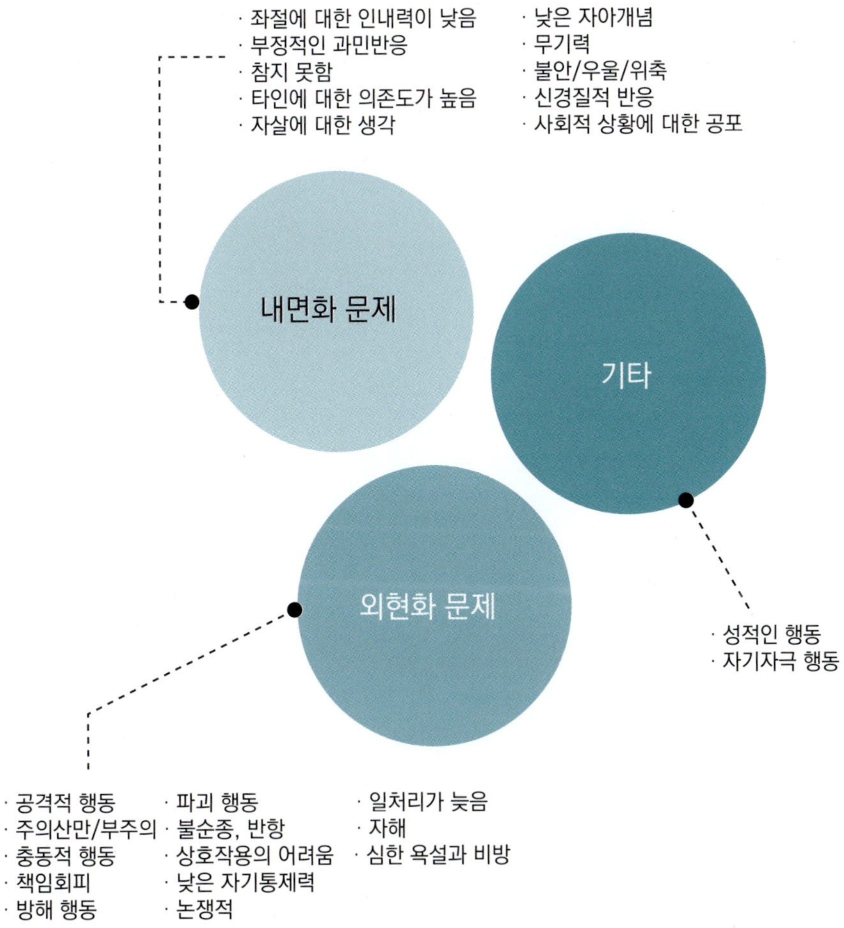

[그림 11-2] 내면화, 외현화 문제행동 유형

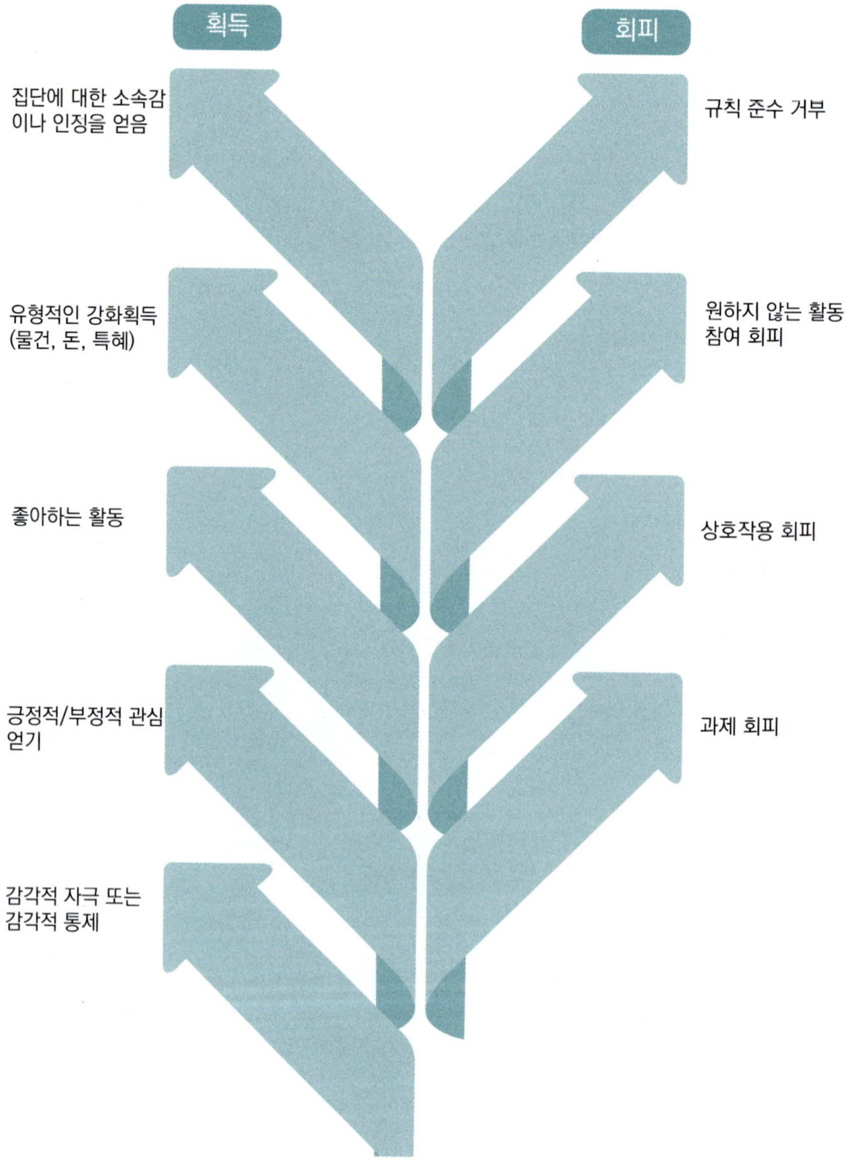

[그림 11-3] 획득, 회피 문제행동 유형

2 상동행동 지도방법과 사례

1) 상동행동이란?

비정상적 반복행동, 즉 상동행동은 자폐성장애, 지적장애, 정서·행동장애, 발달지체 등이 있는 아동에게서 흔히 발견되는 행동이다. 이러한 행동은 오래 가는 경향이 있는데 보기에도 좋지 않지만, 학습과 적응에 방해가 되므로 긍정적 행동지원으로 중재 해주어야 한다.

상동행동에는 여러 가지가 있는데 손가락을 가지고 노는 것, 팔짝 팔짝 뛰면서 손을 위아래 또는 좌우로 흔드는 것, 몸을 한쪽으로 기울이고 앉아 있는 것, 발끝으로 걷거나 발가락으로 걷는 것, 특정 사물이나 장난감에 집착해 그것만을 가지고 한 가지 방법만으로 노는 것 등이 흔히 나타나는 행동들이다. 이러한 행동은 자폐성장애나 지적장애, 정서·행동장애의 정도가 심하면 심할수록 더욱 빈번하게 나타나는 경향이 있다. 그러나 조직적으로 잘 구성된 환경에서 살고 있는 아동에게는 잘 나타나지 않으므로 아동에게 주어지는 자극이나 교육이 적절한지 그 여부를 아는데 도움을 주는 것이기도 하다.

상동행동은 첫째, 외부로부터의 자극이 부족할 때 스스로 자기 자신에게 자극을 추구하는 자기 자극적 행동이며, 둘째, 외부의 자극을 감당할 수 없고 새로운 것일 때에는 이를 차단하는 방법이며, 셋째, 자기가 가장 잘 할 수 있는 자기에게 즐거움을 주는 행동의 양상이다. 넷째는 상황에 따라서는 자신의 감정을 표현하는 독특한 의사소통의 수단으로 볼 수 있다.

2) 지도방법

상동행동을 지도할 때에는 아동의 행동을 무시해 버리는 소거법이나 아동을 일시 격리시키는 타임아웃과 같은 방법은 별로 효과가 없다. 또한, 아동의 신체를 속박하는 방법은 더욱 좋지 않다. 이러한 방법들은 상동행동을 제거하기보다 더 강화하여 지속시킬 수 있기 때문이다.

- 상동행동이 시작될 때에 다른 활동에 즉시 참여시키는 방법이 있다.
- 상동행동이 시작될 때 이를 더 유도하거나, 교사가 이를 흉내 냄으로써 아동이 자기의 행동을 남이 하는 것을 볼 수 있게 하고, 다음에 건설적인 적절한 활동으로 이끄는 방법이 있다.
- 과잉교정의 방법으로 상동행동이 나타나면, 그 행동을 신체적으로 억제하면서 그와 관련된 다른 신체활동으로 유도하는 방법이다.
- 벌은 다른 방법으로 실효를 거두지 못할 경우 마지막 방법으로 사용하게 되는 데, 일시적으로 사용하고 오랫동안 사용해서는 안 된다. 벌을 줄 때에는 상동행동이 용납되지 않는 행동이라는 것이 분명히 전달되도록 하고, 그다음에 즉시 다른 활동을 하도록 이어주는 역할을 하여야 한다.

* 비정상적 상동행동의 지도는 그 행동 자체의 제거만으로 만족해서는 안 되고, 아동이 적절한 일상생활 활동, 교육 활동, 오락 활동에 쉽게 참여하고, 외부 자극에 좀 더 관심을 가지고 적극적인 반응을 보일 때까지 계속 해야 한다.

3) 몸을 너무 자주 흔들어요

(1) 행동특성

아동은 자신의 몸을 앞 · 뒤 혹은 좌 · 우로 심하게 흔든다. 이러한 행동은 거의 시간과 장소를 가리지 않는 경우가 많으며, 기회가 있을 때마다 나타난다.

(2) 행동배경

아동이 몸을 흔드는 행동의 시작은 대부분 모방이나 우연한 기회에 배우게 되는 것으로 보이는데, 계속해서 하게 되는 이유는 그 행동으로부터 자기 자극을 느끼는 경우가 많으며, 같은 행동을 계속하는 가운데 습관적으로 변하거나 굳어진 경우도 있다. 그 행동이 일어나는 상황을 살펴보면, 대부분 그 아동에게 누군가 관심을 가지고 있지 않을 경우에 일어난다는 것을 알 수 있다. 즉, 자폐적 성향을 가진 아동들은 일반 아동들과 달라 스스로 놀이를 할 수 없거나 놀이에 별로 흥미를 느끼지 않는 경우가 대부분인데, 부모나 보호자 또는 돌보는 사람이 그 아동을 혼자 두거나 관심을 기울이지 않으면 습관적으로 그 행동을 반복하게 되는 것이다.

(3) 지도방법

지도에 앞서 아동의 행동이 언제, 어떻게 시작되었는지 그리고, 어떤 상황에서, 무엇 때문에 그 행동을 시작하였는지에 관한 문제행동 기능분석에 대한 세밀한 관찰이 이루어져야 한다.

먼저 그 행동이 언제 어떻게 시작되었는지, 어떤 상황에서 나타나는지 등과 같은 사항을 알고 있다면 그 상황을 바꾸어 주거나, 원인을 제거하여 해결할 수 있다. 시점이 일정하다면 그 시점에 함께하는 놀이나, 좋아하는 장소에 데려가는 등 아동의 관심을 다른 쪽으로 유도하여 그 행동에 대한 관심을 분산시키거나, 제거할 수 있다.

몸을 좌우로 흔들거나 머리를 흔들다가 멈추는 행동을 반복하는 것은 스스로 부족한 감각을 보충하려는 행동일 수 있다. 일상생활에서 쉽게 경험할 수 있는 활동으로 실시한다. 빠르게 구르거나, 흔들기, 그네, 해먹과 같이 흔들리는 놀이기구를 다양한 자세(예: 앉아서, 엎드려서, 누워서)로 타거나 흔들기 강도를 달리하거나 율동적으로 느린 움직임으로 아동에게 이완작용을 제공하며 빠르고 불규칙한 움직임은 아동의 각성을 높이는 강한 자극을 제공해 줄 수 있다.

신체를 이용한 놀이는 아동의 감각적 요구를 충족시켜 더 이상의 자기자극 행동을 보이지 않게 된다.

(4) 사례

특수학교 유치부에 다니는 민혁이는 몸을 앞에서 뒤로 흔들며 입에서 손바닥으로 호흡을 내뿜는 행동을 한다. 이러한 행동은 또래 아동들과 함께 있을 때도 자주 일어나는데 이는 급우들이 대부분 자폐적 성향이 있기 때문에 자기에게 크게 신경을 쓰지 않으므로 민혁이가 하는 행동이 별로 제지를 받지 않기 때문으로 보인다.
교사는 일차적으로 그 행동이 일어나지 않도록 민혁이와 자주 눈을 마주치거나 대화를 시도하고, 교실에서 민혁이가 몸을 움직일 수 있는 놀이 활동을 자주 제시하였다. 교사는 다양한 재질의 미술도구를 활용하는 미술활동, 음악놀이를 통해 청각에 대한 경험을 제공하였으며 큰북을 치는 활동과 악기를 다루면서 대근육, 소근육 운동감각을 경험하는 수업을 통하여 민혁이의 감각적 요구를 충족하는 수업을 하였다.

이와 같이 한 학기를 시도한 결과 민혁이가 그 행동을 하게 되는 장소와 시간, 빈도 등은 매우 줄어든 것으로 나타났다. 가정에서 적극적인 협력이 잘 이루어진다면 민혁이의 몸을 앞 · 뒤로 흔드는 행동은 지금보다 더 좋아질 것으로 생각된다.

4) 손이나 손가락을 흔들어요

(1) 행동특성

아동은 양손을 늘어뜨리거나 위로 올린 채 손목에 힘을 빼고 손가락을 펴서 돌리거나 물 묻은 것을 털어 내듯이 흔든다. 손을 눈앞으로 가져와 올린 채 흔들거나 돌리는 경우도 있다.

(2) 행동배경

신체 부위 중 손이나 손가락은 다른 어떤 것보다 가장 쉽게 이용할 수 있는 수단이다. 또래 아동들은 친구들과 함께하는 놀이 활동에 자연스럽게 관심을 보이고, 서로 주고받는 게임이나 놀이를 자연스럽게 배우지만, 자폐적 성향을 가진 아동들은 놀이 기구를 이용하기 어렵고, 둘 이상이 함께 하는 놀이에 관심을 가지는 경우도 드물다. 혹시 놀이를 하더라도 혼자 하는 경우가 대부분인데, 놀이 기구를 이용하지 않고 혼자서 놀이를 하는 데는 신체의 일부를 이용하는 것이 가장 쉬우므로 손이나 손가락을 흔들게 되는 것으로 보인다. 또, 손이나 손가락을 흔들면서 느껴지는 자극적인 느낌을 좋아해서 계속 흔들게 되는 경우도 종종 있다.

(3) 지도방법

항상 지속적인 관심과 세밀한 관찰이 필요하다. 아동들 중에는 한 때 그런 행동을 보이다가 자연스럽게 관심이 다른 부분으로 옮겨져 그만두는 경우도 있다. 그러므로 세밀한 관찰을 통해 언제, 어디서, 얼마나 자주, 얼마나 오래 계속하는지 기록하는 것은 무엇보다 중요하다.

- 손가락을 털어내듯이 흔드는 아동의 경우에는 손에 물건을 들고 다니도록 하거나 손을 잡아 중지시킨다. 이러한 행동은 어떤 외부 자극에 의하여 발생하기도 하지만, 단순한 습관 때문인 경우도 많으므로 교구를 만지거나 손을 붙잡아 주어 일시적으로 멈추도록 해서 자연스럽게 그만두게 되면 다행이지만 어른이 보지 않을 때 물건을 놓거나, 물건이 없을 때 계속하게 되면 다른 방법을 써본다.

  DOR(상반 행동 강화)라는 방법은 어떤가? 아동이 주어진 물건을 쥐고서 손을 흔들지 않고 잘 다닐 때 기회를 놓치지 말고 적절한 강화를 주어 아동에게 그 행동을 인식하도록 해야 한다. 아동이 그 행동을 습득한 후에는 다음 방법으로 지도할 수 있다.
- 손이나 손가락을 흔드는 것만큼 좋아하거나 하고 싶어 하는 것이 무엇인지 알아본다. 그런 것이 있다면 좋아하는 것으로 일단 관심을 유도해 볼 수 있다. 관심을 유도할 때에는 성급하게 아이를 재촉한다든지, 화를 내거나하면 아동이 오히려 손이나 손가락을 흔드는 것에 더 집착하게 될 수도 있다. 아동이 빨리 관심을 보이지 않거나 유도를 따르지 않더라도, 침착하게 아동의 기분을 상하지 않게 하면서 시도하여야 한다.

* 행동을 특별히 중재하기보다는 좋아하는 과제나 활동으로 대체하여 제공하고 빈도가 줄었을 경우 칭찬이나 강화를 해주는 것도 방법이다. 클릭커와 같이 단순한 딸깍 소리를 제공해 줄 수도 있다. 푹신한 인형을 이용하여 다른 감각을 제공한다.

(4) 사례

초등부 4학년인 영우는 양손에 무엇인가 묻은 것처럼 물을 털어 내듯이 흔든다. 주로 뛰어가면서 빠르게 흔드는 경우가 많고, 기분이 좋을 때에는 더 심하게 흔들면서 소리를 지르기도 하는데 습관적인 것으로 보인다. 먼저 교실을 이동하거나 밖으로 나갈 때에는 손을 잡거나 교재, 교구를 들게 하였다. 영우는 물건을 들게 하는 지시에 자연스럽게 따랐고, 물건을 들거나 손을 잡고 다니게 되자 뛰어가며 손을 흔드는 횟수가 매우 줄어들었다.

한 학기가 지나면서 물건을 들지 않거나 손을 잡지 않았을 때는 전과 같이 손을 흔들며 뛰어갔다. 그래서 영우가 하는 행동을 그대로 모방해 보이며 그것 때문에 손을 잡거나 물건을 들고 다닌다는 것을 설명하고 주 3회 이상 설명을 반복해서 그 행동에 대한 인식을 돕도록 하였다. 이제 영우가 들고 갈 물건을 교사가 들고 영우는 교사의 옆에서 걷도록 하였고 다른 곳으로 이동하게 될 때는 미리 그 행동을 지적해 주었다. 그리고 손을 흔들게 되면 물건을 다시 들고 가게 하였다. 만일 도착할 때까지 손을 흔들지 않으면 영우가 좋아하는 초콜렛 조각을 하나 먹을 수 있다. 시간이 지날수록 영우의 손을 흔드는 습관은 매우 개선되었으며, 가끔씩 뛰면서 흔드는 행동을 보이지만 전과 같이 계속 흔들지는 않는다.

5) 두들겨요

(1) 행동특성

아동이 손등이나 손가락, 물건을 이용해서 무엇이든 탁탁 두들기는 행동을 한다. 살살 두들기는 아동도 있고, 심하게 두들기는 아동도 있다. 자신의 신체를 두들기는 아동도 있고, 다른 물건에 두들기는 아동도 있다. 두들기는 자세는 서서 하는 경우와 앉거나 엎드려서 하는 경우, 기대어 서서 하는 경우 등 다양하다. 한번 두들기기 시작하면 빨리 멈추는 경우도 있으나 오래 지속적으로 반복하는 경우도 있다.

(2) 행동배경

이전에는 두들기는 행동이 없던 아동에게 이런 행동이나 버릇이 나타나기 시작했다면 그것은 모방이거나 우연한 경험에 의한 것으로 볼 수 있다. 또래 아동들도 새로운 것을 보고 배우거나, 스스로의 경험에 의하여 배우는 것을 생각한다면 자폐적 성향이나 지적장애, 정서 · 행동장애가 있는 아동이 어떤 것을 보고 배우는 것은 이상할 것이 없다. 그러나 정상적이지 않은 것을 보고 배우고 그것을 계속한다는 데 문제가 있다. 아동은 보고 배우는 데 있어 적절한 선택이 어려우므로 그것을 부모나 교사 혹은 보호자가 해 주어야 하는데, 새로운 행동을 시작하고 적절한 시간 내에 그 부분에 대한 중재가 이루어지지 않기 때문에 두들기는 행동이 심각한 수준으로 변하게 되는 것이다. 만일 두들기는 행동을 시작한 지 수 년이 지났다면 그 행동은 이미 고착화된 습관으로 변했다고 볼 수 있다. 이런 경우 대부분 그 행동이 시작되기 전 · 후에 부모나 교사 또는 보호자가 "시간이 지나면 그만하겠지!"하고 심각하게 생각하지 않았거나, 다른 이유로 적절한 중재의 기회를 놓친 것이라고 할 수 있다.

(3) 지도방법

조급한 마음으로 단시간에 소거하겠다는 생각은 잘못이다. 그런 조급한 마음은 무리하게 계획을 진행시키려 하게 된다. 그리고 아동이 바람직한 반응을 보이지 않으면 감정적으로 대하게 되거나 포기하게 될 우려가 있다. 두들기는 아동에 대한 지도방법은 다음과 같다.

- DOR(상반행동 강화) 스케줄을 활용하는 것이다. 즉, 아동이 그 행동을 멈춘다면, 좋아하는 활동을 하도록 허용하거나 좋아하는 음식을 먹을 수 있도록 하거나, 좋아하는 놀이를 할 수 있도록 한다.
- 벌을 주는 것이다. 이것은 첫 번째 방법과 반대되는 것으로 그 행동을 했을 경우, 좋아하는 것을 하지 못하도록 하는 것이다. 좋아하는 놀이를 할 수 없거나, 먹고 싶은 음식을 먹을 수 없도록 제한하는 것과 같은 것이다. 이상의 두 방법은 벌과 강화의 의미를 알 수 있는 아동에게 적용하는 것이 좋을 것이다.
- 두들기는 행위의 기회를 줄이는 방법이다. 대부분의 아동들은 자신의 행동을 방해받지 않기 위해 다른 아동들과 떨어져 혼자 한다. 또는, 지면이나 물건에 되도록 가까이 다가가서 두드리기 때문에 벽을 두드리는 행동을 할 때 아동이 좋아하는 사람의 사진을 붙여놓거나 사물의 사진을 붙여놓으면 사진에 관심을 보이면서 두드리지 않기도 한다.

(4) 사례

영수는 손가락으로 자신의 귀나 귀 뒷부분을 연속적으로 두드린다. 이 행동은 오랫동안 계속되어 왔으며 두드리는 손가락의 힘도 매우 강하여 옆에서도 손가락이 귀나 귀 뒷부분에 부딪히는 소리가 들릴 정도이다. 영수는 매우 신경질적이며, 말 시키는 것을 싫어하고, 대답하기도 싫어하여 말을 시키면 큰 소리로 신경질을 내거나 욕을 하기도 하지만 자신이 잘못한 사실을 알게 되거나 상대방이 화가 났다는 것을 알게 되면 즉시 잘못했다거나 미안하다고 말한다. 영수는 인지 능력이 있는 편이므로 먼저 그 행동을 할 때 이름을 불러 다른 과제를 주어 보기도 하였다. 그렇게 시도한 결과, 그 행동을 할 때 이름을 부르면 큰 소리로 신경질을 내고 계속 달래거나 말을 걸면 욕을 하기도 하면서 계속 그 행동에 열중하므로 이 방법은 그만두기로 하였다.

다음으로 대체활동 제공하기를 하였다. 손을 사용하여 할 수 있는 조작활동인 퍼즐, 구슬꿰기, 색칠하기 등 다양한 활동을 적절하게 제시한다. 영수의 수준과 분량을 조정하여 미술시간에 적극적으로 참여할 수 있도록 하였다. 아침운동이나 신체를 움직일 때 두드리는 행동이 잘 나타나지 않았으므로 신체활동이나 운동 시간을 늘렸다.

시간이 지나면서 가끔 귀 뒷부분을 몇 회씩 두들기는 것은 남아 있지만 많이 완화되어 이전처럼 몰두해서 심하게 두들기지는 않았다. 이처럼 영수의 행동이 개선된 데는 또 다른 요소가 관련이 있는 것으로 생각되는데, 이전에는 식사량이 매우 부족하고 수면시간이 짧아 신경질이 많고 피곤한 얼굴을 하고 다녔으나 이 기간 중 식사량과 수면 시간의 증가가 함께 일어났으며 얼굴 표정이 밝고 명랑해진 것이다.

6) 물건을 흔들어요

(1) 행동특성

아동은 자신의 손에 잡기가 쉬운 작은 것이 흔들기 대상이 된다. 대상물은 끈, 장난감, 종이, 문구 등 어떤 것에 한정되지 않고 아동의 관심 분야에 따라 다양하며, 유형은 흔들기만 하는 경우, 돌리는 경우, 들었다 놓았다 하는 경우 등 다양하다.

(2) 행동배경

물건을 흔드는 행동을 하는 아동은 흔들거나 돌리는 물건 그 자체를 좋아하는 것과, 행동 자체에 집착하는 것으로 구분할 수 있다. 특정 물건을 돌리는 것은 그 물건을 좋아하기 때문으로 이해를 하면 된다. 돌리는 행동은 모방이나 우연한 경험에 의해서 즐거움을 느끼고 그 행동을 계속하는 것으로 이해를 할 수 있다. 또 다른 측면은 불안하거나 정서적인 안정을 얻지 못해서 일어나는 행동일 수 있다. 그런 경우는 꼭 흔드는 행동이 아닌 다양한 유형의 행동으로 나타날 수 있다. 이런 경우는 주변 환경을 먼저 점검해 보아야 한다. 예컨대, 부모의 양육태도, 형제자매와의 관계, 교육환경 등 다양한 요인을 조사해 아동이 불안을 느낄만한 요소가 어떤 것들이 있는지 확인할 필요가 있다. 처음에는 정서적인 불안으로 시작되었다 하더라도 시간이 지나면서 복합되거나, 습관적인 행동으로 변해가기도 한다.

(3) 지도방법

아동이 흔들거나 돌리는 행동에 관심을 가지는 경우에는 그러한 관심을 분산시키는 전략과 함께 아동의 관심을 끌 수 있는 다른 행동의 활동을 찾아보는 것이 좋다.

관심을 분산시키기 위해서는 그 아동의 행동을 관찰하여 아동이 관심을 갖고 있는 놀이나 장난감, 구경거리, 시청각 매체 등을 파악한다. 대부분의 자폐적 성향이 있는 아동이나 지적장애, 발달지체 아동들은 그 행동을 하고 있을 때 말로 중지시키거나 "00야! 그런 행동은 좋지 않아!"라는 중재는 크게 영향을 주지 못한다. 이러한 말을 너무도 많이 들어왔기 때문에 당장은 하지 않을 수 있으나 그 행위를 그만하게 하기는 어럽다. 타일러서 듣지 않을 경우에는 돌리는 물건을 빼앗을 수 있다. 그러면 대부분의 아동들은 울면서 떼를 쓰게 될 것이다. 그러나 물건을 빼앗기게 되면 일단 돌리는 행동은 멈추게 된다. 우는 행동은 못 본 체하고 엄마나 교사는 시간이 흐른 후에 주겠다고 약속을 한다.

아동이 혹시 이해를 하지 못하더라도 약속한 시간이 지난 후에 그 물건을 주는 것이 좋다. 처음의 약속 시간은 지나치게 길어서는 안 된다. 아동이 참고 기다릴 수 없기 때문이다. 그러나 이와 같은 일을 계속 반복하면 이해가 부족한 아동이라 하더라도 점차 기다리는 시간이 늘어나고 받아들이게 된다. 그런 가운데 관심을 갖고 있는 다른 놀이나 장난감을 제시하여 점차 돌리는 행동을 하지 않도록 유도할 수 있다.

(4) 사례

세희는 장애전문어린이집에 다니고 있으며 발음은 가능하나, 자발적인 발화가 어렵고 끈을 지나치게 좋아한다. 그래서 항상 주머니에는 끈이 있다. 끈을 바닥이나 책상 위에 놓았다 들었다 하는데 가지고 다니는 끈은 손가락 정도의 굵기이며 길이는 대부분 40~70센티미터의 거의 긴 것들이다. 제자리 뛰면서 하고, 바닥에서는 엎드려서 하며 책상의 경우는 약간 기울인 자세에서 자세히 보면서 빠르게 놓았다 들었다 하면서 매우 즐거워한다. 이때, 누가 하지 못하게 하면 눈치를 보면서 그만두고 그 사람이 없어지면 또다시 계속한다.

그래서 먼저 세희가 끈에 대해 너무 열중하는 것을 막기 위해 어린이집에 오면 수업이 끝나면 끈을 주기로 하였다. 처음에는 견디지 못하고 입맛을 쩝쩝 다시면서 짜증을 내거나 결국 울어서 끈을 돌려받으려고 했다. 많은 시간이 걸렸으나 수업이 끝나면 쉬는 시간에 할 수 있다는 것을 이해하게 되었다. 점차 수업이 끝난 후 쉬는 시간에 끈을 요구하는 정도가 되었다.

다음으로 어린이집 등원 후부터 점심시간까지 끈을 주지 않기로 하였다. 예상대로 처음에는 그 설명을 하였으나 매시간이 마칠 때마다 와서 끈을 요구하였다. 그러나 이번에는 처음과 달리 몇 번의 설명을 들은 후에는 입맛을 쩝쩝 다시기는 하였으나 할 수 없다는 생각을 하는 듯하였다. 생각보다 빨리 점심시간까지는 연장이 되었고, 마찬가지로 해서 어린이집 등원 때부터 하원할 때까지 자연스럽게 연장이 되어 하원 버스를 탈 때 교사에게로 와서 끈을 요구하게 되었다.

프로그램을 시작한지 6개월 정도가 지난 후 세희는 집으로 돌아가는 하원 버스를 탈 때도 끈을 요구하지 않았다. 끈에 대한 관심이 점차적으로 줄어들게 된 것이다. 세희는 아직 끈을 가지고 놀기는 하지만 전에 보였던 것과 같은 지나친 관심은 사라지게 되었다.

7) 돌리는 것을 좋아해요

(1) 행동특성

아동은 장난감 자동차, 유모차, 자전거의 바퀴 등과 같이 고정된 것을 돌리기도 하고 공, 링 등과 같은 것을 손이나 손가락에 끼워 돌리기도 한다. 손에 잡히는 모든 물건을 돌리는 아동에서부터 의자까지 돌리는 아동도 있다.

(2) 행동배경

또래 아동들은 같은 행동을 하더라도 장기간 하지 않고 문제가 될 정도로 반복해서 하지 않는다. 이런 행동은 장애아동 중에서도 특히 자폐적 성향을 가진 아동이나 발달지체 아동에게서 흔히 볼 수 있는 경우라고 할 수 있다. 물체를 돌리면서 회전하는 장면을 쳐다보는 아동은 눈동자가 물체의 회전 방향으로 매우 빠르게 움직이는데, 이런 아동은 물체의 회전 장면 그 자체에 집착해서 스스로 자극을 추구하고 흥미를 느끼는 것으로 보인다.

물체를 돌려놓고 다른 곳을 쳐다보거나 물체가 돌아가는 장면에는 크게 관심을 가지지 않는 아동과 손이나 손가락에 물건을 끼우고 돌리는 아동은 습관적인 반복 행동을 하는 것으로 볼 수 있다. 이것은 아동의 놀이 유형이 다양하지 못한 데서 비롯되는 것이다. 그것이 모방이든 우연한 경험에 의한 것이든 특별한 이유 없이 그 아동이 할 수 있는 놀이의 한 형태로 습득된 것이다. 놀이의 형태가 다양하게 습득되어 진다면 자연스럽게 일정 기간 지속되다가 다른 놀이로 넘어가게 될 것이나 다른 놀이가 없으면 계속해서 하게 되는 것이다.

(3) 지도방법

- 문제가 되는 환경을 조절해 준다. 그 행동을 하는 장소 및 기회를 제거한다.
  아동과 함께 있을 때 바퀴나 링, 그밖에 돌리기 좋은 물건이 있는 장소를 피함으로써 자연스럽게 그 행동을 할 기회를 줄인다.
- 돌리는 행동을 할 때 대화를 통해 다른 곳으로 관심을 돌리거나 주의를 환기 시켜서 그 행동을 자연스럽게 중지하게 한다.

"OOO야! 지금 뭐하니?", "OOO야! OO좀 가져다주겠니?", "OOO야! OO하고 놀이동산에 가지 않을래?"등 지금 아동이 하고 있는 행동과 관계없는 부드러운 내용이나 아동이 좋아하는 주제의 대화를 통해 아동 스스로 그 행동을 중지할 수 있도록 한다.

- 언어이해력이 있는 아동일 경우는 다음과 같이 시도한다.
- 처음 얼마동안(약 1주일) 그 행동을 하지 말 것과 하면 안 되는 이유에 대하여 설명을 통해 이해를 시키도록 한다. 이 과정에서 차분하고 부드럽게 아동의 이해를 돕도록 해야 한다.
- 아동이 자기의 행동의 문제점을 이해한다면, 이제 그런 행동을 하지 않으면 받게 될 보상에 대하여 설명을 해주고 아동과 약속을 한다(예: 비디오, 음악, 좋아하는 음식, 놀이, 게임, 구경, 장난감 등).
- 위의 약속을 실행한다.

  매일/시간별 기록표를 만들어 아동이 약속된 행동을 할 때마다 스티커를 붙여 자기 행동의 결과를 볼 수 있게 된다. 가능하면 아동과 함께 스티커를 붙이는 것이 좋다. 아동이 직접 붙이게 함으로써 자기의 행동에 대하여 생각할 기회를 주는 것이다.
- 바람직한 다른 행동으로 유도한다.

  아동이 돌리고 있는 물건을 이용하여 할 수 있는 다른 놀이를 같이한다. 지금 아동이 돌리는 것 말고 또 다른 재미있는 활동을 할 수 있다는 것을 알려 주면서 같이 놀이를 한다. 예를 들면, 공을 좋아하는 아동은 공을 마주보고 서서 서로 던지기, 발로 차기, 한 사람이 던져주고 머리로 헤딩하기 등 할 수 있는 놀이가 많이 있을 수 있고, 링을 좋아하는 아동과는 마주 서서 링을 굴리기, 고리 던지기 등을 할 수 있다. 많은 끈기와 노력이 필요하지만 아동이 그 놀이를 이해하게 되면 흥미를 느끼고 같이 할 것이 요구할 수 있다.

(4) 사례

초등부 2학년인 찬수는 익숙한 몇 가지 단어 읽기와 간단한 대화를 할 수 있으나 혼잣말을 하고 철봉 위나 사과 상자 쌓아놓는 곳과 같은 높은 곳에 올라가기를 좋아하며 위험에 대한 인식이 매우 부족하다. 찬수는 링이나 바퀴를 좋아해서 항상 손가락으로 빙빙 돌리거나, 자전거, 유모차바퀴 같은 것에 관심이 많다. 며칠 동안 아동이 이해를 할 수 있도록 그 행동을 할 때마다 "찬수야! 찬수가 지금 바퀴를 돌리는 행동은 좋지 않아, 하지 않으면 좋을 것 같아!"와 같이 언어로 이야기 한다.

그러나 그다음부터는 다음과 같은 약속을 하였다. 찬수는 아이스크림과 자전거 타기를 좋아해서 거의 매일 하루에 한두 번씩 자전거를 타러 가는데 이제부터는 링과 바퀴를 돌릴 때마다 집에서 가장 잘 보이는 곳에 커다랗게 붙여놓은 표에 스티커를 하나씩 붙이기로 하였다.

그 날에 그 행동을 하지 않으면 상으로 아이스크림을 동생과 같이 사 먹으러 갈 수 있고, 자전거도 탈 수 있다. 처음에는 스티커를 붙이지 못하였을 때 아이스크림 먹는 것과 자전거 타기를 못 하게 되자 매우 화를 내고 짜증을 부렸다. 그러나 찬수는 점차 그 행동을 했을 때와 하지 않았을 때의 차이점을 이해하게 되었다.

스티커를 혼자서 스스로 붙일 수 있게 되고 만일 스티커를 붙이지 않아도 되는 날은 표를 쳐다보면서 흐뭇해하는 것 같았다. 찬수가 그 행동을 하지 않아야 한다는 것을 이해하게 되면서부터는 행동의 빈도가 매우 줄어들기 시작했으며 만일 그 행동을 하려는 기색이 보일 때 "찬수야!"라고 이름만 불러주어도 멈추고 내려놓게 되고 나중에는 완전히 없어지게 되었다. 그 후에는 학교에서도 일부러 "찬수야!"하고 돌리는 행동을 흉내 내면 "선생님, 하지 마세요!"하고 오히려 부끄러워하는 모습을 보이기까지 되었다. 물론 찬수가 이렇게 되기까지는 약 12개월 이상이 걸렸는데, 이는 처음 그 행동의 빈도가 줄어들다가 갑자기 다시 제자리로 되돌아오는 경우가 여러 번 있었기 때문에 행동이 완전히 멈추는데 까지 많은 시간이 걸리게 된 것이다. 계획대로 시도하다가 다시 처음으로 되돌아오더라도 포기하지 말고 계속 문제점을 수정 · 보완해서 다시 시도하는 인내를 가져야 한다.

3 집착행동 지도방법과 사례

1) 집착행동이란?

자폐적 성향을 지니는 아동들이 보이는 두드러진 특징 중 한 가지는 특정한 사물과 상황에 대해 지나치게 집착하는 행동이다. 이러한 아동들은 특별히 좋아하는 몇 가지 레퍼토리를 정해놓고는 여기에 어떤 변화가 가해졌을 때 심하게 저항하곤 한다.

회전하는 장난감이나 물건에 대한 집착, 특정한 화보나 비디오 등 시각적 자극을 지나치게 즐기는 행동, 정해진 하루 일과에 예외적인 사건이 일어날 경우에 심하게 분노하는 행동 등이 이러한 문제 행동에 속한다. 이러한 행동은 자폐적 성향의 아동과 또래 아동을 뚜렷이 구분시켜 줄 뿐 아니라 다른 사람들과 더불어 생활하는 데 많은 어려움을 초래하기도 한다.

자폐적 성향을 갖는 아동들이 이러한 행동을 보이는 이유는 매우 다양하지만, 다음에서와 같이 가정해 볼 수 있다.

- 아동이 타인에게 주의를 끌기 위해 의도적으로 특정 사물을 고집하는 경우가 있다.
- 자폐적인 아동의 흥미 대상은 사람이나 생물이 아니고 물건이나 현상이라는 것이다. 사람은 별로 나오지 않으면서도 빠르게 진행되는 TV의 일기예보, 광고 등에 집요하게 관심을 보이는 현상은 이와 관련된 것으로 보여 진다.
- 이들은 사물과 현상에 대한 감각이 또래 아동과 다르다는 것이다. 즉, 아동 감각체계는 또래 아동에 비해 지나치게 예민하거나 아니면 미약하거나 혼란되어 있다. 제한된 특정 소리에 매우 민감하다거나 모래를 손가락 사이에 흐르게 하여 촉감을 즐긴다든지, 특정한 색깔만을 선호한다든지 하는 특성은 이러한 원인에서 기인된 것으로 보여진다.

2) 지도방법

집착행동은 자폐적 성향의 아동들이 사람들과의 관계보다는 특정한 사물과 상황, 특정한 감각 자극을 더 선호하면서 나타내는 행동 양상이다. 그러므로 아동의 집착하는 대상을 무조건 없애거나 수정했을 때, 대부분의 자폐적 성향의 아동들은 강하게 저항하거나 공격적인 반응을 나타내곤 한다. 그러므로 이러한 아동의 행동을 지도하기 위해서는 교사와 부모 모두 다음과 같은 지도방안을 염두하고 접근하는 것이 좋을 것이다.

아동의 행동 문제에 대해 지도하기에 앞서 교사나 부모가 알고 있어야 할 일반적인 사항은 다음과 같다.

교사나 부모는 먼저 없애거나 형성해 주어야 하는 아동들의 행동 특성을 명확히 알고 있어야 한다. 그다음에는 행동을 없애거나 형성하는 단서나 자극을 확실히 파악하고 있어야 한다.

이를 바탕으로 상세한 교육 계획이 마련되어야 하며, 마지막으로 원하는 행동 쪽으로 아동의 반응을 유도하기 위해서 체계적인 지도를 실시해야 한다.

이러한 과정을 통해서 얻은 일반적인 정보를 바탕으로, 특정한 집착행동을 수정하기 위한 지도 원리를 살펴보면 다음과 같다.

- 아동의 집착행동을 보이는 관심사를 포함한 학습 계획을 수립한다. 아동의 관심사와 집착행동을 적극적으로 활용하여 학생이 학습에 참여할 수 있도록 도와준다.
- 집착행동 대신 다른 대체행동으로 제시 하도록 한다. 보통 집착행동을 하게 되면 학습 및 사회적 상호작용에 어려움을 겪는다. 이를 해결하기 위해서 바람직한 대체행동을 제시해 주는 것이 좋다.
- 집착행동에 시간제한을 하도록 한다. 집착하는 물건을 만지는 시간제한을 둔다.
- 보상 제도를 도입한다. 아동이 집착을 보이는 행동을 하지 않았을 때 보상을 주어 아동을 격려한다. 예를 들어 집착하는 물건을 만지지 않았을 때 강화물을 제공한다.
- 긍정적인 피드백을 사용한다. 자폐성장애를 가진 아동들의 집착행동은 그들의 불안감이나 스트레스를 줄이기 위한 방법으로 나타나기도 한다. 이러한 행동에서 부정적인 피드백을 주게 된다면 아동의 불안감이나 스트레스가 증가되어 집착행동이 더 심하게 나올 수 있기 때문에 교사는 긍정적인 피드백을 주어 아동이 자신감을 얻어 일상생활에 참여할 수 있도록 지도해야한다.

3) 휴대폰(유튜브 동영상)이나 TV 보기를 너무 좋아해요

(1) 행동특성

다른 장난감이나 물건에는 관심이 없고, 지나치게 휴대폰(스마트기기)와 TV보는 것에만 집착한다. 특히 특정한 시 · 청각 자극이 삽입된 장면에 골몰하여 스스로 휴대폰 조작하여 여러 차례 되풀이하여 보곤 한다. 이처럼 휴대폰에 집착된 상태에서는 교사의 지시도 무시하며, 휴대폰 전원을 끄면 공격적인 행동을 나타내기도 한다.

(2) 행동배경

자폐적 성향의 아동은 또래 아동과 다르게 흥미와 관심 있어 하는 영역이 지극히 제한적이다. 특히 교사나 또래와 상호작용하는 가운데 이루어지는 놀이 활동, 다양한 조형활동, 기능적인 학습 활동 등에는 거의 관심이 없다. 반면, 휴대폰(유튜브 동영상)이나 TV와 같은 일방적인 관계에 있는 사물에 대한 관심이 더 높다. 즉, 휴대폰에 대한 집착행동은 사람보다는 사물에 더 흥미를 갖는 자폐적 성향의 아동들의 독특한 특성 중 한 가지로 볼 수 있다.

특히 일부 자폐적 성향의 아동은 휴대폰과 TV광고의 자극적인 효과음(실로폰 소리, 오토바이 소리, 요란스러운 감탄사, 우스꽝스러운 노랫가락 등)이 삽입된 장면과 시각적 자극(글씨 · 배경이 현란하고 빠르게 움직이는 광고, 주식 시세판, 자막 등)이 포함된 장면만을 집착하는 경우도 있다. 그러나 이러한 현상은 휴대폰이나 TV의 전체 내용과 흐름에는 관심이 없고 단순히 자극 자체만을 강하게 즐기려는 경향을 나타내므로 더욱 문제가 된다. 즉, 휴대폰 특히 유투부 영상이나 TV자극에 집착이 크면 클수록 다른 상호적이고 바람직한 활동을 하는데 더 큰 방해가 되기 때문이다. 그러므로 아동들이 왜 휴대폰(유튜브 동영상)과 TV에 지나친 집착을 보이는지 그 이유를 알고 집착 행동을 점차 줄여가면서, 아동들 개개인에 요구되는 생활 기술과 학습 능력을 증진시키도록 도와주는 것이 중요할 것이다.

(3) 지도방법

이와 같은 상황에서 무조건 휴대폰과 TV를 금기시키는 것은 더 큰 행동 문제를 야기할 수 있다. 예를 들어 휴대폰이나 TV를 강제로 끄거나 제거할 경우, 어떤 아동들은 휴대폰이 있는 다른 장소로 이탈하거나 괴성을 지르며 자기 신체를 때리는 등의 공격적인 태도를 보일 수 있기 때문이다. 다음은 휴대폰과 TV에 지나치게 집착하는 행동과 관련된 지도방법이다.

- 교사는 아동이 집착하는 미디어와 유사하게 흥미로운 활동을 계획하여 아동이 참여를 하도록 한다. 예를 들어 음악 듣는 것을 좋아한다면 그 음악을 연주 해보도록 하는 대체활동을 계획하여 아동이 참여하도록 한다.
- 아동과 활동 규칙을 만들어 활용한다. 예를 들어 숙제를 다 한 후 정해진 시간만큼 TV 시청하기, 휴대폰 사용을 할 수 있도록 한다.
- 점진적으로 휴대폰과 TV에 대한 관심을 줄이면서 동시에 다른 바람직한 행동을 점차 적으로 늘여 가는 '점진 접근 방법'을 적용하여 지도한다. 즉, 교사는 아동이 수행해야 할 과제를 요구하고 아동이 지시를 잘 따르면 원하는 휴대폰을 보도록 허락한다. 주의할 것은 처음부터 많은 것을 요구하지 말고, 단계적으로 조금씩 바람직한 행동을 늘여가는 일이다. 이 과정을 통해 점차적으로 바람직한 행동이 늘어나면, '휴대폰과 TV 보기'를 바람직한 행동에 대한 보상으로 준다. 아동이 휴대폰과 TV를 보는 것이 바람직한 행동에 대한 보상임을 인식할 때까지 지속적으로 지도한다.
- 휴대폰과 TV보기 행동이 통제되면, 교사는 휴대폰 자료와 광고를 이용하여 여러가지 학습 활동을 시도해볼 수 있다. 예를 들어, 휴대폰에 삽입된 문장의 앞부분을 교사가 선창하면(교사: 딩동댕?), 아동은 뒷부분을 말하여(아동: 참 잘했어요) 교대로 말하기 (turn taking)를 경험하게 한다든지, 광고 문구를 이용한 질문(교사: 이가 아플 때는?)과 대답(아동: 이가탄)을 통해 상호적인 의사소통 기술을 증진시키도록 지도할 수 있다.

(4) 사례

황범이는 정서장애 학교 1학년에 재학 중인 남자 아동이다. 황범이는 행동이 산만할 뿐만 아니라 휴대폰이나 TV광고 보기를 너무 좋아한다. 황범이는 집에서도 '로보카 폴리' 만화와 휴대폰과 음식 TV광고만 하루 종일 보려고 해서 황범이의 엄마는 휴대폰을 다 치워버렸으나, 여전히 TV와 휴대폰 때문에 황범이와 씨름을 한다고 한다.
더욱이 황범이가 하루 종일 TV의 특정한 대사와 선전 문구를 하루 종일 중얼거리고, 학교에 가서도 실내화도 갈아 신지 않고 TV로 달려가는 까닭에 늘 걱정을 하신다. 학교에서는 수시로 TV를 켜느라고 거의 착석하지 못하고 다른 친구들의 학습에도 방해가 된다. 이에 따라 교사는 황범이의 점심시간을 이용하여 황범이가 비디오를 켜려고 하면, 이를 닦도록 요구하고 이러한 지시를 잘 수행했을 때는 즉시 휴대폰이나 TV를 허락하였다. 이후에는 이 닦기와 외투 입기의 두 가지 과제를 수행하면 휴대폰을 보도록 하고 약 2개월이 지난 후에는 이 닦기, 외투 입기, 알림장을 가방에 넣고 가방메기를 다한 후에 휴대폰을 보는 것을 허락했다.
이러한 과정을 통해서 황범이는 자신에게 주어진 과제를 다 수행한 후에만 휴대폰을 볼 수 있다는 것을 인식하게 되었고, 자기 마음대로 되돌려보던 습관도 없어졌다. 특히 황범이가 교사의 허락 없이 TV를 켜면 학급의 다른 친구 민수가 '황범이'하고 큰소리를 질러서 황범이와 교사 모두에게 의미 있는 신호 역할을 해주기도 하였다. 또한 공부시간에도 교사의 점검이 끝난 후에야 TV를 트는 등 자기계약을 확실히 지켜나가고 있으며 착석 시간도 증가되었다.

4) 자동차에 지나친 관심을 가져요

(1) 행동특성

자폐적인 성향의 아동과 일부 발달지체아동들 중에는 반복적으로 회전하는 사물에 매료되곤 한다. 각종 교통기관, 바퀴가 달린 장난감, 탑블레이드 팽이 종류, 카세트 테이프, 에스컬레이터 등이 아동들이 주로 집착하는 사물들이다. 유아기 때에는 그 실제 기능과 관계없이 단순히 바퀴를 굴리거나 회전을 지켜보는 고정적이고 반복적인 놀이를 즐기다가 아동기가 되면 교통 기관에 대한 과도한 집착으로 확대되어 다양한 교통 기관의 종류, 자동차의 이름, 자동차 부속물 등에도 강박적인 관심을 보이기도 한다.

(2) 행동배경

아동들은 회전하는 사물에 지나치게 관심이 많다. 사물뿐만 아니라 자신의 신체를 반복적으로 돌리거나 흔드는 상동행동도 많은 자폐아동에게서 발견된다. 즉, 자폐 아동은 또래 아동들과는 달리 사회적 관계 속에서보다는 사물과의 관계에서, 다양한 환경을 통한 경험보다는 특정한 자극 속에서 흥미와 편안함을 느끼는 것으로 보인다.

자폐 아동들의 자동차에 대한 집착도 이와 같은 맥락에서 비롯된 것이라고 보여 진다. 그러나 이들의 문제는 자동차 실제 기능과는 무관한 자동차 바퀴의 움직임, 자동차의 모델 이름, 자동차의 앰블럼 모양, 번호판의 숫자, 자동차 사진이나 그림 등 시각적 자극에 국한되어 있다는데 있다. 또한 이들은 복잡한 거리에서 자동차를 접하면 강박적인 집착을 보이는 까닭에 보호자를 이탈하는 사고도 빈번할 뿐만 아니라 아직 자동차의 위험에 적절히 대처하는 방어기술을 습득하지 못하였기 때문에 큰 문제가 발생할 가능성도 있다.

그러므로, 자동차에 대한 집착을 줄이고 자동차의 본래의 기능에 맞게 대응하는 기술은 앞으로의 사회생활과 관련하여서도 반드시 지도해야할 중요한 과제입니다.

(3) 지도방법

교통기관에 과도한 집착을 보이는 아동들의 경우, 각 아동의 인지 · 사회적 기술 수준에 따라 그 집착 양상과 지도 목표가 조금씩 다를 수 있다.

- 다른 놀잇감에는 관심이 없고 단순한 자동차 바퀴 회전과 구급차, 소방차, 오토바이의 독특한 소리를 강박적으로 좋아하는 아동들의 경우는 그 이외의 다른 사물에 대한 관심의 폭이 알 수 있다. 따라서 이러한 아동들에게는 자유놀이 시간을 이용하여 장난감 바르게 이용하여 놀 수 있도록(예: 인형 태우기, 고속도로 위로 달리기, 효과음 내기) 한다. 교사나 성인과의 병행 놀이가 이루어질 수 있도록 지도하는 것도 좋겠다.
  동시에 블록, 레고, 소꿉놀이 등으로 놀이의 영역을 확대 해주는 지도도 수반되어야할 것이다. 매우 제한적이며, 교통 기관에 대한 왜곡된 기능과 의미를 가지고 있음을 알 수 있다.
- 복잡한 거리에서 자동차를 보면 무조건 다가서는 아동들의 경우에는 '위험에 대처하는 기술'을 지도해야 한다. 이를 위해서 교실에서는 신호등 놀이, 거리 모형을 통한 교통 안전 교육, 교통 안내 표지판 알기 등의 교육을, 그리고 현장 학습 시간에는 실제적인 교통 교육을 체계적으로 실시해야할 것이다.
- 아동들에게 자동차 운전을 가상으로 체험할 수 있는 게임을 제공하여, 실제 교통 상황에서의 판단력과 대처 능력을 함께 향상시킬 수 있다. 이를 통해 교통안전 교육의 높은 효과성을 기대할 수 있다.
- 인지 능력이 비교적 좋은 아동들의 경우에는 자동차에 대한 집착이 자동차 이름을 모두 외우거나 자동차 앰블럼의 형태를 반복하여 낙서하는 행동으로 나타난다. 이러한 행동이 특별히 학교와 일상생활을 하는데 방해가 되지 않는다면, 교사는 이러한 아동들의 관심과 흥미를 역이용하여 사물의 범주화 알기, 말하기, 문자 읽고 쓰기 등의 학습 능력을 증진시키는데 효과를 볼 수 있다.
- 아동들에게 자동차 모형을 만드는 놀이를 제공하여, 자동차의 구조와 기능에 대한 이해를 높일 수 있다. 이를 통해 공간 지각능력, 상상력 등을 증진시킬 수 있다.

5) 특정한 색만 좋아해요

(1) 행동특성

아동은 특정한 색깔만 좋아해서 같은 색 크레파스와 색연필만 사용하려고 하며, 같은 색의 옷과 양말만을 입으려고 고집한다. 다른 색을 권하면 심하게 거부하거나 화를 내는 태도를 보인다. 또한 자폐적 성향을 지닌 아동들 중에는 장난감이나 인형, 옷, 양말, 신발, 가방, 이불이나 담요 등에도 같은 디자인에만 집착하는 경우도 있다.

(2) 행동배경

자폐적 성향의 아동들은 익숙한 사물과 상황 안에서 안정감을 느낀다. 같은 색만을 고집하는 행동도 역시 특정한 색에 왜곡된 애착이 형성되면서 다른 색을 배척하려는 경향의 한가지로 보여 진다. 같은 색 크레파스만을 집착적으로 모으거나 같은 색의 레고 조각이나 공만 던지거나 흐트러뜨리는 반복적인 행동 때문에 기능적인 그림 그리기 활동이나 만들기 및 공놀이 등을 하기 어렵다. 그러므로 이들의 적절한 학습 발달을 촉진하기 위해서는 다른 다양한 색들에 대한 거부감을 줄이고 기능적인 학습 활동을 돕는 적극적인 지도가 이루어져야 할 것이다.

(3) 지도방법

아동의 기억 체계 속에 특정한 색에 대한 집착이 자리 잡으면 아동들은 이러한 색깔의 사물에 과도한 고집을 보인다. 따라서 교사는 충분한 관찰을 통해 아동이 좋아하는 색과 장난감 및 학습교재, 그리고 좋아하는 사물을 빼앗았을 때 아동이 나타내는 행동 양상에 대해 상세히 알아두어야 한다. 이러한 정보를 바탕으로 지도할 수 있는 방법은 다음과 같다.

- 아동의 색상 취향을 이해하고 존중하는 것도 중요하다. 자폐증 학생은 특별한 관심사를 가지며 그것에 대해 집착하는 경향이 있다. 그러므로 아동의 취향을 이해하고 존중하는 것이 중요하다.
- 색상을 활용하여 학습을 보조하는 것도 좋은 방법이다. 아동의 취향에 맞는 색상을 사용하여 교육 자료를 만들면 아동의 학습 동기와 집중력을 높일 수 있다.
- 아동이 특정한 색 외에 다른 색들도 수용할 수 있도록 점진적으로 지도해야 한다. 이때 교사는 너무 갑작스런 변화를 주기보다는 아동이 현재 집착하는 색의 채도, 명도 등을 고려하여 비슷한 색의 계열부터 점차적으로 제시하여 저항감을 줄이면서 다른 색으로도 관심이 확대되도록 도와주어야 할 것이다.
- 이러한 아동들 중에는 단순히 학급에 있는 특정한 색의 크레파스를 모은다든지 특정한 색의 퍼즐조각만 들고 다니는 행동만 즐기는 경우가 많다. 즉 그리기, 색칠하기, 사물의 기능과 만들기 등 기능적인 활동에는 참여하기 어렵다는 것이다. 이러한 경우에 교사는 각 용도를 가르쳐 줄 필요가 있다. 예를 들어, 아직 색칠하기가 어려운 아동이 있다면 물감 풀기, 두꺼운 붓으로 색칠하기 등 보다 쉬운 과제에서부터 시작하여 점차 크레파 스로 색칠하기 등의 과제도 수행할 수 있도록 단계별로 도와줄 수 있다.

(4) 사례

한규는 특수학교 유치부에 재학 중인 남자 아동이다. 한규는 그림 그리기 활동을 무척 좋아하지만 항상 빨간색으로만 칠하려고 한다. 다른 색 크레파스로 그리라고 지시하면 화를 내면서 옆 친구의 크레파스 통에 있는 빨간색을 고집스럽게 꺼내려고 하거나 자기 크레파스를 다 꺼내서 내던지는 행동을 하곤 한다.

이에 따라 교사는 한규의 색 집착에 대해 점진적으로 지도하기로 하였다. 우선 교사는 빨간색을 칠할 수 있는 영역을 정해놓고 빨간색으로 표시 후, 그곳에만 빨간색을 칠하도록 하였다. 처음에는 커다란 원 안에 빨간색으로 칠하라고 하였고, 다음에는 작은 원 여러 개 안에, 그다음에는 친구 민숙이가 그릴 집의 지붕, 명석이가 그릴 튤립꽃 등을 빨간색으로 칠하도록 하였다.

그다음에는 과학 시간을 이용하여 '물감 섞기 놀이'를 하였다. 이 과정을 통해 빨간색에 약간의 흰색 물감을 섞어보고 점차 흰색의 양을 늘려가며 섞어 보도록 하여 색의 변화를 직접 관찰할 기회를 제공하였다.

약 1달 후 미술시간에 교사는 미리 한규의 크레파스 상자 안에서 빨간색을 없애고 주어진 바탕 그림에 분홍색과 주황색을 주면서 칠해보자고 하자 한규는 거부하지 않고 지시에 따라 색칠을 하기 시작했다.

6) 항상 똑같은 물건을 들고 다녀요

(1) 행동특성

자폐적 성향을 가진 아동 중 몇몇은 항상 똑같은 장난감이나 책, 학용품을 들고 다니곤 한다. 등교할 때부터 집으로 돌아갈 때까지 인형이나 퍼즐조각을 손에서 놓지 않고 가지고 다니기 때문에 학교의 모든 활동에 방해가 된다.

(2) 행동배경

몇몇 또래 아동들도 유아기에 엄마 또는 양육자와 충분한 신체적 접촉 기회를 갖지 못하면 인형이나 담요 등 다른 사물에 집착을 보이는 경우가 있다. 그러나 대부분의 자폐적 성향의 아동들은 유아기 때부터 눈 맞춤, 신체적 접촉, 상호적인 놀이를 잘하지 못하고, 사람이 아닌 다른 사물에게 왜곡된 애착을 보인다.

이렇게 특정한 장난감이나 사물에 대한 애착은 이후 아동기에 거쳐 지속되며, 자신이 항상 가지고 다녀야하는 물건을 뺏기라도 하면 매우 화를 내거나 심한 불안감을 표현한다. 또한, 가위나 크레파스와 같은 학용품에 집착하는 아동들의 경우, 이러한 사물의 기능을 알게 되면서 적절하지 못한 장소와 시간에 계속 집착적으로 사용하려고 해서 어린이집이나 유치원, 학교생활에 곤란을 초래하기도 한다.

(3) 지도방법

항상 같은 사물을 들고 다니는 아동들의 집착 행동을 지도하기 위해서는 먼저 교사는 각 행동에 대한 원인을 알고, 그 원인에 맞춰 적절히 지도해야 한다.

- 항상 같은 장난감이나 물건을 들고 다니는 아동은 사람에게 보다는 어떤 특정한 사물에 더 애착하고, 그러한 사물을 통하여 정서적 안정을 느끼는 것 같다. 따라서 이러한 경우 부모나 교사는 꾸준하게 아동과의 신체적 접촉을 자주 시도하고, 애정을 보여줌으로써, 출생 초기에 원만히 이루지 못한 애착을 형성하려고 노력해야 한다. 아동이 주위 사람들로부터 애정과 관심을 받고 있다고 느끼게 되면 심리적으로 안정감을 갖게 되고 사물에 집착하는 행동도 줄어들 수 있을 것이다.
- 아동이 집착하는 사물과 놀잇감이 있다면, 교사는 그 놀잇감의 종류와 본래의 기능을 교육적으로 더 확대해 주어야 한다. 아동이 집착하는 사물 중에는 아동의 수준에 비해 지나치게 유아적인 사물들도 많다. 그러므로 교사는 아동이 자신의 수준에 적합한 사물과 장난감에 관심을 갖도록 전환시켜 주어야 한다. 지나치게 유아적인 사물들도 많다. 그러므로 교사는 아동이 자신의 수준에 적합한 사물과 장난감에 관심을 갖도록 전환시켜 주어야 한다.

  이때, 너무 갑작스럽게 변화를 주지 말고 아동이 잡착하던 물건과 기능, 촉감, 모양이 아주 흡사한 것으로 시작해서 점차 다른 것으로 변화시켜 나가야 할 것이다. 이 과정을 통해 아동들은 주변 다른 사물에 대해 보다 폭넓은 관심과 흥미를 갖게 될 것이다.
- 아동이 사물과 장난감을 항상 손에 들고 다니면, 어린이집, 유치원, 학교 교육 활동에 심각한 방해가 될 것이다. 이러한 경우, 교사는 관찰을 통해 장난감을 들고 다니는 것 외에 아동이 선호하는 조작 활동이 무엇인지를 파악하여야 한다. 예를 들어, 퍼즐 조각을 늘 가지고 다니는 아동이 있는데, 이 아동이 손으로 하는 다른 활동 중에서 종이 찢기 활동을 좋아한다면 교사는 다음과 같이 지도할 수 있을 것이다. 즉, 색종이를 주어 찢기 활동을 하도록 유도하여 여러 가지 모자이크를 완성하도록 한다. 또한, 도표를 사용하여 퍼즐을 들고 있는 횟수와 찢기 활동을 한 횟수의 증감을 아동 스스로 볼 수 있도록 하면서 점차 퍼즐에 집착하는 시간을 줄여간다. 퍼즐에 집착하는 행동이 현저히 줄었을 때 교사는 퍼즐의 올바른 놀이 방법과 기능을 가르쳐 줄 수 있다.
- 행동분석을 통해 아동이 집착하는 물건에 대한 동기와 근본적인 원인을 파악하여, 이를 극복하는 방법을 찾아낼 수 있다. 이를 위해서 아동의 행동을 지속적으로 관찰하고, 분석하는 것이 필요하다.
- 아동이 집착하는 물건을 떼어내기 위해 강제로 떼어내는 것은 바람직하지 않다. 대신 집착하는 시간을 조금씩 줄여나가는 방법을 시도해 볼 수 있다. 집착하는 물건을 제공하되 처음에는 5분, 그다음에는 4분, 3분씩 짧아지도록 시간을 조절해 나간다.

(4) 사례

민경이는 특수학교 1학년에 재학 중인 여자 아동이다. 민경이는 항상 레고 조각을 손에 쥐고 주무르며 다닌다. 교사가 레고를 뺏어서 장난감 바구니에 담으라고 하면 책상을 두드리거나 큰 소리를 지른다. 교사가 수업시간에 민경이에게 과제를 하라고 해도 항상 레고 조각을 주무르며 수업에 참여하지 않는다. 가끔은 입에 레고 조각을 집어넣기도 한다. 레고는 다른 또래 아동들이 점심시간에 만들기 놀이를 할 때 사용하는 것이므로 없애기 어려운 물건이다. 민경이에게 레고 조각은 끼우고 맞춰서 무엇을 만드는 것의 재료가 아니라 딱딱한 촉감의 작은 물건일 뿐이다. 그래서 교사는 민경이를 위해 레고 조각과 비슷한 크기와 촉감의 크레용을 준비해 주었다.

레고와 크레용을 바꿀 때 큰 거부는 없었고 어느 정도 크레용을 들고 다니는 것이 익숙해지자, 그 다음에는 교사가 이면지에 크레용으로 그냥 칠하는 시범을 보여주었다. 민경이도 크레용을 그으며 형태가 없는 낙서를 몇 차례 하였다. 며칠 후에는 교사와 함께 이면지 위에 동전을 대고 베끼는 놀이를 하였다. 민경이는 즐겁게 참여하였다. 아직도 민경이는 크레용 조각을 레고를 대신해 들고 다니지만 가끔은 혼자서 색칠을 하면서 놀기도 한다. 이는 민경이가 단순히 사물에 집착하던 상태에서 벗어나 조금씩 사물의 기능을 알고 사용하고 있다는 것을 보여준다.

7) 원래 있던 자리에 꼭 있어야 해요

(1) 행동특성

발달지체아동 또는 자폐적 성향의 아동들은 특정한 장소에 있는 사물들의 위치와 배열 순서에 변화가 생겼을 때 이러한 변화를 받아들이지 못하고 원래의 위치와 순서를 유지하려는 행동을 하곤 한다. 이 행동 역시 고정적이고 강박적인 자폐적 성향을 보이는 아동의 특성 중 한 가지로 볼 수 있다.

(2) 행동배경

자폐적 성향의 아동들은 유아기 때부터 주위의 환경을 탐색하는데 제한된 경험을 가져왔다. 그 결과, 자폐적 성향의 아동은 특정한 환경 안에 있는 특정한 몇몇의 사물과 고정적이며 반복적인 관계를 갖게 되고, 이 관계에서 익숙함과 편안함을 느끼곤 한다. 따라서 특정한 사물과 사물이 놓인 위치와 순서들에 변화가 생길 경우, 자폐적 성향의 아동들은 익숙한 기억 체계에 혼란이 오고, 이와 동시에 불안감을 느끼면서 강하게 저항을 하는 반응을 보이게 된다.

이들이 사물의 위치와 변화에 강한 저항을 보이는 경우는 다음과 같다. 이들은 방이나 교실의 가구와 사물들의 위치나 구조가 바뀌었을 때와 색연필, 크레파스 등이 색깔 순서대로 배열되어 있지 않은 경우에 심한 분노로써 저항감을 표현하곤 한다. 그 밖에도 늘 닫혀있던 문이나 창문이 열려있을 경우와 잘못된 퍼즐 조각이 함께 꽂혀있는 경우에도 비슷한 반응을 보인다.

(3) 지도방법

이와 같이 자폐적 성향의 아동들이 특정한 사물의 위치와 순서의 변화에 대해 저항하는 행동을 수정하기 위해서는 우선적으로 이들이 거부하는 상황과 조건을 잘 관찰하여야 한다. 관찰을 통해 정보를 얻게 되면, 교사는 아동이 집착하고 있는 현재 상황으로부터 점진적으로 사물의 위치와 순서, 함께 하는 사람 등의 여러 조건에 변화를 시도할 수 있다. 이들은 몇몇 특정한 장소와 상황, 사물에 대해 사진이라도 찍어놓은 듯한 명확한 기억력을 가지고 있다.

대부분 이러한 상황을 가장 편안하게 느끼고 있기 때문에, 급격한 변화와 수정은 다른 행동 문제를 야기하므로 무엇보다도 점진적인 변화를 통해 지도하는 것이 효과적일 것이다.

- 물건이 원래 있던 자리에 없을 때, 충분한 설명을 제공하는 것이 좋다. 충분한 설명과 함께 알려줌으로써 아동의 불안감을 줄일 수 있다.
- 물건이 원래 있던 자리에 놓이지 않을 때, 대안적인 자리를 제시하는 것이 좋다. 아동이 사용하는 물건이 다른 장소에 있을 때, 새로운 자리를 제시함으로써 아동이 불안감을 느끼지 않고 사용할 수 있도록 돕는다.

- 사물의 위치 변화에 민감한 아동들을 지도할 때는 아동이 하루 중 가장 많이 있는 공간에서부터 자주 변화를 준다. 처음에는 변화의 폭이 좁은 화분, 학용품 등 사물의 위치를 바꾸다가 점차 규모가 큰 가구, 방 전체의 구조 등을 바꿔 나간다면, 아동들의 기억 체계에 급격한 변화를 주지 않으면서 변화를 수용하도록 도울 수 있을 것이다.
- 순서에 집착하여 접착식 달력에 날짜가 순서대로 붙어있지 않거나 색연필이나 크레파스가 '빨강, 주황, 노랑, 검정' 순으로 되어있지 않으면 크게 저항하는 경우도 있다. 이러한 경우에도 처음에는 적은 변화를 주다가 차츰 많은 변화를 주어 점진적으로 순서 변화에 익숙하게 된다. 또한 이러한 아동은 숫자, 색 등 인지적인 과제에 관심이 많은 상태이므로, 접착식 달력을 덧셈 판으로 사용하거나 크레파스, 색연필로 의미 있는 그림을 그려봄으로써 사물의 '순서'보다는 '기능'의 중요성을 지도해 주어야 할 것이다.

(4) 사례

장애전문어린이집에 다니고 있는 성준이는 줄을 서서 체육관이나 다른 특별실로 이동할 경우에 자주 징징거리거나 없어졌다가는 다시 나타나곤 한다. 교사도 처음에는 원인을 몰라서 당황했으나, 며칠이 지난 후 그 까닭을 알게 되었다. 이유는 줄을 선 친구들의 순서가 바뀌거나 급하게 나오는 바람에 책상과 의자의 줄이 흐트러지고 교실의 앞뒷문이 열려 있었기 때문이다.
성준이는 친구들의 순서가 뒤바뀌는 것 때문에 화를 냈고, 책상과 의자 줄을 바르게 맞추고 교실 앞뒷문을 닫고 오느라고 가끔씩 없어졌던 것이다. 처음에는 주원이의 행동이 다른 또래아동들에 비해 유난히 정리 정돈을 잘하는 모습으로 보여져 심각하게 생각하지 않았으나 현장 학습 시 친구들의 순서가 바뀌거나, 교실을 환기시키기 위해 창문을 열면 심하게 화를 내는 등 일상생활에서 너무 많은 문제를 나타냈다.
이에 따라 교사는 성준이에게 일렬로 줄을 서서 이동할 때마다 성준이가 서는 위치에 매번 변화를 주어 어떤 때는 두 번째, 또 어떤 경우에는 맨 앞, 맨 뒤에 서서 이동하도록 지시하였다. 처음에는 징징거리거나 자꾸 자신의 위치로 돌아가려고 저항하였으나 이 과정이 여러 번 반복되면서 줄 서는 순서에 대한 저항은 조금씩 없어졌다.
또한 책상과 의자의 줄을 맞추는 행동과 창문을 닫는 행동에 대해서, 교사는 성준이가 상황의 변화를 느끼는 그 즉시 성준이를 교실 앞이나 창문 옆에 서 있도록 지시하였다. 성준이는 혼자 서 있는 시간을 통해서 위치나 상황의 변화를 직접 눈으로 보면서 참을 수 있도록 하였고, 교사가 '줄 맞추자', '문 닫자'하는 언어적 지시(신호)를 할 때까지는 기다렸다가 원하는 행동(다시 제자리에 놓거나 문을 닫는 것)을 하도록 지도하였다.
성준이는 이러한 과정을 통해서 위치와 순서는 뒤바뀔 수 있는 것이며 변화된 상황을 오랫동안 견딜 수 있는 인내력도 함께 습득할 수 있었다.

4 자해행동 지도방법과 사례

1) 자해행동이란?

자해 행동이란 자신의 신체에 스스로 상해를 입히는 행동을 말한다. 장애를 지닌 아동들 중에서 특히 자폐적 성향의 아동들에게서 빈번하게 보이는 자해 행동에는 자신의 몸을 때리는 행동, 습관적으로 머리를 박는 행동, 손가락이나 손등을 무는 행동, 상처를 뜨는 행동, 머리카락을 뽑는 행동 등 자신의 몸을 이용하여 상해를 입히는 경우와 뾰족한 송곳으로 계속 찌르기 같이 다른 물체를 사용하여 상처를 내는 행동이 있다.

자해 행동의 원인에 대해서는 크게 2가지로 그 원인을 구분할 수 있다. 그 하나는 기질적인 요인 때문으로 레쉬-나이한 증후군, 코네리아 드랑주 증루군, 중이염 그리고 라일리 데이 증후군 등에서처럼 기질적인 결함에 의해서 자해행위가 일어나는 경우이다.

다른 하나는 기능적 요인에 의한 것으로 아동이 관심 등 자신이 원하는 것을 받기 위해서, 혹은 불쾌한 자극(예를 들면, 어려운 과제)을 피하려고, 혹은 주위로부터 충분한 자극을 받지 못하여 이 불충분한 양의 자극을 보충하기 위한 자기 자극적 상동 행동의 일환으로 자해행동을 할 수 있다.

자해 행동은 자신의 건강과 안전을 위협하는 행동인 만큼 여러 가지 문제 행동 중에서도 우선적으로 지도가 되어야 한다.

2) 지도방법

원인에 따라서 지도방법이 달라지는데, 자해 행동의 원인이 기질적인 경우는 약물을 복용하거나 원인에 따른 의료적인 치료를 받아야 하며, 기능적인 요인의 경우엔 아동의 행동을 일정 기간 관찰하여 어떤 상황일 때 자해 행동이 일어나며(선행자극 : 자해 행동이 일어나기 바로 전에 원인이 된 사건), 자해 행동의 결과 아동이 얻게 되는 이익(후속자극 : 행동의 결과 또는 기능)은 무엇인지를 알아내서 밝혀진 원인에 따라 적합하게 지도한다.

- 주어지던 강화를 제거하는 소거법을 사용한다.
  행동에 주어지던 강화를 제거하는 방법이다. 행동에 주어지던 강화가 제거되면 더 이상 발생하지 않을 것이라는 가정 하에 실시된다. 성인의 관심이 문제행동을 강화하는 역할을 한다면 앞으로는 그 행동을 무시하거나 경시하면 결국 그 행동은 소거된다.
- 아동을 고립시킨다(동작 억압 고립).
  일시격리(Time out)는 문제행동의 발생 장소로부터 아동을 일시적으로 격리시키는 방법이다. 격리를 통해서 정적인 강화를 받지 못하게 된다. 그러나 아동이 혼자 있는 공간에서 자해행동을 더욱 심하게 할 우려가 있다면 다른 장소에 격리시키는 것은 좋지 않다. 이런 경우 일시 격리보다는 그릇된 동작을 하지 못하도록 신체적으로 구속하는 동작 억압 고립을 실시한다.
- 차별 강화를 한다.
  바람직하지 못한 행동을 하면 불쾌하고 고통스러운 자극(벌, 혐오 자극)을 주거나 즐거운 자극을 빼앗고(고립 등) 이와 동시에 바람직한 행동을 하면 좋아하는 것들로 보상하여 강화한다.
- 보호 장구를 착용한다.
  건강과 안전에 해가 될 정도로 자해 행동이 심할 경우에는 부득이하게 헬멧, 장갑 등 보호 장구를 착용하게 한다.
- 혐오 자극을 제공한다.
  신체적 고통이나 불편을 느끼게 하는 자극(싫어하는 냄새, 불쾌한 맛 등)을 주는 것이다.
- 행동 계약법을 사용한다.
  교사(또는 부모)와 아동이 목표 행동과 보상 방법에 대해서 언어적으로 또는 문서로 계약을 하고 그대로 지키는 것이다.

3) 손등을 물어요

(1) 행동특성

아동이 가볍게는 자신의 손가락을 무는 행동에서부터 심하게는 손등을 굳은살이 생기고 살이 죽어 검게 변하여 털이 무성해지는 정도로 자신의 손등이나 팔목을 무는 행동을 말한다.

(2) 행동배경

손등을 깨무는 행동을 보이는 아동들의 행동을 살펴보면, 자신의 요구가 수용되지 못하여 좌절이나 분노하였을 때, 처한 상황이 자신의 마음에 들지 않고 그 상황에서 벗어나고 싶은 경우, 교사나 타인의 요구가 많은 경우 거부의 수단으로 자신의 의사를 표현하고자 이러한 행동을 나타낸다.

이 밖에 정확한 이유를 발견하기 어려운, 이미 습관으로 굳어져 상동 행동처럼 의미 없이 깨무는 행동을 반복하는 경우가 있다.

(3) 지도방법

아동이 과제를 새로 받았거나, 과제를 수행하는 중에 분노하거나 좌절하여 이러한 행동을 나타내는 경우에는 먼저 과제가 너무 어렵거나 쉽지 않은 살펴보아야 한다. 과제물의 난이도가 아동에게 적절하고, 또 과제 자체가 아동에게 흥미로운 것일 때에는 손등을 무는 행동은 크게 감소될 것이다. 거부나 반항의 표시로 손들을 무는 경우에는 손등을 무는 방법 대신에 다른 바람직한 방법으로 자신의 의사를 알릴 수 있도록 아동의 수준에 맞는 새로운 방법을 개발하여 지도해야 한다.

즉, 신체적 속박을 가하거나 물려는 순간에 혐오 자극(아동이 싫어하는 자극)을 제공하거나, 문제 행동이 일어나지 않은 경우에 보상하는 차별 강화의 방법으로 행동 자체를 감소시킬 수 있다. 아울러 손등을 물게 되는 근본적인 원인을 찾아서 해결해 주어야 한다.

아동이 언어적 이해력을 가지고 있는데 이미 습관으로 굳어진 경우에는 언어적으로 주의를 환기시켜(예, '지금 손등을 물고 있구나.') 아동 스스로 자신의 행동을 관찰하고 고칠 수 있도록 하는 것이 좋다. 손등을 깨무는 행동으로 인해서 아동이 원하던 결과(예, 관심, 과제 거부 등)을 얻게 되면, 이 행동은 지속된다. 따라서 행동이 처음 나타났을 때 주의 깊게 관찰하고 행동의 동기를 바르게 파악하여 대처하는 것이 좋다.

(4) 사례

형석이는 특수학교 1학년 아동이다. 발화가 전혀 안 되지만, 간단한 생활 어휘는 이해하며 그림 낱말 카드를 할 수 있다. 장애전문어린이집 다닐 때는 높은 곳에서 뛰어내리고 빙글빙글 도는 행동을 좋아했는데, 1학년이 되면서 높은 곳에서 뛰어내리는 행동이 거의 사라졌다. 하지만 최근에 손등을 무는 행동이 새로 생겼다. 이 행동을 보이는 경우를 관찰해보니 자신이 좋아하는 선생님이 나타났을 때가 가장 많았다. 즉, 기쁜 감정이 고조되었을 때 손등을 무는 행동이 나타났다.
이 행동으로 인하여 손등에 멍이 생기기 시작하였으므로 교사는 학생을 만났을 때 먼저 학생의 두 손을 잡아 입에 가져가지 못하게 하고 안아주었다. 먼저 자신의 손등을 물지 못하도록 신체적인 중재를 하였다. 그 후에 선생님이 좋다는 표현을 손을 입으로 가져가 무는 행동 대신에 교사를 안고 등을 두드리는 자연스러운 행동으로 지도하였다.

4) 손으로 자신의 얼굴을 세게 때려요

(1) 행동특성

아동이 자신의 손을 사용하여 볼, 턱, 귀 등 자신의 얼굴을 세게 때려서 피부가 빨갛게 부어오르거나 멍이 드는 등 피부와 뼈에 상처를 내는 행동이다.

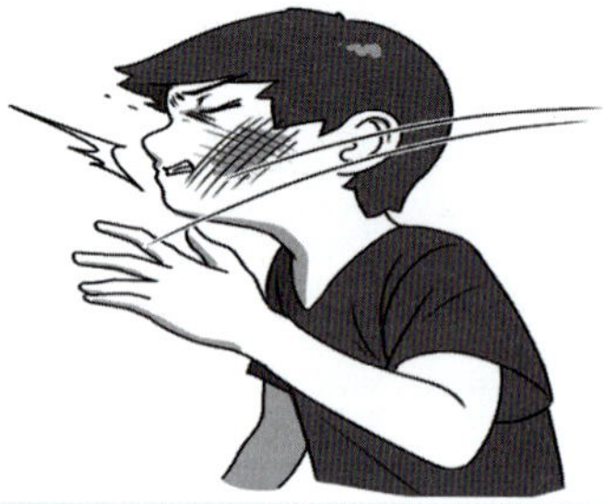

☞ **꼭 알아야 할 내용**

자해는 발달장애인들이 보여줄 수 있는 가장 파괴적인 행동이다. 자해의 가장 일반적인 형태는 머리를 치는 것, 자신의 손 깨물기, 과도한 비비기 및 긁기 등이 있다. 자해행동은 다양한 기능을 가지고 있다.

(2) 행동배경

자기 자극적 상동행동으로 나타날 수도 있고, 과제를 회피하기 위한 방법으로, 혹은 자신의 기분(예, 기분이 나쁘거나 좋다)이나 의사를 표시(예, 관심 끌기 위해서나 거부)하는 의사소통 방법으로 나타날 수 있다.

(3) 지도방법

행동의 원인을 파악하기 위하여 아동의 행동을 관찰하고 분석해 보아야 한다. 어떤 환경 자극이 있을 때 그러한 행동을 하는지 그리고 그 행동을 하여 아동이 얻게 되는 것은 무엇인지를 파악한다. 문제의 행동과 환경 자극 간의 기능적 관계가 파악되면 행동의 교정은 비교적 간단히 이뤄질 것이다. 과제를 회피하기 위해서 자해 행동을 한다면 자해 행동을 할 때마다 계획된 무시(Planned ignoring)를 한다. 반면에 자해 행동을 중단하고 과제에 참여했을 때 보상을 준다. 이러한 차별 강화 방법으로 과제에 참여하도록 유도하고 과제의 난이도를 조절하여 성공감을 얻도록 해주는 것이 좋다. 아동에게 과제에 대한 선택권을 주는 것도 좋은 방법이다.

자기 자극적으로 때리는 경우에는 신체에 위협을 주지 않는 다른 방법을 사용하도록 가르치도록 해야 한다. 그리고 언어 이해력이 있는 아동의 경우에는 자신의 의사를 나타낼 수 있는 짧은 신호를 가르치면 자해 행동이 줄어든다(예를 들면, 도와주세요, 쉬고 싶어요, 아파요 등).

만약 관심이 목적이라면 계획적인 무시를 사용과 함께 비유관적인 강화를 제공하는 것도 한 가지 방법이다. 비유관적 강화는 대상자의 행동과 관계없이 강화제를 제공하는 방법이다. 비유관적 강화를 제공함으로써 관심에 의해 유지되는 도전적 행동의 발생빈도를 감소시키는 방법이다.

자해 행동의 중재에서 안전상의 문제가 있는 경우에는 헤드기어, 권투 장갑 등 안전한 보호 장구를 착용하게 한다.

(4) 사례

찬수는 특수학교 유치부 6세 아동으로 양 손목 부위를 사용하여 얼굴 측면과 귀 부분을 반복적으로 때리곤 한다. 손과 몸에 힘이 들어가면 종종 얼굴을 부르르 떨기도 하고, 때로는 이러한 행동을 반복한 끝에 더 화가 나서 옆 사람의 가슴 부위를 머리로 박기도 한다.
찬수는 학습시간에 앨범이나 책 등 자신이 좋아하는 물건을 가지고 놀다가 교사의 제지를 당했거나, 혹은 자신이 타던 그네를 다른 친구에게 빼앗기는 등 자신의 요구가 충족되지 못한 채 타인으로부터 제재가 가해진 경우 이를 참지 못하고 자신의 얼굴과 귀를 반복적으로 때렸다. 학급에서는 먼저 아동의 요구가 수용될 만한 것일 경우에는 원하는 것을 언어적으로 표현한 뒤 허락을 받고 이용할 수 있도록 하였으며, 수용할 수밖에 없는 경우는 아동이 좋아하는 신체적 접촉(예, 빙글 돌려주기, 안아주기 등) 후에 다른 흥미로운 과제를 제시하여 관심을 이동시켰다. 자해 행동이 일단 나타났을 경우에는 신체적으로 압박을 가하거나 '만세' 등의 지시로 하던 행동을 멈추도록 하였다. 일단 행동을 멈춘 후, 3~5분 정도 무시하면 칭얼거리기는 하지만 대체로 안정을 되찾고 문제행동의 빈도가 낮아졌다.

5) 머리를 벽에 부딪쳐요

(1) 행동특성

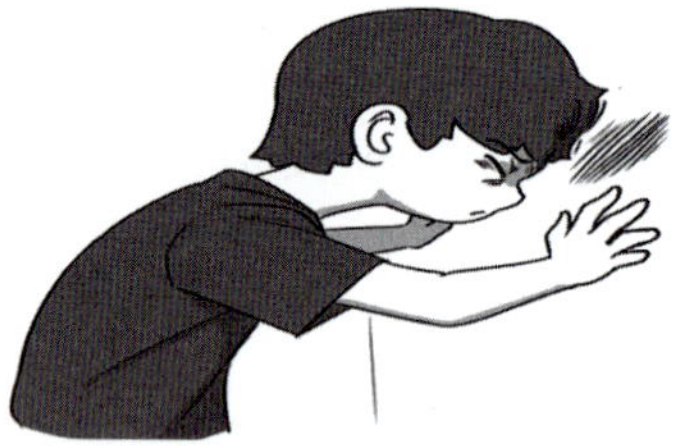

아동이 자신의 머리를 벽이나 교실 바닥, 또는 유리창 등 딱딱한 곳에 들이받는 행동을 말한다. 행동은 한번 부딪치는 것으로 그치지 않고 여러 번 반복해서 이루어지는 경우가 많다.

(2) 행동배경

대체적으로 아동이 분노하였을 때 이러한 행동이 나타나곤 한다. 아동의 분노는 자신이 과제를 잘 해내지 못하고 있다고 느낄 때나 주변인이 자신이 하고자 하는 일을 못하게 막을 때, 그리고 야단맞을 때 나타나는데, 아동은 자신의 분노를 자신의 머리를 벽돌이나 쇠 등 주변의 단단한 물체에 부딪치는 행동으로 나타낸다.

어떤 아동은 부모가 과잉보호를 하여 좌절을 경험해 보지 못했거나, 좌절했을 때 이 방법으로 문제를 해결했던 경험을 갖고 있는 것으로 추측된다. 다른 경우는 부적절한 의사소통 수단으로 습득한 경우이다. 아동은 하기 싫다는 의사표현으로 이러한 행동을 한다.

(3) 지도방법

머리를 부딪치는 행동을 보인다고 당황하거나 조급하게 관심을 보이면서 아동이 원하던 목적(예를 들어, 문제 풀기 과제를 하지 않도록 해 주는 것)을 이루어 주면 이 행동은 더욱 강화되어 계속될 것이다. 그렇다고 해서 무시만 할 수도 없는 것은 이 행동으로 인하여 신체적인 손상을 당할 수 있는 위험 때문이다. 따라서 교사는 위험한 재료와 도구는 공간에서 미리 제거해 놓는다. 모두 치워놓도록 하고, 아동이 자해행동을 하려고 달려갈 때 재빨리 막을 수 있도록 항상 준비하고 있어야 한다. 자해를 줄이기 위해서는 아동이 지루해 하는 활동을 최소화하고 다양한 활동을 즐겁고 적극적으로 참여하도록 유도하는 것이 필요하다. 활동에 집중하다 보면 머리를 벽에 부딪치는 행동은 점차 줄어든다.

문제의 행동이 부적절한 의사소통의 방식으로 학습된 것이라면, 허용될 수 있는 다른 의사소통 방법(간단한 손짓, 의사소통판, 음성 신호 등)을 시범보이고, 모방하여 따라하도록 모의 상황과 실제 상황에서 반복 연습하도록 한다. 시각적 스케줄을 사용한 체계적으로 지도하는 것이 필요하다. 행동의 빈도가 잦고 신체에 위협이 될 경우에는 머리에 헤드기어를 착용하는 방법을 사용할 수도 있으나 가급적이면 정상적인 환경 속에서 그 해결법을 찾는 것이 좋다.

(4) 사례

민석이는 특수학교 유치부 6세 남자 아동으로 자리에 가만히 앉아 있지 못하여 의자에 앉을 때에도 엉덩이를 의자 등받이 위에 올려놓고 의자를 흔든다. 아침에 등교하면서부터 교사에게 먹고 싶은 마이쮸나 과자를 달라며 자기의 이야기만 계속 반복하다가 갑자기 유리창이나 거울, 교실바닥에 머리를 부딪친다. 수업 중에도 몇 차례나 갑자기 일어나 교실 뒤쪽 거울로 돌진하거나 교실 바닥에 엎드려서 "쾅" 소리가 날 정도로 바닥을 부딪치거나 머리를 부딪치며 "마이쮸, 마이쮸"하고 중얼거렸다.

처음에는 그런 행동을 보일 때마다 "지금은 공부시간이야. 마이쮸는 네가 할 과제를 다 하면 줄게."라고 이야기하였으나 오히려 마이쮸에 대한 몰두가 더 심해져서 옆자리에 앉은 친구에게 갑자기 머리를 박아버리고 머리 부딪친 데가 아프거나 화가 덜 풀렸으면 큰 소리로 울었다. 교사는 시각적 스케줄 (지금 – 다음)을 사용하여 체계적으로 지도하였다. 다음 단계로 머리 부딪치는 행동을 할 때마다 머리에 헤드기어를 씌우고 교사도 헤드기어를 쓰고 둘이 함께 머리를 부딪치는 행동을 하였다. 이때, 교사는 행동을 크게 과장하게 표현하여 아동으로 하여금 재미있는 놀이로 느끼도록 하였다. 이 방법을 꾸준히 실시하였더니 일주일 정도 지나자 아동은 화가 나거나 자신의 뜻대로 안되었을 때 의식적으로 머리를 바닥에 부딪치려다가도 고개를 들고 교사를 바라보고는 머리를 부딪치는 행동의 빈도가 낮아졌다. 민석이는 자신이 원하는 것을 머리를 박는 행동으로는 얻을 수 없다는 것을 인식하게 되어 머리 부딪치는 행동 자체는 없어졌지만, 갖고 싶어 하는 욕구는 줄어들지 않아이후에도 스스로 자제할 수 있도록 계속적인 지도가 요구되어진다.

5 섭식 및 기타 문제행동 지도방법과 사례

1) 섭식 문제행동이란?

아동 중에는 몇 가지 특정 음식에 집착하거나 모든 음식에 욕심이 많아 과식하는 경우가 있다. 그리고 음식물을 씹지 않고 삼킨다든지 다른 사람의 음식을 빼앗아 먹는 경우도 있으며, 식사 후에 습관적으로 손가락을 입에 넣어 먹은 것을 모두 토해버리는 아동도 있다. 특히 풀이나 모래, 치약, 머리카락, 실리콘 등을 즐겨 먹는 이식증 증상을 보이는 아동이 있다.

이러한 음식물을 섭취하는 데 있어서 부적절한 문제 행동 들을 통틀어 섭식 문제 행동이라 하고, 이 모든 경우는 아동의 건강에 직접적인 영향을 미치는 문제이므로 하루속히 중재해야 할 행동이다.

2) 지도방법

섭식 문제 행동에 대한 지도방법으로 다음의 몇 가지를 들 수 있다.

- **유희 지도방법**으로 놀이 기법이라고도 한다.
  이 지도방법은 자유스런 놀이상황 속에서 아동의 흥미를 유발시키면서 문제행동을 개선시키는 방법이다. 식사 예절을 지키지 못하는 아동들을 놀이상황에 참여시키고 바른 식사 예절을 모방하면서 소꿉놀이를 하게 유도하여 자연스럽게 식사 예절을 습득하는 기법이다.
- **대체 음식물 제공**한다.
  위험한 이물질을 대신하여 구강자극을 줄 수 있는 오징어나 풍선껌과 같은 음식물을 제공해 주는 것도 한 방법이다.
- **바람직한 행동**을 했을 때마다 아동이 원하는 것을 주거나 하고 싶은 것을 하게 해주는 등 심리적 또는 물질적인 보상을 함으로써 행동을 계속해서 하게 하는 방법이다.
- **환경 조성하기의 방법**으로 아동이 이물질에 쉽게 접근할 수 없는 환경을 조성한다.

3) 씹지 않고 음식을 그냥 삼켜요

(1) 행동특성

아동이 밥을 먹을 때 음식을 씹지 않고 그냥 꿀꺽 삼키는 행동으로 이렇게 먹다보면 정상적인 양을 먹기도 어렵고 영향의 불균형이 나타난다.

(2) 행동배경

섭식 문제 행동은 먹기 싫은 음식을 먹을 때 나타나는 경우가 대부분이다. 먹기 싫지만 먹어야 하는 경우 씹지 않고 빨리 음식을 삼켜버림으로 상황을 회피하려는 의도에서 이런 행동이 나타난다. 이런 아동들도 언제나 음식을 이렇게 먹는 것은 아니며 자신이 좋아하는 음식을 먹을 때는 정상적으로 씹어 먹기도 한다. 또 치아에 문제가 있어서 씹기가 어려운 경우가 있다. 자폐성장애 아동들은 이가 아파도 표현하지 못하는 경우가 많으므로 세심한 관찰과 보호가 필요하다. 혹은 구강 구조에 문제가 있어서 구조적으로 씹는 데 어려움이 많을 수도 있다.

(3) 지도방법

아동에게 우선 음식을 먹을 때 여러 번 씹는 상황을 충분히 인식시킨다. 음식물을 입에 넣고 하나, 둘, 셋 숫자를 옆에서 헤아려 주면서 씹기를 유도한다. 씹고 넘겼을 때는 칭찬과 함께 좋아하는 음식물을 함께 주도록 한다. 처음에는 아동이 좋아하는 음식과 별로 좋아하지 않는 음식의 비율을 조정한다(예 좋아하는 음식 8 : 싫어하는 음식 2). 좋아하는 음식의 크기를 충분히 크게 하여 몇 번이라도 씹어야만 삼킬 수 있는 음식을 제공한다. 교사가 손인형을 사용하여 손인형에 젤리를 넣고 손을 움직여 씹는 모습을 아동에게 보여준다. 아동이 치아가 아프거나 구강 구조에 문제가 있을 경우에는 의료적 치료가 우선되어야 하며 유동식의 식사를 제공하여야 한다.

(4) 사례

우준이는 밥을 먹을 때 국에 밥을 말아서 씹지 않고 그냥 삼키는 버릇이 있다. 그래서 다른 반찬을 손도 대지 않는다. 국에 있는 건더기도 건져 놓고 오직 국물과 밥을 먹는다. 그러나 우준이가 모든 음식에 대해 그런 것은 아니다. 우준이는 사탕과 과자를 좋아하고 잘 씹어 먹는다. 우준이는 씹는 훈련을 먼저 할 필요는 없어 보인다. 자신이 좋아하지 않는 음식만을 빨리 삼키기 위해 씹지 않는 것이므로 그냥 한 번에 삼킬 수 없는 음식으로 씹는 훈련을 시작하였다. 우준이가 과자나 사탕처럼 좋아하지는 않더라고 좋아하는 고기반찬을 큼직하게 만들어 조금씩 씹도록 하였다. 고기반찬을 잘 씹게 되자 밥과 국, 기타 반찬을 고기반찬에 조금씩 섞어서 먹이기 시작하였다. 우준이의 경우 밥을 먹을 때 항상 옆에서 밥을 그냥 삼키지 않고 잘 씹도록 얘기해 주어야 했고, 여러 가지 반찬을 골고루 먹을 수 있도록 언어적 촉구를 했다. 그리고 시간이 지나면서 그냥 삼키는 것보다 씹어서 삼키는 것이 음식을 먹기가 더 쉽다는 것을 아동이 스스로 알게 되었다.

4) 편식이 심해요

(1) 행동특성

편식 행동은 아동들뿐 아니라 성장을 해서도 나타나는 현상이다. 어떤 아동들은 자신이 좋아하는 특정 음식이나 한 가지 음식만 먹으려고 고집해서 부모님의 걱정이 되기도 한다.

(2) 행동배경

다양한 음식에 대한 식성은 다분히 개인적인 취향이다. 어떤 아동은 고기류를 좋아하기도 하고 어떤 아동은 담백한 야채류를 좋아하기도 한다. 걱정이 되는 것은 너무 특정한 음식에 집착해 영양에 불균형이 오거나 그것이 성장에도 방해가 되는 것이다. 발달지체나 지적장애, 자폐적 성향을 가진 아동들이 특정 음식에 지나치게 집착하는 것은 개인의 식성 이외에도 집착행동의 일종이라고 볼 수 있다. 휴대폰에 집착한다든지 어떤 특정한 장난감만을 좋아한다든지 특정한 색으로만 그림을 그리려고 하는 등의 행동들을 같은 맥락에서 이해할 수 있다.

(3) 지도방법

긍정적인 편식 지도방법으로 또래 모델링 방법을 이용하여 아동이 거부하는 음식을 또래가 맛있게 먹는 모습을 보여주고 맛있다, 냠냠냠 등의 언어적 촉구를 해주면 편식 지도에 효과적이다. 또, 아동의 편식과 부적절한 식사행동에 요리활동은 긍정적인 영향을 미친다. 엄마와 함께 요리하는 과정에 아동을 참여시켜서 아동이 좋아하는 재료와 싫어하는 재료를 섞어서 다양한 방법으로 조리를 하면 아동의 편식을 점차 줄일 수 있다.

아동이 거부하는 음식물에 긴장감을 갖지 않도록 하기 위해 아동이 평소 좋아하는 놀이나 감각을 제공하는 방법이 있다. 일반아동의 식성은 성장하면서 바뀌기도 한다. 어릴 때에 먹지 않던 음식도 성인이 되면 먹게 될 수 있다. 그렇지만 자폐아동들은 일반아동에 비해 감각이 예민해서 편식이 더 심하다 특유의 집착성향과 인지 능력이 떨어지는 경우가 있기 때문에 어렸을 때 습관을 잡지 않으면 나중에는 고치기 힘들다. 그러므로 무리한 방법으로 모든 음식을 다 먹이려고 하기보다는 많은 음식을 골고루 먹어본다는 경험의 차원에서 식사 지도를 하는 것이 좋다.

4) 사례

경식이는 편식이 심한 지적장애를 함께 동반한 자폐적 성향을 가진 아동이다. 경식이는 고기나 매콤한 것만을 좋아하여 유치원 급식을 실시할 때 간식을 많이 남기는 편이었다. 경식이는 사물이나 단어 외우는 것을 좋아하기 때문에 교사는 필수 영양소의 명칭을 설명해 주고 각 영양소가 첨가된 식품들에 대한 수업을 실시하였다. 점심시간이 되면 각 영양소를 골고루 먹어야 한다는 것을 인식시킨 후, 그날의 메뉴에 들어있는 영양소를 골고루 먹어야 한다는 것을 인식시켰다. 그날의 메뉴에 들어있는 영양소를 확인시켜 모든 반찬을 골고루 먹을 것을 약속 하였다. 경식이는 매일 점심시간이면 먹기 싫은 반찬이 나와도 필수 영양소를 골고루 섭취해야 한다는 교사의 말을 기억하여 반찬 속의 영양소를 확인한 후, 모든 반찬을 골고루 먹게 되었다.

5) 먹지 말아야 할 것을 먹어요

(1) 행동특성

아동은 먹어서는 안 되는 풀, 모래, 비누, 실리콘, 머리카락, 치약 등을 먹는 행동으로 어떤 아동은 특정한 어떤 사물에 많은 애착을 가지고 그것을 먹기 위해 찾아다니기도 한다.

☞ 꼭 알아야 할 내용

치약이나 모래, 자갈, 머리카락, 세제나 담배꽁초 등 먹어서는 안 될 물건들을 먹는 것을 이식증(異食症, Pica)이라고 합니다.

이식증은 자기 자극 행동과 자해 행동의 또 하나의 형태이며 환경적 관리를 통해 해로운 것을 예방하고 주의를 기울여야 합니다.

(2) 행동배경

자폐적 성향을 가진 아동은 위험에 대한 개념이 없는 경우가 많으며 자신이 음식 이외의 사물을 먹으면 몸에 해롭다는 생각을 하지 못한다.

이식증 증상을 나타내는 아동들 중 어떤 경우는 유아기 이후에 주위로부터 관심과 애정을 끌려는 생각으로 의도적으로 그러한 문제 행동을 보이기도 하고 자폐 아동의 경우는 특정 사물에 대한 느낌을 좋아해서 즐기기도 한다. 예를 들어, 모래나 흙을 씹으면 까끌까끌한 촉감에 쾌감을 느끼기도 하고 물풀을 먹을 때 부드럽고 촉촉한 느낌을 즐길 수도 있고 치약의 경우 향긋하고 부드러운 맛과 촉감을 느끼는 것이다.

(3) 지도방법

발달지연이나 장애가 있는 아동들은 음식물의 섭취능력이 일반 아동의 일반적인 발달속도보다 뒤떨어지게 되고 이로 인해 적절한 영양섭취가 힘든 문제들을 경험하게 된다. 이식증 증상의 예방을 위해 아동 주변의 해로운 것을 미리 치워놓는다. 먹을 수 있는 것과 먹을 수 없는 것을 구분할 수 있도록 지도하고, 아동이 위험한 것을 먹지 않도록 하기 위해 새롭고 흥미로운 관심거리를 제공해 주어야 한다. 아동이 이식하는 것들을 시야에서 없애고 아동의 손이 닿지 않는 곳에 치워놓는다.

또한 아동이 먹는 특정 사물에 그 아동이 싫어할 만한 매운 맛이라든지 쓴맛의 무해한 첨가물을 섞어 넣는다. 예를 들면, 모래나 흙을 좋아하는 아이의 경우 그 속에 아동이 싫어하는 감각자극을 넣는다든지, 치약을 짜 먹는 아이의 경우 치약 입구에 아동이 싫어하는 향을 발라 놓는 등의 불쾌한 자극을 제공하는 것이다. 이렇게 하면 자기가 원하는 자극을 얻지 못하게 되므로 문제 행동이 감소할 수 있다.

(4) 사례

민승이는 장애통합어린이집에 다닌다. 민승이는 매 순간 치약을 먹으려고 하는 것이 아니라 어느 순간에 갑자기 생각이 나면 순식간에 치약을 짜 먹고 입맛을 다시고 있는 것이다. 처음에는 치약을 손에 닿지 않는 곳에 두거나 안 보이는 곳에 두었는데 이를 닦을 때 내놓은 치약을 다시 짜 먹는 것이다.

그래서 그 후에는 치약 입구의 바깥 부분에 싫어하는 냄새를 돌아가며 묻혀 놓았다. 인체에 무해한 향은 시간이 지나면 향이 약해지기 때문에 매일 붓으로 치약의 입구에 발라 주어야 했다. 그 결과 민승이는 어린이집에서 치약을 짜 먹지 않게 되었고 점차 집에서의 문제 행동도 감소되었다. 한두 달이 지난 후 향이 묻어있지 않던 치약을 다시 짜 먹었을 때 또 향을 묻혔더니 문제 행동이 사라졌다.

6) 특정한 소리에 귀를 막아요

(1) 행동특성

아동은 큰 소리나 시끄러운 소리, 승강기 안내방송 등 자신이 듣기 싫어하는 소리에 귀를 막고 듣지 않으려고 한다.

(2) 행동배경

자폐적 성향을 가진 아동들 가운데는 어떤 소리에 지나치게 민감하게 반응하는 경우가 있다. 예를 들면, 기계음이나 수업 종, 마이크를 통해 전달되는 소리, 녹음된 소리, 싫어하는 노래 등 아동이 소리를 듣게 되면 충격적으로 느끼거나 또는 단순히 그 소리를 싫어해서 귀를 막고 듣지 않으려 할 수 있다. 다른 경우는 그 소리나 음과 관련한 좋지 않은 경험 의해서 그 소리를 싫어하게 될 수도 있다.

(3) 지도방법

특정한 소리에 귀 막는 이러한 행동은 큰 소리나 시끄러운 소리, 혹은 특정 음을 싫어하는 아동들에게 올바른 대응 방법을 가르칠 필요가 있다.

- 갑자기 시끄러운 소리나 큰 소리가 나는 경우는 소리를 작게 한다든지 나지 않게 할 수 없으므로 아동이 그 상황을 바르게 이해하고 행동하도록 한다. 일시적으로 귀를 막을 수는 있으나 귀를 막고 그대로 있지 말고 ""00소리가 너무 시끄러워요!", 혹은 "00소리 듣기 싫어요!", "여기서 나가고 싶어요!" 등의 표현으로 자신의 상황을 알려서 도움을 구하거나 자리를 피하도록 한다.
- 많은 가운데 특정 아동만 그 음을 싫어한다면 그 아동만 그 소리가 나는 때에 자리를 옮겨 줄 수도 있다.
- 스마트기기나 텔레비전의 소리와 같이 크기를 줄일 수 있는 경우는 귀를 막고 있지 말고 스스로 매체를 조작해서 소리의 크기를 줄이도록 한다. 이 경우는 경험을 통해 기술을 습득시켜 주어야 한다.
- 일반아동이 자연스럽게 받아들이는 것들도 자폐학생에게는 극도의 스트레스가 될 수 있다 스트레스를 받고 있다는 신호가 보이면 안심시키고 스트레스 볼이나 심호흡 등과 같은 이완기술을 가르쳐야 한다.

(4) 사례

장애전문어린이집에 다니는 6세 상철이는 큰 소리를 싫어하는데, 어렸을 때 집 근처에 큰 트럭이 지나가면서 내는 소리를 매우 싫어했다고 한다. 상철이는 큰 소리를 내는 사람이 있으면 그 사람에게 달려가 때리거나 말을 못 하게 입을 막고 사람이 아닌 기계인 경우에는 귀를 막고 눈을 감는다. 교실 이외의 다른 장면에서도 큰 소리는 날 수 있으므로 상철이 에게 적절한 대응 방법을 가르치기로 하였다.
다른 사람이 큰 소리를 낼 때는 "시끄러워요!", "듣기 싫어요!"라고 표현하도록 하고, 기계에서 나는 소리, 갑자기 나는 큰 소리, 조절이 불가능한 경우에는 귀를 막고 자리를 피하도록 하였다. 교실에서는 큰 소리로 말하다가 상철이가 "시끄러워요!"와 같은 의사표현을 하게 되면 즉시 소리를 낮춰 말하고, 의사표현을 하지 않을 때는 표현할 것을 요구하였다. 기계음은 기계실 같은 곳에 들어갔다가 시끄러운 소리가 나면 귀를 막고 밖으로 나오도록 지도를 하였다. 처음에는 교사의 시범을 보고 따라 했으나, 계속적인 훈련을 통해 상철이는 어색하나마 스스로 표현을 하게 되었고, 최소한 큰 소리가 나더라도 뛰어가서 때리거나 입을 막으려는 행동은 하지 않을 수 있었다.

7) 눈을 마주치지 않아요

(1) 행동특성

아동에게 마주 보고 눈을 맞추려 해도 상대방과 눈 맞춤이 되지 않아 얼굴을 맞대고 말을 하거나 쳐다보기가 어렵다. 의도적으로 시선을 피하는 경우도 있고 무의식적으로 시선이 다른 곳으로 옮겨지는 경우도 있다.

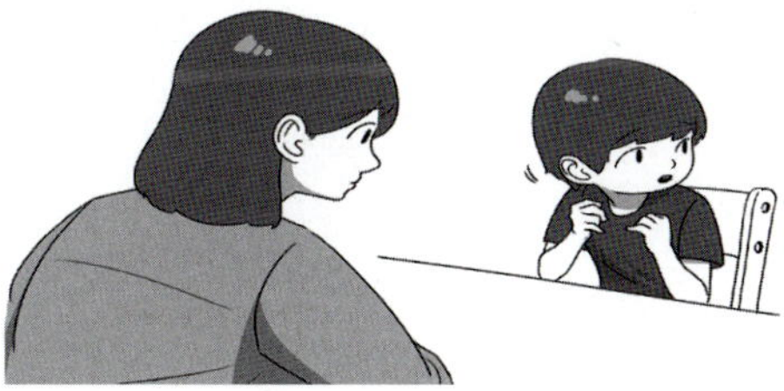

(2) 행동배경

아동이 과거의 부정적 경험으로 상대방에 대한 혐오나 두려움이 생겼다거나 하는 관계 형성이 잘 이루어지지 못했을 수 있다. 다음으로 계속되는 실패의 경험으로 자신감이 없는 경우, 상대나 과제에 대한 관심이 없는 경우, 관심을 끌기 위한 경우 등을 짐작해 볼 수 있다.

(3) 지도방법

다양한 방법으로 눈맞춤을 할 수 있도록 유도한다. 눈을 맞출 때마다 칭찬을 해주고 점점 눈맞춤을 하는 시간을 늘리도록 유도한다. 눈맞춤이 목표행동이라 할지라도, 눈맞춤이 꼭 필요하지 않은 상황도 있음을 항상 염두에 둔다. 눈맞춤을 이끌어낼 때 아동의 요구에 대답을 하기전 말을 멈추고 아동을 가만히 보면서 기다려 준다. 이때 아동이 쳐다보면(OO야 엄마를 잠깐 봐줘서 너무 좋아) 칭찬을 해준다. 아동의 눈맞춤 빈도를 높이기 위해 적극적으로 구체적인 (손으로 내 눈을 터치하면서)수신호를 보낸다. 아동이 모든 부분에 관심을 가지지 않는 것은 아니며, 그 아동의 관심 사항을 발견하지 못한 것으로 보아야 한다. 그것은 먹는 것일 수도 있고, 놀이, 그리기, 보는 것, 음악을 듣는 것일 수도 있다. 다만 관심을 집중하는 시간이 매우 짧다고 해야 할 것이다. 먼저 아동의 관심사가 어떤 것인지를 파악해야 하고, 다음으로 다양한 장면에서 아동과 관계 형성을 시도한다. 부모나 교사 둘만의 놀이에서부터 친구 및 가족들과의 공동 놀이까지 여러 상황에서 시도한다. 그리고 그 가운데 아동의 흥미를 끌 수 있는 부분을 제공하고 아동이 주인공이 되게 한다. 다 같이 놀이에 참여하여 아동이 자신감을 가질 수 있도록 칭찬과 격려를 해주고 직접 활동하는 시간을 많이 주는 것이 좋다.

이와 같이 아동이 다른 사람들과 함께 활동하면서 자연스럽게 애착을 형성하도록 한다. 함께 활동하는 가운데 다른 사람에 대한 부정적 관계를 자연스럽게 긍정적으로 변화시킬 수 있고, 가족 및 다른 사람에 대한 애착을 형성해 갈 수 있다. 또한, 계속해서 성공과 칭찬, 격려를 경험함으로써 자신감을 얻고 다른 사람을 자신 있게 바라보게 될 것이다. 가능한 신체활동들은 평균대, 걷기, 풍선 불기, 목표 지점을 향하여 선 따라 달리기, 공차고 달리기, 사진 오리기, 그림 색칠하기, 미로 그림 통과하기, 사다리 놀이, 고리 던지기, 볼링 놀이 등이 있다.

(4) 사례

장애전문어린이집에 다니는 5세 민호는 눈을 맞추지 않는다. 관심을 보이더라도 잠시 쳐다보고는 곧바로 다른 곳으로 눈을 돌린다. 먼저, 성공 경험을 통해 자신감을 가질 수 있고, 시선을 고정해야만 하는 놀이를 시작하였다. 비누방울 불기, 볼링 놀이, 찰흙 만들기, 농구공 던져 넣기 등과 같이 쉬운 놀이를 친구들과 같이하면서 성공할 때마다 칭찬을 해 주고 강화물을 주는데, 강화물은 항상 민호와 눈높이를 맞추고 서로 바라보면서 입에 넣어 주었다. 점차 이런 정도는 자연스러워지면서 민호에게 "선생님, OO 주세요!"라고 교사를 바라보면서 요청해야 강화물을 먹을 수 있도록 하였다.
다음 단계의 놀이는 좀 더 주의집중을 해야 하는 것으로 옮겨지는데, 목표 지점에 교사가 서 있고 체육 교실의 한 지점에서 민호가 출발하여 교사에게로 찾아가는 것이다. 민호가 한눈을 팔면서 다른 곳으로 가게 되면 박수를 치거나 이름을 불러 다시 목표를 보고 달릴 수 있도록 한다. 목표 지점에 도달해서는 교사를 보고 "선생님, 민호가 왔어요!" 등의 표현을 하면 강화물을 먹을 수 있도록 하였다. 이와 같이 한 결과, 민호의 눈을 맞추는 행동은 점차 자연스럽게 변해가고 있으며, 주의집중력이 함께 좋아지고 있는 것으로 나타났다.

8) 눈을 흘겨봐요

(1) 행동특성

똑바로 보지 않고 눈을 흘겨본다. 사물의 전체를 보는 것이 아니라 특정 부위를 집중해서 흘겨보는 경우가 많으나, 어떤 곳에 집중하지 않고 이리저리 눈동자를 움직이는 아동도 있다.

(2) 행동배경

일반적으로 사람들이 흘겨보는 경우는 화가 났을 때 다른 사람에 대한 분노의 표시가 대부분이다. 그러나 발달지체 아동이나 자폐적 성향을 지닌 아동의 경우는 화가 났을 때가 아닌 평상시에 특별한 이유가 없어 보이는 데도 눈을 흘겨보는 경우가 있다. 이는 유아기 때부터의 잘못된 응시 습관이 굳어진 경우와 주의를 끌기 위한 경우, 또는 흘겨봄으로써 사물이 일그러져 보이거나, 눈에 느껴지는 자극을 좋아하기 때문인 것으로 짐작해 볼 수 있다.

(3) 지도방법

아동이 집중할 수 있는 자연스러운 상황을 만들어 아동의 흥미에 기초하여 지도한다. 아동이 관심을 보이는 놀이나 게임 가운데 시각적으로 집중이 필요한 것을 준비하여 놀이를 시작한다. 만일 젓가락으로 과자나 물체 옮기기를 준비하였다면, 먼저 시범을 보인 후에 두 사람 혹은 세 사람이 번갈아 바닥에 놓인 과자나 물체를 집어 컵 속으로 옮겨 넣는다. 잘했을 때는 아동이 좋아하는 강화물을 칭찬과 함께 먹을 수 있도록 한다. 아동이 잘하지 못하더라도 핀잔을 주거나 나무라지 않는다. 아동이 성공할 때까지 참고 기다리면서, 3~4회 계속해서 실패하면 성공하도록 도와주고 칭찬과 함께 강화물을 준다. 아동이 싫증을 낼 수 있으므로 같은 놀이를 너무 오래 하지 말고, 싫증을 내면 즉시 그만둔다.

처음에는 매일 2~3회 정도 짧게 시도하고, 아동의 반응을 살피면서 흥미 여부에 따라 그 게임을 며칠간 지속할 것인지, 다른 게임을 할 것인지를 결정한다. 그러나 다양한 놀이나 악기 연주, 놀이기구 타기 등을 준비해서 아동이 싫증을 내기 전에 다른 것으로 바꾸어 주는 것이 좋다. 놀이나 기구들이 충분히 아동의 흥미를 끌 수 있는 것이라면 눈에 느껴지는 자극보다는 놀이나 게임에 대한 주의 집중 시간이 점차 늘어나면서 물체를 바르게 보게 될 것이다.

그러나 무엇보다도 인내를 가지고 아동이 흥미를 잃지 않고 즐겁게 참여하도록 유도하는 것이 중요하다.

(4) 사례

특수학교 유치부에 다니는 6세인 호찬이는 사물을 볼 때 바르게 보지 않고 눈을 흘겨보는 습관이 있다. 사물을 볼 때만 아니라 사람을 볼 때도 비스듬히 흘겨본다. 호찬이는 사탕을 좋아하므로 젓가락으로 알사탕을 컵에 옮겨 넣는 놀이를 함께 하기로 하였다. 알사탕과 나무젓가락, 컵을 준비했다. 그리고 컵 안에 옮겨 넣는 사탕은 호찬이가 먹을 수 있다.

사탕은 먹고 싶어 했지만 게임을 이해하지 못하는 것 같았다. 처음에는 약간의 도움을 주면서 컵에 옮겨 넣고, 넣은 것을 먹게 하였다. 몇 번의 연습을 통해 규칙을 이해하게 되었다. 그 후에는 스스로 하게 되었는데 호찬이는 바르게 보지 않고는 컵에 사탕을 넣을 수 없으므로 자연스럽게 눈을 바로 보게 되었다. 지금까지는 사탕 넣기를 할 때에만 눈을 바르게 보고 있으나 앞으로 모든 활동 시에도 바르게 보게 될 것으로 기대된다.

제12장

장애아 가족지원과 실제

1. 장애아 가족지원의 이해
2. 영유아기 가족지원의 이해와 실제
3. 학령기 가족지원의 이해와 실제
4. 유아교육기관 가족지원의 실제

출처: https://www.socialfocus.co.kr

학습목표

1. 장애아 가족지원의 개념에 대하여 알 수 있다.
2. 생애주기별 영유아기, 학령기의 장애아 가족지원에 대하여 알 수 있다.
3. 유아교육기관의 가족지원 실제에 대하여 알 수 있다.

생각나누기

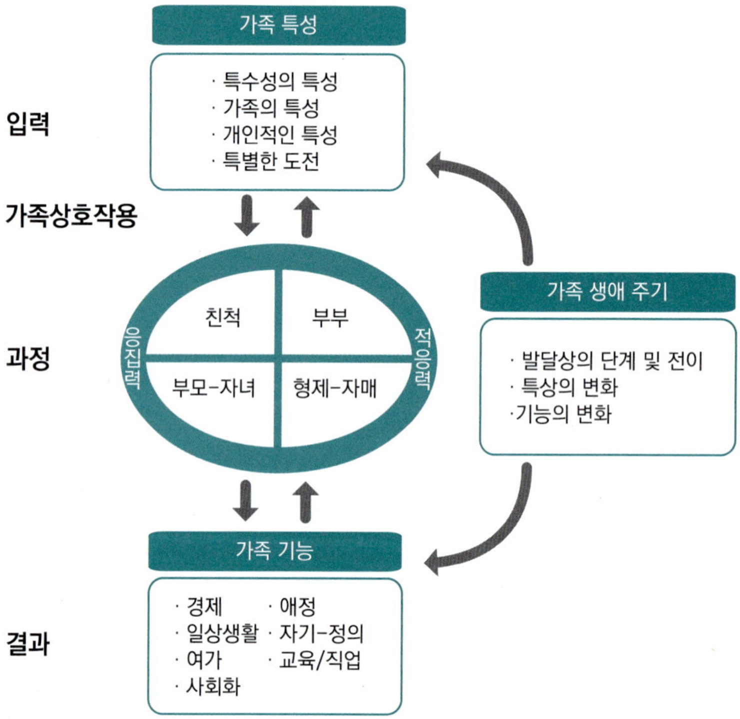

출처: 현장특수교육(2015). 22권.

※ 가족지원 유형: 정보제공 지원, 교육 지원, 의료 지원, 심리 · 정서 지원, 부모상담 지원, 부모결연 지원, 주간단기보호지원 , 비장애형제자매 지원 등

I 장애아 가족지원의 이해

장애아 가족지원은 가족 중의 장애를 지니는 아동에게 초점을 맞추어 지원하는 보육과 교육, 재활, 관련서비스 등의 전반적 지원을 통하여 장애를 극복하기 위한 보조적인 차원에서 가족을 지원하는 것이 아니라 장애아를 둘러싼 한 가족 안에 있는 모든 가족구성원의 욕구와 기능을 지원하는 서비스를 의미한다.

1) 장애아 가족지원의 개념과 목표

(1) 장애아 가족지원의 개념

4차 산업혁명시대를 맞이하면서 가족 개념의 정의와 패러다임이 변화하고 있다. 가족의 유형 중 가장 일반적인 핵가족은 부모와 자녀가 한집에서 함께 사는 형태이다. 이 핵가족은 자녀의 발달과 학습에 이상적인 환경이며 자녀는 부모의 관심과 배려를 받게 된다. 그렇지만 오늘날 우리사회에서 핵가족은 절반이 되지 않는다. 한 부모 가족은 한 명의 부모와 자녀로 구성된다. 여성의 결혼 외 출산이 늘고 있고, 부모 중 한 사람이 죽거나 이혼으로 한 부모 가족은 계속 증가하고 있다. 확대가족은 핵가족 이외의 친척이나 가까운 친지가 같은 집에서 사는 가족형태이다. 일반적으로 조부모 또는 삼촌 이모 등이 함께 산다. 확대가족도 증가하고 있다. 경제적 사회적 문제 때문에 확대가족이 늘어나고 있는데 가족구성원들에게 이익을 주기도 하지만 생활환경이 만들어내는 스트레스도 있다.

가족지원의 개념 근거는 '한 단위로서의 가족 전체'에 초점을 두게 되는 가족체계적인 특성에 기인한다. 가족체계적인 특성은 가족성원들이 서로 영향을 주고받으면서 상호의존적인 특성을 지닌다는 것을 의미한다. 이 특성에 의하면, 가족 중 한 개인에게 문제가 발생하면 그 영향이 가족구성원 모두에게 미치게 되고 상호의존을 통해 구성된 가족의 안정을 유지해 주던 가족 내의 항상성에 변화가 발생하고, 이 변화는 환류라는 가족 내에 흐르는 에너지를 통해 순환적으로 진행되면서 영향을 미친다는 것이다. 두 번째 근거는 '환경 속의 인간'이라는 생태계적인 관점이다. 한 개인이나 가족은 그를 둘러싼 환경과의 상호작용을 통해 적응과 부적응의 문제가 초래되고 이를 통해 환경을 수정 · 변화하려는 활동들이 생겨나게 된다. 이에 가족구성원으로서 장애인 가족의 문제는 한 개인이나 그 가족만의 문제가 아닌 그 가족을 둘러싼 환경 속에서 문제점과 해결책을 찾아야 한다는 것을 의미한다(한인영 외, 2015).

※ 장애인가족 정의

장애인가족이란 장애를 지닌 가족구성원이 1명 또는 그 이상 있는 경우를 말한다. 이때 장애인의 유무보다는 장애인과의 동거 여부에 중점을 두어 장애인이 포함된 가족이라고 할지라도 장애인가족에서 제외시키기도 한다.
왜냐하면 가족이 고유의 기능을 담보하기 위하여 물리적 거주지를 공유하는 것이 선행되어야 한다고 보기 때문이다. 따라서 장애인가족은 1명 또는 그 이상의 장애인이 다른 구성원과 함께 동거하고 있는 경우를 의미하는 것으로 본다(박지연, 2006).

장애아는 환경적 맥락 안에서 발달하므로, 교육자들은 아동을 둘러싼 환경을 이해하고 아동 가족구성원들의 참여를 적극적으로 유도해야 한다. 보육과 교육 분야에서도 가족참여 및 가족지원의 중요성이 부각되고 있다.

(2) 장애아 가족지원 목표

과거 가족지원에서 장애관련 전문성을 갖춘 전문가가 역량이 부족한 부모를 도와준다는 조력자로서의 전문가 역할이 강조되었다면, 최근 가족지원에서는 가족구성원 전체의 성장과 발달을 증진시키기 위해서 가족역량을 강화시키기 위한 지원이 강조되고 있다(Turnbull, Turbiville, & Turnbull, 2010).

가족지원의 목표는 가족구성원들의 역량강화에 있다. 역량강화란 심리학, 특수교육학, 가족복지학, 교육학, 사회학 등 분야 따라 다양한 의미로 사용되고 있긴 하지만 공통적으로는 원하는 바를 얻기 위한 행위과정을 의미한다. 역량이 강화된 부모는 장애를 지닌 자녀를 가르치는 데 자신감과 효율성을 보이며, 서비스 제공자와 협력하여 중재를 계획하고 실시하는 데 활발히 참여한다(강혜원 2011). 이에 반해서 역량이 강화되지 않은 부모는 좌절과 스트레스, 우울, 무력감을 경험하거나 서비스 제공자에게만 의존하려는 경향을 보이며, 아동의 교육에 장기적이고 실질적인 도움을 제공해 주지 못한다(Brookman-Frazee, 2004).

[그림 12-1] 장애아 가족지원 목표

출처: 발달장애인지원센터(장애아 양육지원사업)

역량강화라는 포괄적인 목표 이외에도 장애영유아의 특수교육을 통해서 가족이 성취해야하는 다섯 가지의 구체적인 목표가 있다. 미국 유아교육 성과센터에서는 장애영유아와 가족의 성취 목표를 연구한 결과 2004년 장애영유아 특수교육을 통해서 가족이 성취해야 하는 5가지 목표를 다음과 같이 발표하였다(노진아 외, 2019; Bailey et al., 2006).

⊙ **장애영유아 가족의 성취 목표 5가지**

첫째, 가족은 아동의 강점, 능력, 특별한 욕구를 이해해야 한다.

아동은 약점보다 강점 기반의 중재를 통해서 성장과 발달을 더 잘할 수 있기 때문에, 가족들은 아동의 강점을 파악하는 것이 중요하다. 즉, 가족들은 장애아동의 문제를 제거 및 치료하겠다는 보상적인 접근을 취할 것이 아니라 장애아동이 자신의 강점을 발휘함으로써 성장할 수 있는 기회를 갖도록 해야 한다. 그리고 가족들은 지역사회 내에서 아동의 강점을 연계하여 교육해야 한다. 예를 들어, 모래의 질감을 좋아하는 아동에게는 어린이집(유치원), 학교에서 바깥활동을 하거나, 물을 좋아하는 아동에게는 지 역사회 내 수영장이 좋은 학습환경이 될 수 있다.

둘째, 가족은 자신의 권리를 알고 효과적인 옹호전략을 사용해야 한다.

장애아동 가족들은 법 규정 및 자신의 권리와 역할에 대해서 잘 알지 못할 수 있으며, 가령 이를 잘 알고 있다고 하더라도 여러 가지 이유로 잘 활용하지 못할 수 있다. 그러므로 교사는 부모에게 이에 대한 정보를 제공하고, 부모가 서비스 체계에 대해 편안하게 생각하도록 도와주며, 개별화교육프로그램(Individualized Education Programme : IEP) 혹은 개별화가족지원계획(Individualized Family Service Plan: IFSP)의 개발에 참여하도록 도와야 한다. 참고로 우리나라의 경우 부모들은 IEP 계획 단계에서는 주로 1~2회 정도 참여하고 있는 것으로 나타났으며, IEP 실행 단계에서는 참여가 저조한 것으로 나타났다. 또한 유아특수교사들은 시간 부족, 가정 여건의 문제, 협력기술의 부족 등으로 인해서 IEP 계획 및 실행 단계에서 부모참여를 촉진하는 데 어려움이 있다고 하였다(백유순, 2010).

셋째, 가족은 장애자녀가 발달하고 학습하도록 도와야 한다.

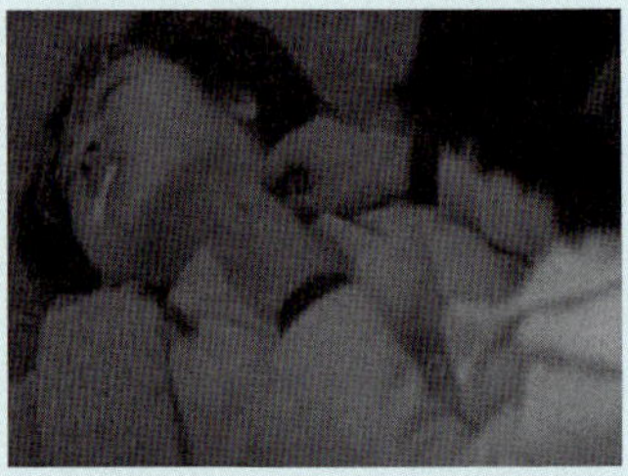

비선형적인 발달을 보이는 아동을 양육한다는 것은 자녀의 문제행동, 의사소통 문제, 섭식 및 수면 문제 등으로 인해서 매우 어려운 일이다. 부모들은 장애자녀의 요구에 맞추어 가정환경을 조정하거나 새로운 양육 및 교육방법을 찾아야 하는데, 이에 대한 도움이 필요할 수 있다. 이때 교사는 장애아동의 양육 및 교육방법에 대한 교육을 통해 도와줄 수 있다. 예를 들어, 교사는 뇌전증으로 인하여 발작을 자주 일으키는 아동의 부모들에게 발작 시 대처법에 대하여 알려 줄 수 있다. 그러면 부모들은 아동이 발작을 할 경우에 기도가 막히지 않도록 머리를 옆으로 돌리고, 아동을 흔든다거나 주무르지 않고 발작이 멎을 때까지 도와줄 수 있을 것이다.

넷째, 가족은 지원체계를 가져야 한다.

장애아동의 가족들은 아동을 양육하면서 여러 가지 어려움을 겪는다. 예를 들면, 주변의 따가운 시선으로 인해 공공시설을 잘 이용하지 못하고 외출도 자유롭게 하지 못할 수 있다. 또한 아동으로 인해 밤에 숙면을 취할 수 없거나, 일상생활에서 많은 보조가 필요해서 항상 신체적·정신적으로 피로에 시달릴 수 있다. 이를 위해 다양한 지원이 이루어질 수 있는데, 우리나라의 경우 대표적으로 장애아동가족양육지원 사업이 있다. 장애아동가족양육지원 사업에는 가정 내 돌봄 서비스, 외출(산책, 치료) 서비스가 제공되고 있다. 그리고 가족을 대상으로는 가족휴식지원프로그램, 자조모임 서비스를 제공하고 있다. 교사들은 이러한 다양한 가족지원체계에 대한 정보를 갖고 있으면서 부모들에게 알려 줄 필요가 있다.

다섯째, 가족은 지역사회에 있는 서비스, 프로그램, 활동에 접근할 수 있어야 한다.

즉, 장애아동 가족들은 지역사회에 있는 쇼핑몰, 도서관, 교회 주일학교, 문화센터, 지역사회에서 주관하는 행사 참여 등 다양한 장소를 활용해야 한다(Dunst, 2001). 왜냐하면 이러한 자연스러운 환경중심의 일상 내 다양한 장소들은 장애아동에게 익숙하게 많은 학습 경험을 제공해 줄 수 있는 좋은 장소가 되기 때문이다. 그러므로 교사는 보호자가 지역사회 내 다양한 기관을 적극 활용하도록 도와야 하며, 아울러 지역사회 이웃들과 상호작용하는 법을 배우도록 도와야 한다. 예를 들어, 교사는 보호자가 아동을 집에 남겨두기보다는 대형마트나 동네 슈퍼에 데리고 가도록 격려하거나, 규칙적으로 산책을 하도록 하여 아동과 가족이 즐거운 시간을 보내도록 도와 줄 수 있다.

(3) 장애아 가족지원의 효과

가족지원의 효과란 가족이 특수교육 서비스를 통해서 얻을 수 있는 긍정적인 경험으로, 크게 아동에 대한 혜택과 가족에 대한 혜택으로 나누어 살펴볼 수 있다. 예전에 장애영유아 특수교육 서비스를 통한 아동의 성과에 초점을 두었다면, 요즘에는 가족이 얻게 되는 혜택에도 많은 관심을 기울이며 이에 대한 연구도 수행하고 있다. 대표적인 가족지원 성과에 관한 연구로는 3,300명을 대상으로 한 국가 차원의 NEILS(National Early Intervention Longitudinal Study, 1997~2001)연구가 있다. 이 연구에 참여한 대부분 가족들은 서비스의 양과 질에 만족하였으며(Hooper & Umansky, 2009), 부모들은 자신들의 옹호 및 양육 기술이 향상되었다고 보고하였다(노진아 외 2011).

국내연구에서도 장애아동과 가족의 강점을 발견하여 이들의 역량이 강화되었다는 효과를 증거기반을 통해 검증한 연구들이 많다(박지연, 2012; 전혜인, 2006; 양숙미, 2000).

장애아 가족지원의 효과에 대한 여러 연구자들의 내용을 요약하면 다음과 같다.

첫째, 아동은 부모와의 상호작용 행동이 증가하였다.

둘째, 아동은 의사소통 행동 및 기술이 향상되었다.

셋째, 아동의 문제행동이 감소하였다.

넷째, 부모들은 가족지원 프로그램을 통하여 우울 및 스트레스가 감소되었다.

다섯째, 부모들은 정서적으로 안정되고, 자기 효능감 및 양육효능감이 향상되었다.

여섯째, 가족구성원들의 역량이 강화되었다.

일곱째, 아동에게 직간접으로 도움을 주어서 장애아동 가족의 삶의 질이 향상되었다.

※ 사례

레브론의 어머니는 26개월 된 발날지체인 레브론을 위해 2개의 목표를 선정하고자 하였다. 첫째, 목표는 '레브론이 자신의 욕구를 어머니에게 알리는 것' 이다. 레브론 어머니는 순회교사의 도움으로 이러한 목표가 목욕, 수면, 식사시간 동안에 연습될 수 있음을 알게 되었다. 또한 레브론 어머니는 목욕시간과 놀이시간 동안에는 두 번째 목표인 '수분 이상 운동 활동에 참여한다.'를 연습할 수 있다는 것도 알게 되었다.

순회교사는 다음 방문에 활동 계획안을 가져와서 어머니와 함께 이를 검토하였고, 교수 목표를 가르치는 방법을 시범해 보였다. 예를 들어, 간식시간에 작은 과자 조각을 보여 준 후 레브론이 자신의 욕구를 소리로 표현할 때까지 기다렸으며, 긍정적인 반응이 나타나면 과자를 즉각적으로 주었다. 그리고 순회교사는 수 분 동안 운동 활동을 유지한다는 두 번째 목표를 가르치기 위하여 목욕시간과 놀이시간에 자동차를 통한 아동 주도의 놀이 활동을 보여 주면서, 어머니에게 이 놀이 활동을 점차적으로 늘려 가라고 제안하였다. 또한 순회 교사는 어머니가 아동과 전혀 놀이를 하지 않는다는 것에 착안하여서 우선적으로 눈 맞춤을 하는 것부터 지도하였다. 그런 후에 2~3개 이상의 선호 장난감 중에서 아동이 원하는 것을 선택하여 놀이하는 활동을 지도하였다. 또한 놀이를 모방하거나 확장하는 두세 가지 방법을 시범보이고 어머니가 이를 아동과 놀이에 활용하도록 격려하였다. 이를 통해서 어머니는 레브론의 놀이와 흥미를 확장하기, 상호작용 기회를 발견하여 참여하기, 레브론이 주도한 활동에 참여하기와 같은 활동을 연습할 수 있었다(Squires & Bricker, 2007).

2 영유아기 가족지원의 이해와 실제

장애가 있는 자녀를 둔 가족을 위해서는 여러 분야에 걸친 평가 및 서비스 계획이 필요하며 가족의 생애주기별 전 과정을 거쳐 지원이 제공되어야 한다. 장애아동의 발견은 대부분 출생 후 영유아기에서 학령기 전후의 성장기에 이루어진다. 따라서 연령별 장애아동 발달시기에 따라 교육, 치료, 재활, 상담 등의 요구와 가족 역할이 달라질 것이며, 연령별 시기에 따른 장애아동의 서비스 체계 지원 종류도 다르게 적용될 필요가 있다.

생애주기별에 따른 가족지원은 장애아동이나 가족구성들을 둘러싼 가장 중요한 체계를 이해할 수 있으며, 장애로 인하여 평범한 삶이 어려운 장애아동에게 가족이 참여하고, 지원받음으로써 삶의 질을 향상시킬 수 있다. 생애주기별 가족지원은 영유아기, 학령기, 성인기로 이루어지는데 본 장에서는 영유아기와 학령기를 중심으로 가족지원에 대하여 살펴보고자 한다.

1) 영유아기 가족지원

(1) 영유아기 가족지원의 이해

최근 우리나라 부모들은 자녀를 임신하면 산전·후 검사를 통해 자녀의 상태를 알고 장애 유무에 대한 진단을 받는다. 그럼에도 불구하고 장애아를 낳게 되는 경우가 있다. 이시기에 장애를 처음 알게 된 부모는 먼저 정확한 진단을 받기 위해 자녀와 함께 병원을 찾아가게 되고, 이후 형제나 친지에게 알리는 과정을 거친다. 진단이 확정

되면 서비스를 받기 위해 시간을 할애하고 장애에 대한 긍정적 의미를 발견하고 자녀에게 필요한 환경, 즉 앞으로 제공되어야 하는 여러 가지 환경에 관해 구체적인 의사결정을 해야 하며, 장애로 인해 발생되는 여러 가지 문제에 대처해야 함을 생각하는 시점이다(김수진 외 2019). 장애가 영유아기 때 발생되는 경우 부모들은 [그림 12-2]와 같은 심리적 반응 단계를 거치게 된다.

[그림 12-2] 영유아기 장애 발생 시 부모들의 심리적 반응 단계

영유아기에 있는 자녀에게 신체적, 정신적, 심리적 장애가 발생하면, 초기에 부모들은 큰 충격과 함께 잘못된 진단일 것이라는 불신과 부정의 심리 반응을 보이게 된다. 이와 더불어 자신에게만 왜 이런 일이 벌어지는지에 대한 분노와 자녀의 장애 진단에 대한 지속적인 부정 반응을 보인다. 시간이 지남에 따라 자녀의 장애를 해결할 수 있는 방법을 찾기 위해 현실과 타협을 하게 되지만 곧 완치되거나 정상적인 신체 상태로 자녀가 돌아올 수 없음에 대해 우울과 좌절을 경험하게 된다. 하지만 궁극적으로는 자녀의 장애를 인정하면서 마음으로 받아들이는 수용 단계에 이르게 된다. 따라서 장애아 가족지원에 있어서 자녀의 장애 발생에 대하여 받아들이기까지 겪는 심리적 반응 단계에 따라 다양한 장애관련 전문가들의 협력적 접근으로 전문적인 가족지원을 다음과 같이 제공해야 한다(최정숙 외, 2020).

1단계: 충격, 불신, 부정	
심리적 반응	전문가 지원
• 죄책감 혹은 수치심을 경험할 수 있다. • 장애가 있음을 부정하려고 할 수 있다. • 의료진단을 받으러 여러 병원을 전전할 수 있다. • 진단을 수용하거나 필요한 지원의 제공을 완전히 거부할 수 있다.	• 수용하는 태도로 경청한다. • 부모들이 감정을 표현하도록 격려한다. • 부모들에게 그 감정이 자연스러운 것임을 확신시킨다. • 장애아와 관련하여 부모들이 공유할 수 있는 강점을 찾아야 한다. • 부모들이 준비가 되었을 때 필요한 정보와 교육적, 치료적 서비스를 안내한다.

↓

2단계: 분노와 분개	
심리적 반응	전문가 지원
• 도움을 주려는 이들(배우자, 전문가, 가족)에게 화를 낼 수 있다. • 비장애아를 키우는 친구들에게 분개할 수 있다. • 진단의 정확성에 대해 전문가와 논쟁을 벌이려 할 수 있다.	• 사려 깊은 경청의 태도를 가지도록 한다. • 가족구성원들의 분노와 분개를 표현 · 표출할 수 있도록 한다. • 가족구성원들의 '느낌'에 대해서는 논쟁하지 않도록 한다. • 공격적인 말에 방어를 하지 않는다.

↓

3단계: 타협	
심리적 반응	전문가 지원
• 장애가 없어질 수만 있다면 무엇이든지 하려는 믿음을 갖는다. • 신앙심 갖고 종교에 의지하여 기도 한다('장애를 사라지게 해준다면 무 엇이든 하겠다.').	• 적극적인 경청으로 함께 공감한다. • 함께하는 지지를 보이도록 한다. • 전문적인 지식을 바탕으로 견해를 부모에게 강요하지 않는다. • 비평을 삼가도록 한다.

↓

4단계: 우울과 좌절	
심리적 반응	전문가 지원
• 현실을 수용하기 시작하고 기대했던 자녀를 잃어버렸음에 대해 슬퍼하게 된다. • 아동의 잠재력을 볼 수 없고 단지 아동이 지니는 장애의 결함만 보려 할지 모른다.	• 적극적이고 반영적인 경청을 한다. • 장애부모 단체 모임과 같은 정보를 안내한다. • 우울증이 만성적으로 나타난다면 상담을 받을 수 있도록 의논한다. • 아동의 강점에 대해 지속적으로 정보를 주고 발달의 지원을 위해 의견을 나눈다.

↓

5단계: 수용	
심리적 반응	전문가 지원
• 아동의 요구에 초점을 맞추는 대신 아동의 강점을 보기 시작한다. • 아동의 삶을 향상시키기 위해 긍정적이고 주도적인 입장을 견지한다.	• 경청을 계속하도록 한다. • 진보에 대해 격려하고 지지한다. • 아동의 강점을 지속적으로 강조하도록 한다. • 가족구성원들에게 사례 관리 역할을 할 수 있도록 한다. • 가족구성원들의 역량 강화를 위해 지원한다.

출처: O'Shea et al. (2006).

또한 장애를 지니는 영유아기 아동에 대한 가족지원과 장애영유아에 대한 전반적인 보육과 교육, 치료, 상담지원 등은 매우 중요하기 때문에 장애영유아와 가족구성원을 둘러싼 생태학적 접근으로 각 분야의 전문가들을 통하여 통합적이고 효율적인 지원이 되도록 하여야 한다.

아래 [그림 12-3]은 부모들이 자신의 자녀에 대한 장애를 수용하는 단계에서 장애영유아와 가족지원을 위한 생태학적 접근 모델이다.

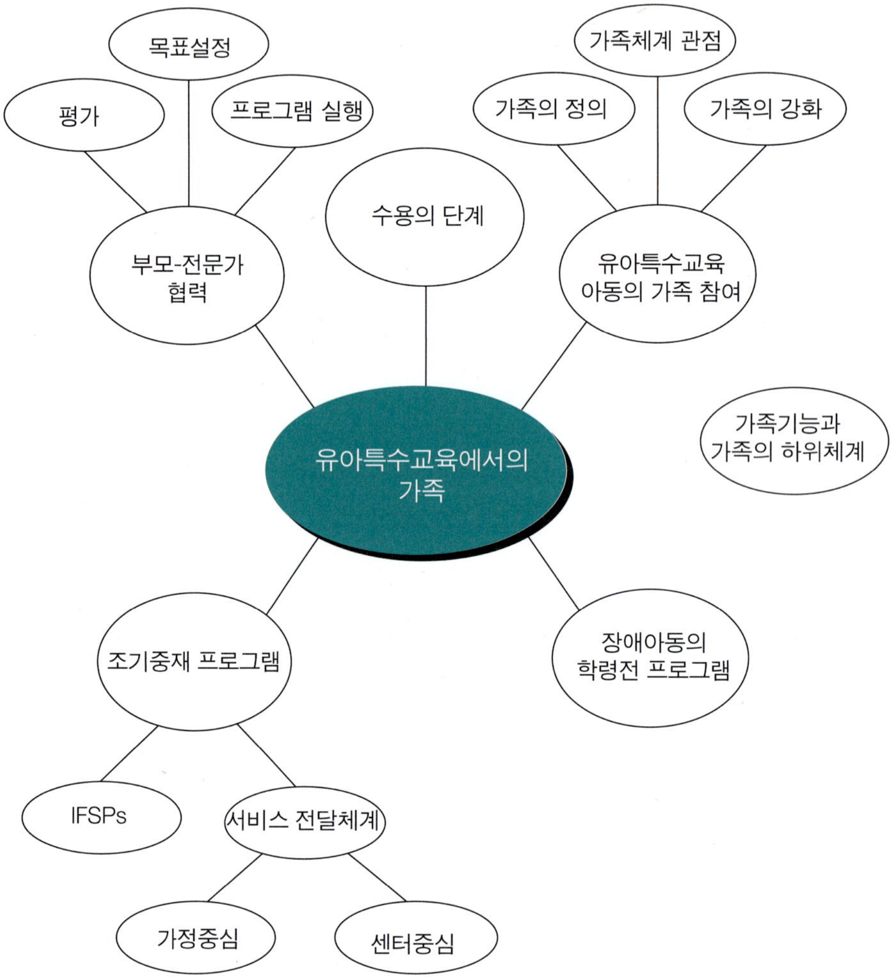

[그림 12-3] 장애영유아 생태학적 가족지원

이 시기의 장애영유아 양육 과정에서 가족구성원들이 겪을 수 있는 어려움으로는 비장애아동 부모와 다르게 장애영유아의 부모는 아기의 탄생과 더불어 의료진을 찾고, 건강관리를 하며, 아동의 발달과 더불어 부가적인 책임감을 가지게 된다는 것이다. 따라서 발생하는 불안을 해소하기 위해 전문가에 대한 의존도가 높아지게 된다. 또한 아동이 초등학교에 입학하기 전까지는 전문가들의 도움을 받아 나름 가족중심의 지원을 받던 가족은 어린이집이나 유치원에 아동이 다니면 아동중심의 지원에 당황하기도 한다〈표 12-1〉.

〈표 12-1〉 장애영유아의 가족을 위한 지원프로그램

구분	아동중심	가족중심
직접 서비스	아동상담, 아동진단, 영아교육, 조기교육(유아교육) 통합교육, 교구대여, 언어재활, 물리치료, 작업치료, 감각통합치료, 심리운동재활, 수중재활치료, 심리재활, 놀이재활, 음악재활, 미술재활, 발달촉진 · 사회적응행동강화, 학교생활훈련, 일상생활훈련, 체험학습, 개별교육, 그룹교육, 대기자 프로그램 등	가족상담, 양육상담, 주간보호, 부모교육, 부모역량기능강화, 부모역할교육, 형제자매캠프, 장애형제기능강화, 자조집단, 가족지지, 가족관계증진, 자녀양육기술, 가족통합지원, 활동지원사, 가족휴양지원
간접 서비스	장애전문어린이집 설치기준마련, 특수교육대상자의 정의와 기준제시, 장애영유아보육 및 유아특수교육시책 강구, 장애발생 예방에 대한 조사연구, 장애조기발견 홍보 및 부모교육, 사회통합을 위한 교육내용과 방법개선, 장애인복지시설 설치규정 제시, 장애가능성 영유아를 위한 의료지원서비스 등	장애아동양육수당, 장애수당, 의료비지원, 교육비지원, 문화예술체험지원, 주택보급, 조서감면, 이용료감면, 어린이집, 유치원과정 무상교육 및 의무교육 등

출처: 오혜경, 정소영(2003). 발췌 재구성.

아동의 양육 과정 안에서 부모들은 자신들이 계획한 삶이 장애아동을 중심으로 돌아가기 때문에 부모 이외의 다른 가족구성원의 삶을 장애아동 중심으로 조정해야 하는 어려움을 겪기도 한다. 이 시기의 부모들이 전문가에게 가장 많이 하는 질문은 어떻게 하면 아동의 장애를 잘 알고 양육할 수 있을지와 가장 유용한 서비스가 무엇인지에 대한 것이다. 또한 주변 사람들에게 자신의 장애아동에 대하여 어떻게 설명할 수 있을까? 자신이 경험하고 있는 감정들이 정상적인 것인지에 대해 종종 묻게 된다(한인영 외, 2015).

이처럼 장애영유아로 인한 가족 양육부담을 경감시키기 위해서는 장애연령과 장애정도에 맞는 아동중심의 조개개입 조기특수교육을 위한 치료, 재활, 교육, 지녀의 장애영역별 특성 이해, 부담상담프로그램 등이 적극적으로 지원되어야한다. 장애영유아 부모의 가족지원서비스 내용에 관한 관심사를 조사한 결과 아동관련 영역에서 가장 큰 관심을 보였다고 한다. 이는 아동영역에 대한 지원욕구가 강하다는 것으로 다양한 프로그램 개발을 통한 가족참여를 확대시켜 나가야 할 것이다.

(2) 개별화가족지원계획(IFSP)

개별화가족지원계획은 장애를 가진 영유아가 가족의 일원이라는 것과 가족구성원들은 아동의 잠재능력을 성취하도록 돕기 위해 교육적 · 재정적 · 정서적 지원이 필요하다는 것을 인정하여 마련하는 것이다. 미국의 장애인교육법에는 개별화가족지원계획에 대하여 법적으로 보장하고 있고, 개별화가족지원계획은 1년에 한 번 평가되어야 하고, 6개월 간격으로 가족들과 재검토가 이루어져야 한다. 장애영유아는 시기적으로 매우 중요하며 모든 법은 부모의 동의를 구하도록 하고 있다.

최근에는 우리나라에서 가족지원 서비스에 대한 필요성과 중요성이 강조되면서 법조항에서도 지원을 명시하고 있다. 「장애인 등에 대한 특수교육법」 제2조 2항에 의하면 '특수교육관련 서비스'란 '특수교육대상자의 교육을 효율적으로 실시하기 위하여 필요한 인적 · 물적 자원을 제공하는 서비스로서 상담지원 · 가족지원 · 지원인력배치 · 보조공학 기기지원 · 학습보조 기기지원 · 통학지원 및 정보접근지원 등을 말한다.'고 되어 있으며, 동법 제28조(특수교육관련서비스) 1항은 '교육감은 특수교육대상자와 그 가족에 대하여 가족상담 등 가족지원을 제공하여야 한다.'고 가족지원에 대한 사항이 명시되어 있다. 동법 시행령 제23조(가족지원) 1항에 따르면 '법 제28조 1항에 따른 가족지원은 가족상담, 양육상담, 보호자 교육, 가족 지원 프로그램 운영등의 방법으로 한다.'라고 되어 있다. 이처럼 가족지원이 특수교육관련서비스에 포함되면서 장애영유아에 대한 가족지원의 중요성, 지원방법 등이 중요하게 다루어지기 시작하고 있다.

장애영유아에게 질 높은 교육 프로그램을 제공하기 위해서는 반드시 개별화교육계획을 수립해야 하고, 이를 위해서는 우선적으로 장애영유아의 요구사항과 가족의 자원, 고려사항, 우선순위를 평가해야 한다. 이러한 평가를 통해서 확인된 중재에 대한 윤곽을 명확히 하기 위해서 3세 이상의 유아에게는 개별화교육계획(Individualized Educational Plan: IEP)을 마련하여야하고, 0~3세 영유아에게는 개별화가족지원계획(Individualized Family Support Plan: IFSP)을 마련하여야 한다. 또한 장애영유아를 둔 가족에 대한 지원은 가족 전체가 가질 수 있는 스트레스를 이해하고 잘 극복할 수 있도록 이루어져서 장애영유아가 가족에게 미치는 부정적인 영향을 최소화할 수 있어야 한다. 나아가 장애영유아 교육에 긍정적인 작용을 할 수 있어야 한다. 따라서 장애영유아 조기개입 서비스의 형태가 아동의 가족구성원 전체를 지원할 수 있는 개별화가족지원계획(IFSP: Individualized Family Service Plan)로 실행되는 것이 중요하다(백은령 외, 2010). 개별화가족지원계획의 내용은 다음의 〈표 12-2〉와 같다.

〈표 12-2〉 개별화가족지원계획의 내용

- 객관적 준거에 따라 장애영유아의 신체, 인지, 의사소통, 사회 · 정서, 적응발달의 현재 수준
- 장애영유아의 발달촉진과 관련된 가족의 자원, 우선순위, 관심사
- 장애영유아의 진전 상황을 점검하고 목표나 서비스의 수정 여부 결정: 가족의 진술
- 장애영유아와 가족의 독특한 요구를 충족시키는 데 필요한 서비스 빈도, 강도, 전달방법
- 조기중재 서비스가 적절하게 제공될 자연스러운 환경, 서비스 개시일과 예상 종료일
- 계획 실행, 다른 기관과의 조정에 책임지는 사례관리자 확인
- 유아교육기관이나 다른 서비스로 전환 시 필요한 조치

개별화가족지원계획에 대한 실행 및 점검은 가족과 전문가가 협력하여 결정한 성과와 성과달성을 위해 계획된 활동이 잘 추진되고 있는지를 파악하는 것이다. 개별화가족지원계획 과정과 전문가가 수행해야 할 역할은 〈표 12-3〉과 같으며, 개별화가족지원계획 구성요소는 〈표 12-4〉와 같다(양숙미, 2017). 또한 개별화가족지원계획의 핵심은 문서 작성에 있는 것이 아니라 개발과 실행 과정에서 전문가와 가족 간의 협력관계 형성에 있다는 점을 명심해야 할 것이다.

〈표 12-3〉 개별화가족지원계획 과정과 전문가 수행 역할

단계	내용 및 수행 역할
초기 면접	• 필요한 가족자료 조사 및 가족프로그램에 대한 최종 의사결정 • 전문가는 가족이 제공받을 수 있는 다양한 프로그램과 관련 정보 제시
사정 계획	• 영유아에 관한 정보파악을 위한 사정과정 계획 • 가족의 필요정보와 지지체계 제공 및 가족의 변화를 위한 계획 수립 • 평가과정 시 가족참여를 통한 결과 논의 • 가족의 우선욕구, 사전평가 및 진단자료 등에 대한 평가계획 기초 마련
영유아 사정	• 임상적 진단과 평가에 초점과 영유아에 대한 주기적 재평가 과정 • 가족은 영유아 평가결과를 공유, 개입방향에 관해 논의
가족 사정	• 가족 관심사, 가족지원, 가족의 우선욕구 등 사정 • 가족 구성원이 다루어지기를 희망하는 문제와 욕구 정의 • 가족의 공식적 · 비공식적 지원, 장점, 능력 등의 자원조사
개입과 서비스	• 사정결과를 기초로 전문적 분석과 가족지원과 지지체계 충분히 활용 • 가족의 목표, 변화, 영유아 발달 향상을 위한 성과지표 선정
실행 및 점검	• 가족의 욕구충족을 위한 선택사항과 평가 • 가족기능 강화, 가족과 지역사회의지지, 구성원 간 상호관계에 기반
평가 및 전환	• 계획의 효율성과 개입결과의 적합성에 대한 평가 • 전환기 계획 수립 및 지원서비스

〈표 12-4〉 개별화가족지원계획 구성요소

배경정보	개입 계획
• 이름: 아동 / 가족 / 교육기관의 담당자 • 영유아의 행동특성과 발달수준 – 영유아의 강점과 능력 – 현재의 전반적인 기능수행 수준 • 가족의 기능수행 스타일 – 가족의 강점과 능력 – 가족구성원과 내부의 자원 • 지역사회의 지원 서비스 – 비공식적 지원 – 공식적 지원	• 욕구 – 장애영유아 – 형제 및 자매 – 부모 및 기타 • 지원 및 자원의 원천 – 가족구성원 내부의 자원 – 공식적, 비공식적 자원 – 지역사회의 자원 • 활동과정 – 가족 – 교육기관의 담당자 • 평가 – 목적의 달성수준 및 만족도

영유아기 발달지체 및 장애 위험군, 발달이 느린 영유아에 대한 현실적인 가족지원 접근의 서비스는 미국의 사례는 [그림 12-4]와 같으며 〈표 12-5〉는 우리나라 교육부에서 실시하는 조기발견을 위한 장애 선별검사이다. 또한 [그림 12-5]와 같이 지방자치제의 접근 모형과, [그림 12-6]의 국립특수교육원의 가족지원을 위한 생애주기별 정보를 제공하고 있다. [그림 12-7]은 최근 창립한 (사)한국영아발달조기개입협회에서 지원하는 영유아기 가족지원 프로그램이 있다.

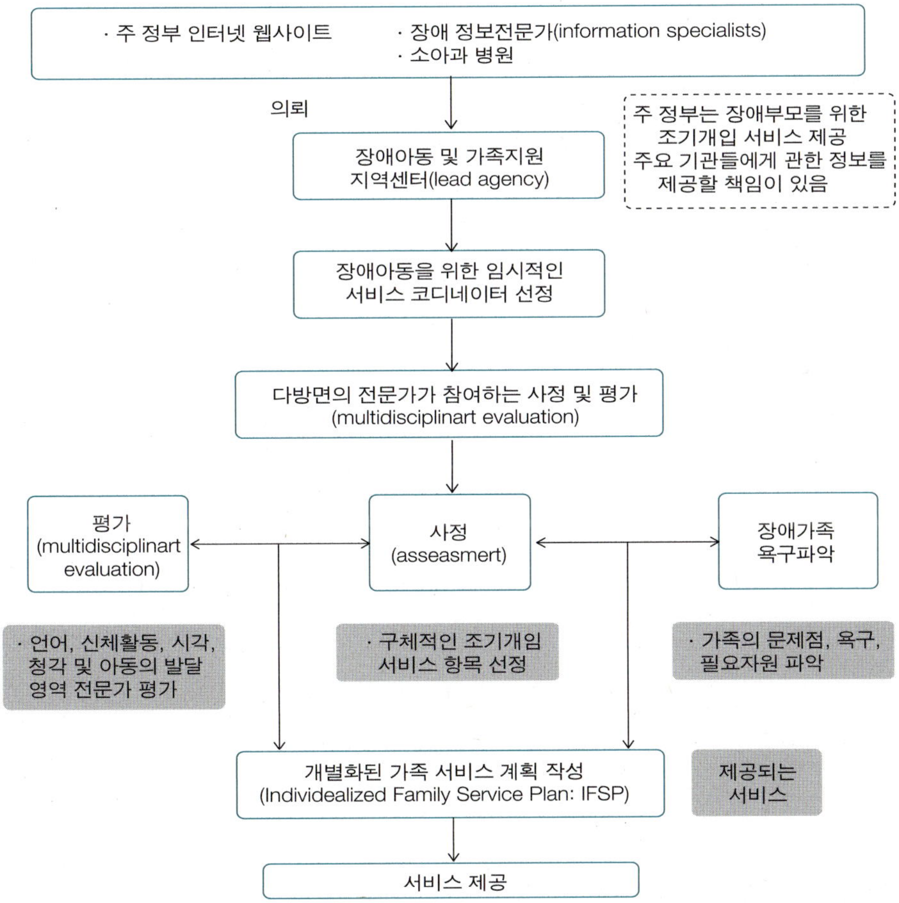

[그림 12-4] 미국 장애 조기선별과 조기개입 서비스 제공절차

출처: 조윤경 외(2014). 재인용.

〈표 12-5〉「장애인 등에 대한 특수교육법」에서 실시하는 영유아기 조기발견 개입

▣ 교육부: 영유아기 특수교육대상자 조기발견을 위한 장애 선별검사	
☞ 교육감 등의 영유아에 대한 장애 선별검사	• 교육장 또는 교육감은 영유아의 장애 및 장애 가능성을 조기에 발견하기 위해 매년 1회 이상 지역주민과 관련기관을 대상으로 홍보를 실시하고 해당 지역 내 보건소와 병원 또는 의원에서 선별검사를 무상으로 실시해야 한다(「장애인 등에 대한 특수교육법」 제14조 제1항 및 「장애인 등에 대한 특수교육법 시행령」 제9조제1항). • 교육장 또는 교육감은 선별검사를 효율적으로 실시하기 위해 지방자치단체 및 보건소와 병 · 의원 간에 긴밀한 협조체제를 구축해야 한다(「장애인 등에 대한 특수교육법 시행령」 제14조 제2항). • 교육장 또는 교육감은 장애의 조기발견을 위해 관찰 구역의 어린이집 · 유치원 및 학교의 영유아 또는 학생을 대상으로 수시로 선별검사를 해야 한다(「장애인 등에 대한 특수교육법 시행령」 제9조 제2항 전단). ※ 이 경우 건강검진의 결과를 활용할 수 있다. • 교육장 또는 교육감은 선별검사를 한 결과 장애가 의심되는 영유아 등을 발견한 경우에는 병원 또는 의원에서 영유아 등에 대한 장애 진단을 받도록 보호자에게 안내하고 상담을 해야 한다(「장애인 등에 대한 특수교육법 시행령」 제9조 제3항) • 교육장 또는 교육감은 위에 따라 진단 · 평가한 결과 영유아 등에게 특수교육이 필요하다고 판단되면 보호자에게 그 내용을 특수교육대상자 선정에 필요한 절차를 문서로 알려야 한다(「장애인 등에 대한 특수교육 법 시행령」 제9조 제2항 전단).
☞ 보호자 등의 영유아 및 학생에 대한 장애 진단 · 평가의뢰	• 보호자 또는 각급학교의 장은 장애를 가지고 있거나 장애를 가지고 있다고 의심되는 영유아 및 학생을 발견하여 진단 · 평가를 의뢰하고자 하는 경우에는 진단 · 평가의뢰서를 작성하여 교육장 또는 교육감에게 제출해야 한다(「장애인 등에 대한 특수교육법」 제14조 제3항 본문. 「장애인 등에 대한 특수교육법 시행규 칙」 제2조 제2항 및 별지 제1호 서식). ※ 다만, 각급학교의 장이 진단 · 평가를 의뢰하는 경우에는 보호자의 사전 동의를 받아야 한다(「장애인 등 에 대한 특수교육법」 제14조 제3항 단서). ※ 장애인 선별검사 및 진단 · 평가 방법은 「장애인 등에 대한 특수교육법 시행규칙」 별표에서 확인할 수 있다. • 교육장 또는 교육감은 진단 · 평가를 의뢰받은 경우 즉시 특수교육지원센터에 회부하여 진단 · 평가를 실시하고 그 진단 · 평가의 결과를 해당 영유아 및 학생의 보호자에게 통보한다(「장애인 등에 대한 특수교육법」 제14조 제4항). • 교육장 또는 교육감은 선별검사를 받은 영유아 등의 보호자가 특수교육대상자로 선정받기를 요청할 경우 영유아 등의 보호자에게 영유아 등의 건강검진 결과통보서 또는 진단서를 제출하도록 하여 영유아 등이 특수교육대상자에 해당하는지 여부를 판단하기 위한 진단 · 평가를 실시한다(「장애인 등에 대한 특수교육법 시행령」 제9조 제4항).

■ 지방자치 경기도 수원시: 영유아기 장애 조기발견 및 조기개입 개발 모형

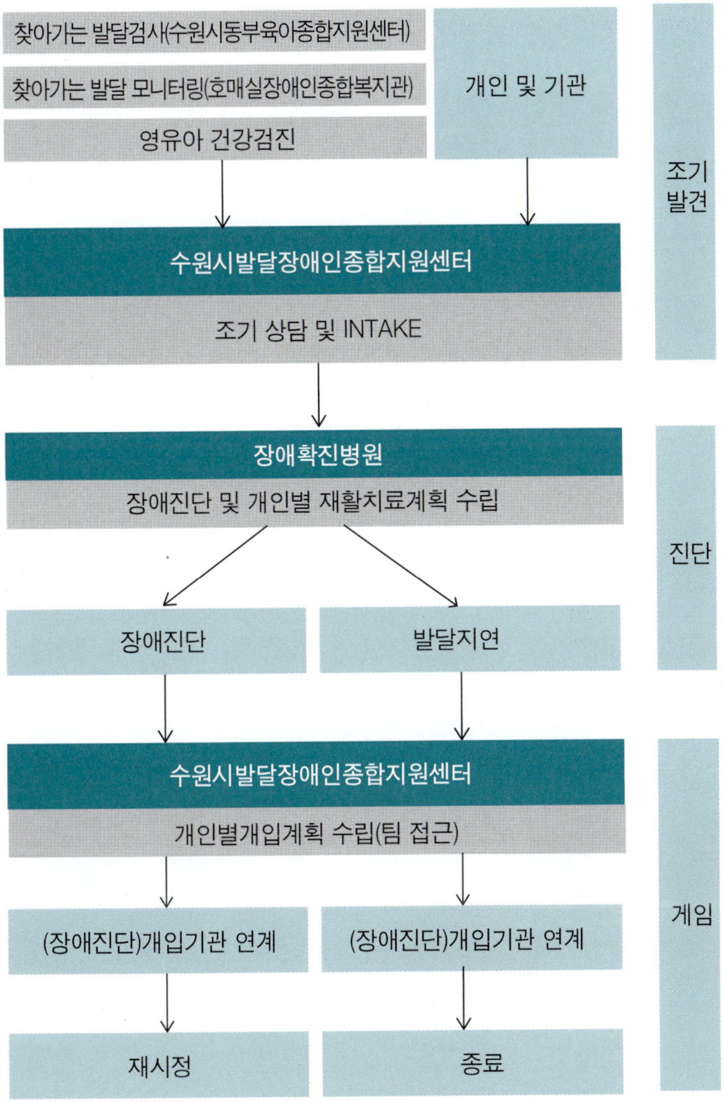

[그림 12-5] 장애 조기발견 및 조기개입 모형

출처: 경기도 수원시정연구원(2019).

▣ 국립특수교육원: 영유아기 가족지원 정보제공

[그림 12-6] 장애 조기발견 및 조기개입 모형

출처: https://www.nise.go.kr

▣ (사)한국영아발달조기개입협회: 영유아기 가족지원 정보제공

전(全)아동적 발달과 가족중심 개입에 근거한 기반한 학습으로 서비스와 시스템 향상을 위한 리더십 통한 전문가간 존중과 파트너십으로 중재하는 것을 목표로 한다.

▶사업 실천

- 발달지체, 장애 및 위험군(at-risk) 영아 및 가족지원 사업
- 관련 전문 영역간 융합연구 및 협력 사업
- 가족중심 조기개입 확산 사업
- 조기개입 전문가 역량 강화 사업
- 조기개입 국가 제도화 및 전문 자격인증 사업
- 국내 및 국제 학술 교류 사업

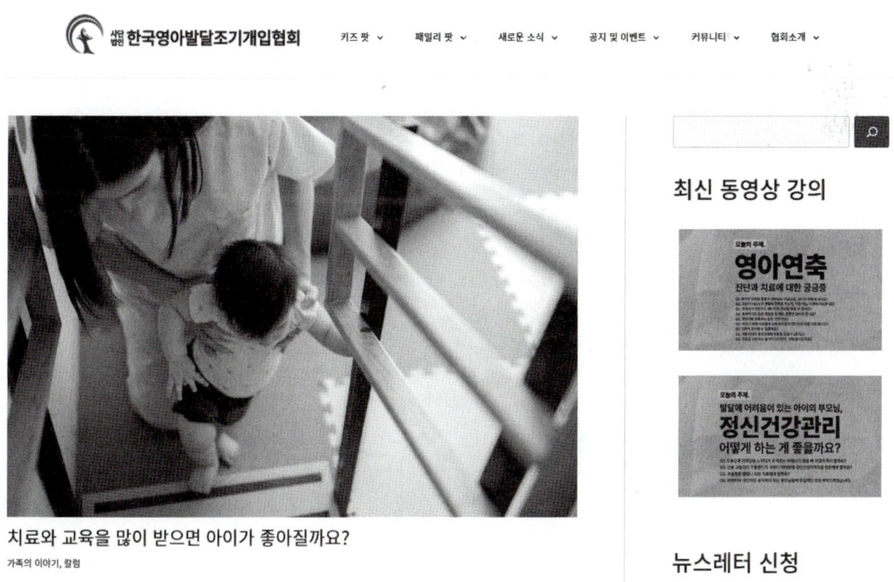

[그림 12-7] 장애 조기발견 및 조기개입 모형

출처: https://kici.or.kr

3 학령기 가족지원의 이해와 실제

1) 학령기 가족지원 이해

학령기가 되면 대부분의 부모는 가족기능 회복을 위해 일상적인 생활을 조정하고, 교육과 관련된 문제에 적응하고, 일반학급 통합과 특수학급 분리에 따른 문제를 분명히 하고, 개별화교육에 참여함과 동시에 지역사회 자원을 찾고 활용한다(김수진 외, 2019). 그러나 어떤 부모들은 초등학교에 입학하기 전까지도 아동의 장애진단을 믿지 못하고 여전히 재진단을 이한 평가를 받기 위해 관련 기관을 찾아다니기도 한다. 이는 아동의 조기개입 서비스를 받을 수 있는 기회를 상실하게 되는 것으로 부모가 아동의 장애를 수용하게 될 때 자신의 행동이 조기재활을 위한 귀중한 시간을 흘려버리게 했다는 죄책감을 가지게 할 수 있다. 이 과정에서 가족은 종종 자신이 만났던 수많은 진단 전문가에 대한 부정적인 경험과 각기 다른 의견들에 회의감을 갖게 되는 경험을 하게 되는데, 이런 회의적 경험은 장애아동의 교육과 재활을 위해 개입하게 되는 또 다른 전문가와의 관계에서 개방적 태도를 유지하는 데 중요한 방해 요소가 될 수 있다(O'Shea et al., 2006). 따라서 교사들은 아동이 이 시기 입학하기 전에 가족이 겪는 부정적인 경험을 [그림 12-8]을 참고하여 잘 알고 있어야 한다.

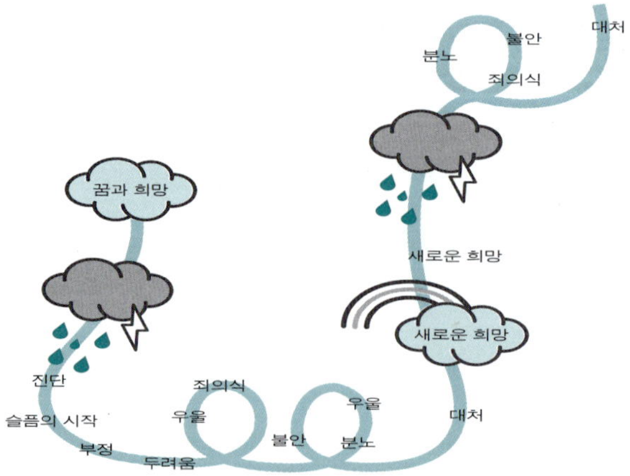

[그림 12-8] 영유아기 ~ 학령기 대처 주기

출처: 박지연 외(2006). 재인용

장애아동의 가족과 교사들 간에 형성되는 관계의 중요성은 아무리 강조해도 지나치지 않다. 일반적으로 교사들은 가족이 가장 자주, 그리고 직접 접촉해야 하는 전문가이다. 교사들은 마음을 열고 성실하며 정중한 방법으로 가족과 의견을 나눌 수 있다. 아동을 통해 매일 학교와 가족 사이에 오가는 행동관찰 기록지들은 긍정적이고 발전적인 의사소통의 일반적인 한 방법이다. 부모와의 단체모임이나 개별적인 모임 모두 협조적인 관계를 이루는 데 매우 유용하다.

가족이 요청했던 교사가 요청했든 간에 그 회의가 성공적으로 이루어지기 위해서는 회의의 목적이 분명해야 하며 모두에게 충분한 시간이 주어져야 한다. 그리고 참석해야 하는 모든 대상자들이 참여하는 것이 필수적이다. 목적, 시간 그리고 참가자가 불분명한 회의는 비생산적이며 부모와 교사 모두에게 시간 낭비라는 느낌을 주기 쉽다.

교사들은 가족을 대신해서 문제를 해결해 주는 것보다는 가족 스스로 정보에 기초한 선택과 결정을 하고 스스로 문제를 해결하도록 지원하는 것이 가장핵심적인 역량강화임을 기억해야 한다. 교사들이 아동들의 장단점에 대해 가족에게서 정보를 필요로 하듯이 모든 부모들은 아동의 학교에서 특수교육대상자에 대한 교육시스템의 정보와 프로그램 제공을 알고자 한다. 가족이 아동의 교육과 학교의 프로그램에 참여하는 정도는 각 아동만큼이나 개별적이고 독특하다(박지원 외, 2006). 개별화교육계획(IEP)과정에 부모·보호자의 참여가 「장애인 등에 대한 특수교육법」에 규정되어 있다. 따라서 개별화교육지원팀 회의 때 각 구성원들은 아동의 특성에 적합한 교육과정 적용과 교육방법, 교육평가, 특수교육관련서비스 지원을 함께 의논하여 제공하여야 할 것이다.

2) 교육부 및 보건복지부 가족지원 실제

학령기 아동에 대한 국가 차원의 지원은 두 가지로 첫째, 교육적 측면의 접근으로는 교육부의 특수교육대상자에 대한 학교교육지원, 방과후 치료지원 바우처, 특기적성 바우처 지원 등이 있고, 둘째, 장애아동복지 측면의 접근으로는 보건복지부의 장애아동 치료지원 사업의 발달재활바우처, 아동의 이동과 활동을 지원하는 활동지원 서비스, 초등학교 일과 수업 종료후 장애전문어린이집 방과후 장애아반 돌봄 서비스 등이 있다(단, 지자체별로 서비스 사업 이름과 지원금, 제공 기관은 지역별 여건에 따라 차이는 있을 수 있음).

(1) 교육부 「장애인 등에 대한 특수교육법」의 지원 서비스

① 교육과정 지원: 특수교육대상자에 대한 특수교육교육과정 편성 · 운영 지원 학교는 특수 교육 대상 학생의 장애 특성 및 정도에 따른 요구와 학교 의 실정을 고려하여 공통 교육과정 및 선택 중심 교육과정을 기본 교 육과정과 병행하여 편성 · 운영할 수 있다.

※ 초 · 중등학교 교육과정은 공통 교육과정 및 선택 중심 교육과정 또는 기본 교육과정으 로 편성한다.

– 공통교육과정: 초등학교 1학년부터 중학교 3학년까지 편성 · 운영한다.

– 선택중심교육과정: 고등학교 1학년부터 3학년까지 편성 · 운영한다.

– 기본교육과정: 공통 교육과정 및 선택 중심 교육과정을 적용하기 어려운 초등학교 1 학년부터 고등학교 3학년까지의 학생을 대상으로 편성 · 운영한다.

「장애인 등에 대한 특수교육법」 에서 규정한 특수교육 관련 서비스는 교육과정의 지원과 함께 특수교육대상아동에게 치료지원의 개념으로 관련 서비스를 제공하여 교육의 효율성을 극대화 하고자 하는 역할을 한다. 아동의 지원 요구 특성에 따른 다양한 관련 지원 서비스는 [그림12-9]와 같다.

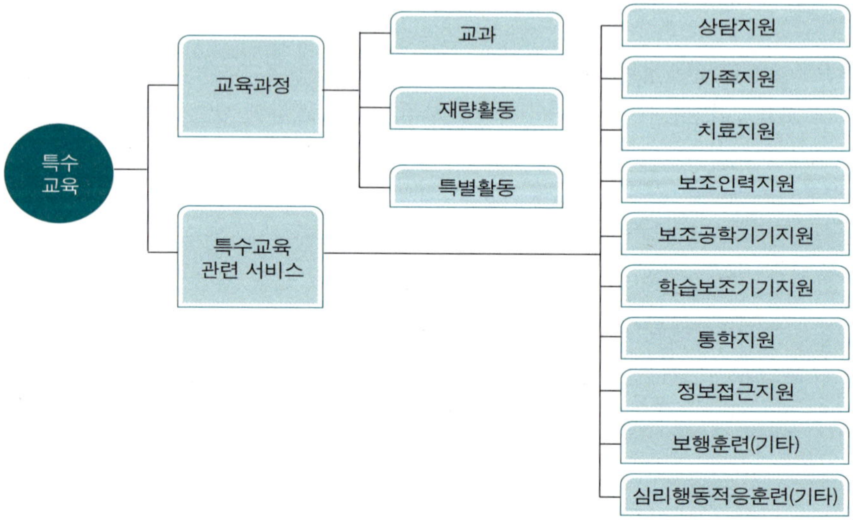

[그림 12-9] 특수교육과 특수교육 관련서비스

※ 치료지원의 제공 방법

- 특수학교와 특수교육지원센터: 관련 치료사를 배정하여 지원
- 외부 관련 서비스 제공기관과 계약 : 관련 서비스 제공기관과 계약 학교 방문 제공
- 국가 지정 바우처 제공기관과 계약: 외부 기관에 방문하여 관련 치료지원 서비스 받음(단, 서 비스 일정 자격을 인정받은 제공인력에 의한 치료지원 교육)

교육부에서 특수교육대상자로 선정된 자에게 제공되는 「장애인 등에 대한 특수교육법」에서 규정하고 있는 특수교육 관련서비스 종류의 세부내용은 〈표 12-6〉과 같다.

〈표 12-6〉 특수교육 관련 지원 서비스 종류

구 분	지원 서비스 내용
가족지원	① 가족상담, 부모교육, 양육상담 등 가족지원 프로그램 운영 ② 건강가정지원센터 「건강가정기본법 제35조」, 장애인복지시설「장애인 복지법 제58조」 등과 연계하여 지원
치료지원	① 치료사의 자격: 의료기사 등에 관한 법률 제4조에 따른 면허 또는 자 격기본법 제19조 제1항에 따라 주무부장관이 공인한 민간자격 소지자 ② 치료실 설치: 특수교육지원센터 또는 특수학교 ③ 공공보건의료기관 「공공보건의료에 관한 법률 제2조」 및 장애인복지 시설 등과 연계하여 지원
보조인력 지원	① 보조인력의 수급계획 수립, 채용 · 배치 등 운영에 필요한 업무 수행 ② 보조인력의 자질향상을 위해 특수교육에 관한 연수 실시 ③ 역할: 교사의 지시에 따라 교수 · 학습활동, 신변처리, 급식, 교내 · 외 활동 등 · 하교 등(아동의 교육 및 학교활동에 대한 보조)
교구 및 학습보조기 등 지원	① 각종 교구, 학습보조기, 보조공학기기를 제공할 수 있도록 특수교육지 원센터에 필요한 기구 비치
통학지원	① 통학차량 제공 또는 통학비 지급 ② 현장체험학습, 수련회 등 학교 밖 활동 참여 보장
기숙사의 설치 · 운영	① 시 · 도교육청의 기숙사 운영 경비 부담 및 보조(예산범위 내) ② 생활지도원의 자격: 교사자격 또는 고등학교 졸업 이상의 학력과 물 리치료사(작업치료사, 사회복지사, 보육교사) 자격 소지 ③ 국립학교의 생활지도원 배치 기준: 학생 5명당 1명이상 (단, 시 · 청각장애 중학교 및 고등학교의 경우 학생 7명당 1명 이상)
정보접근 지원	① 인터넷 학교 홈페이지 등 각급학교의 정보를 장애유형에 적합한 방식으로 제공
기타 특수교육 관련 서비스의 제공	① 보행훈련, 심리 · 행동적응훈련 등 특정한 장애유형의 학생들에게 필요 한 특수교육 관련 서비스 제공 ② 이상의 특수교육 관련 서비스 제공에 필요한 인력은 국가자격 또는 민간자격을 소지한 사람이 하여야 함

② 방과후 지원: 치료지원, 특기적성 · 교육지원

❶ 특수교육대상자 치료지원: 사례 내용

2022학년도 ~ 2023학년도 특수교육지원센터 치료지원 제공기관 추가 지정 운영 계획

서울특별시서부교육지원청

1. 근거

가. 「장애인 등에 대한 특수교육법」 제28조(특수교육 관련서비스)

나. 「장애인 등에 대한 특수교육법 시행령」 제24조(치료지원)

다. 2021학년도 특수교육대상자 치료지원 운영계획(민주시민생활교육과-1360,2021. 1. 25.)

라. 2021학년도 서부 특수교육대상자 치료지원 운영 계획(초등교육지원과-1387, 2021. 2. 19.)

2. 목적

가. 수요자 중심의 치료지원 운영시스템 구축을 통한 특수교육대상자의 교육만족도 제고

나. 치료지원 서비스의 질적 향상 도모

다. 특수교육대상자의 장애 교정 및 경감, 2차 장애 예방, 교육의 효율성 증대

3. 운영 방침

가. 치료지원 대상은 공・사립 유・초・중・고등학교 과정에 재학하는 특수교육대상자 중 치료지원이 필요한 학생으로 한다.

나. 장애영아의 치료지원은 특수교육지원센터 영아학급에 배치된 장애영아로 한다.

다. 치료지원 영역은 치료사 국가면허 또는 국가공인민간자격 소지자가 제공하는 치료 영역으로 한다.

출처: 서울특별시 서부 교육지원청(2021).

❷ 특수교육대상자 특기적성 · 교육지원 : 사례 내용

치료지원 | 보조공학기기 | 교재교구 | 특기적성교육비

목적

- 특수교육대상자 전일제 교육과 보육에 의한 전인적 발달 도모 및 부모의 사회활동 참여 증대
- 주5일 수업에 따른 '나 홀로 가정' 장애학생을 위한 토요프로그램 대책 마련, 학생안전 등 학생 관리 및 교육과정 운영의 내실화 도모

내용

특수교육대상자 특기 • 적성교육비 지원

- 대상
  - 특수교육대상자로 선정된 유 • 초 • 중 • 고등학교 학생
    (단, 취학의무유예자, 전공과 학생, 특수교육대상자로 미선정된 장애인복지카드 소지자 지원불가)
  - 특수학급 미설치교의 특수교육대상자 지원 가능
    ※ 건강장애학생으로 선정된 학생 중 특기적성교육이 불가능 할 경우, 특기적성교육비가 지원되지 않도록 해당 학교에서는 신청 시 대상자 확인과 관리에 주의 할 것
- 기간 : 2022. 3. 1. ~ 2023. 2. 28.(12개월)
- 지원 금액 : 1인당 월 10만원 이내
- 지원 과목 : 예 • 체능 및 직업교육 관련 과목(웅변, 공예, 컴퓨터 등)
- 제외대상
  - 저소득층 자녀 방과후학교 자유수강권 수혜 학생
  - 특수학교 종일반 과정 참여 학생
  - 유치원 방과후과정 수강 학생(유아학비 방과후과정지원비 수혜 학생)
  - 다문화교육비 중 진로·적성 영역과 중복 지원 불가
    ※보건복지부 발달장애인활동서비스사업(방과후활동서비스)와는 중복 지원 가능

출처: 경기도 성남 교육지원청 특수교육지원센터(2022).

(2) 보건복지부 「장애아동 가족지원 사업」의 지원 서비스

① 발달재활서비스 사업

▣ 목적: 성장기의 정신적 · 감각적 장애아동의 인지, 의사소통, 적응행동, 감각 · 운동 등의 기능 향상 과 행동발달을 위한 적절한 발달재활서비스 지원 및 정보 제공 높은 발달재활서비스 비용으로 인한 장애아동 양육가족의 경제적 부담 경감

▣ 서비스 대상자

- 연령: 만 18세 미만 장애아동(지원금액: 25만 원 소득에 따라 차등 자부담금 있음)
- 장애유형: 시각 · 청각 · 언어 · 지적 · 자폐성 · 뇌병변 장애아동(중복 장애 인정)
- 기타요건

– 「장애인복지법」상 등록장애아동

다만, 영 · 유아(만 6세 미만)의 경우 시각 · 청각 · 언어 · 지적 · 자폐성 · 뇌병변 장애가 예견되어 발달 재활서비스가 필요하다고 인정한 의사 진단서[서식 4호]와 검사자로 대체 가능

② 장애아동 가족 양육지원 사업

▣ 목적: 장애아동 가족의 일상적인 양육부담을 경감하고 보호자의 정상적인 사회활동을 돕기 위하여 돌봄 및 일시적 휴식지원 서비스 제공

① 돌봄서비스(지원대상)

- 만 18세 미만의 「장애인복지법」상 등록 장애 정도가 심한 장애아와 생계 · 주거를 같이 하는 전국 가구평균 소득 120% 이하 가정

② 휴식지원프로그램(지원대상)

- 소득기준 상관없이 만18세 미만의 모든 장애아 가족으로 돌봄서비스를 받지 않는 가정도 참여 가능, 돌봄서비스를 받는 가정을 우선 지원

③ 장애인활동지원 사업

▣ 목적: 혼자서 일상생활과 사회생활을 하기 어려운 장애인에게 활동지원급여를 제공하여 장애인의 자립 생활을 지원하고 그 가족의 부담을 줄이기 위한 제도

▣ 서비스 대상자

- 연령: 만 6세 이상 만 65세 미만의 「장애인복지법」상 등록 1급, 2급, 3급 장애인

▣ 서비스 내용

- 신체활동지원, 가사활동지원, 사회활동지원, 방문목욕, 방문간호

④ 아동 · 청소년 심리지원 지역혁신 사업(대구광역시, 2022년) : 비장애아동 대상

▣ 목적: 만 18세 이하의 아동들을 대상으로 심리적 문제를 조기에 해결하기 위해서 심리지원 서비스를 제공함으로 아동 · 청소년의 건강한 성장을 지원

▣ 서비스 대상자

1) 소득 및 연령: 기준 중위소득 140%이하 가구의 만 0~18세 이하 중 문제행동 위험 아동(지원금액: 16만원 소득에 따라 차등 자부담금 있음)

2) 선정기준: 다음 ①, ②, ③중 한 가지를 충족하는 문제행동 위험군 아동

① 발급일로 부터 6개월 이내의 의사진단서 또는 의사소견서, 임상심리사 소견서, 청소년상담사 소견서 중 한 가지를 제출할 수 있는 아동 · 청소년

② 발급일로 부터 6개월 이내의 정신건강증진센터의 추천서를 제출할 수 있는 아동 · 청소년(추천서 동봉)

③ 다음 자격 중 하나에 해당하는 자의 추천서를 제출할 수 있는 아동 · 청소년으로서 「정신보건 사업안내」의 아동 · 청소년 심층사정 평가도구를 활용한 검사결과가 선정대상자인 경우(검사결 과 동봉)
㉠ "초 · 중등교육법" 제21조에 의한 정교사 또는 전문상담교사 또는 보건교사
㉡ "유아교육법" 제22조에 의한 유치원장
㉢ "영 · 유아보육법" 제21조에 의한 어린이집원장

* 장애아동발달재활서비스, 시청각장애부모 자녀의 언어발달지원, 다문화가족지원센터의 자녀언어 발달사업, Wee클레스 상담지원 중복 지원 불가

위의 관련 내용을 요약하면, 교육부와 보건복지부로부터 특수교육대상자 아동이 장애인으로 등록되어 있는 경우 국가로부터 다음과 같은 관련 지원 서비스를 받을 수 있다(단, 장애인 등옥을 하지 않은 특수교육대상자는 교육부 지원만 받음. 또한 취학 전 위험군 아동으로 의사소견서로 갈음할 경우 발달재활서비스만 해당)

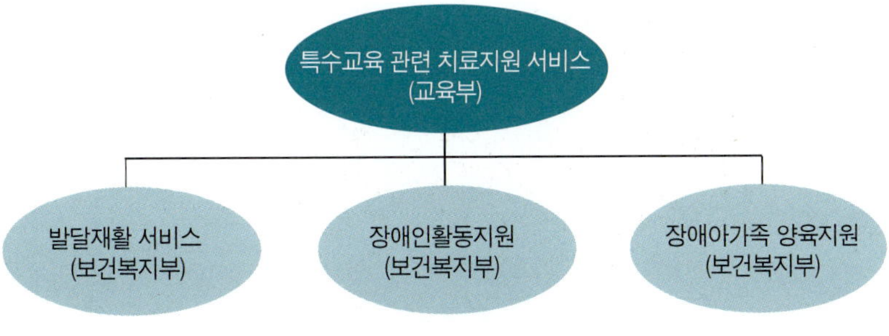

(3) 부모상담 가족지원

① 교육부: 「장애인 등에 대한 특수교육지원법」 특수교육관련서비스에 근거

– 서울시 강남교육지원청 부모상담 가족지원 사례 –

▣ 부모상담 WITH PLUS 프로그램의 목적

전문적인 가족상담, 양육상담, 보호자교육, 가족지원 프로그램을 통해 특수교육대상자의 가족 관계 개선 및 가족 기능 강화 방침

▣ 가족지원의 질 향상을 위해 부모상담 프로그램 실시 후 평가 · 환류 · 점검 실시

- 세부추진내용
- 부모상담 WITH PLUS 프로그램
- 지원대상 : 관내 특수교육대상자의 부모 및 가족
- 지원기간 : 2022. 3. ~ 2022. 12.
- 지원방법 : 전문상담사를 활용한 1:1 맞춤형 상담

▣ 운영방침 :

- 내담자 주 호소문제에 따른 맞춤형 상담기관 안내
- 더봄학생 및 심각한 문제행동이 있는 학생의 가족 우선 지원

▣ 운영방법 :

- 전문상담사를 활용한 개인상담 및 가족 맞춤형 상담 프로그램 지원
- 내담자가 전문상담기관을 직접 방문하여 상담 진행
- 상담회기는 총10회기로 진행(1회기당 50분)
- 일시 : 매주 화 – 13:00~16:00, 수 – 09:00~12:00
- 장소 : 강남교육지원청 특수교육지원센터 심리상담실 및 진단평가실, 전문상담사가 운영 하는 외부 상담실

▣ 운영방법 :

내담자 주 호소문제 또는 상담유형에 따라 기관선택 가능

② 보건복지부: 「발달장애인 부모상담」

▣ 사업 소개

과중한 돌봄 부담을 가지고 있는 발달장애인 부모에게 집중적인 심리 · 정서적 상담 서비스를 제공하여 우울감 등 부정적 심리상태를 완화시켜 궁극적으로 발달장애인 가족의 기능 향상을 도모함

▣ 신청자격

「장애인복지법」상 지적 · 자폐성 장애인으로 등록된 자녀의 부모 및 보호자

지적장애 또는 자폐성 장애를 부장애로 가진 경우도 포함

발달장애인 자녀의 부모 동시 지원 가능

* 단, 우선적으로 부모를 지원하는 것이 원칙이나, 부모가 발달장애인과 생계주거를 함께 하지 못하는 경우, 발달장애인과 거주를 같이하면서 부모를 대신하여 발달장애인을 돌보는 보호자(2촌 이내)도 이용 가능

※ 기타요건

다만, 자녀가 영유아(만 6세 미만)의 경우 장애등록이 되어있지 않은 경우,

발달장애(지적 · 자폐성)가 의심된다는 발달재활서비스 의뢰서 또는 최근 6개월 이내 발행된 의사소견서(진단서) 로 대체 가능

연령은 신청일을 기준으로 판정하되 대상자로 선정된 후 사업기간 중 만 6세 도래 시에는 만 6세가 되는 달까지 지원

* 만 6세 연령 도래 이후도 장애인 등록이 안 된 경우 읍 · 면 · 동에서 장애인 등록 유도

▣ 신청방법

신청자: 서비스를 필요로 하는 본인 또는 가구원, 대리인 신청가능

신청장소: 주민등록상 주소지 관할 읍 · 면 · 동 또는 시 · 군 · 구

신청기간: 연중 신청

시 · 군 · 구 담당자는 매월 1일부터 말일 18:00시까지 대상자 결정 및 전산전송을 완료

신청서류 : 신청서 등은 읍 · 면 · 동 주민센터에 비치되어 있으며, 신분증 필요, 지자체에서는 등록요건 조사 등을 거쳐 서비스 대상자 여부 결정

출처: https://www.nise.go.kr(국립특수교육원)

(4) 장애아동 교육부 및 보건복지부 관련 서비스 제공 사례(통합학급)

▣ 일반학교 특수학급 특수교육대상자 (8세 아동, 장애인등록)

학교 등원(어머니 차량으로 등원)

일반학급 ↔ 특수학급(도움반) 교육부 지원

학교 하원(14:30)

↓

장애인활동지원 서비스 이용 보건복지부 지원

↓ 이동(활동보조원)

발달재활서비스 이용: 언어재활 주2회 수업 보건복지부 지원

↓ 이동(활동보조원)

기타 특수교육 관련 서비스 이용: 심리운동재활 주2회 수업 교육부 지원

↓ 이동(활동보조원)

집 도착(활동보조원 · 돌봄서비스 방학 때 이용 선택형)

↓

장애아가족양육지원 이용: 돌봄서비스 보건복지부 지원

↓

부모님께 아동 인계(저녁 18:00)

▶ 교통비 지원 1학기당 20만원(등원은 어머니가 해줌) 교육부 지원

※ 단, 장애인 미등록 특수교육대상자는 보건복지부 지원사업 안됨

4 유아교육기관 가족지원의 실제

유아교육기관에서 장애아동에 대한 가족지원은 생애주기별 가족지원의 관점에서 보면 이른 시기이기 때문에 아동을 둘러싼 생태학적 접근의 지원은 매우 중요하다고 할 수 있다. 유아교육기관의 장애아전담보육교사, 유아특수교사, 언어재활사, 물리치료사, 영양사, 원장 등과 아동이 장애관련 영역별 전문치료 교육을 받는 기관(예, 병원 재활치료, 지역사회복지관, 아동발달센터, 심리상담센터, 장애인부모회 운영기관 등) 그리고 장애아동 부모와 가족구성원들에 대한 모든 정보를 함께 주고받고 공유하여 초학문적으로 협력하여 접근해야 한다.

유아교육기관에서 가족지원을 실시함에 있어 가장 먼저 우선시 되어야 할 것은 장애영유아의 교육에 있어 가족의 참여와 협력할 수 있는 체계를 만드는 것이다. 또한 교육을 실시하는 데 있어서 신뢰를 바탕으로 한 지속적인 부모상담은 부모-교사 간의 장애영유아의 교육에 대한 일관성과 협력체계를 만들어 낼 수 있다. 부모상담은 정기적 또는 상황적 필요에 따라 비정기적으로 이루어질 수 있는데 장애영유아의 교육이 이루어져 나가는 과정 속에서 부모와 함께 해나가는 중요한 실천방법으로 꼭 필요한 요소이다. 부모상담을 진행하는 과정에서 부모 개인의 정서적 어려움이나 가족과 관련하여 특별한 요구가 발생, 지원이 필요한 경우에는 지역사회 관련 기관을 방문하여 의뢰하는 것이 필요하다.

유아교육기관에서 실제적으로 접근할 수 있는 가족지원에 대하여 노진아 외(2019)와 조윤경 외(2014)이 제시하고 있는 내용과 재구성으로 살펴보고자 한다.

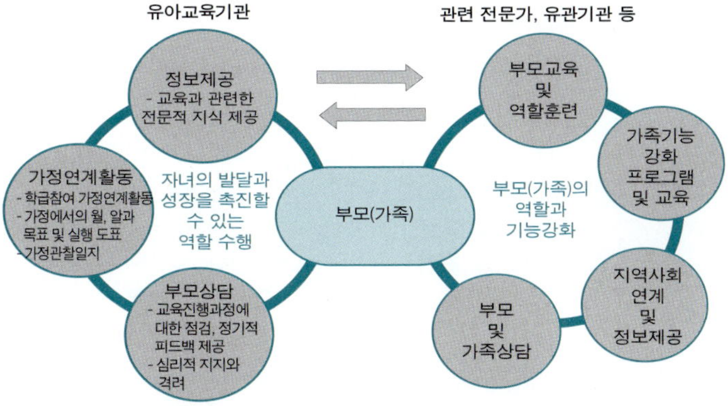

[그림 12-10] 어린이집(유치원)에서의 가족지원 흐름도

출처: 조윤경 외(2014).

1) 개별화교육계획과 실행 시 가족과 협력하기

어린이집(유치원)의 유아교육기관에서 장애아동을 위한 가족지원을 실시함에 있어 가장 먼저 우선시 되어야 할 것은 장애아동을 교육함에 있어 가족의 적극적인 참여와 유기적으로 협력할 수 있는 체계를 만드는 것이다. 이를 위해 유아교육기관에서는 특별한 교육적 지원을 위한 교육의 목적, 지원 체계, 운영 과정에 대해 부모에게 충분한 설명과 배경정보, 동의를 얻는 것이 필요하다. 그리고 기관에서 장애아동과 관련하여 시행되는 지원의 내용은 교사-부모 간에 공유되어야 하며, 상호협력적 관계로 함께함에 있어 서로를 이해하는 태도를 가져야 한다.

장애아동에 대한 교육의 출발점은 법적 문서이자 장애아동이 나타내는 다양한 특성에 대한 교육적 지원이 보장되는 개별화교육계획이다.

개별화교육계획 구성 요소와 실제 작성 사례는 다음 〈표 12-7〉, 〈표 12-8〉과 같다.

〈표 12-7〉 개별화교육계획 구성요소 및 지원팀 구성

1. 개별화교육계획 구성 요소	「장애인 등에 대한 특수교육법」 시행규칙 제4조에서 제시하는 개별화교육계획의 구성 요소는 다음과 같다. ① 특수교육대상자의 인적사항 ② 특별한 교육지원이 필요한 영역의 현재 학습수행수준 ③ 교육목표(장기 및 단기교육목표) ④ 교육내용 ⑤ 교육방법 ⑥ 평가계획 ⑦ 특수교육 관련 서비스
2. 개별화교육지원팀 구성	각급 학교의 장은 특수교육대상자의 교육적 요구에 적합한 교육을 제공하기 위하여 매 학년의 시작일로부터 2주 이내에 각각의 특수교육대상자에 대한 개별화교육지원팀을 구성하여야 한다. ① 학교장 ② 보호자 ③ 특수교육 교원 ④ 일반교육 교원 ⑤ 진로 및 직업담당 교원 ⑥ 특수교육 관련 서비스 담당인력

〈표 12-8〉 개별화교육계획 작성 사례(00 장애전문어린이집)

개별화 교육 프로그램(IEP)

2023년 1 학기	담당교사	학부모	특수교사	장애 영유아 보육교사		물리 치료사	언어 치료사	작업 치료사	주임	원장
성 명	박00	윤00	김00	양00	정00	이00	김00	박0	오00	박00
확 인										
반 명	0 0 반									
유 아 명	김 0 0									
2023년 상반기 IEP 실시 기간	2023년 4월 11일 ~ 2023년 7월 30일									

개 별 화 교 육 위 원 회

※ 개별화교육계획안 자료

1. 유아인적사항　　2. 진단검사　　3. 부모 및 관련전문가의 의견　　4. 현행수행수준
5. 발달영역 목표　　6. 행동 및 주요 지원방안　7. 가족지원방안

※ 목표행동에 대한 평가는 다음의 방법으로 실시한다.

1. Tests(T) : 검사에 의한 평가　　2. Observation(O) : 관찰에 의한 평가
3. Daily Work(DW) : 작업결과물에 의한 평가　　4. Others(*) : 기타방법에 의한 평가

0 0 어 린 이 집

개별화교육프로그램
Individualized Educational Program

1. 유아인적사항

이 름	김 0 0	생년월일	20△△년 0일(4세 8개월)
장애유형	지체장애(뇌병변중증)	성 별	남
전화번호		주 소	

2. 진단검사

년도	도구명	검사일	검사결과 및 의견
2022년도 1학기	아동발달검사 (K-CDI)	2022년 3월 21일	
	영유아를 위한 사정 · 평가 및 프로그램체계(AEPS) : 3세에서 6세	2022년 3월 22일	CA 4세 6개월 / 전체 장기목표 점수의 합 3(절선 점수46) / 개별화교육프로그램(IEP)의 적격성 결과 확정
2022년도 2학기	한국 유아사회성기술 검사 (K-SSRSP)	2022년 8월 12일	CA 4세 11개월 / 사회성지수 59 / 최저조
	영유아를 위한 사정 · 평가 및 프로그램체계(AEPS) : 3세에서 6세	2022년 8월 12일	CA 4세 11개월 / 전체 장기목표 점수의 합 6(절선 점수56) / 개별화교육프로그램(IEP)의 적격성 결과 확정
2023년도 1학기	아동발달검사 (K-CDI)	2023년 3월 10일	CA 5세 6개월 / 발달연령 13개월 / 발달범위 지연
	영유아를 위한 사정 · 평가 및 프로그램체계(AEPS) : 3세에서 6세	2023년 3월 11일	CA 5세 6개월 / 전체 장기목표 점수의 합 6(절선 점수58) / 개별화교육프로그램(IEP)의 적격성 결과 확정

3. 부모 및 관련전문가의 의견

	년/월/일	부모 요구사항	관련전문가의 의견
부모 요구 사항 및 관련 전문가의 의견	2022년 3월 20일	• 적응행동 : 한 손으로 잡고 음식 먹기 • 인 지 : 긍정/ 부정적 감정 구분하기 • 대 근 육 : 혼자 앉아 유지하기, 벽에 서서 유지시간 증가	• 손잡이가 있는 컵이나 부드러운 음식을 손에 쥐고 입으로 가져가 음식을 섭취할 수 있도록 신체적 촉진을 통해 반복적인 경험을 제공해야 함. • 다양한 감정이 있음을 안내하고 표정을 모델링하여 이를 모방 표현할 수 있도록 하여 자신뿐 아니라 상대방의 감정을 관찰하도록 촉진이 필요함. • 성인의 신체적 촉진을 통해 상체 지지를 지원하여 서기 자세를 형성 및 유지하며 무릎근력 강화를 지원해 주어야 함.
	2022년 8월 16일	• 인 지 : 된다/ 안된다 구분하기, 상황파악 • 의사소통 : 자신의 의사를 확실하게 • 대 근 육 : 팔 움직임, 다리 움직임 • 소 근 육 : 물건을 잡아 오랜시간 유지하기 • 문제행동 : 입 벌려 침 흘리는 행동	• 마사지, 구강호흡 테이프를 통해 침 흘림을 개선하며 성인의 신체적 촉진을 통해 복근 강화 운동을 하여 다양한 자세에서 바른 자세를 이룰 수 있도록 하며 양손의 쥐고 유지하기의 촉진이 필요함. • 성인 및 또래와 눈 맞춤하고 음성적 의사소통의 빈도를 늘리고 주고받기를 촉진해야 함.
	2023년 3월 7일	• 인 지 : 사물 구분하기 • 대 근 육 : 혼자 앉아 유지하기 • 소 근 육 : 양손으로 물건을 잡아 오랜시간 유지 • 문제행동 : 몸 뻗치는 현상	• 일상생활 시 유아에게 자주 접하는 사물의 쓰임새를 설명해주고 행동으로 사물의 특징을 알 수 있도록 언어적, 신체적 촉진이 지속적으로 필요함. • 성인의 촉진을 통해 손바닥으로 바닥을 짚고 앉은 자세로 유지할 수 있도록 촉진함. • 주로 오른손으로 활동하므로 사물, 놀잇감을 잡고 자세를 유지하면서 양손 협응을 할 있도록 촉진이 필요함.

4. 현행수행수준

적응 행동	강 점	• 0.5cm~1cm가량의 크기로 자른 음식을 제공하면 아래턱을 반복적으로 움직여 다양한 질감의 음식을 섭취함. • 성인의 신체적 촉진으로 하루 일과 중 숟가락으로 물을 150ml 이상 섭취함. • 대부분의 음식을 골고루 잘 먹음. • 성인의 신체적 도움으로 입을 벌려 음식을 받아먹을 수 있음.
	우선적 지도점	• 성인의 신체적 촉진을 통해 입을 오므리며 근긴장도를 유지할 수 있도록 촉진함.

신체 운동	강 점	• 성인의 신체적 촉진 도움을 통해 반가부좌 자세로 앉아 성인의 언어적 촉진에 따라 고개를 들어 정면을 응시함. • 성인의 언어적 촉진을 통해 손을 뻗으며 하이파이브를 함. • 그리기 도구를 잡기위해 손을 펴 쥐기를 시도하고 성인의 신체적 도움으로 사선으로 끼적일 수 있음. • 보조기를 착용하고 실외놀이터의 놀잇감(자동차)을 타고 일정 시간 유지할 수 있음.
	우선적 지도 점	• 교사의 신체적 촉진을 통해 양손의 손바닥으로 바닥을 짚으며 일정 시간 동안 유지할 수 있도록 지속적인 촉진이 필요함. • 양손을 사용하여 쥐기를 촉진했을 경우 유지되지 못하여 양손으로 놀잇감을 쥐어 일정 시간 동안 놀이를 할 수 있도록 촉진이 필요함.
사회 관계	강 점	• 친숙한 성인이 안아주면 입을 크게 벌리며 웃고 편안함을 느끼며 안정을 취함. • 주변 또래의 놀이 모습을 보며 입을 크게 벌려 웃고 간헐적 손을 뻗어 친근감을 표현하기도 함. • 함께 누워있는 친숙한 사람에게 손을 뻗어 얼굴을 만지고 얼굴을 가까이 가져가 입을 크게 벌리며 장난을 침.
	우선적 지도점	• 또래와 긍정적인 상호작용을 경험할 수 있도록 지속적으로 지원이 필요함.
의사 소통	강 점	• 상대방의 인사에 팔을 들어 손을 펴 인사하는 모습을 보이거나 팔을 뻗어 안기려는 모습을 보임. • 이름을 부르면 고개를 들거나 고개를 돌려 입을 크게 벌리며 웃는 모습으로 반응함. • "아아, 으으으"등 소리로 감정을 표현하고 부정반응에 인상을 찌푸리거나 간헐적 울음으로 표현함. • 간헐적으로 옹알이를 구사하며 의사를 표현함.
	우선적 지도점	• 구조화된 상황에서 손을 들어 의사를 표현할 수 있도록 교사의 신체적, 언어적 촉진이 필요함.
자연 탐구 · 예술 경험 · 인지	강 점	• 리본 막대를 제시하면 손을 뻗어 잡고 위, 아래로 2회가량 흔들며 놀이함. • 성인이 간식이나 점심을 준비하는 모습을 보면 입을 오물거리며 입맛을 다심. • 자신의 이불에 누운 상태에서 소리가 들리는 곳을 고개를 들어 응시함. • 사운드북을 성인의 신체적, 언어적 촉진으로 누르며 1분간 감상할 수 있음. • 응시하고 있던 사물, 사람이 사라지면 고개를 젖히고 고개를 돌리며 찾는 모습을 보임.
	우선적 지도점	• 교사의 신체적, 언어적 촉진을 통해 원하는 놀잇감을 구분하여 놀이를 선택할 수 있도록 촉진함.

5. 발달영역 목표

	장기목표	단기목표	지도 상황	평가 형태	시작일
적응행동	1. 입술을 오므리며 근 긴장도를 유지할 수 있다.	1-1. 성인이 입술 근처에 로션을 발라주면 입술을 5회 이상 오므릴 수 있다.	하루 일과 내	O	4/11
		1-2. 성인이 입에 빨대를 대어주고 입술 근처에 로션을 발라주면 빨대를 3초 이상 물고 있을 수 있다.	하루 일과 내	O	5/2
신체운동	1. 양손으로 바닥을 짚고 앉을 수 있다.	1-1. 성인의 신체적 촉진을 통해 양손으로 바닥을 짚고 반가부좌 자세로 앉을 수 있다.	하루 일과 내	O	4/11
		1-2. 성인의 신체적 촉진을 통해 양손을 바닥에 짚고 반가부좌 자세로 30초 가량 유지할 수 있다.	하루 일과 내	O	5/30
	2. 양손으로 하나의 물체를 잡은 자세로 유지하여 탐색할 수 있다.	1-1. 양손 번갈아가며 팔을 뻗어서 성인이 제시한 물건을 50% 이상 잡을 수 있다.	하루 일과 내	O	4/11
		1-2. 양손 번갈아 가며 하나의 물체를 잡고 1분 가량 쥔 자세를 유지할 수 있다.	하루 일과 내	O	5/2
사회관계	1. 긍정적인 상호작용을 할 수 있다.	1-1. 또래가 인사를 건네면 하루일과 중 3회 이상 팔을 들고 움직이며 인사할 수 있다.	하루 일과 내	O	4/11
		1-2. 하루일과 중 자신이 가지고 있는 놀잇감을 성인의 제안에 따라 3명 이상의 또래에게 건네줄 수 있다.	자유 놀이 시	O	5/2
의사소통	1. 자신의 긍정과 부정 의사를 표현할 수 있다.	1-1. 두 개의 그림(웃는 그림, 찡그린 그림) 중 웃는 그림을 50% 이상 손으로 짚어서 선택할 수 있다.	하루 일과 내	O	4/11
		1-2. 자신의 부정의사를 두 개의 그림(웃는 그림, 찡그린 그림) 중 찡그린 그림을 50% 이상 손으로 짚어서 선택할 수 있다.	하루 일과내	O	4/11
		1-3. 자신의 긍정 의사를 성인을 모방하여 손을 들어 50% 이상 표현할 수 있다.	하루 일과 내	O	5/30
		1-4. 자신의 부정의사를 성인을 모방하여 찡그린 표정으로 50% 이상 표현할 수 있다.	하루 일과 내	O	5/30

자연탐구 · 예술경험 · 인 지	1. 원하는 놀잇감을 구분하여 놀이할 수 있다.	1-1. 성인의 언어적, 신체적 촉진을 통해 원하는 놀잇감을 5회 중 2회 이상 구분하여 선택할 수 있다.	자유 놀이 시	O	4/11
		1-2. 성인의 언어적, 신체적 촉진을 통해 원하는 놀잇감을 5회 중 3회 이상 구분하여 선택할 수 있다.	자유 놀이 시	O	5/2
		1-3. 성인의 언어적, 신체적 촉진을 통해 원하는 놀잇감을 5회 중 4회 이상 구분하여 선택할 수 있다.	자유 놀이 시	O	5/30

※ Tests(T) : 검사에 의한 평가 / Observation(O) : 관찰에 의한 평가 / Daily Work(DW) : 작업결과물에 의한 평가 / Others(*) : 기타방법에 의한 평가 ※ 위 평가서는 교사의 관찰을 토대로 한 평가내용입니다. ※ (유) : 2021년 2학기 IEP 유지

6. 행동 및 주요 지원방안

문제행동	지원방안	협력자	가정연계방안
• 고개를 떨구고 움츠리려는 행동	• 몸을 움츠리고 고개를 떨구는 모습을 보일 시 신체적, 언어적 촉진을 통해 긴장을 풀어주고 바른 자세를 유지할 수 있도록 지속해서 촉진함.	교사 및 가족	• 의자에 앉아 움츠리고 고개를 떨구면 수시로 마사지나 긴장을 풀어주고 바른 자세를 유지할 수 있도록 제안함.

7. 가족지원방안

가족특성 및 지원 필요 내용	
• 혼자 육아 시 자녀들의 놀이법	• 지역사회연계를 통한 자녀양육에 관한 다양한 정보들을

〈표 12-9〉 개별화교육계획에 따른 4월 가정연계 활동 사례(장애전문어린이집)

결재	담임	팀장	주임	원장

반 명	00반	아동명	
함께 활동한 사람		기 간	20△△년4월 1일 ~ 20△△년 4월 30일
영역별 지도계획	※ 가정에서 관찰 가능한 영역별 지도내용입니다. 매주 수행여부를 ○, △, ㅁ로 체크해 주세요. (○:스스로 함, △:도움주면 수행함, ㅁ:전혀 하지 못함)		

영역	일과적용목표		등·하원	간식/식사	신변처리	자유놀이	실외활동	평가 주(월/일)	수행도	비고
적응행동	1. 입술을 오므리며 근 긴장도를 유지할 수 있다.	1-1. 성인 입술 근처에 로션을 발라주면 입술을 5회 이상 오므릴 수 있다.				v		2주(4/16)		
								3주(4/23)		
								4주(4/30)		
신체운동	1. 양손으로 바닥을 짚고 앉을 수 있다.	1-1. 성인의 신체적 촉진을 통해 양손으로 바닥을 짚고 반가부좌 자세로 앉을 수 있다.				v		2주(4/16)		
								3주(4/23)		
								4주(4/30)		
	2. 양손으로 하나의 물체를 잡은 자세로 유지하여 탐색할 수 있다.	1-1. 양손 번갈아 가며 팔을 뻗어서 성인이 제시한 물건을 50% 이상 잡을 수 있다.				v		2주(4/16)		
								3주(4/23)		
								4주(4/30)		
사회관계	1. 긍정적인 상호작용을 할 수 있다.	1-1. 또래가 인사를 건네면 하루 일과 중 3회 이상 팔을 들고 움직이며 인사할 수 있다.	v			v		2주(4/16)		
								3주(4/23)		
								4주(4/30)		
의사소통	1. 자신의 긍정과 부정의사를 표현할 수 있다.	1-1. 두 개의 그림(웃는 그림, 찡그린 그림) 중 웃는 그림을 50% 이상 손으로 짚어서 선택할 수 있다.		v	v	v	v	2주(4/16)		
								3주(4/23)		
								4주(4/30)		
		1-2. 자신의 부정 의사를 두 개의 그림(웃는 그림, 찡그린 그림) 중 찡그린 그림을 50% 이상 손으로 짚어서 선택할 수 있다.		v	v	v	v	2주(4/16)		
								3주(4/23)		
								4주(4/30)		

자연탐구·예술경험·인지	1. 원하는 놀잇감을 구분하여 놀이할 수 있다.	1-1. 성인의 언어적, 신체적 촉진을 통해 원하는 놀잇감을 5회 중 2회 이상 구분하여 선택할 수 있다.				v		2주(4/16)		
								3주(4/23)		
								4주(4/30)		
주제 관련 활동 및 견학장소	• 텃밭에서 꽃모종심기 (4/5) • 참참참 권리존중프로그램 - 신난day (4/14) • 사회체험학습 - 00생태공원 (4/22) • 소방대피훈련 (4/26)									
이렇게 활동해 주세요.	• 4월은 '봄이 왔어요' 라는 주제로 활동이 진행됩니다. 봄이 되어 변화된 날씨에 대해서 관 심을 갖고 봄의 꽃과 동물에 대해서 알아보며 내가 좋아하는 봄꽃과 동물을 소개해 볼것입니다. 또한 봄이 우리에게 주는 아름다움을 느끼는 시간과 더불어 고마운 자연에 대해서 이 야기를 해보며 생활을 할 계획입니다. • 00이가 얼굴에 로션을 발라주면 입술을 오므리는 모습을 보여 가정에서도 로션을 바르면서 입술을 오므릴 수 있도록 경험시켜 주세요. • 가정에서 앉을 때 양손을 바닥에 짚어서 앉을 수 있도록 신체적 촉진해주세요. 00이가 선호 하는 놀잇감이나 자연물을 좋아하는 00이를 위해 봄꽃 사진을 보여주며 양손 번갈아 뻗어서 물건을 잡을 수 있도록 지원해 주세요. • 봄에 날씨가 따뜻해지고 밖을 좋아하는 00이를 위해 꽃놀이를 나가 가족이나 주변사람에게 팔을 들고 움직이면서 인사할 수 있도록 지원해주시시고 인사 할 경우 칭찬을 많이 해주세요. • 가정의 다양한 상황과 놀잇감을 제시했을 경우 두 개의 그림(웃는 얼굴, 찡그린 얼굴)을 선택할 수 있도록 지원해주시고 상황에 맞게 그림을 선택하여 의사를 표현하도록 지도 부탁드립니다. 두 개의 그림은 00이의 표정이 담긴 사진으로 하면 어떨까요? • 가정에서 봄 노래를 듣고 놀잇감을 선택할 경우 언어적, 신체적 촉진으로 원하는 놀잇감을 선택해 놀이할 수 있도록 지원해주시고 선택하기까지 시간적인 배려를 부탁드립니다. • 가정연계 활동자료를 점검하셔서 5월 2일(월)에 원으로 보내주시면 감사하겠습니다.									
평 가 (아동의 습득정도, 향후지도 방안 등을 기록해 주세요.)										

◎ IEP 수행도 평가 : ㅇ 잘함 / △ 보통(5회 중 3회) / ㅁ 다소부족

2) 개별화가족지원계획을 수립 시행하기

개별화가족지원계획을 수립하기 위한 모임에서 아동을 평가한 사정결과에 대한 논의를 바탕으로 가족의 역량강화와 아동의 발달을 향상시킬 수 있는 성취목표를 수립하고, 서비스 조정자를 결정하고, 공식적이고 비공식적인 자원을 활용한 서비스 계획을 개발한다.

다음의 〈표 12-10〉은 개별화가족지원계획에 의한 지원 내용이다. 이를 근거로 하여 어린이집(유치원) 유아교육기관에서는 앞서 살펴본 개별화가족지원계획 수행 역할을 지원하면 된다.

〈표 12-10〉 개별화가족지원계획의 내용

• 검사 도구를 통한 평가에 따라 장애영유아의 신체, 인지, 의사소통, 사회 · 정서, 적응발달 등의 전반적인 현재 발달수준의 정보 • 장애영유아의 발달촉진과 관련된 가족의 자원, 우선순위, 관심사에 대한 부모상담 • 장애영유아의 어린이집(유치원) 유아교육기관에서의 개별화교육 및 특수교육관련서비스 제공에 따른 진정상황을 점검하고, 목표나 서비스의 수정 여부 결정: 가족의 진술 • 장애영유아와 가족의 독특한 요구를 충족시키는 데 필요한 서비스 빈도, 강도, 전달방법 • 조기중재 개입서비스가 적절하게 제공될 자연스러운 환경 구성 • 서비스 시작일과 종료일 안내 • 계획실행, 다른 기관(예, 장애아동 영역별 치료: 병원 치료, 아동발달센터, 장애인복지관 등)과 협력적 접근 • 초등학교 진학에 따른 전환교육 실시 및 필요한 조치와 부모상담을 통한 정보제공

3) 가정과 유아교육기관의 긍정적 행동 지원 협력하기

유아교육기관에서 독특한 특성을 나타내는 장애영유아를 교육하는 데 있어 교사와 부모의 어려움 중 하나는 장애영유아의 상황에 따른 부적응 행동인 문제행동을 적절하게 대응하고, 이런 행동이 나타나지 않게 미리 예방하는 긍정적 지원에 관한 것이다. 이러한 부적응 행동에 대한 지원에 있어서 장애영유아뿐만 아니라 가족의 참여를 중요하게 여기며 가정을 포함한 주변환경의 변화를 중요하게 여기므로, 부모의 적극적인 참여가 장애영유아의 문제행동 지도에 있어서 바람직한 행동으로 변화를 이끌어낼 수 있다.

따라서 장애영유아에 대한 긍정적인 행동을 지원하고 요구되는 다른 지원계획을 세우기 위해서는 부모와 교사 간의 문제행동에 대한 가정과 유아교육기관에서의 일관된 지도와 적극적인 협력이 필요하다. 이러한 협력은 교사와 부모가 장애영유아의 행동 특성에 대한 유용한 정보를 공유하고 나눌 수 있으며, 장애영유아의 문제행동 자체에만 중점을 두는 것이 아니라 학교, 가정, 지역사회의 개선을 포함해 폭넓은 지원방향을 세울 수 있기 때문이다(조윤경 외, 2014). 장애영유아가 나타내는 문제행동에는 다양한 의사표현의 기능이 있다. 교사는 문제행동 기능평가를 통하여 맥락적 상황, 빈도, 지속시간, 강도 등을 세밀하게 관찰하고 분석해야 한다. 교사는 이를 통하여 문제행동의 원인을 파악하고 이해하여 장애영유아에게 효과적인 긍정적 행동지원을 할 수 있도록 한다.

4) 부모상담

교사가 장애영유아 교육을 실시하는 데 있어서 신뢰를 바탕으로 한 지속적인 부모담은 부모-교사 간의 장애영유아 교육에 대한 일관성과 협력체계를 만들어 낼 수 있다. 또한 부모상담을 통해 장애영유아의 양육과 교육에서 상호 조력하는 방법을 알게 되고 부모, 교사의 수고와 노력에 대한 상호 정서적 지지와 유대감으로 격려를 제공하는 시간이 될 수 있다.

다음 〈표 12-9〉는 교사가 장애영유아 부모와 상담 시 장애영유아와 관련 정보, 가족 구성원에 대한 정보를 포함하는 대표적인 내용이며, [그림 12-11]은 부모상담 사례 장면이다.

[그림 12-11] 부모상담

〈표 12-11〉 부모상담의 주요 내용

장애영유아 관련 내용	가족구성원의 문제 내용
• 장애영유아가 보이는 독특한 행동 특성 • 유아교육기관에서 장애영유아에 대한 교육목표, 교육방법, 장애특성에 따른 지원 • 장애영유아가 반편성 된 학급의 적응과 또래아동과의 전반적인 생활과 교육활동 참여 • 가정에서 부모와 형제자매들 가족구성원들의 장애영유아 지원과 교육방법 • 유아교육기관에서 다양한 교육활동과 치료 전문가지원을 통하여 장애 정도와 발달 가능성 • 장애영역별 특성에 따른 개별치료 지원의 교육내용과 시기: 언어, 감각통합, 작업, 심리 운동, 음악, 놀이, 미술 등 • 유아교육기관에서 장애영유아에 대한 교사와 치료사, 원장의 지도원칙에 대한 갈등 • 장애영유아와 가정에서 가족구성원과 의사소통하는 방법 • 의료적 처치에 따른 약물사용 • 초등학교 진학에 따른 상담(예, 취학 유예)	• 장애영유아로 인한 부부갈등 문제 • 장애영유아에 대한 양육방식 및 태도 합의의 어려움 • 아버지의 장애영유아 교육에 대한 비참여 또는 무관심 갈등 • 비장애형제자매의 갈등으로 장애영유아에게 집중하고 다른 자녀에게 소홀히 대함 • 비장애형제자매 중 동생이 장애영유아의 행동 을 모방하여 따라하는 경우 • 장애영유아가 첫째 자녀로 둘째 자녀 가짐에 대한 고민과 갈등 • 비장애형제자매 중 동생이 장애영유아의 행동 을 모방하여 따라하는 경우 • 장애영유아에 대한 유아교육기관 외 방과 후 전문치료 기관의 많은 개별교육으로 비용부담 • 장애영유아를 비장애형제자매가 나이가 들어감에 무시하는 경우 • 조부모 또는 친척들과의 교류 및 모임의 부담

출처: 조윤경 외(2014). 발췌 재구성.

5) 부모결연 및 비장애형제자매 프로그램

(1) 부모결연 지원 프로그램

부모결연 지원 프로그램이란 훈련된 선배부모가 도움을 요청한 비슷한 상황의 후배부모에게 정서적 지원과 정보적 지원을 제공해 주는 프로그램이다. 다시 말해서 훈련된 선배부모와 훈련되지 않은 후배부모를 결연시켜, 선배부모는 개인적 성장과 정서적 만족감을 경험하고 후배부모는 필요한 정보와 정서적 지원을 얻을 수 있는 윈윈 접근법이다(노진아 외, 2019). 먼저 태어난 장애아동을 교육하면서 겪는 다양한 어려움을 이제 장애진

[그림 12-12] 부모결연 지원 프로그램 사례

단을 받고 교육하는 장애아동부모에게는 제일 믿을 수 있는 신뢰감과 함께 장애아동을 양육하면서 다양하게 겪는 어려움을 누구보다도 함께 공감하고 이해하며 의지할 수 있기 때문일 것이다[그림12-12] 사례 참조.

(2) 비장애형제자매 지원 프로그램

비장애형제자매를 대상으로 이들의 심리 · 정서 · 사회적 문제와 어려움을 해소하도록 돕기 위한 프로그램은 크게 장애아동의 형제자매를 위한 상담 프로그램, 장애형제자매의 재활효과를 극대화시키기 위해 교사로서의 형제 역할을 강조하는 훈련프로그램, 장애형제자매와 비장애형제자매의 상호작용 및 가족 내 의사소통을 촉진시키기 위한 상호작용 촉진 프로그램, 그리고 장애아동이 있는 비장애형제자매들의 심리 · 정서 · 사회적 문제해결과 사회적 지지를 강화시키기 위한 활동중심의 심리교육적 지지집단 프로그램 등이 있다(양숙미, 2017). [그림 12-13] 참조.

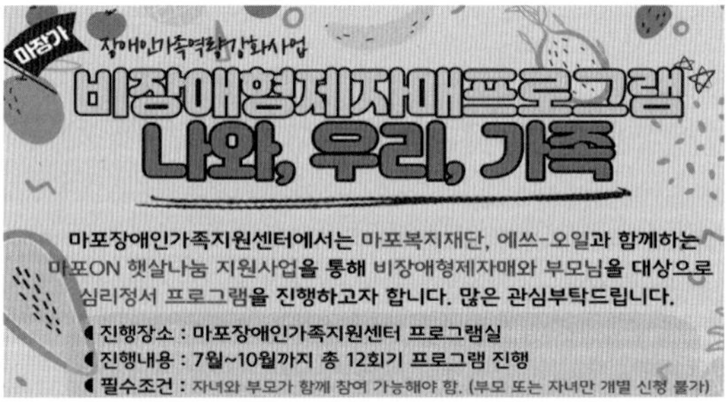

[그림 12-13] 비장애형재자매 지원 프로그램 사례

참고문헌

참고문헌

강혜원(2011). 부모 역량강화를 위한 양육지원 프로그램이 장애유아 부모의 양육효능감과 부모-유 상호작용에 미치는 영향. 이화여자대학교 대학원 석사학위 논문.

경상남도교육청(2014). 유치원 교육과정 편성·운영 매뉴얼. 경남: 경남교육청.

고은(2014). 의사소통장애아 교육. 서울: 학지사.

고은(2017). 청각장애아교육. 서울: 학지사.

고은, 권주석, 김우리, 이태수, 조홍중, 최혜승(2015). 특수교육의 이해. 서울: 공동체.

공주교육대학교 특수교육연구소(2016). 특수교육의 이해. 경기: 양서원.

공주대학교 특수교육연구소(2016). 특수교육의 이해. 서울: 양서원.

교육부(2008). 장애영·유아 교육과정 편성·운영 자료. 서울: 교육부.

교육부, 보건복지부(2019). 2019년 개정누리과정 해설서. 세종: 교육부, 보건복지부.

국가건강정보포털 http://heath.mw.go.kr

국립특수교육원(2008). 개별화교육계획수립·운영자료. 충남: 국립특수교육원.

국립특수교육원(2009). 특수교육학 용어사전. 서울: 하우.

권도하, 신후남, 이무경, 전희숙, 김시영, 유재연, 신명선, 황보명, 박선희, 신계정, 안종복, 남현욱, 이명순, 박상희, 김효정(2014). 언어치료학개론, 경북: 물과길.

권순우(2010). 통합교육 환경에서 청각장애학생의 학교생활 적응에 대한 질적 연구. 언어치료연구, 19(3), 133-153.

권순우, 권순복, 김영익, 김태숙, 박희준, 팽재숙(2020). 의사소통장애학생교육. 서울: 창지사.

권순우, 권순복, 김영익, 유정은, 팽재숙, 허세영(2018). 청각장애학생교육. 서울: 창지사.

권순우, 김영익, 정은, 팽재숙(2020). 특수교육학개론(2판). 서울: 창지사.

권요한, 김수진, 김요섭, 박중휘, 이상훈, 이순복, 정은희, 정진자, 정희섭(2015). 특수교육학개론(2판). 서울: 학지사.

김계현(2004). 상담심리연구. 서울: 학지사.

김기홍(2014). 장애아교육학. 서울: 집문당.

김동일, 고은영, 고혜정, 김병석, 김은향, 김혜숙, 박춘성, 이명경, 이은아, 이제경, 정여주, 최수미, 최종근, 홍성두(2016). 특수아 상담. 서울: 학지사.

김동일, 고은영, 고혜정, 김우리, 박춘성, 손지영. 신재현. 연준모. 이기정, 이재호, 정광조, 지운, 최종근, 홍성두(2019). 특수교육의 이해. 서울: 학지사.

김동일, 이대식, 신종호(2016). 학습장애아동의 이해와 교육(3판). 서울: 학지사.

김병석(2015). 상담교육과 실무에서의 존중과 격려. 2015년 한국상담학회 연차대회 주제발표자료.

김삼섭, 강민채, 강우정, 권회연, 김기룡, 김창호, 나용기, 박은송, 박은영, 박현주, 백종남, 오유정, 오혜정, 이미애, 이석진, 이옥인, 임경원, 전민정, 정길순, 정동일, 정민호, 정소영, 최세민, 최영종, 홍재영(2012). 특수교육학개론. 서울: 신정.

김수진, 구미아, 윤송하, 윤주연, 이성호, 이수민, 조정숙, 조현정(2019). 특수아 부모교육론. 서울: 동문사.

김애화, 김의정, 김자경, 최승숙(2016). 학습장애 이론과 실제. 서울: 학지사.

김영숙, 윤여홍(2010). 특수아 상담의 이해(개정판). 서울: 교육과학사.

김영욱 외(2009). 특수교육학. 서울: 교육과학사.

김영욱, 김원경, 박화문, 석동일, 이해균, 윤점룡, 정재권, 정정진, 조인수(2009). 특수교육학. 서울: 교육과학사.

김영익, 권순복(2006). 통합환경에서 사진교환 의사소통 체계를 이용한 중재가 발달장애 유아의 행동요구하기 기능에 미치는 효과. 특수교육재활과학연구회, 45(4), 103-126.

김영익, 권순복, 권순우, 팽재숙 (2018). 증강현실 기반의 언어중재가 자폐성장애 아동의 언어습득과 주의집중에 미치는 효과. 특수교육재활과학연구, 57(2), 149-173.

김영익, 권순우(2016). 감각통합심리운동을 통한 신체활동이 자폐성장애유아의 의사소통기능습득과 상동행동 감소에 미치는 효과. 특수교육재활과학연구회, 55(3), 1-24.

김영익, 박영주, 손경호, 조경숙(2015). 특수아동지도와 상담. 서울: 드림북.

김영태(2014). 아동언어장애의 진단 및 치료. 서울: 학지사.

김원경, 신진숙, 박현옥, 김용욱, 김미숙, 윤광보, 김경화, 김정현, 강창욱, 박정식, 김정연, 곽승철, 한홍석, 박미혜, 변찬석, 홍종관(2021). 특수교육학개론(4판). 경기: 양성원.

김윤옥, 황선희(2012). 아동상담론. 경기: 양서원.

김정권, 김병하(2002). 사진으로 보는 한국특수교육의 역사. 서울: 도서출판 특수교육.

김진호, 박재국, 방영애, 서효정, 유은정, 이효신, 한경근(2022). 최신특수교육. 서울: 시그마프레스.

노진아, 홍은숙, 이미숙, 박현주, 정길순, 김정민, 강미애, 이나래(2019). 장애영유아 가족지원. 서울: 학지사.

박순길, 박현옥, 조정연(2014). 특수아동의 이해와 교육. 서울: 학지사.

박승희, 장혜성, 나수현, 신소니아(2007). 장애관련종사자의 특수교육 입문. 서울: 교육과학사.

박종운(2007). 장애인차별금지법의 주요 내용과 의의. 장애인차별금지법 제정 의의와 장애인정책의 방향 자료집. 서울: 국가인권위원회.

박지연(2006). 가족복지론. 서울: 학지사.

박지연(2012). 장애인 가족지원을 위한 증거기반의 실제. 학지사.

백유순(2010). 특수교육대상 유아 부모의 개별화교육프로그램에 대한 이해와 참여 실태 및 만족도. 유아특수교육연구, 10(2), 161-185.

백은령, 김기룡, 유영준, 이명희, 최복천 (2010). 장애인 가족지원. 서울: 양서원.

보건복지부(2007). 장애인 등에 대한 특수교육법. 세종: 보건복지부.

보건복지부(2008). 장애인차별금지 및 권리구제 등에 관한 법률. 세종: 보건복지부.

보건복지부(2011). 장애아동복지지원법. 세종: 보건복지부.

보건복지부(2014). 발달장애인 권리보장 및 지원에 관한 법률. 세종: 보건복지부.

보건복지부(2018). 발달장애인 실태조사 발표. 세종: 보건복지부.

________(2021). 발달장애인 실태조사 발표. 세종: 보건복지부.

부산광역시교육청(2014). 장애학생의 문제행동 사례별 중재 가이드 북. 부산: 도도북스.

서울특별시어린이병원·한국육영학교(2015). 문제행동 예방과 대처를 위한 친절한 매뉴얼. 서울: 서 울특별시어린이병원·한국육영학교.

송현종, 조성은(2005). 통합교육과 학교상담: 학교상담자의 태도와 역할. 특수교육저널: 이론과 실천, 6(4), 215-234.

심현섭, 김영태, 김진숙, 김향희, 배소영, 신문자, 이승환, 이정학, 한재순, 윤혜련, 김정미, 권미선(2017). 의사소통장애의 이해(3판). 서울: 학지사.

양명희(2016). 행동수정이론에 기초한 행동지원. 서울: 학지사.

양명희(2021). 장애유아통합교육. 서울: 학지사.

양숙미(2000). 정신지체 성인자녀의 부모를 위한 역량강화 집단 프로그램 개발과 효과. 서울대학교 박사학위 논문.

양숙미(2017). 장애인 가족지원과 역량강화. 경기: 양서원.

양정숙(2017). 행동수정. 서울: 양서원.

오혜경, 정소영(2003). 영유아기 장애아동의 영육부담과 가족지원. 서울: 도서출판 신정.

오혜경, 정소영(2003). 학령기 장애아동의 양육부담과 가족지원. 서울: 도서출판 신정.

윤치연, 이영순, 천성문(2004). 특수아 상담 및 치료교육 프로그램. 서울: 학지사.

이미숙, 구신실, 노진아, 박경옥, 서선진(2016). 특수교육학개론(2판). 서울: 학지사.

이소현, 박은혜(2011). 특수아동교육(3판). 서울: 학지사.

이지연, 한수진(2020). 특수아 상담. 경기: 양서원.

이진숙, 이희란, 이효정(2020). 현장 사례 중심 장애아 통합보육. 서울: 어가.

임정문, 김숙경, 나직균, 이승현, 한현지(2018). 가족복지론. 서울: 동문사.

장선철(2015). 특수아동상담의 이해. 서울: 태영출판사.

장애인 등에 대한 특수교육법(2007). 세종: 교육부.

장애인 등에 대한 특수교육법(2008). 세종: 교육부.

장애인복지법(0000). 세종: 보건복지부.

전남련, 황연옥, 강은숙(2011). 표준보육과정에 의한 주간교육계획안. 경기: 양서원.

전혜인(2006). 부모결연프로그램이 장애아동 어머니의 양육 스트레스와 양육 효능감 및 가족 역량 강화에 미치는 영향. 이화여자대학교 박사학위 논문.
정대영(2017). 특수교육학(2판). 서울: 창지사.
정대영(2020). 특수아동 교육 -0세부터 8세까지-(2판). 서울: 창지사.
정대영(2020). 특수아동교육(2판). 서울: 창지사.
정대영, 김영익, 박은미(2012). 특수아동지도. 경기: 양서원.
정문자, 제경숙, 이혜란, 신숙재, 박진아(2016). 아동상담의 이해. 서울: 학지사.
정영선, 조영숙(2013). 장애아 부모상담. 장애아동인권연구, 4(2), 1-15.
정은(2009). 지적장애아동 발달에 대한 손상학적 접근. 특수교육저널: 이론과 실천, 10(3), 33-53.
조윤경, 강지현, 이경아(2014). 특수아상담 및 가족지원. 경기: 공동체.
조윤경, 김수진(2013). 특수아동지도. 경기: 공동체.
최명선, 홍기묵, 송현정, 김이경, 서은미, 차미숙, 정유진, 민서정(2014). 아동상담 처음부터 끝까지. 경기: 이담북스.
최재천(2012). 호모 심비우스: 이기적 인간은 살아남을 수 있을까? 서울: 이음.
최정숙, 강향숙, 김경희, 김선민, 김유정, 김주현, 김지혜, 박형원, 백형의, 우재희, 이영선, 이예승, 이인정, 이혜경, 임정원, 장수미, 장선영, 한인영(2020). 가족복지론(2판). 서울: 학지사.
추연구, 김병룡(2022). 특수교육의 이해. 경기: 공동체.
팽재숙(2019). 좋은 교사에 대한 장애아 전문어린이집 보육교직원의 인식 유형 연구:
한국보건사회연구원(2017). 2017년도 장애인실태조사. 세종: 보건복지부.
한국보건사회연구원(2020). 2020년도 장애인실태조사. 세종: 보건복지부.
한국청각언어장애교육학회(2012). 청각장애아동교육. 경기: 양서원.
한국청각학교수협의회(2017). 청각학 개론. 서울: 학지사.
한국통합교육학회(2009). 통합교육. 서울: 학지사.
한국특수교육학회(2008). 특수교육대상자 개념 및 선별 기준. 충남: 한국특수교육학회.

AAMR Ad Committee on Terminology and Classification. (1992). *Mental retardation: Definition, classification of supports(9th ed.)*. Washington, DC: American Association on Mental Retardation.
AAMR Ad Committee on Terminology and Classification. (2002). *Mental retardation: Definition, classification of supports(10th ed.)*. Washington, DC: American Association on Mental Retardation.
American Psychiatric Association. (2013). *Diagnostic and statistical manual of mental disorders (5th. ed)*. Washington, DC : Author.

Bailes, C. (2001). Integrative ASL–English Language arts: Bridging paths to literacy. *Sign Language Studies, 1*(2), 147–174.

Baily, D. B., Bruder, M. B., Hebbeler, K., Carta, J., Defosset M., Greenwood, C., Kahn, L., Mallik, S., Markowitz, J., Spiker, D., Walker, D., & Barton, L. (2006). Recommended outcomes for families of young children with disabilities. *Journal of Early Intervention, 24*(4), 227–251.

Batshaw, M. L. (1997). Children with disabilities(4th ed). Baltimore : Brookes.

Bender, W. N. (2008). Learning disabilities: Charactenstics, identification and teaching strategies (6th ed.). Boston:Pearson. 권현수, 서선진, 최승숙 역(2011). 학습장애: 특성 판별 및 교수전략. 서울: 학지사.

Bos, C. & Vaughn, S.(2002). Strategies. for teaching students with learning and behavioral problems(5th ed.). *Needleham Heights*, MA: Allyn and Bacon.

Brookman–Frazee, L. (2004). Using parent/clinician partnerships in parent education programs for children with autism. *Journal of Positive Behavior Interventions, 6*(4), 195–213.

Clerc Center(2007). Visual phonics. Gallaudet University. Retrieved March 25, 2007, from www.Clerc Center.com.

Dolye, A. E., Faraone, S. V., Dupre, E. P. & Biederman, J. (2001). Separating attention deficit hyperactivity disorder and learning disabilities in girls: A familial risk analysis. *American Journal of Psychiatry, 158*, 1666–1672.

Erting, C. J., Prezioso, C., & Hynes, M. (2019). The interactional content of deaf mother–infant communication. In V. Volterra & C. Erting(Eds.), *From gesture to language in hearing and deaf children*(pp. 97–106). New York: Springer–Verlag.

Freind, M. & Bursuck, W. (2002). *Including students with special needs: A Practical guide for classroom teachers(4th ed.)*. Needleham Heights, MA: Allyn and Bacon.

Gallaudet Research Instiude. (2008). *Regional and national summary report of data from the 2007-2008 annual survey of deaf and hard of hearing children and youth*. Washington, DC: DRI, Gallaudet University.

Gargiulo, T. L.(2006). Stories at Work : Using stories to improve communication and build relationsbips. Greenwood Publishing Group.

Geers, A. E. (2006). Spoken language in children with cochlear implants. In P. E. Spencer & M. Marschark(Eds.), *Advances in the spoken language development of deaf and hard-of-hearing children*(pp. 244–270). New York: Oxford University Press.

Hafer J. C., Rooke, C. C., & Charlifue–Smith, R. (2008b). Facilitating communication development: Strategies for improving hearing and communication. In T. Linfer(Ed.). *Transdisciplinary play-based intervention*(2nd ed, pp. 453–482). Baltimore, MD: Paul H. Brookes.

Hallahan, D. P., & Kauffman, J. M. (2003). *Exceptional Learners: Introduction to special education (9th ed.).* Boston: Allyn & Bacon.

Hallahan, D. P., & Kauffman, J. M. (2006). *Exceptional learners: Introduction to special education* (10th ed). Boston: Pearson/Allyn & Bacon.

Hallahan, D. P., Kauffman, J. M., & Pullen, P. C. (2009). *Exceptional learners(7th ed.).* Boston: Pearson.

Hallahan, D. P., Kauffman, J. M., & Pullen, P. C. (2012). *Exceptional learners(7th ed.).* Massachusetts: Pearson.

Heward, L. M. (2009). *Exceptional Children: An introduction to special education.* NJ: Pearson.

Kauffman,J. M. (2005). *Characteristics of emotional and behavioral disorders of children and youth (8th ed.).*Upper Saddle River, NJ: Merrill/Prentice Hall.

Kavale, K. & Forness, S. (1996). Social Skill deficits and learning disabilities. *A meta-analy-sis Journal of Learning Disabilities, 29*(3), 226–237.

Kazukauskas, K. A., & Lam, C. S.(2010). Disability and sexuality: Knowledge, attitudes, and level of comfort among certified rehabilitation. counselors. *Rehabilitation Counseling Bulletin, 54*(1), 15–25.

Keilty, B.(2016). Voice from the field. *Young Exceptional Children, 16*(3), 36–38.

Kirk, S. A., & Chalfant, J. C. (1984). *Academic and developmental learning disabilities.* Columbus, OH: Love Pub. Co.

Kottman, T.(1995). *Partners in play: An Adlerian approach to play therapy.* Alexandria, VA : American Counseling Association.

Lerner, J., & Kline, F. (2006). *Learning disabilities and related disorders.* Boston, MA: Houghton Mifflin Co.

Lewis, R. & Doolag, D. (1999). Teaching special students in general education classrooms. *Upper Saddle River,* NJ: Merrill/Prentice Hall.

McLaughlin, L., Small, S., Spink–Mitchell, V., & Cripps, J. (2004). *A parent guidebook: ASL and early literacy.* Mississauga, Ontario, Canada: Ontario Society for Deaf.

National Joint Committee for Learning Disabilities. (1989). Modifications to the NJCLD Defintion of Learning Disabilities. *Letter from NJCLD to member organizations.* Washington, DC: Author.

National Research Council. (2001). *Educating children with autism.* Washington, DC: National Academy Press.

Natke, U. (2000). Stottern. Klinische Praxis.

Odom, S. L., & McEvoy, M. A. (1988). Integration of young children with handicaps and normally developing children. in S. L. Odom & M. B. Karnes (Eds.). Early intervention for Infants and children with Handicaps : An Empirical Base. Baltimore : Paul R. Brookes.

Peterson, C., Luze, G., Eshbaugh, E., Jeon, H., & Kantz, L. (2007). Enhancing parent-child interactions through home visiting: Promising practice or unfulfilled promise? *Journal of Early Intervention, 29*, 119-140.

Pierangelo, R., Giuliani, G. (2006). *Learning disabilities: A practical approach to foundations, assessment, diagnosis, and teaching*. NY: Pearson.

Rothbart, M. K., & Bates, J. E. (2006). Temperament. In W. Damon & R. Lerner (Series Eds.),& N. Eisenberg (Vol. Ed.), Handbook of child psychology, Vol. 3. Social, emotional, and per-sonality development(6th ed., pp. 99-166). New York :Wiley.

Sandall, S., Hemmeter, M. L., Smith, B. J., & McLean, M., E.(Ed.) (2005). DEC recommended practices: A comprehensive guide for practical application in early intervention/early childhood special education. Missoula, MT: Division for Early Childhood.

Sandall, S., Hemmeter, M. L., Smith, B. J., & McLean, M., E.(Eds.). (2005). DEC recommended practices: A comprehensive guide for practical application in early intervention/early childhood special education. Missoula, MT: Division for Early Childhood.

Sandrieser, P., & Schneider, P. (2001). *Stottern im Kindesalter*. Thieme.

Scheuermann, B., & Webbre, J. (2002). *Autism: Teaching DOES make a difference*. Belmont, CA : Wadsworth-Thomson Learning.

Sebald, A. & Luckner, J. (2007). Successful partnerships with families of children who are deaf. *Teaching Exceptional Children*, *39*, 54-60.

Shames. G. G., & Ramig, P. R. (1994). Stuttering and other disorders of fluency. in G. G Shames, E. G. Wigg, & W. A. Secord(Eds.), *Human Communication Disorders*. New York : Merrill/Macmillan.

Sharon, L. (2009). Voices not heard: Voice-use profiles of elementary music teachers, the effects of voice amplification on vocal load, and perceptions of issues surrounding voice use. The University of Wisconsin-Madison. Ph. D.

Smith, B., Warren, S., Yoder, P., & Feurer, I. (2004). Teacher's use of naturalistic communication intervention practices. *Journal of Early intervention*, *27*(1), 1-14.

Smith, C. R. (2004). *Learning disabilities: The interaction of students and their environment (5th ed.)*. Boston: Pearson Education.

Squires, J., & Bricker, D. (2007). An activity-based approach to developing young children s social emptional competence. 허계형, 노진아 역(2010). 사회정서능력 계 발을 위한 활동중심 중재. 서울: 시그마프레스.

Turnbull, A. P., Turbiville, V., & Turnbull, H. R. (2010). Evolution of family-professional partnership: Collective empowerment as the model for the early twenty-first century. In J. P. Shonkoff, & s. J. Meisels (Eds.), *Handbook of early childhood intervention*. New York: Cambridge Unlversity Press.

Wetherby, A. M., & Prutting, B. M. (1989). The expression of commuicative intent : Assessment Issues. *Seminars in Speech and Language*, *10*, 77-91.

Williams. C. B. & Finnegan, M. (2003). From myth to reality: Sound information for teachers about students who are deaf. *Teaching Exceptional Children*, *35*(3), 40-45.

Ysseldyke. J. E, & Algozzine, B.(2005). Special education : A pratical approach for teach-ers(3rd Ed.). Boston, Ma : Houghton Mifflin.

◆ 관련 유용한 인터넷 사이트

중앙장애아동발달지원-한국장애인개발원 https://www.koddi.or.kr
서울장애인종합복지관 https://seoulcbid.or.kr
(사)한국농아인협회 http://www.deafkorea.com
대구청각·언어장애인복지관 http://www.withwith.or.kr
미국자폐학회 http://www.autism-society.org
삼성소리샘복지관 http://www.sorisaem.net
손말이음센터 http://www.relaycall.or.kr
자폐증 클리닉 센터 http://autismcenter.or.kr
한국자폐인사랑협회 http://www.autismkorea.kr
한국자폐학회 http://www.autism.or.kr
한국청각·언어장애교육학회 http://www.ksehli.or.kr
한국청각언어재활학회 http://www.audiologykorea.or.kr
한국특수교육학회 http://www.ksse.or.kr

저자소개

권순우

약력 대구대학교 특수교육학과 문학박사
대구대학교 특수교육대학원 특수교육학석사
前) 위덕대학교 특수교육학부 교수
現) 한국특수교육문제연구소 소장
現) 대구대학교 특수교육과 교수

저서 특수교육학개론(2판)(공저 창지사, 2020)
청각장애학생 교육 (공저 창지사, 2018)
의사소통장애학생 교육(공저 창지사, 2020) 등 다수

김영익

약력 위덕대학교 특수교육전공 교육학박사
창원대학교 특수교육학과 교육학석사
고신대학교 언어치료전공 보건학석사
前) 창원 장애통합어린이집 주임교사
前) 고신대학원 보건대학원 언어치료전공 겸임교수
現) 언어샘아동발달센터장
現) 대구대학교 특수교육과 겸임교수
現) 영남대학교 교육학과, 특수교육전공(대학원) 겸임교수
現) 창원대학교 특수교육과 강사
現) 마산대학교 유아특수보육과, 언어치료과 강사

저서 특수교육학개론(2판)(공저 창지사, 2020)
청각장애학생 교육 (공저 창지사, 2018)
의사소통장애학생 교육(공저 창지사, 2020) 등 다수

김현호

약력 위덕대학교 특수교육학부 초등특수전공
前) 산동 초등학교 특수학급 특수교사
前) 고아 초등학교 특수학급 특수교사
前) 대구 채움심리언어연구소 조기특수교육 치료사
現) 대구 이화새봄언어발달연구소 ABA 전문가 연구원

팽재숙

약력 위덕대학교 특수교육전공 교육학박사
위덕대학교 특수교육전공 교육학석사
前) 경주 장애전문어린이집 주임교사
前) 성운대학교 유아교육과 강사
現) (사)한국재활교육협회 전임교수
現) 위덕대학교 특수교육학부 산학협력 전문교수
現) 솔빛언어심리연구소장

저서 특수교육학개론(2판)(공저 창지사, 2020)
청각장애학생 교육(공저 창지사, 2018)
의사소통장애학생 교육(공저 창지사, 2020) 등 다수

예비(특수)교사를 위한 이론과 실제

특수아 상담 및 가족지원

초 판 1쇄 인쇄 2023년 5월 18일
초 판 1쇄 발행 2023년 5월 26일

지 은 이 | 권순우 · 김영익 · 김현호 · 팽재숙
펴 낸 이 | 김기섭
편 집 인 | 이현남 · 오선율
펴 낸 곳 | 창지사 www.changjisa.com
08589 서울시 금천구 가산디지털 1로 83 파트너스타워 1차 9층
전화 (02)719-2211~3
팩스 (02)701-9386
등 록 | 1977년 4월 28일 · 제1-421호

ISBN 978-89-426-1824-8 (93370)

값 27,000원